Die Vergütungsanpassung nach § 650c BGB

Schriften zum Deutschen und Internationalen Bau-, Umwelt- und Energierecht

Herausgegeben von Axel Wirth

25

PETER LANG

Wolfgang Schindler

Die Vergütungsanpassung nach § 650c BGB

PETER LANG

Bibliografische Information der Deutschen Nationalbibliothek
Die Deutsche Nationalbibliothek verzeichnet diese Publikation in der Deutschen Nationalbibliografie; detaillierte bibliografische Daten sind im Internet über http://dnb.d-nb.de abrufbar.

Zugl.: Ludwig-Maximilians-München, Univ., Diss., 2021

Gedruckt auf alterungsbeständigem, säurefreiem Papier.

D 19
ISSN 2197-0556
ISBN 978-3-631-87093-8 (Print)
E-ISBN 978-3-631-87210-9 (E-PDF)
E-ISBN 978-3-631-87211-6 (EPUB)
DOI 10.3726/b19373

Peter Lang – Berlin · Bern · Bruxelles · New York · Oxford · Warszawa · Wien

Diese Publikation wurde begutachtet.

www.peterlang.com

Für meinen verstorbenen Opa Dr. med. Wolfgang Schindler,
meinen Papa Andreas Schindler und
meine Freundin Franziska Dotzauer

Vorwort

Die vorliegende Arbeit wurde im Mai 2021 bei der Juristischen Fakultät der Ludwig-Maximilians-Universität in München eingereicht. Später veröffentlichte Literatur konnte vereinzelt bis November 2021 berücksichtigt werden.

Mein besonderer Dank gilt meinem Mentor und juristischem Vorbild Dr. Wolfgang Abel, der mir das private Baurecht nahe brachte und mich im Berufsalltag in außerordentlicher Weise unterstützt und protegiert.

Großer Dank gebührt auch meinem geschätzten Doktorvater Prof. Dr. Stephan Lorenz für die fördernde Betreuung meiner Arbeit.

Ebenfalls danken möchte ich meinem Studienkollegen und treuen Freund Dr. Dominik Regelsberger, der mir in der finalen Phase der Dissertationserstellung behilflich zur Seite stand.

Diese Arbeit wäre auch nicht ohne meinen wundervollen Eltern Angelika und Andreas Schindler möglich gewesen, deren bedingungslose Unterstützung ich seit über 30 Jahren genießen darf.

Für ihren Rückhalt und ihre hilfreichen Ratschläge bedanke ich mich aus tiefstem Herzen bei meiner wunderbaren Freundin Franziska Dotzauer.

Abschließend möchte ich Prof. Dr. Wirth dafür danken, dass meine Dissertation in seiner Schriftenreihe zum Deutschen und Internationalen Bau-, Umwelt- und Energierecht erscheinen darf.

München, November 2021 — Wolfgang Schindler

Inhaltsverzeichnis

Abkürzungsverzeichnis

A. A.	*Anderer Auffassung*
Abs.	*Absatz*
AfA	*Abschreibung für Abnutzung*
AG	*Arbeitsgruppe*
AGK	*Allgemeine Geschäftskosten*
AK	*Arbeitskreis*
BGB	*Bürgerliches Gesetzbuch*
BGH	*Bundesgerichtshof*
BGK	*Baustellengemeinkosten*
BMJV	*Bundesministerium der Justiz und für Verbraucherschutz*
BRat	*Bundesrat*
BReg	*Bundesregierung*
BT	*Bundestag*
BVerfG	*Bundesverfassungsgericht*
bzgl.	*bezüglich*
c. i. c.	*culpa in contrahendo*
DBGT	*Deutscher Baugerichtstag*
DVA	*Deutscher Vergabe- und Vertragsausschuss für Bauleistungen*
EKT	*Einzelkosten der Teilleistungen*
Fn.	*Fußnummer*
GG	*Grundgesetz*
i. H. v.	*in Höhe von*
i. S. d.	*im Sinne des*
i. V. m.	*in Verbindung mit, in Verbindung mit*
KG	*Kommanditgesellschaft*
LSP	*Leitsätze für die Preisermittlung aufgrund von Selbstkosten*
m. V. a.	*mit Verweis auf*
oHG	*offene Handelsgesellschaft*
Rn.	*Randnummer*
Rz.	*Randziffer*
S.	*Satz*
s. u.	*siehe unten*
sog.	*sogenannte/r, sogenannte/r*
u. a.	*unter anderem*
VHB	*Vergabe- und Vertragshandbuch für die Baumaßnahmen des Bundes*
VOB/A	*Vergabe- und Vertragsordnung für Bauleistungen – Teil A*
VOB/B	*Vergabe- und Vertragsordnung für Bauleistungen – Teil B*
WRV	*Weimarer Reichsverfassung*

A. Einleitung

Am 01.01.1900 trat das Bürgerliche Gesetzbuch in Kraft. Seitdem wurde den Vertragsparteien die rechtliche Ausgestaltung eines Bauvertrages selbst überlassen. Gesetzliche Regelungen – klammert man die allgemeinen Werkvertragsvorschriften aus – fehlten. Hilfestellung bot lediglich die vom Deutschen Vergabe- und Vertragsausschuss für Bauleistungen (DVA) erarbeitete und fortwährend aktualisierte VOB/B. Dass der DVA dabei als stellvertretender Gesetzgeber fungierte, wurde zwar akzeptiert, angesichts des damit einhergehenden, demokratischen Legitimationsdefizits aber kritisch beäugt. Vor allem auch die gesetzlich nicht eingefasste Gestaltungsmacht der Justiz befeuerte die Forderungen nach Veränderung; denn den Richtern fehlten bauvertragliche Leitbilder zur Orientierung. Notgedrungen mussten sie über Jahre hinweg die bauvertragliche Materie fortentwickeln.

Bisher enthielt das Werkvertragsrecht keine Regelungen zur Herstellungsphase des Bauwerks. Üblicherweise wurde daher in der Baupraxis wegen des potenziellen Änderungsbedarfs die VOB/B mit ihren Anordnungs- und Vergütungsbestimmungen gemäß § 1 Abs. 3 und 4 VOB/B und § 2 Abs. 5 und 6 VOB/B vereinbart. Gleichwohl gab es größere Bauvorhaben, denen kein VOB/B-Vertrag zugrunde lag, die jedoch ebenso das Bedürfnis und die Notwendigkeit des Bestellers für nachträgliche Änderungsanordnungen samt Vergütungsanpassung aufwiesen.

Erst dem Deutschen Baugerichtstag (DBGT) gelang es, diesen Missstand zum Thema zu machen. Die seit 2006 fortlaufenden bauvertraglichen Regelungsempfehlungen bewegten das Justizministerium 2010 dazu, einen mit Experten besetzten Arbeitskreis (AK) Bauvertragsrecht zu gründen. Nach dem Abschlussbericht dieses Gremiums vom 18.06.2013 wurde vonseiten des Justizministeriums 2015 ein Referentenentwurf erarbeitet, dem am 02.03.2016 ein Regierungsentwurf folgte. Dieser erfuhr noch einige Änderungen, wurde aber schließlich am 08.03.2017 in den Bundestag (BT) eingebracht und beschlossen. Zum 01.01.2018 trat schließlich das Gesetz zur Reform des Bauvertragsrechts in Kraft. Erstmals wurde der Bauvertrag kodifiziert.

Das Herzstück der Bauvertragsrechtsreform bilden die Vorschriften der §§ 650b und 650c BGB. Während die Baupraxis einseitige Änderungsanordnungen – jedoch ohne eine vorgelagerte Verhandlungsphase – bereits aus der VOB/B kennt, betritt der Gesetzgeber mit der Nachtragsvergütungsvorschrift – klammert man § 650c Abs. 2 BGB einmal aus – Neuland. Vorgängerregelungen, auf die zur Ergründung des § 650c BGB zurückgegriffen werden könnte, existieren nicht. Es gilt deshalb, den Diskurs, der über zahlreiche Einzelfragen entbrannt ist, aufzuarbeiten. Die vorliegende Dissertation möchte sich dieser Aufgabe annehmen; denn die Exegese der bauvertraglichen Preisanpassungsvorschrift ist von immenser praktischer Relevanz.

Zum einen bildet die Norm die neue Richtmarke der Nachtragsvergütungsberechnung. Ihr praktisches Ausmaß ist deshalb so groß, weil nahezu kein größeres Bauvorhaben ohne einen Nachtrag auskommt. Ändert sich die ausführende Bauleistung durch Anordnung des Bestellers, muss sich auch die dem Unternehmer zustehende Vergütung ändern. Das Äquivalenzverhältnis zwischen Leistung und Vergütung, ist zwingend auch bei Anpassungen des Leistungssolls zu wahren. Der Vergütungsanpassungsregelung § 650c BGB soll dieser adäquate, finanzielle Ausgleich gelingen. Baubeteiligte müssen sich daher zwangsläufig mit der Neuregelung auseinandersetzen, insbesondere in Zeiten, in denen eine Zunahme unvollkommener Ausschreibungen aufgrund nachlassender Planungsvorleistungen zu beobachten ist.

Zum anderen beeinflusst § 650c BGB als gesetzliches Leitbild maßgeblich das Verständnis der parallel gelagerten Preisanpassungsvorschriften der VOB/B. Bislang wurde die Nachtragsvergütung in § 2 Abs. 5 und Abs. 6 VOB/B – unstreitig – im Wege vorkalkulatorischer Preisfortschreibung ermittelt.

Seit der Bauvertragsrechtsreform tobt über diesen Berechnungsansatz ein kontroverser Diskurs. Ursächlich dafür ist § 650c Abs. 1 S. 1 BGB. Die Norm legt fest, dass sich die Vergütung für nachträglich angeordnete Leistungen nach den „tatsächlich erforderlichen Kosten mit angemessenen Zuschlägen für allgemeine Geschäftskosten, Wagnis und Gewinn“ bestimmt. Dies entspricht einem Paradigmenwechsel. Schließlich verabschiedet sich das neue Bauvertragsrecht damit bewusst von dem in der VOB/B etablierten Credo der vorkalkulatorischen Preisfortschreibung. Nach gesetzgeberischer Auffassung befeuerte diese Berechnungsart jedoch nicht nur Parteistreitigkeiten, da viel von den Zufälligkeiten des Verständnisniveaus der jeweils betroffenen Akteure abhing, sondern schürte auch Spekulationsanreize. Mit der Einführung des § 650c Abs. 1 S. 1 BGB wird damit sehr direkt die inhaltliche Adäquanz der § 2 Abs. 5 und Abs. 6 VOB/B beanstandet. Welche Konsequenzen sich daraus ergeben und wie die Vorschriften künftig zueinanderstehen, bedarf einer gründlichen Aufarbeitung.

Die Untersuchung gliedert sich in vier Teile. Zunächst ist der Bedeutungsgehalt der Norm eingehender zu untersuchen (*Abschnitt B*). Ist dieser elaboriert, stellt sich die Frage, ob und wie von der Nachtragsvergütungsvorschrift abgewichen werden kann (*Abschnitt C*) und wie die prozessuale Durchsetzung erfolgt (*Abschnitt D*). Abschließend gilt es zu klären, ob § 650c BGB verfassungsrechtlichen Anforderungen genügt (*Abschnitt E*). Im Einzelnen:

Der Anfangsteil versteht sich als Hauptteil der Dissertation. Dabei wird zunächst im Rahmen einer Grundlagenbetrachtung die Bedeutung der jeweiligen Normabsätze des § 650c BGB erarbeitet, um sodann anhand der gewonnenen Erkenntnisse die im Zuge der Bauvertragsrechtsreform aufgeworfenen Nachtragsvergütungsfragen zu beantworten. Aus Gründen der Übersicht erfolgt die Abhandlung dem Normaufbau entsprechend strukturiert. Ihr Schwerpunkt liegt im Ergründen der neuen Ermittlungsmethode zur Berechnung der Nachtragsvergütung (§ 650c Abs. 1 S. 1 BGB). Indes werden auch die Modalitäten des alternativen Rechenwegs in § 650c Abs. 2 BGB – der vorkalkulatorischen

Preisfortschreibung – eruiert. Abschließend erfolgt eine nähere Begutachtung des vorläufig pauschalierten Abschlagszahlungsanspruchs (§ 650c Abs. 3 BGB).

Der zweite Abschnitt beschäftigt sich mit der Wirksamkeit abweichender Vereinbarungen. Dabei richtet sich das Hauptaugenmerk auf die – für eine Vielzahl von Verträgen vorformulierten und gestellten – Vertragsbedingungen. Zunächst werden die brisantesten, allgemeinen Abweichungsklauseln überprüft. Anschließend erfolgt eine Auseinandersetzung mit den besonderen Abweichungsklauseln – konkret den Regelungen der VOB/B. Dies erfordert einen unter dogmatischen Gesichtspunkten kritischen Blick auf die aktuelle Rechtsprechung. Schließlich entschärft eine Rechtsfolgenbetrachtung etwaige Untergangsprophezeiungen der VOB/B.

Im dritten Teil steht die Abhandlung prozessualer Fragen im Fokus. Da sich die künftigen, bauvertraglichen Nachtragsvergütungskonflikte vor allem im einstweiligen Rechtsschutz abspielen sollen – zumindest suggeriert dies die Neueinführung des § 650d BGB –, werden die vordringlichsten Einzelfragen anhand der – nunmehr an Bedeutung gewinnenden – Leistungsverfügung beispielhaft erörtert. Neben dem Aufzeigen von Reaktionsmöglichkeiten vor und nach Erlass einer einstweiligen Verfügung werden sodann denkbare Abweichungen von diesem neuen prozessualen Regelungskorsett auf ihre Wirksamkeit hin überprüft.

Der Schluss befasst sich mit der verfassungsrechtlichen Vereinbarkeit des § 650c BGB. Von den neuen Nachtragsvergütungsvorgaben sind die Berufsfreiheit, das Recht auf informationelle Selbstbestimmung sowie das Eigentumsrecht grundrechtlich betroffen. Dabei ausgemachte Eingriffe werden einer Rechtfertigungsüberprüfung unterzogen.

B. Regelungsgehalt des § 650c BGB

I. § 650c Abs. 1 BGB

1. Bedeutung

§ 650c Abs. 1 S. 1 BGB ist kein selbstständiger Anspruch. Vielmehr passt die Norm den gegen den Besteller gerichteten, vertraglichen Vergütungsanspruch des Unternehmers aus §§ 631 Abs. 1 i. V. m. 632 BGB an. Deutlich wird dies an der amtlichen Überschrift „Vergütungsanpassung bei Anordnungen nach § 650b Abs. 2". Da der Wortlaut der Norm aufgrund seiner unklaren Formulierung zahlreiche Folgefragen aufwirft, wird für deren Beantwortung zunächst die Bedeutung der einzelnen Satzbausteine ergründet.

a) Infolge einer Anordnung des Bestellers gem. § 650b Abs. 2 BGB vermehrter oder verminderter Aufwand

aa) Vermehrter oder verminderter Aufwand

Als Erstes ist zu klären, was unter dem Begriff des „Aufwand[s]", nach dem sich die tatsächlich erforderlichen Kosten samt angemessener Zuschläge bestimmen sollen, zu verstehen ist.

(1) Baubetriebswirtschaftslehre

Aus der Baubetriebswirtschaftslehre lassen sich hierfür keine Schlüsse ziehen, denn die dort zwingend vorzunehmende begriffliche Differenzierung zwischen Aufwand[1] und Kosten[2] spielt für die Ermittlung der Vergütungshöhe im Rahmen des § 650c Abs. 1 BGB keine Rolle.[3] Für das Begriffsverständnis ist vielmehr der Sprachgebrauch innerhalb des Zivilrechts sowie der konkrete Regelungszweck des § 650c BGB maßgeblich.[4]

---

1 Unter Aufwand ist der bewertete Verbrauch aller Sachgüter und Dienstleistungen in einem Abrechnungszeitraum (jede Wertminderung) zu verstehen (BeckOK BauvertrR/*Althaus/Kattenbusch,* BGB § 650c Rn. 12).

2 Unter Kosten ist der in der Kosten- und Leistungsrechnung des Unternehmers bewertete Verzehr von Gütern und Dienstleistungen zu verstehen (BeckOK BauvertrR/*Althaus/Kattenbusch,* BGB § 650c Rn. 12).

3 *W. Langen* in: LBD, BGB § 650c Rn. 21.

4 BeckOK BauvertrR/*Althaus/Kattenbusch,* BGB § 650c Rn. 13.

(2) Zivilrecht

Im Bürgerlichen Gesetzbuch taucht die Formulierung des Aufwands nur in den § 275 Abs. 2 S. 1 BGB, § 558c Abs. 4 S. 1 BGB und in § 1835a BGB auf. Es stellt sich daher die Frage, welche Bedeutung der Bezeichnung in der jeweiligen Norm zukommt und ob aus diesen Erkenntnissen eine Parallelwertung für § 650c BGB gezogen werden kann.

Gemäß § 275 Abs. 2 S. 1 BGB kann der Schuldner eine Leistung verweigern, wenn diese einen Aufwand erfordert, der unter Beachtung des Inhalts des Schuldverhältnisses und der Gebote von Treu und Glauben in einem groben Missverhältnis zu dem Leistungsinteresse des Gläubigers steht. § 275 Abs. 2 S. 1 BGB meint daher mit Aufwand den für die Beschaffung oder Herstellung des geschuldeten Gegenstandes erforderlichen Aufwand, der in erster Linie wirtschaftlicher Natur ist. Jedoch können auch Zeitaufwand und zur Erfüllung notwendig in Kauf zu nehmende Gefahren darunter fallen.[5]

Gemäß § 558c Abs. 4 S. 1 BGB sollen die Gemeinden einen Mietspiegel erstellen, wenn hierfür ein Bedürfnis besteht und dies mit einem vertretbaren Aufwand möglich ist. Erstellt die Gemeinde trotz vertretbaren Aufwands keinen Mietspiegel, bleibt dies sanktionslos.[6] Was unter vertretbarem Aufwand zu verstehen ist, bleibt offen. Neben wirtschaftlichen Gesichtspunkten kann dies ebenso bürokratische Aspekte oder schlichten Zeitaufwand betreffen. Da jedoch weder Vermieter noch Mieter einen Anspruch auf Erstellung eines Mietspiegels haben, entpuppt sich § 558c Abs. 4 S. 1 BGB letztlich als „zahnloser Tiger".[7] Der Formulierung des „vertretbaren Aufwand[s]" ist daher – mangels Praxisrelevanz – keine für den vorliegenden Fall hilfreiche Bedeutung beizumessen.

In § 1835a BGB kann der Vormund eine Aufwandsentschädigung zur Abgeltung seines Anspruchs auf Aufwendungsersatz verlangen. Mit der Pauschale werden sämtliche Ansprüche auf Ersatz von Aufwendungen[8] nach § 1835 BGB abgegolten.[9] Unter der Aufwandsentschädigung i. S. d. § 1835a BGB ist demnach eine rein wirtschaftliche Kompensation zu verstehen.

Es lässt sich daher zunächst festhalten, dass alle oben genannten Normen unter den Begriff des Aufwands zumindest wirtschaftlich messbare Bemühungen subsumieren. Dies deckt sich mit dem Verständnis des Aufwandsbegriffs in § 650c Abs. 1 S. 1 BGB. Auch dort ist der Aufwand wirtschaftlich, anhand der tatsächlich erforderlichen Kosten, samt Zuschläge zu ermitteln. Dennoch lässt sich

---

5 Siehe dazu ausführlich unten *Abschnitt E. IV. 3. c) bb)*.

6 *Dickersbach* in: Erman BGB, BGB § 558c, Rn. 7.

7 *Dickersbach* in: Erman BGB, BGB § 558c Rn. 7; BVerwG, Urt. v. 26.01.1996 – 8 C 19/94.

8 Freiwillige Vermögensopfer, die der Vormund zum Zwecke der Führung der Vormundschaft auf sich nimmt, oder die sich als notwendige Folge ihrer Übernahme ergeben (BeckOK BGB/*Bettin*, BGB § 1835 Rn. 4).

9 *Von Crailsheim* in: BtR, BGB § 1835a Rn. 3.

anhand dieser Erkenntnis noch keine konkrete Begriffsdefinition ausmachen. Denn auch wenn klar wird, dass der Aufwand wirtschaftlich bezifferbar sein muss, bleibt weiterhin offen, was von ihm umfasst wird und dementsprechend, welche die Bewertungsgrundlage ist.

Hilfestellung bietet jedoch die Gesetzesbegründung des Gesetzesentwurfs zur Reform des Bauvertragsrechts und zur Änderung der kaufrechtlichen Mängelhaftung:

> *„Zum anderen würde bei Änderungsnachträgen, bei denen nur die Art der Ausführung der Bauleistung, nicht jedoch der* ***Aufwand (Material, Zahl der Arbeitsstunden etc.)*** *geändert wird, eine Berechnung der Mehr- oder Mindervergütung nach der üblichen Vergütung nicht zu angemessenen Ergebnissen führen.“*[10]

Hiernach umfasst der Begriff des Aufwands neben den Materialkosten u. a. auch die zu vergütende Zahl der Arbeitsstunden.

Althaus/Kattenbusch ziehen daher aus § 635 Abs. 2 BGB – zu Recht – die Wertung, dass der Gesetzgeber inhaltlich offenbar den Begriff des Aufwands mit dem der Aufwendungen[11] gleichsetzen wollte.[12] Denn die erforderlichen Aufwendungen in § 635 Abs. 2 BGB erfassen – ebenso wie der Aufwand in der Gesetzesbegründung – u. a. die Arbeits- und Materialkosten.

Obendrein lassen sich Aufwendungen auf eine Stufe mit Kosten stellen.[13] Zumindest zeigt dies ein Vergleich der Vorschrift des § 648 S. 2 BGB mit der parallel gelagerten Regelung des § 8 Abs. 1 Nr. 2 S. 2 VOB/B. Bei ansonsten identischem Tatbestand spricht § 648 S. 2 BGB von Aufwendungen, § 8 Abs. 1 Nr. 2 S. 2 VOB/B[14] hingegen von Kosten.

(3) Fazit

Unter Zugrundelegung obiger Erkenntnisse lässt sich für den Aufwand daher folgende Definition aufstellen:

---

10 BT-Drucks. 18/8486, S. 55.

11 Auch *Preisser* fasst in § 635 Abs. 2 BGB die zur Mängelbeseitigung erforderlichen Aufwendungen unter dem Begriff des gesamten Aufwands zusammen. Seiner Ansicht nach umfasst der gesamte Aufwand alle mit der Nacherfüllung verbundenen Kosten, einschließlich der Nebenkosten, die sowohl beim Besteller als auch beim Unternehmer anfallen und objektiv erforderlich sind (BeckOGK/*Preisser*, BGB § 635 Rn. 48).

12 BeckOK BauvertrR/*Althaus/Kattenbusch*, BGB § 650c Rn. 13.

13 Ebenfalls BeckOK BauvertrR/*Althaus/Kattenbusch*, BGB § 650c Rn. 13. Nach *Hödl* werden mit dem Begriff der Kosten geldwerte Aufwendungen beschrieben (*Hödl*, Bauvertragsrecht, Teil B, Rn. 162).

14 § 8 Abs. 1 Nr. 2 S. 2 VOB/B verweist sogar auf § 649 BGB a. F. (jetzt § 648 BGB).

Der vermehrte oder verminderte Aufwand wird daher in Kosten bemessen, die als erforderliche Aufwendungen zur Erreichung des Leistungserfolgs der Änderungsanordnung anfallen (z. B. Materialkosten, Arbeitsstundenvergütung etc.).

bb) *Infolge einer Anordnung des Bestellers nach § 650b Abs. 2 BGB [verminderter oder vermehrter Aufwand]*

§ 650c Abs. 1 S. 1 BGB regelt die Höhe des Vergütungsanspruchs für den „infolge einer Anordnung des Bestellers nach § 650b Abs. 2 BGB" vermehrten oder verminderten Aufwand. § 650c Abs. 1 S. 1 BGB verweist dementsprechend auf § 650b Abs. 2 BGB.

Nach § 650b Abs. 2 BGB kann der Besteller nach fruchtlosem Ablauf der 30-tägigen Verhandlungsphase eine Änderung *(1)* in Textform *(2)* anordnen, welcher der Unternehmer nachzukommen hat.

(1) Änderung

Dabei ist zunächst der Begriff der „Änderung" i. S. d. § 650b Abs. 2 BGB zu untersuchen. Die bisher in der Bauvertragspraxis geltende Differenzierung zwischen geänderten (§ 1 Abs. 3 VOB/B) und zusätzlichen Leistungen (§ 1 Abs. 4 VOB/B) kann in diesem Zusammenhang nicht als Leitlinie herangezogen werden. Denn der Gesetzgeber entschied sich mit dem Begriff der „Änderung" im BGB-Bauvertragsrecht bewusst für eine weite Formulierung.[15] Gemäß § 650b Abs. 1 S. 1 BGB kann eine Änderung des vereinbarten Werkerfolgs (Nr. 1) oder eine Änderung, die zur Erreichung des vereinbarten Werkerfolgs notwendig ist (Nr. 2), erfolgen. Demnach werden neben der Änderung ursprünglich bereits vereinbarter Leistungen auch zusätzliche Leistungen im VOB/B-Sinne erfasst. Der Änderungsbegriff in § 650b Abs. 1 BGB fungiert daher als Oberbegriff für jede Modifikation einer bereits vereinbarten Leistung. Auch bislang nicht vereinbarte Leistungen fallen darunter.[16] Es existieren jedoch folgende Problemfälle:

(a) Streit über den geschuldeten Vertragsumfang

Die Aufforderung zur Erbringung von Vertragsleistungen stellt keine Änderung dar. Denn der Besteller möchte den Vertrag nicht ändern, sondern begehrt Vertragsdurchführung. Diese, eigentlich selbstverständliche Erkenntnis verursacht Probleme, wenn zwischen den Parteien Streit über den sog. „Anspruchsgrund" herrscht. Ein solcher Konflikt betrifft die Frage, ob die geforderte Leistung zum

---

15 Dies ist zu begrüßen, da sich die 1952 eingeführte Aufspaltung in der VOB/B als unnötig erwiesen und nur unnötige Abgrenzungsfragen hervorgerufen hat (*von Rintelen* in: Kniffka, Bauvertragsrecht, BGB § 650b Rn. 36).

16 *Leinemann/Kues* in: LK, Bauvertragsrecht, BGB § 650b Rn. 38.

geschuldeten Vertragsumfang gehört oder eine zusätzlich zu vergütende Leistung darstellt.

(aa) Änderungsanordnung

Der Besteller könnte in diesen Fällen die vermeintliche Leistungsänderung einseitig anordnen. Würde die gewünschte Leistung tatsächlich bereits zur geschuldeten Vertragsleistung zählen, wäre sie abgegolten und der Besteller müsste nicht zweimal zahlen. Die einseitige Änderungsanordnung ginge dann in ihren Rechtsfolgen ins Leere.[17] Der Vertrag würde weder bzgl. der Leistungspflicht noch bzgl. der Vergütungshöhe geändert.[18]

Allerdings wird ein Unternehmer die Ausführung einer aus seiner Sicht nicht beauftragten Leistung ablehnen. Auch hilft dem Besteller eine Änderungsanordnung nicht weiter, wenn er der Ansicht ist, dass die Leistung zum Vertragsumfang zählt. Denn eine Änderungsanordnung stellt kein Erfüllungsbegehren dar. Zudem möchte der Besteller den Vertrag mit der Konsequenz des § 650c BGB gerade nicht ändern.

(bb) Konstitutiver Änderungsvertrag

Andererseits bestünde die Möglichkeit, einen Änderungsvertrag abzuschließen. Dabei können jedoch ebenfalls Probleme auftreten. Zwei Irrtumskonstellationen (Irrtum über das *Vergütungs-Soll* und Irrtum über das *Leistungs-Ist*), die den Nachtragsgrund betreffen, sind denkbar.[19]

Bei einem Irrtum über das *Vergütungs-Soll* sagt der Besteller eine Vergütung zu und verkennt, dass der Unternehmer vertraglich die begehrte Leistung hätte einpreisen oder ohne Aufpreis erbringen müssen.

Bei einem Irrtum über das *Leistungs-Ist* sagt der Besteller eine Vergütung zu und verkennt, dass der Unternehmer bei einer nicht funktionierenden oder beschädigten Werkleistung für den Mangel verantwortlich ist und diesen deshalb ohne Mehrvergütung hätte beseitigen müssen.

Beiden Fällen ist der Umstand gemein, dass der Besteller trotz Nachtragsvereinbarung keine Nachtragsvergütung schuldet, dementsprechend nicht ein zweites Mal zahlen muss.[20] Denn es ist davon auszugehen, dass der Besteller im Zweifel nicht von der ihm günstigen vertraglichen Position abrücken bzw. auf diese verzichten wollte.[21]

---

17 *Leinemann/Kues* in: LK, Bauvertragsrecht, BGB § 650b Rn. 74.

18 *Leinemann/Kues* in: LK, Bauvertragsrecht, BGB § 650b Rn. 76.

19 Ist der Nachtrag hingegen dem Grunde nach berechtigt, ist die vereinbarte Vergütungshöhe verbindlich (*Retzlaff*, BauR 2017, 1781 [1793]).

20 *Retzlaff*, BauR 2017, 1781 (1792 f.).

21 *Retzlaff*, BauR 2017, 1781 (1792 f.).

Eine erneute Vergütung ist daher nur dann zu entrichten, wenn „sich der Auftraggeber in vertragsändernder Weise eindeutig damit einverstanden erklärt, eine zusätzliche Vergütung ohne Rücksicht auf die schon bestehenden Leistungspflichten des Auftragnehmers zu zahlen“ [22].

Dies ist der Fall, wenn die Nachtragsvereinbarung hinsichtlich der Vergütung der vermeintlich geänderten Leistung Vergleichscharakter hat.[23] Bei dem Irrtum über das *Vergütungs-Soll* ist Voraussetzung hierfür, dass sich die Parteien der Unklarheit zumindest bewusst waren und die Frage abschließend regeln wollten.[24] Bei dem Irrtum über das *Leistungs-Ist* müssen die Parteien über die Gründe der Mangelerscheinung unterschiedlicher Auffassung sein. Zudem muss eine Aufklärung nach verlangter Nachbesserung wegen Zerstörung der Werkleistung unmöglich sein.[25]

Empfehlenswert wäre in derartigen Fällen daher die Einigung auf eine Vergütungsabrede über die umstrittene Vertragsleistung, bedingt darauf, dass die Vertragsleistung nicht zum Vertragsumfang gehört.[26] Denn dann würde die Leistung ohne Bauzeitverzögerung erbracht werden. Im Falle einer Zusatzleistung stünde dem Unternehmer eine Zusatzvergütung zu. Im Falle einer zum Vertragsumfang zählenden Leistung entginge der Unternehmer einer drohenden Inanspruchnahme wegen Schadensersatzes. Nicht immer wird eine solch harmonische Lösung erzielt werden können. Daher ist zu erörtern, wie ein Besteller den Unternehmer zur Erbringung der begehrten (Zusatz-)Leistung bewegen kann.

(cc) Bedingte einseitige Änderungsanordnung

Ein Besteller, der den Unternehmer zur Erbringung der begehrten (Zusatz)Leistung bewegen will, sollte daher wie folgt vorgehen:

Nach erfolglosem Ablauf der Verhandlungsphase ist eine bedingte, einseitige Änderungsanordnung auszusprechen.[27] Zwar sind Gestaltungsrechte grundsätzlich bedingungsfeindlich,[28] denn nur so werden sie dem Erfordernis der

---

22 BGH, Urt. v. 26.04.2005 – X ZR 166/04 in: NJW-RR 2005, 1179 ff.

23 *Retzlaff*, BauR 2017, 1781 (1792 f.); *Leinemann/Kues* in: LK, Bauvertragsrecht, BGB § 650b Rn. 75 f. Die Nachtragsvergütung wäre ebenfalls zu entrichten, wenn der Besteller eine gesonderte (selbstständige) Vergütungspflicht in der Nachtragsvereinbarung anerkennt.

24 Hieran fehlt es, wenn sich der Besteller nur aufgrund Termindrucks mit der Nachtragsvergütung für einverstanden erklärt (*Retzlaff*, BauR 2017, 1781 [1792 f.]).

25 Denn ist eine Aufklärung noch möglich, will sich der Besteller diese im Zweifel vorbehalten (*Retzlaff*, BauR 2017, 1781 [1792 f.]).

26 *Von Rintelen* in: Kniffka, Bauvertragsrecht, BGB § 650b Rn. 75.

27 So auch *von Rintelen* in: Kniffka, Bauvertragsrecht, BGB § 650b Rn. 76; *Oberhauser* in: DLOPS, § 2, Rn. 89.

28 Diese Überlegung kann dem Rechtsgedanken des § 388 S. 2 BGB entnommen werden.

Rechtssicherheit des Adressaten gerecht, eine Ausnahme gilt jedoch bei Rechtsbedingungen,[29] da in diesen Fällen gerade keine Rechtsunsicherheit existiert.

Sollte die bedingte, einseitige Änderungsanordnung wirkungslos bleiben, ist eine einstweilige Verfügung anzustrengen. Zwar ist an sich die vorläufige Streitklärung durch Bauverfügung dem Wortlaut nach nicht möglich, da § 650d BGB explizit an eine Änderung nach § 650b BGB anknüpft.[30] Trotzdem soll – nach gesetzgeberischer Vorstellung – § 650d BGB in Fällen einer bedingt einseitigen Leistungsaufforderung ausnahmsweise greifen; so heißt es in der Gesetzesbegründung:

„Streitigkeiten über Anordnungen nach § 650b Abs. 2 [BGB sind] entweder durch Verhandlungen der Parteien oder durch einstweilige Verfügungen [beizulegen]“.[31]

Dieser Verweis auf § 650b BGB kann nur so interpretiert werden, dass Differenzen über den „Anspruchsgrund“ zumindest dann unter das Anordnungsrecht des § 650b Abs. 1 BGB fallen, wenn eine bedingte Änderungsanordnung ergeht.[32] Ein derart weites Verständnis überzeugt.

(b) Bauzeit, Bauumstände

Bauumstände – und damit auch die Bauzeit – werden von der Änderungsanordnung des § 650b Abs. 1 S. 1 BGB nicht umfasst.[33] Der Gesetzgeber hat sich trotz Kenntnis des Besteller-Verlangens nach Bauablaufanordnungen,[34] bewusst gegen die Einführung eines Anordnungsrechts in Bezug auf die Bauumstände und demnach auch die Bauzeit entschieden.[35]

---

29 Diese Überlegung kann dem Rechtsgedanken des § 45 Abs. 3 GKG entnommen werden.

30 *Von Rintelen* in: Messerschmidt/Voit, Privates Baurecht, BGB § 650b Rn. 30.

31 BT-Drucks. 18/8486, S. 55.

32 *Von Rintelen* in: Messerschmidt/Voit, Privates Baurecht, BGB § 650b Rn. 32.

33 A. A. ist *Joussen*, BauR 2018, 151 (159 f.).

34 Insbesondere, wenn mehrere Unternehmer auf der Baustelle der Koordination bedürfen oder zwingend einzuhaltende Zeitpunkte bzw. -räume zugegen sind, während derer die Erbringung der Bauleistung nur möglich ist, kann ein berechtigtes Interesse des Bestellers, den Bauablauf an die geänderten Umstände anzupassen, vorliegen.

35 Der Referentenentwurf zur Reform des Bauvertragsrechts sah zunächst aufgrund eines entsprechenden Vorschlags des DBGT (Thesenpapier AK I des 3. DBGT, S. 16 f.) ein inhaltlich erweitertes Anordnungsrecht vor (Referentenentwurf BMJV, S. 12, 57). Hiernach sollten Änderungen, die die Art der Ausführung oder Bauzeit betreffen, nur unter äußerst engen Voraussetzungen, nämlich dem Vorliegen schwerwiegender Gründe oder dem deutlichen Überwiegen der Belange des Bestellers bei der beiderseitigen Interessenabwägung, möglich sein. Rechtstechnisch

Dennoch kann dem Besteller im Einzelfall ein Anpassungsanspruch[36] – jedoch aus Treu und Glauben – bzgl. der Bauzeit zustehen. In Betracht zu ziehen ist ein solcher Anspruch insbesondere, wenn das Beschleunigungsbedürfnis des Bestellers das Dispositionsrecht des Unternehmers deutlich überwiegt.[37] Dies ist vor allem dann der Fall, wenn dem Unternehmer die notwendigen Kapazitäten zur Verfügung stehen und die ihm angebotene Vergütung angemessen ist.[38]

(c) Änderung des sonstigen Vertragsinhalts

§ 650b Abs. 1 S. 1 BGB umfasst neben Änderungen des Werkerfolgs auch Änderungen der geschuldeten Bauleistung, die zur Erreichung des Werkerfolgs notwendig sind.

Der Norm unterfallen jedoch nicht Änderungen sonstiger Vertragsinhalte.[39] Damit gemeint sind Klauseln zur Abrechnung oder Zahlungsmodalitäten sowie Regelungen über Gewährleistung, Sicherheiten, Vertragsstrafen, etc.[40] Derartige Bestimmungen können die Parteien daher stets – auch während der Bauausführung – nach den grundlegenden Regeln zur Begründung und Änderung von Schuldverhältnissen aus §§ 241, 311 BGB durch Verhandlungen abändern.[41] Einzige Voraussetzung ist ein übereinstimmender Veränderungswille.

---

unpräzise wurde in dem Entwurf jedoch unter die Begrifflichkeit „Änderung des Werkerfolgs" sowohl die „Bauzeit" als auch die „Art der Ausführung" subsumiert. In seiner Stellungnahme zum Referentenentwurf wies der DBGT daher zutreffend daraufhin, dass die Bauzeit keine im Synallagma stehende Leistungspflicht darstellt und folglich nicht zum Werkerfolg zählen kann. Auch die Art der Ausführung, die neben der Planung auch die zur Erreichung des Werkerfolgs erforderliche Arbeitsschritte erfasst, kann nicht dem Begriff Werkerfolg zugeordnet werden. Von einer derart undifferenzierten Einbeziehung sollte daher Abstand genommen werden (Stellungnahme DBGT zum Referentenentwurf, S. 16). Diesen Ratschlag befolgte der Gesetzgeber und rückte schließlich gänzlich von einem Anordnungsrecht hinsichtlich der Bauumstände ab (*von Rintelen* in: Messerschmidt/Voit, Privates Baurecht, BGB § 650b Rn. 27; ebenso *Glöckner*, VuR 2016, 123 (129); *Orlowski*, ZfBR 2016, 419 [426]).

36 Der BGH leitete einen solchen Anpassungsanspruch im Einzelfall aus §§ 157, 242 BGB ab (BGH, Urt. v. 25.01.1996 – VII ZR 233/94 in: NJW 1996, 1346 [1347]). Zum einseitigen Anordnungsrecht bestehen zwei wesentliche Unterschiede: Zum einen führt der Anpassungsanspruch allein die Leistungsänderung noch nicht einseitig herbei. Es bedarf vielmehr der Zustimmung des Unternehmers. Zum anderen hilft dem Besteller der Anpassungsanspruch nur weiter, wenn er seinerseits ein zur Annahme verpflichtendes, angemessenes Vergütungsangebot unterbreitet hat (*von Rintelen* in: Kniffka, Bauvertragsrecht, BGB § 650b Rn. 69).

37 *Von Rintelen* in: Kniffka, Bauvertragsrecht, BGB § 650b Rn. 68.

38 *Von Rintelen* in: Messerschmidt/Voit, Privates Baurecht, BGB § 650b Rn. 28.

39 Dies entspricht insoweit dem parallel gelagerten § 1 Abs. 3 VOB/B.

40 *Von Rintelen* in: Messerschmidt/Voit, Privates Baurecht, BGB § 650b Rn. 29.

41 *Leinemann/Kues* in: LK, Bauvertragsrecht, BGB § 650b Rn. 68.

(d) Vollständiger Austausch des Werkerfolgs

In seiner Gesetzesbegründung führt der Gesetzgeber an, dass der Besteller bei § 650b Abs. 1 S. 1 Nr. 1 BGB „nicht an bestimmte Ziele gebunden ist" – er dementsprechend sein Anordnungsrecht nach freiem Belieben ausüben kann.[42] Überspitzt ausgedrückt steht dem Besteller daher eine uneingeschränkte Befugnis zum vollständigen Austausch des vertraglichen Werkerfolgs durch einseitige Änderung des vereinbarten Werkerfolgs zu. Hierdurch würde dem Unternehmer letztlich ein Vertragsverhältnis aufgezwungen werden, dass dieser so niemals abgeschlossen hätte.[43] Anders als bei der jederzeit möglichen Kündigung gemäß § 648 BGB, die nur eine Vertragslösung zur Folge hat, könnte der Besteller dem Vertragspartner im Wege des Anordnungsrechts einen gewissermaßen „neuen" Vertrag aufzwingen. Bereits aus Sinn und Zweck des Änderungsrechts sowie dem Begriff der „Änderung" als solchem folgen aber – trotz Fehlens genereller inhaltlicher Schranken – inhaltliche Einschränkungen. So verdeutlicht schon die Wortwahl der „Änderung", dass hierunter kein *Aliud* zu verstehen ist oder ein praktisches neues Bauwerk fällt.[44] Aber auch ein Vergleich mit der Parallelvorschrift des § 1 Abs. 3 VOB/B zeigt, dass der Gesetzgeber ein derart weitreichendes Anordnungsrecht nicht einführen wollte. § 1 Abs. 3 VOB/B normiert, dass es dem Besteller vorbehalten bleiben soll, Änderungen des Bauentwurfs anzuordnen. Auch hier besteht dem Wortlaut nach zwar ein uneingeschränktes Anordnungsrecht, das dazu dient, die Vereinbarung den geänderten Wünschen des Bestellers anzupassen. Wiederum nicht umfasst wird jedoch der vollständige Austausch der Grundlagen der Planung.[45]

Begehrt der Besteller daher einen völlig neuen Werkerfolg, kann er dies nicht durch Vertragsänderung gemäß § 650b Abs. 1 S. 1 Nr. 1 BGB erreichen, denn diese umfasst nicht den vollständigen Austausch des Werkerfolgs. Vielmehr verbleibt es bei der Möglichkeit der Kündigung nach § 648 BGB und einem ggf. anschließenden, neuen Vertragsabschluss.

(e) Entfallene Leistungen

Führt der Besteller Planänderungen durch, stellt sich die Frage, wie mit entfallenen Leistungen umzugehen ist.

Einerseits könnte das Vorgehen als Teilkündigung gemäß § 648 BGB verstanden werden.[46] An der vertraglichen Vergütung würde sich dem Grunde nach

---

42 BT-Drucks. 18/8486, S. 53.

43 Beispielshalber könnte ein Unternehmen zunächst bei einem Schreiner 20 Holzstühle bestellen und diesen geschuldeten Werkerfolg später zu 20 Holztischen abändern.

44 *Weyer*, BauR 1990, 138 (141).

45 *Von Rintelen* in: Kniffka, Bauvertragsrecht, BGB § 650b Rn. 41.

46 Die herrschende Literatur hält eine Teilkündigung für zulässig (so z. B. *Lang*, BauR 2006, 1956 [1957 f.]; *Kirberger*, BauR 2011, 343 [344], *Schmitz* in: Kniffka,

nichts ändern. In diesem Fall muss sich der Besteller gemäß § 648 S. 2 Halbs. 2 BGB jedoch das anrechnen lassen, was er infolge der Aufhebung des Vertrags an Aufwendungen erspart oder durch anderweitige Verwendung seiner Arbeitskraft erwirbt oder zu erwerben böswillig unterlässt. Andererseits könnte das Vorgehen als Änderungsanordnung verstanden werden, mit der Folge, dass sich die Vergütung nach § 650c Abs. 1 S. 1 oder Abs. 2 BGB richtet. Relevanz hat diese Differenzierung aufgrund der unterschiedlichen Voraussetzungen beider Vorgehensweisen.

Während die Teilkündigung der Schriftform (§ 126 BGB) bedarf, ist für den Ausspruch einer Änderungsanordnung nur die Textform (§ 126b BGB) nötig. Darüber hinaus kann eine Teilkündigung mit sofortiger Wirkung ausgesprochen werden, wohingegen eine Änderungsanordnung erst nach vorgelagerter Verhandlungsphase ausgesprochen werden kann.

Unterschiede können sich auch in Hinblick auf die Vergütungsfolgen ergeben. Zwar wird teilweise vertreten, dass in Hinblick auf die Vergütung letztlich beide Berechnungsweisen zum gleichen Ergebnis führen.[47]

Diese Schlussfolgerung greift jedoch zu kurz. Wird der verminderte Aufwand nach den tatsächlichen Kosten gemäß § 650c Abs. 1 S. 1 BGB berechnet, so gilt auch hier, dass sich der Unternehmer – parallel zu § 648 S. 2 BGB – die ersparten hypothetischen Ist-Kosten der entfallenen Leistung anrechnen lassen muss.[48] Allerdings hat er nicht – anders als bei § 648 S. 2 BGB – den zusätzlichen Gewinn, den er mit dem anderweitigen Personaleinsatz erzielt, gegenzurechnen. § 650c Abs. 1 S. 1 BGB enthält kein derartiges Gebot.

Auch eine analoge Anwendung des § 648 S. 2 BGB scheidet aus. Es fehlt bereits an der Planwidrigkeit einer Regelungslücke. Der Gesetzgeber entschied sich bewusst für die Formulierung des Mehr- oder Minderaufwands nach den tatsächlichen Kosten. Dies tat er, obwohl er sich im Zuge der Bauvertragsrechtsreform mehrfach mit dem § 648 BGB auseinandersetzte.[49] Im Übrigen würde ein

---

Bauvertragsrecht, BGB § 650b Rn. 163). A. A. sind – mit beachtlichen Argumenten – *Abel/Schönfeld*, BauR 2017, 1901 (1904 ff.).

47 *Manteufel* in: Kleine-Möller/Merl/Glöckner, § 12, Rn. 513. Ähnlich sehen dies *von Rintelen* in: Kniffka, Bauvertragsrecht, BGB § 650b Rn. 163 und *Retzlaff*, BauR 2017, 1781 (1786).

48 *Pause* vertritt an dieser Stelle sogar die Auffassung, dass der Unternehmer weder die Kosten von bereits angeschafftem Material noch von Personal, dessen Einsatz durch die Änderungsanordnung entfällt, geltend machen kann (*Pause*, ZfBR 2018, 731 [734]). Er stützt dies auf das Fehlen eines konkreten Mittelabflusses. Dies ist aber nicht sachgerecht. Eigenleistungen müssen – ebenso wie bei § 637 BGB – in Ansatz gebracht werden (siehe dazu ausführlich unten *Abschnitt B. I. 2. c) aa))*. Der Wortlaut des § 650c BGB zwingt nicht zu einer streng schadensrechtlichen Ermittlung der tatsächlich entstehenden Kosten (BeckOK BauvertrR/*Althaus/Kattenbusch*, BGB § 650c Rn. 23).

49 So bekam § 648 BGB nicht nur eine neue Nummerierung (bisher § 649 BGB), sondern wurde auch in das System der neuen baurechtlichen Vorschriften integriert,

solches Angleichen der Vergütungsrechtsfolgen zu einem Verschwimmen der Rechtsinstitute und damit einem Anstieg an Rechtsunsicherheit führen.

Es ergeben sich jedoch auch Unterschiede, wenn der Unternehmer zur Vergütungsberechnung auf die Ansätze der Urkalkulation gemäß § 650c Abs. 2 BGB zurückgreift. Denn der Unternehmer könnte in Positionen verleitet sein, in denen er mit einem Leistungsentfall rechnet, günstigere Einzelkosten der Teilleistung (EKT) zu kalkulieren, um sich auf die Vermutungswirkung der Kalkulation zu berufen. Die tatsächlich erforderlichen Mehrkosten müsste er sich dann nicht anrechnen lassen. Das Widerlegen der gesetzlichen Richtigkeitsvermutung des § 650c Abs. 2 BGB bei überschaubarer Unterschreitung marktüblicher Preise dürfte für den Besteller – anders als bei der rein tatsächlichen Vermutung des § 648 S. 2 BGB – ein aussichtsloses Unterfangen sein.[50]

Es bestehen daher zwischen der Teilkündigung und der Änderungsanordnung erhebliche Differenzen in Hinblick auf die Vergütungsfolgen sowie die Vorgaben zu Form und zeitlicher Ausübung. Im Einzelfall ermöglichen diese eine passgenaue Einordnung des Besteller-Begehrens.

Sollte wider Erwarten dennoch ein Zweifelsfall auftreten, erscheint es sachgerecht, wie *Retzlaff* zu hinterfragen, ob die gewünschte Leistungsreduktion eine Änderung der Planung erforderlich macht.[51] Kann eine Teilleistung einfach gestrichen werden, ohne dass sie sich nennenswert auf den Rest auswirkt, ist von einer Teilkündigung auszugehen. Führt eine Leistungsreduktion hingegen dazu, dass die übrigen Leistungen umgeplant werden müssen – dementsprechend sog. Wechselwirkungen entstehen – wird der Besteller regelmäßig ein erhöhtes Verlangen nach Planungs- und Vergütungsklarheit haben, sodass ein Fall der Änderungsanordnung anzunehmen wäre.

(f) Rechtslage, behördliche Vorgaben und technische Regelwerke

Ausdrücklich nennt die Gesetzesbegründung[52] die „Änderung der Rechtslage" sowie „behördliche Vorgaben" als Gründe, die Anlass zu einer notwendigen

---

was durch die zahlreichen Verweisungen in der Gesetzesbegründung belegt wird (BT-Drucks. 18/8486 S. 49, 52, 61, 69, 72, 85).

50 Beweistechnisch bestehen grundlegende Unterschiede zwischen einer rein tatsächlichen Vermutung und einer gesetzlichen Vermutung. Bei tatsächlichen Vermutungen, genügt es für den belasteten Teil, die Grundlage der Vermutung zu erschüttern. Bereits dann ist der Anspruchsteller wieder vollumfänglich darlegungs- und beweisbelastet (BGH, Urt. v. 09.10.2009 – V ZR 178/08). Hingegen werden gesetzliche Vermutungen gemäß § 292 ZPO erst durch den Beweis des Gegenteils beseitigt. Die bloße Erschütterung der Vermutungslage allein genügt nicht, da es ja zum Wesen der gesetzlichen Vermutung gehört, dass die vermutete Tatsache oder das vermutete Recht in der Existenz zweifelhaft ist (*von Rintelen* in: Kniffka, Bauvertragsrecht, BGB § 650c Rn. 110).

51 *Retzlaff*, BauR 2017, 1781 (1786).

52 BT-Drucks. 18/8486, S. 53.

Änderung nach § 650b Abs. 1 S. 1 Nr. 2 BGB geben können. Ob unter diese Begriffe auch die Veränderung der Vorgaben technischer Regelwerke fällt, wird dagegen im Unklaren belassen. Es stellt sich daher die Frage, ob der Besteller eine Änderungsanordnung aussprechen muss, wenn sich die anerkannten Regeln der Technik zwischen dem Zeitpunkt des Vertragsschlusses und der Abnahme ändern.[53]

Haben die Parteien Vereinbarungen getroffen, sind diese vorrangig heranzuziehen und auszulegen.[54] Fehlen derartige Übereinkünfte, sind die Auffassungen in der Literatur zwiegespalten.

Jagenburg ist der Ansicht, dass die bepreiste Leistung allein den Stand der technischen Regelwerke zum Zeitpunkt des Vertragsschlusses umfasse. Nur er sei vereinbart und werde zum Zeitpunkt der Abnahme geschuldet. Änderten sich technische Regelwerke, obliege es dem Unternehmer allein, den Besteller darauf hinzuweisen.[55] Werde die Leistung dann entsprechend dem geltenden Stand der technischen Regelwerke ausgeführt, erhalte der Unternehmer eine zusätzliche Vergütung.[56]

Bolz hingegen grenzt anhand der dem Vertrag zugrunde liegenden Ausschreibung ab.[57] Bei detaillierter Ausschreibung sei der Stand der technischen Regelwerke zum Zeitpunkt des Vertragsschlusses für die vereinbarte Vergütung maßgeblich. Fordere der Besteller nach entsprechendem Änderungshinweis des Unternehmers den zum Zeitpunkt der Abnahme geltenden Stand der technischen Regelwerke, sei dies zusätzlich zu vergüten. Bei funktionaler Ausschreibung entscheide und plane der Unternehmer, wie er die geschuldete Funktion erreiche. Hierdurch sichere er die Einhaltung der technischen Regelwerke zum Zeitpunkt der Abnahme stillschweigend zu. Gleiches gelte, wenn der Unternehmer als Bauträger die Leistungsbeschreibung erstellt.

Oberhauser und *Leinemann/Kues* grenzen ebenfalls nach der zugrunde liegenden Ausschreibung ab, jedoch in Abhängigkeit davon, wer die Leistungen, die zur Erreichung des Werkerfolgs erforderlich sind, zu planen hatte.[58] Wer die

---

53 Als unproblematisch für den Unternehmer erweisen sich Änderungen anerkannter Regelungen der Technik nach Abnahme. Denn es verbleibt bei der zum Zeitpunkt der Abnahme mangelfrei erbrachten Bauleistung.

54 Da sich die technischen Standards zwischen Vertragsschluss und Abnahme aufgrund langjähriger Bauprozesse durchaus ändern können, ist es äußerst empfehlenswert, zu diesem Punkt Abmachungen zu treffen.

55 Bei diesem Hinweis handelt es sich um eine Nebenpflicht des Auftragnehmers. Ein Unterlassen kann zu Schadensersatz verpflichten (*Kapellmann* in: Kapellmann/Messerschmidt, VOB A/B, VOB/B § 2 Rn. 52).

56 *Jagenburg* in: FS Korbion, S. 186. Auch *Miernik* ist der Ansicht, dass der vereinbarte Preis nur die bei Vertragsschluss beschriebenen, und in diesem Zeitpunkt nach den anerkannten Regeln der Technik notwendigen Leistungen, abgilt (*Miernik*, BauR 2012, 151 [157]).

57 *Bolz*, IBR 2011, 13; *Bolz*, IBR 2012, 185.

58 So auch *Oberhauser* in: DLOPS, § 2, Rn. 42. Ebenfalls *Leinemann/Kues* in: LK, Bauvertragsrecht, BGB § 650b Rn. 58.

Planungsverantwortung übernehme, habe das Risiko der Änderungen technischer Regelwerke zu tragen.

Letzterer Auffassung ist grundsätzlich zuzustimmen. Sie entspricht – mit Blick auf die § 650c Abs. 1 S. 2 BGB und § 650b Abs. 1 S. 5 BGB – auch der gesetzgeberischen Konzeption. Einzig für Fälle geteilter Planungsverantwortung ist sie zu präzisieren. Ein solcher Fall liegt beispielshalber vor, wenn sich ein Besteller die Bauplanung trotz einer funktionalen Ausschreibung ganz oder zum Teil selbst vorbehält. Derartigen Fällen kann nicht mit einer Alles-oder-Nichts-Lösung je nach Grad der Planungsverantwortung beigekommen werden. Vielmehr ist der Rechtsgedanke der § 650c Abs. 1 S. 2 BGB und § 650b Abs. 1 S. 5 BGB zu übertragen. Nur bei ausschließlicher Planungsverantwortung ist dem Unternehmer das Risiko der Änderung technischer Regelwerke aufzubürden. Andernfalls führt dies zu einer Belastung über Gebühr, denn im ungünstigsten Falle könnte die Änderung technischer Standards dazu führen, dass der Unternehmer (Teil) Gewerke völlig demontieren und neu errichten müsste. Nur die ausschließliche Planungsverantwortung rechtfertigt daher das Tragen derartiger Kostenlasten, zumal der Unternehmer in diesem Fall durch die erhöhte Vergütung (als Gegenleistung für die Planung) entsprechende Kompensation erhält. Sie ist durch Vertragsauslegung gemäß §§ 157, 133 BGB zu ermitteln und schafft aufgrund ihrer klaren Bedingung Rechtssicherheit.

(2) Textform

Das Änderungsbegehren des Bestellers bedarf zu seiner Wirksamkeit einer Anordnung in Textform (§ 126b BGB). Das verfolgte Ziel hierbei ist das Schaffen von Rechtsklarheit durch Beweisbarkeit.[59] Dies ist begrüßenswert. Auch wenn davon auszugehen ist, dass Teile der Baupraxis – das formlose Anordnungsrecht der VOB/B gewohnt – damit ihre Probleme haben werden.[60]

Unbenommen bleibt dem Besteller auch die Anordnungsmöglichkeit in Schriftform (§ 126 BGB), da diese aufgrund ihres eigenhändigen Unterschriftserfordernisses ein „Mehr“ gegenüber der Textform darstellt.

b) Tatsächlich erforderliche Kosten

aa) Auslegung

Das BGB enthält keine Definition „tatsächlich erforderlicher Kosten“. Es handelt sich vielmehr um drei unbestimmte Rechtsbegriffe. Um deren Inhalt zu verstehen, bedarf es daher der Auslegung mit dem Ziel eine eigene, allgemeingültige

---

59 BT-Drucks. 18/8486, S. 86.

60 Gelegentlich tritt beispielsweise der Fall auf, dass mündliche Änderungsanordnungen des Bestellers in einem Baustellenprotokoll festgehalten werden, das im Zweifel nicht der Textform entspricht (*W. Langen* in: LBD, BGB § 650b Rn. 96).

Definition hervorzubringen. Anerkannte Methoden sind dabei die Auslegung nach Wortlaut, Systematik, Historie und Telos.

(1) Wortlaut

(a) Juristische Fachsprache

In der juristischen Fachsprache werden den drei Begriffen festgelegte Definitionen zugeschrieben.

Tatsachen: *„Zustände der Vergangenheit/Gegenwart, die dem Beweise zugänglich sind."*[61]

Erforderlich: *„Ist etwas, das zur Zweckerreichung geeignet ist und unter gleichermaßen geeigneten Mitteln das mildeste darstellt."*[62]

Kosten: *„Gebühren und Auslagen."*[63]

Der Kostenbegriff lässt sich zudem weiter präzisieren, denn sowohl für Gebühren als auch für Auslagen bestehen gemeine Definitionen:

Gebühren: *„sind eine nach festen Sätzen bemessene Vergütung, die eine Gegenleistung für eine besondere Inanspruchnahme oder Leistung darstellt."*[64]

Auslagen: *„sind bei der Durchführung tatsächlich entstandene Unkosten oder Aufwendungen."*[65]

Hiernach wären „tatsächlich erforderliche Kosten" zur Zweckerreichung geeignete, dem Beweis zugängliche Gebühren und Auslagen, die unter gleich geeigneten Mitteln das Mildeste darstellen.

Da die Kostenspezifizierung bei § 19 VwVG jedoch im Kontext mit Amtshandlungen verwendet wird, lassen sich die dort konstatierten Gedanken nicht

61 BeckOK StGB/*Beukelmann*, StGB § 263 Rn. 3.

62 *Grzeszick* in: Maunz/Dürig, GG, GG Art. 20 Rn. 113.

63 Legaldefinition in § 19 VwVG.

64 BeckOK VwVfG/*Deusch/Burr*, VwVG § 19 Rn. 4.

65 *Stammberger* in: Engelhardt/Schlatmann, VwVG/VwZG, VwVG § 19 Rn. 5; BeckOK VwVfG/*Deusch/Burr*, VwVG § 19 Rn. 5. Die Auslagen ergeben sich im Einzelnen aus § 344 Abs. 1 AO (BeckOK VwVfG/*Deusch/Burr*, VwVG § 19 Rn. 5). Da § 344 Abs. 1 Nr. 1 – 8 AO eine abschließende Aufzählung enthält, würden – bei engem Verständnis – dort nicht aufgelistete Auslagen auch nicht von § 650c BGB erfasst werden.

übertragen. An einem einfach gelagerten Beispielsfall wird dies deutlich: Ein Bauunternehmer, der mit einem Baumaschinenvermieter einen Mietvertrag mit Pauschalpreis schließt, welcher es ihm ermöglicht, benötigte Gerätschaften jederzeit – sofern vorhanden – zu nutzen („Flatrate"), würde andernfalls schlechter stehen als ein Bauunternehmer, der für jede Nutzung einen neuen Mietvertrag abschließt. Denn der Pauschalpreis stellt keine Gebühr dar. Er fällt nicht für eine konkrete Inanspruchnahme an, sondern für das generelle Zurverfügungstellen. Auch ist keine der Auslagenziffern in § 344 Abs. 1 AO einschlägig, die Kosten für die Nutzung von Baugeräten veranschlagt. Für eine solche Schlechterstellung bestehen weder triftige Gründe, noch ist ein derart enges Kostenbegriffsverständnis mit den Bedürfnissen der Bauvertragspraxis zu vereinbaren.

(b) Betriebswirtschaftliche Sprache

In der betriebswirtschaftlichen Sprache wird der Kostenbegriff wie folgt definiert:[66]

> *„Bewerteter Verzehr von wirtschaftlichen Gütern materieller und immaterieller Art zur Erstellung und zum Absatz von Sach- und/oder Dienstleistungen sowie zur Schaffung und Aufrechterhaltung der dafür notwendigen Teilkapazitäten."*

Der Kostenbegriff lässt sich daher dreigliedrig segmentieren. Erstens muss ein festgelegter Zweck vorliegen, zweitens der zweckgerichtete Einsatz von Produktionsfaktoren und Dienstleistungen erfolgen und drittens eine finanzielle Bewertung stattfinden (z. B. Mitarbeitereinsatz in EUR/h oder Kraneinsatz in EUR/Einsatzmonat).[67] Nur wenn diese drei Voraussetzungen erfüllt sind, liegen Kosten im betriebswirtschaftlichen Sinne vor. Andernfalls erfolgt die begriffliche Verwendung unberechtigt als bloße Floskel.[68]

Es erscheint durchaus sinnvoll, diese klaren, gut handhabbaren Kriterien auf den baurechtlichen Kostenbegriff zu übertragen. Denn auch in der Baupraxis erfolgt die Kostenermittlung – zumindest bei größeren Bauprojekten – nach betriebswirtschaftlichen Grundsätzen.[69]

(c) Fazit

Nach der grammatischen Auslegung anhand der juristischen Fachsprache ergeben sich zwar durchaus brauchbare, jedoch keine zielführenden Ansätze. Jedoch liefert der betriebswirtschaftliche Kostenbegriff erste, nützliche Erkenntnisse.

66 *Gabler*, Wirtschaftslexikon I – K, S. 1795.
67 *Sindermann*, NZBau 2019, 284 (286).
68 *Sindermann*, NZBau 2019, 284 (286).
69 *Sindermann*, NZBau 2019, 284 (286).

Kosten müssen einen *ex ante* festgelegten Zweck verfolgen, zweckgerichtet und aufgrund finanzieller Bewertung anfallen.

(2) Systematik

Die Vorstellung von einem einheitlichen System der Rechtsordnung beruht auf dem Gedanken, dass die Rechtsordnung ein geordnetes Normgefüge widerspruchsfreier, normativer Wertmaßstäbe sein soll.[70] Denn bei uneinheitlichen Rechtsmaßstäben würde sie die Rechtsgleichheit – das Grundprinzip der Gerechtigkeit – verletzen.[71] Wertungswidersprüche bedürfen daher einer harmonisierenden Interpretation.[72] Um diesen Anforderungen gerecht zu werden, bedarf es zum umfassenden Verständnis einer Norm der genauen Begutachtung ihrer Stellung innerhalb der Normengruppe, des Teilgebiets oder der Gesamtrechtsordnung (sog. systematische Auslegung).

(a) Innerhalb des § 650c BGB

§ 650c Abs. 1 S. 1 BGB normiert, dass die Höhe des Vergütungsanspruchs nach den tatsächlich erforderlichen Kosten mit angemessenen Zuschlägen für allgemeine Geschäftskosten, Wagnis und Gewinn zu ermitteln ist.

Die Baustellengemeinkosten werden nicht erwähnt. Sie umfassen all diejenigen Kosten, die auf einer Baustelle entstehen, aber nicht einzelnen Teilleistungen (Positionen des Leistungsverzeichnisses) direkt zugeordnet werden können.[73] Es stellt sich daher die Frage, inwiefern sie bei der Nachtragsvergütungsermittlung zu berücksichtigen sind.

Einzig klar ist, dass die Baustellengemeinkosten nicht als Zuschlag veranschlagt werden können, da § 650c Abs. 1 S. 1 BGB insoweit eine abschließende Aufzählung enthält. Dennoch müssen Baustellengemeinkosten berücksichtigt werden. Sie sind unter die tatsächlich erforderlichen Kosten zu subsumieren. Denn es handelt sich – wie *Lindner* zutreffend ausführt – bei den Baustellengemeinkosten anerkanntermaßen um einen baubetrieblichen Kostenbestandteil.[74] Auch ein Vergleich mit § 650c Abs. 2 BGB stützt dieses Ergebnis. § 650c Abs. 2 BGB verschafft dem Unternehmer ein Wahlrecht, seine Nachtragsvergütung auch mittels Urkalkulationsrückgriff zu berechnen. Klassischerweise beinhaltet eine solche Kalkulation Herstellkosten, allgemeine Geschäftskosten sowie Zuschläge

70 *Rüthers/Fischer/Birk*, Methodenlehre, § 22, Rn. 744.

71 *Rüthers/Fischer/Birk*, Methodenlehre, § 22, Rn. 744.

72 *Rüthers/Fischer/Birk*, Methodenlehre, § 22, Rn. 744.

73 BeckOK BauvertrR/*Althaus/Kattenbusch*, BGB § 650c Rn. 96. Dies wäre z. B. ein Kran, der für längere Zeit auf einer Baustelle verweilt und viele Einzelleistungen unterstützt, ohne jedoch einer konkreten Teilleistung zugeordnet werden zu können.

74 *Lindner*, BauR 2018, 1038 (1041).

für Wagnis und Gewinn.[75] Die Herstellkosten umfassen die Einzelkosten der Teilleistungen sowie die Baustellengemeinkosten. Würde nun zwischen den Absätzen – die alternativ zueinanderstehen – differenziert, hätte dies folgende Konsequenz: der Unternehmer würde stets den wirtschaftlich lukrativeren Rückgriff auf die Urkalkulation – mit der darüber hinaus weniger Bürokratie einhergeht – anstreben. Das Wahlrecht würde bereits bei Einführung seines Sinnes beraubt. Auch dieser Vergleich spricht daher für die oben vertretene Berücksichtigung der Baustellengemeinkosten.

(b) Innerhalb des Werkvertragsrechts

(aa) § 632 BGB

Offensichtlich ist, dass die tatsächlich erforderlichen Kosten nicht mit den ortsüblichen Preisen des § 632 Abs. 2 BGB gleichzusetzen sind. Andernfalls hätte der Gesetzgeber keine eigene Norm für die Bildung von Nachtragspreisen geschaffen. Er hat vielmehr erkannt, dass es für zahlreiche Bauleistungen keine marktüblichen Preise gibt und deshalb die schlichte Heranziehung ortsüblicher Preise keine taugliche Alternative darstellt.[76] Ein diesbezüglicher Rückgriff verbietet sich daher.

(bb) §§ 635 Abs. 2, 637 Abs. 1 BGB

Sowohl § 635 Abs. 2 BGB als auch § 637 Abs. 1 BGB sprechen von erforderlichen Aufwendungen. Wie unter *Abschnitt B. I. 1. a) aa) (2)* bereits erläutert, können „Aufwendungen" auf eine Stufe mit „Kosten" gestellt werden. Bei beiden Normen richtet sich die Erforderlichkeit danach, für welche vertretbare Maßnahme zur Schadensbeseitigung sich ein vernünftiger, wirtschaftlich denkender Besteller bei einer *Ex-ante*-Betrachtung nach sachkundiger Beratung entscheiden würde.[77]

Überträgt man diese Feststellungen nun auf § 650c Abs. 1 S. 1 BGB, ergibt sich folgendes Bild: Anders als es *Lindner*[78] schlussfolgert, läge der Erforderlichkeit

---

75 BeckOK BauvertrR/*Althaus/Kattenbusch*, BGB § 650c Rn. 82 f.

76 *Leupertz* in: Messerschmidt/Voit, Privates Baurecht, BGB § 650c Rn. 7.

77 *Moufang/Koos* in: Messerschmidt/Voit, Privates Baurecht, BGB § 635 Rn. 58; BGH, Urt. v. 07.03.2013 – VII ZR 119/10; BGH, Urt. v. 25.06.2015 – VII ZR 220/14. Stellt sich erst nach der Mängelbeseitigung heraus, dass hierzu eine preiswertere Möglichkeit bestanden hätte, kann ein sachverständig beratener Besteller gleichwohl die ihm entstandenen Kosten ersetzt verlangen (BGH, Urt. v. 25.06.2015 – VII ZR 220/14 Rn. 68 m. w. N.; *Merl/Hummel* in: Kleine Möller/Merl/Glöckner, § 15, Rn. 382). Auch hat ein Besteller das Recht, von mehreren sich anbietenden Methoden der Sichersten den Vorzug zu geben, selbst wenn sie wesentlich teurer als eine andere denkbare Methode der Nachbesserung ist (OLG Stuttgart in: BauR 1996, 718 (719); OLG Köln in: NJW-RR 1993, 533 (534); OLG Frankfurt in: NJW-RR 1988, 918; *Merl/Hummel* in: Kleine Möller/Merl/Glöckner, § 15, Rn. 386).

78 *Lindner*, BauR 2018, 1038 (1042).

kein objektives Verständnis zugrunde. Vielmehr käme es bei der Erforderlichkeit der Aufwendungen darauf an, was der Besteller subjektiv innerhalb seines Entscheidungsspielraums, der durch sachliche und vernünftige Nachtragskosten abgesteckt wird, begehrt. Auch der Zusatz „tatsächlich" würde hier zu keinem anderen Ergebnis führen; denn aus ihm ließe sich lediglich ableiten, dass es sich um real anfallende Kosten, die möglicherweise zu beweisen sind, handelt. Maßgeblich wäre daher das subjektive Begehren des Bestellers, dessen Rahmen durch ein objektives Wirtschaftlichkeitsgebot gesetzt wird.

Dennoch muss eine Übertragung dieses Rechtsgedankens auf § 650c BGB ausscheiden. Denn die Interessenlage ist bei den §§ 635 Abs. 2, 637 Abs. 1 BGB und § 650c BGB, trotz der auf den ersten Blick vermeintlich bestehenden Ähnlichkeit, unterschiedlich. Die §§ 635 Abs. 2, 637 Abs. 1 BGB schützen den Unternehmer vor unwirtschaftlichem Aufwand des Bestellers bei der Mängelbeseitigung durch einen Dritten. § 650c BGB schützt den Besteller vor unwirtschaftlichem Aufwand des Unternehmers bei der Umsetzung der angeordneten Leistung. Einem Vergleich stehen bereits der voneinander abweichende Anspruchsteller und die damit einhergehende unterschiedliche Interessenlage entgegen. Doch auch bzgl. des Schutzniveaus bestehen grundlegende Unterschiede. Denn die §§ 635 Abs. 2, 637 Abs. 1 BGB greifen erst dann, wenn der Besteller Nacherfüllung verlangt hat. Es liegt demzufolge ein Mangel und damit eine Schlechtleistung des Unternehmers vor. Anders verhält es sich bei § 650c BGB. Hier begehrt der Besteller eine Änderung, bei der es sich in der Regel um eine Zusatzleistung bzw. eine Leistungsreduzierung handelt. Auf das Vorliegen eines Mangels kommt es nicht an.

(cc) § 641 Abs. 3 BGB

Gemäß § 641 Abs. 3 BGB steht dem Besteller bei Mängeln hinsichtlich der Vergütung ein Leistungsverweigerungsrecht begrenzt auf das Doppelte der für die Mängelbeseitigung erforderlichen Kosten, zu.

Bei der Höhe der Mängelbeseitigungskosten ist nicht auf die Selbstkosten des Unternehmers – demnach nicht auf potenzielle Vorzugspreise – abzustellen.[79] Vielmehr sind allein die Kosten maßgeblich, die dem Besteller im Falle der Durchführung von Mängelbeseitigungsarbeiten anfallen würden.[80] Für die Erforderlichkeit der Kosten kommt es daher ebenfalls darauf an, was der Besteller subjektiv innerhalb seines Entscheidungsspielraums, der durch sachliche und vernünftige Mängelbeseitigungskosten begrenzt wird, begehrt.

Trotzdem lassen sich auch diese Überlegungen aufgrund der unterschiedlichen Ausgangssituation nicht auf § 650c BGB übertragen. Das Leistungsverweigerungsrecht in § 641 Abs. 3 BGB steht dem Besteller nur zu, wenn er Mängelbeseitigung verlangen kann – dementsprechend eine Schlechtleistung

---

79 *Messerschmidt* in: Messerschmidt/Voit, Privates Baurecht, BGB § 641 Rn. 274.

80 *Messerschmidt* in: Messerschmidt/Voit, Privates Baurecht, BGB § 641 Rn. 274.

des Unternehmers vorliegt. Demgegenüber begehrt der Besteller bei § 650c BGB unabhängig von der Existenz eines Mangels eine Änderung und damit eine Zusatzleistung bzw. Leistungsreduzierung.

(c) Innerhalb des Schadensersatzrechts

Gemäß § 249 Abs. 2 BGB kann der Gläubiger im Rahmen eines Schadensersatzanspruchs bei Verletzung einer Person oder Beschädigung einer Sache statt der Herstellung den dazu erforderlichen Geldbetrag verlangen.

Der BGH leitet aus dem Merkmal „Erforderlichkeit" ein allgemeines Wirtschaftspostulat ab. Bei mehreren zum Schadensausgleich führenden Maßnahmen hat der Geschädigte diejenige zu wählen, die den geringsten Aufwand erfordert.[81] Die Aufwendungen müssen daher im Rahmen wirtschaftlicher Vernunft sein und vom Standpunkt eines verständigen, wirtschaftlich denkenden Menschen in der Lage des Geschädigten zur Behebung des Schadens zweckmäßig und angemessen erscheinen.[82]

Lindner zieht hieraus einen zutreffenden Rückschluss.[83] Wenn schon ein schuldhaft handelnder Schädiger nur wirtschaftlich vernünftige Aufwendungen zu ersetzen hat, muss dies erst recht[84] für einen Besteller gelten, der von seinem gesetzlichen Anordnungsrecht gemäß § 650b BGB Gebrauch macht. Auch bei den tatsächlich erforderlichen Kosten des § 650c Abs. 1 S. 1 BGB ist daher das Wirtschaftlichkeitsgebot zu beachten.

Unter Zugrundelegung dessen ergibt sich daher folgendes Begriffsverständnis des Erforderlichkeitskriteriums:

Erforderlich sind nur solche Aufwendungen, die sich möglichst im Rahmen wirtschaftlicher Vernunft bewegen und aus Sicht eines verständigen, wirtschaftlich denkenden Bestellers zur Verwirklichung der Änderungsanordnung zweckmäßig und angemessen erscheinen.

(d) Zahlungsdienstleistungen

Sowohl § 675d Abs. 4 S. 2 BGB als auch § 675 f Abs. 5 S. 2 BGB sprechen davon, dass das Entgelt angemessen und an den tatsächlichen Kosten des Zahlungsdienstleisters ausgerichtet sein muss. Beide Regelungen orientieren sich bzgl. der Frage,

---

81 Beispielhafte Aufzählung: BGH, NJW 2009, 3713 ff.; BGH, NJW 2012, 50 ff.; BGH, NJW 2013, 1151 ff.; BGH, NJW 2014, 1947 ff.; BGH, NJW 2014, 3151 ff.; BGH, NJW 2014, 3727 ff..

82 MüKo BGB/*Oetker*, BGB § 249 Rn. 385.

83 *Lindner*, BauR 2018, 1038 (1042).

84 Lateinisch: Argumentum a fortiori.

was unter einem angemessenen Entgelt zu verstehen ist, an § 41 Abs. 2 ZKG.[85] Ein Entgelt wird dann als angemessen angesehen, wenn es im Durchschnitt die Kosten der Institute deckt und ihnen einen angemessenen Gewinn sichert.[86] Trotz dieser offenen und recht konturlosen Formulierung fehlen Berechnungsgrundlagen. Als grobe Richtschnur kann jedoch die *gewöhnliche* Bankmarge betrachtet werden.[87]

Lindner zieht hieraus folgende Konsequenz: „Wenn es bereits bei „tatsächlichen Kosten" darauf ankommt, dass diese „gewöhnlich" anfallen, so muss das bei „tatsächlich erforderlichen Kosten" erst recht gelten."[88]

Nach Auffassung des Verfassers lässt sich ein solcher Rückschluss nicht aus den §§ 675d Abs. 4 S. 2, 675 f Abs. 5 S. 2 BGB ziehen; denn die Ausgangslagen im Zahlungsdiensterecht und im Bauvertragsrecht sind verschiedenartig:

Zum einen beziehen sich die §§ 675d Abs. 4 S. 2, 675 f Abs. 5 S. 2 BGB auf Nebenpflichten, während die Regelung des § 650c BGB mit der Vergütungsanpassung eine Hauptleistungspflicht betrifft. Zum anderen hat der Zahlungsdienstleister im Zahlungsdiensterecht die Erfüllung von Nebenpflichten dem Grunde nach unentgeltlich zu erbringen. Ein Entgelt fällt nur in gesetzlich geregelten Ausnahmefällen oder bei Vereinbarungen an. Das Bauvertragsrecht gibt hingegen etwas anderes vor. Fehlt es an einer Vereinbarung, greift § 632 Abs. 2 BGB. Nach dieser Norm gilt zumindest die taxmäßige oder übliche Vergütung als vereinbart.

Abgesehen davon ist auch folgender Gedanke zu berücksichtigen: Nach *Lindner* müssen „tatsächlich erforderliche Kosten" „gewöhnlich" anfallen. Richtigerweise werden aber auch außergewöhnliche Kosten von § 650c Abs. 1 S. 1 BGB umfasst. Folgendes Beispiel verdeutlicht dies:

Der Besteller lässt eine Garage errichten. Aufgrund einer behördlichen Vorgabe hat eine bauliche Änderung des Belüftungssystems zu erfolgen. Der Besteller erlässt daraufhin – nach Ablauf der vorgeschalteten Verhandlungsphase – eine notwendige Änderungsanordnung gem. § 650b Abs. 1 S. 1 Nr. 2 BGB. Um die bauliche Veränderung herbeizuführen, bedarf es jedoch gewisser Ersatzteile der Firma X. Diese wiederum kann aufgrund eines Brandes den Bedarf an Ersatzteilen nicht decken, sodass für die wenigen, noch verbliebenen Produkte weitaus höhere Preise abgerufen werden.

Ein Abstellen auf die „Gewöhnlichkeit" der Kosten erfolgt in § 650c Abs. 1 S. 1 BGB nicht. Die Formulierung ist insofern eindeutig. Sind die Kosten daher wie in vorliegendem Beispiel erforderlich, fehlt es an einem Grund für deren Ausklammerung.

85 *Zahrte*, NJW 2018, 337 (339).

86 BT-Drucks. 18/7204, S. 86; vgl. auch BeckOGK/*Zahrte*, BGB § 675d Rn. 77.

87 *Zahrte*, NJW 2018, 337 (339).

88 *Lindner*, BauR 2018, 1038 (1042).

(e) Fazit

Mithilfe der systematischen Auslegung gelingt es die „tatsächlich erforderlichen Kosten“ zu konkretisieren. Unter Zugrundelegung der erarbeiteten Erkenntnisse bleibt festzuhalten, dass „tatsächlich erforderliche Kosten“ auch die Baustellengemeinkosten umfassen und das Wirtschaftlichkeitsgebot möglichst beachten sollen.

(3) Historie

Am 09.03.2017 wurde das Gesetz zur Reform des Bauvertragsrechts und zur Änderung der kaufrechtlichen Mängelhaftung im BT verabschiedet. Der BRat hat am 31.03.2017 auf die Einlegung eines Einspruchs verzichtet.[89] Das Gesetz trat daher am 01.01.2018 – nach Veröffentlichung im Bundesgesetzblatt am 04.05.2017[90] – in Kraft.

Ziel der historischen Auslegung ist es, anhand der chronologischen Entwicklungslinie die Bedeutung „tatsächlich erforderliche[r] Kosten“ näher zu konkretisieren.

(a) AK I des 4. DBGT

Das Gesetz zur Reform des Bauvertragsrechts findet seinen Ursprung in den Deutschen Baugerichtstagen. Der 1. DBGT – ins Leben gerufen von dem Vorsitzenden Richter am BGH a. D. . *Prof. Dr. Kniffka* – fand 2006 in Hamm statt. Seit diesem Zeitpunkt wurden kontinuierlich Ratschläge für ein neues Bauvertragsrecht ausgesprochen.[91] 2012 beim 4. DBGT gab der AK I schließlich eine Empfehlung ab, die als Wurzel des heutigen § 650c BGB zu verstehen ist. *Leupertz*, damaliger Arbeitskreisleiter, erläuterte dabei stellvertretend für den AK I in einem Aufsatz, was unter „tatsächlich erforderlichen Kosten“ zu verstehen sei:

> *„Soweit sich durch das Verlangen zusätzlich erforderlicher Leistungen oder Anordnungen des Bestellers der für die Ausführung der Bauleistung tatsächlich erforderliche Aufwand ändert, sind grundsätzlich nicht die Vertragspreise maßgebend, sondern die hierfür tatsächlich erforderlichen Kosten. […] Maßgebend sind die Kosten, die tatsächlich anfallen. Damit wird ein sachgerechter, spekulativer Vertragsgestaltung entzogener Maßstab für die Preisbildung eingeführt. Darüber hinaus müssen die tatsächlichen Kosten im Einzelfall für den jeweiligen Unternehmer nach der konkreten Vertragssituation erforderlich sein. Das Kriterium der Erforderlichkeit dient der*

---

89 BR-Plenarprotokoll 956. Sitzung, 31.03.2017, S. 174.

90 BGBl. I 2017, S. 969 ff.

91 1. DBGT, BauR 2006, 1535 ff.; 2. DBGT, BauR 2008, 1677 ff.; 3. DBGT, BauR 2010, 1287 ff.

Missbrauchskontrolle und soll verhindern, dass beispielsweise „Phantasiepreise" für Subunternehmerleistungen in Ansatz gebracht werden können." [92]

Hiernach dürfen nur real anfallende Kosten in Ansatz gebracht werden. Um zu vermeiden, dass Kosten als fiktiv angezweifelt werden, sollten sie nachweisbar sein. Das Merkmal der Erforderlichkeit dient dabei der Missbrauchskontrolle. Offen bleibt, ob bereits das Handeln entgegen dem Wirtschaftlichkeitsgebot einen Missbrauch indiziert. Denn der Begriff des Missbrauchs deutet eher – legt man dessen übliches Verständnis zugrunde – auf eine „krasse" Kostenüberschreitung hin.

(b) Abschlussbericht: Arbeitsgruppe Bauvertragsrecht 18.06.2013

Parallel griff das Bundesministerium der Justiz und für Verbraucherschutz (BMJV) die Initiativen auf und gründete 2010 eine Arbeitsgruppe (AG) Bauvertragsrecht. Diese erließ am 18.06.2013 einen Abschlussbericht, der zu den „tatsächlich erforderlichen Kosten" folgenden Textabschnitt enthielt:

„Die für die unveränderten Vertragsleistungen vereinbarten Preise bleiben unberührt. Mehr- oder Minderleistungen werden nach den hierfür tatsächlich erforderlichen Kosten abgerechnet. Durch die Berechnung der Preise für diese Leistungen nach den tatsächlich erforderlichen Kosten werden Berechnungsspitzen gekappt und eine Spekulation der Vertragspartner mit möglichen Nachträgen verhindert. Im Übrigen ist der Ansatz der Ist-Kosten auch sachgerecht, weil die Preise für die weiteren Leistungen nicht im Wettbewerb erzielt worden sind. Eine Fortschreibung des Vertragspreises ist insoweit nicht gerechtfertigt. Die tatsächlich erforderlichen Mehr- und Minderkosten werden zunächst saldiert und der in der jeweiligen Bezugsposition des Ausgangsvertrages für die Ausgangsleistung kalkulierte Gewinn wird sodann hinzugerechnet bzw. der kalkulierte Verlust wird abgezogen. Die Berechnung der Mehr- oder Mindervergütung soll dabei nicht um einen sog. Vertragspreisniveaufaktor ergänzt werden. Die Anwendung dieses Faktors würde dazu führen, dass die ursprünglich einkalkulierte Gewinn- oder Verlustspanne auch bei der Berechnung der Vergütung für die Nachträge zugrunde zu legen ist, was im Ergebnis zu eine Potenzierung der Gewinne oder Verluste der Ausgangskalkulation führt. Stattdessen soll die im Wettbewerb für die Ausgangsleistungen zustande gekommene anteilige Gewinn- oder Verlustspanne für die jeweilige Bezugsposition in ihrer ursprünglichen Höhe erhalten bleiben und dadurch das Preisrisiko für die Vertragsparteien begrenzt werden." [93]

---

92 4. DBGT, BauR 2012, 1471 (1478).

93 Abschlussbericht der AG Bauvertragsrecht, S. 26 f.

Zwar erläuterte die AG Bauvertragsrecht damit, wie sie sich eine Kostenberechnung vorstellte, weiterhin klärungsbedürftig verblieb jedoch die Frage, was unter „tatsächlich erforderlichen Kosten" exakt zu verstehen ist.

(c) BMJV Referentenentwurf 10.09.2015

Am 10.09.2015 erließ das BMJV einen Gesetzesentwurf zur Reform des Bauvertragsrechts (sog. Referentenentwurf). In Hinblick auf die „tatsächlich erforderlichen Kosten" wurden die Erläuterungen der AG Bauvertragsrecht wörtlich übernommen.[94]

(d) Gesetzesentwurf der BReg, Stellungnahme des BRat

Schließlich erließ die Bundesregierung (BReg) am 11.03.2016 einen Gesetzesentwurf zur Reform des Bauvertragsrechts. Zu den „tatsächlich erforderlichen Kosten" enthielt dieser folgende Passage:

> *„Bei der Ermittlung des veränderten Aufwandes nach den tatsächlichen Kosten ist die Differenz zwischen den hypothetischen Kosten, die ohne die Anordnung des Bestellers entstanden wären, und den Ist-Kosten, die aufgrund der Anordnung tatsächlich entstanden sind, zu bilden. Diese Differenz ist die Grundlage für die Vergütung für den geänderten Aufwand."*[95]

Auch diese Textstelle liefert keine weiteren Erkenntnisse bzgl. der Begriffsbedeutungen. Am 22.04.2016 gab der BRat eine Stellungnahme zu dem Gesetzesvorhaben ab.[96] In dieser unterbreitete er einige Änderungsvorschläge. Davon betraf jedoch keiner die „tatsächlich erforderlichen Kosten".

(e) Gesetzesvorlage der BReg, Gesetzesbeschluss im BT

Am 18.05.2016 modifizierte die BReg ihren Gesetzesentwurf, und erließ eine Gesetzesvorlage. Änderungen in Sachen „tatsächlich erforderlicher Kosten" enthielt diese nicht.[97] Auch der anschließend eingesetzte Ausschuss für Recht und Verbraucherschutz überarbeitete zur Thematik „tatsächlich erforderlicher Kosten" in seiner Beschlussempfehlung nichts.[98] Schlussendlich wurde das Gesetz am 09.03.2017 in der 3. Lesung vom BT beschlossen.

---

94 Referentenentwurf des BMJV zur Reform des Bauvertragsrechts, S. 59.
95 BR-Drucks. 123/16, S. 59.
96 Stellungnahme des BRates zu BR-Drucks. 123/16.
97 BT-Drucks. 18/8486, S. 56.
98 BT-Drucks. 18/11437.

(f) Fazit

Als Resümee der historischen Auslegung kann auf einen Kommentar von *Leupertz* verwiesen werden, in dem dieser zutreffend bemerkt, dass angesichts des durch die Gesetzesreform beschrittenen Neulandes, die Erläuterungen zu den „tatsächlich erforderlichen Kosten“ überraschend knapp und wenig aussagekräftig bleiben.[99] Übrig bleibt einzig der Befund, dass das Merkmal der Erforderlichkeit als Missbrauchskontrolle fungiert.

(4) Telos

Bei der teleologischen Auslegung – dem Kernstück der Auslegungsmethoden – wird zur Erforschung des näheren Sinngehalts nach dem Sinn und Zweck der jeweiligen Norm gefragt.

Der Gesetzgeber begründet die Einführung des Berechnungsmodells anhand der „tatsächlich erforderlichen Kosten“ wie folgt:

> *„Ziel der Einführung eines Berechnungsmodells für die Mehr- oder Mindervergütung ist es, Spekulationen einzudämmen und Streit der Parteien über die Preisanpassung weitestgehend zu vermeiden. Die gesetzliche Regelung soll Anreize sowohl für eine korrekte Ausschreibung durch den Besteller als auch eine korrekte und nachvollziehbare Kalkulation durch den Unternehmer setzen. Durch die Berechnung der Mehr- oder Mindervergütung nach den tatsächlich erforderlichen Kosten soll insbesondere verhindert werden, dass der Unternehmer auch nach Vertragsschluss angeordnete Mehrleistungen nach den Preisen einer Urkalkulation erbringen muss, die etwa mit Blick auf den Wettbewerb knapp oder sogar nicht auskömmlich ist oder inzwischen eingetretene Preissteigerungen nicht berücksichtigt. Zugleich soll der Berechnungsmaßstab der tatsächlich erforderlichen Kosten die Möglichkeiten für den Unternehmer einschränken, durch Spekulationen ungerechtfertigte Preisvorteile zu erzielen.“*[100]

Die Einführung des § 650c Abs. 1 S. 1 BGB stellt eine Abkehr von der bisher in der Praxis betriebenen (vor-)kalkulatorischen Preisfortschreibung dar. Gemäß § 2 Abs. 5 und Abs. 6 VOB/B wurde bislang die Urkalkulation des Unternehmers für die Preisbildung bei Nachtragsanordnungen herangezogen. Die kalkulatorische Berechnung bringt allerdings aufgrund der nur schwer kalkulierbaren Risiken vielfach strukturellen Missbrauch mit sich. Sie stellt deshalb auch unterhalb der vom BGH aufgezeigten Sittenwidrigkeitsschwelle[101] in zahlreichen Fällen keine taugliche Grundlage für die Vergütungsanpassung an den geänderten Aufwand

---

99 *Leupertz* in: Messerschmidt/Voit, Privates Baurecht, BGB § 650c Rn. 13.

100 BT-Drucks. 18/8486, S. 55.

101 BGH, Urt. v. 18.12.2008 – VII ZR 201/06; BGH, Urt. v. 07.03.2013 – VII ZR 68/10; BGH, Urt. v. 14.03.2013 – VII ZR 116/12.

dar. Vor allem, weil sie bei Vertragsschluss regelmäßig nicht offengelegt wird, schafft sie Anreize für spekulative Vertrags- und Preisgestaltungen, die auf erwarteten oder erhofften Fehleinschätzungen des Vertragspartners beruhen.[102]

Dieser manipulativen Gestaltung fortzuschreibender Vertragspreise trat der Gesetzgeber mit Einführung des § 650c Abs. 1 S. 1 BGB entgegen. Erklärtes Ziel war es, den Vertragsparteien, ein faires, möglichst bürokratiearmes und damit praxistaugliches Preisanpassungssystem an die Hand zu geben. Anders als bislang wirken sich nun anfängliche Kalkulationsfehler auf noch nicht bepreiste, geänderte oder zusätzlich erforderliche Leistungen nicht mehr aus. Die Formulierung der „tatsächlich erforderlichen Kosten" ist daher im Lichte dieses gesetzgeberischen Anliegens zu verstehen.

„Tatsächlich" kann es daher nur real angefallene, nachweisbare Kosten umfassen. Denn nur dem Beweis zugängliche, echte Aufwendungen unterbinden von vornherein jegliche Spekulationsmöglichkeit. Ebenso restriktiv zu verstehen ist das der Missbrauchskontrolle dienende Kriterium der Erforderlichkeit. „Erforderlich" ist dasjenige Handeln, dass das bereits bei § 249 Abs. 2 BGB herausgearbeitete Wirtschaftlichkeitsgebot beachtet. Die Grenze soll demnach nicht erst bei „krassen" Kostendiskrepanzen gezogen werden. Vielmehr sollen sich Aufwendungen möglichst im Rahmen wirtschaftlicher Vernunft bewegen und aus Sicht eines verständigen, wirtschaftlich denkenden Bestellers zur Verwirklichung der Änderungsanordnung zweckmäßig und angemessen erscheinen.

Der teleologischen Auslegung gelingt es daher, Grundlegendes zum Verständnis „tatsächlich erforderlicher Kosten" beizutragen. Die real anfallenden Kosten müssen nicht nur beweisbar sein, sondern möglichst auch die Grundsätze des Wirtschaftlichkeitsgebotes beachten.

bb) Eigene Definition „tatsächlich erforderlicher Kosten".

Das gesteckte Ziel eine eigene, allgemeingültige Definition „tatsächlich erforderlicher Kosten" zu entwickeln, lässt sich anhand der durch die Auslegung herausgearbeiteten Befunde verwirklichen.

> „Tatsächlich erforderliche Kosten" sind real anfallende, zweckgerichtete Aufwendungen, die dem Beweis zugänglich sind, finanziell bewertet werden können und neben Einzelkosten der Teilleistungen auch Baustellengemeinkosten umfassen. Sie sollen sich möglichst im Rahmen wirtschaftlicher Vernunft bewegen und aus Sicht eines verständigen, wirtschaftlich denkenden Bestellers zur Verwirklichung der Änderungsanordnung zweckmäßig wie auch angemessen erscheinen (Wirtschaftlichkeitsgebot).[103]

102 *Leupertz* in: Messerschmidt/Voit, Privates Baurecht, BGB § 650c Rn. 6.

103 Auch *Althaus/Kattenbusch* sind der Ansicht, dass mit dem Merkmal der Erforderlichkeit bei § 650c Abs. 1 S. 1 BGB das Gebot der Wirtschaftlichkeit als notwendiges Korrektiv eingeführt wurde (BeckOK BauvertrR/*Althaus/Kattenbusch,*

c) *Angemessene Zuschläge für Allgemeine Geschäftskosten, Wagnis und Gewinn*

Auch die generell gehaltene Formulierung der „angemessenen Zuschläge für allgemeine Geschäftskosten, Wagnis und Gewinn“ bedarf der näheren Untersuchung. Dabei ist zu berücksichtigen, dass die Zuschlagsaufzählung in § 650c Abs. 1 S. 1 BGB abschließend geregelt ist. Sonstige unternehmensbezogen kalkulierte, prozentuale Zuschläge – wie beispielsweise die Baustellengemeinkosten[104] – können daher nicht in Ansatz gebracht werden. Auch können die „angemessenen Zuschläge“ nicht einfach mit den vom Besteller für den Ursprungsvertrag kalkulierten Zuschlägen gleichgesetzt werden. Sie sind bewusst nicht identisch gehalten.[105]

aa) Allgemeine Geschäftskosten

Unter den allgemeinen Geschäftskosten versteht man die Kosten, die keiner spezifischen Baumaßnahme zuzuordnen sind, sondern durch den Betrieb als Ganzes entstehen.[106] Sie umfassen die Kosten für die Geschäftsleitung, das kaufmännische Personal, das Firmengebäude, die Werbung sowie den keiner Baustelle zuzuordnenden Fuhrpark.[107] Die allgemeinen Geschäftskosten stellen Fixkosten dar, da sie nicht durch eine einzelne Leistung, sondern durch die Aufrechterhaltung der Betriebsbereitschaft verursacht werden.[108] Veränderungen dieser Fixkosten können nur durch Anpassungen der Prozess-, Organisation- und Kostenstruktur erzielt werden.[109]

BGB § 650c Rn. 28). Dabei werfen die Autoren die berechtigte Frage auf, ob die Erforderlichkeitsgrenze bei sämtlichen Einzelkosten einzuhalten ist oder nur die Gesamtsumme der Kosten betrifft. Ausschlaggebend muss in dieser Frage die Gesamtsumme sein. Andernfalls würde dies zu einem Rosinenpicken führen (*von Rintelen* in: Kniffka, Bauvertragsrecht, BGB § 650c Rn. 49). Der Besteller würde stets überhöhte Preise rügen, um sich günstigere Preise gutschreiben zu lassen; selbst, wenn die Gesamtsumme der Erforderlichkeitsgrenze genügt.

104 Denn Baustellengemeinkosten fallen unter die tatsächlich erforderlichen Kosten – *Abschnitt B. I. 1. b) aa) (2) (a).*

105 Dies ergibt sich bereits aus bloßer Lektüre der Gesetzesbegründung, in der betont wird, dass der Unternehmer die Angemessenheit der Zuschläge nicht durch bloßen Verweis auf seine Kalkulation belegen kann (BT-Drucks. 18/8486, S. 56).

106 *Manteufel* in: Kleine-Möller/Merl/Glöckner, § 12, Rn. 370; *Zimmermann*, NZBau 2012, 1 (4).

107 *Manteufel* in: Kleine-Möller/Merl/Glöckner, § 12, Rn. 370.

108 *Zimmermann*, NZBau 2012, 1 (4).

109 *Zimmermann*, NZBau 2012, 1 (4).

bb) Wagnis und Gewinn

Mit der Bezeichnung „Wagnis“ meint § 650c Abs. 1 S. 1 BGB keine Einzel- oder Sonderwagnisse[110] – beispielsweise eines Bauverfahrens – sondern das Unternehmerwagnis.[111] Dieses allgemeine Unternehmerwagnis ist der Versuch der kalkulatorischen Erfassung des allgemeinen Unternehmerrisikos, das sich in Gewinn und Verlust realisiert.[112] „Wagnis“ in diesem kalkulatorischen Sinn ist daher ein Bestandteil des potenziellen Gewinns und diesem betriebswirtschaftlich gleichzustellen.[113]

Der „Gewinn“ wiederum stellt ein angemessenes Entgelt für die unternehmerische Leistung dar, aus dem Rücklagen und Neuinvestitionen gespeist werden.[114]

„Wagnis und Gewinn“ lassen sich daher nicht sinnvoll voneinander trennen, sondern stellen letztlich den potenziellen Gewinn des Unternehmers dar.[115] In der Baubranche werden sie daher üblicherweise zu einem einzigen Prozentsatz zusammengefasst und ausgewiesen.

cc) Angemessene Zuschläge

Schwieriger ist die Formulierung der „angemessenen Zuschläge“. Das BGB enthält keine Legaldefinition zur „Angemessenheit“. Vielmehr handelt es sich bei dieser Bezeichnung erneut um einen unbestimmten Rechtsbegriff. Er ist nach den oben genannten Auslegungsgrundsätzen zu bestimmen.

(1) Wortlaut

In der Fachsprache erfährt die Bezeichnung „angemessen“ eine festgelegte Definition. So ist im Verwaltungsrecht ein Verwaltungshandeln dann „angemessen“, wenn bei einer Gesamtabwägung zwischen der Schwere des Eingriffs und dem Gewicht und der Dringlichkeit der ihn rechtfertigenden Gründe die Grenze der Zumutbarkeit gewahrt bleibt.[116] Von einer Unangemessenheit ist demgegenüber auszugehen, wenn das Interesse des nachteilig Betroffenen ersichtlich wesentlich schwerer wiegt als das mit der Maßnahme verfolgte Interesse.[117]

---

110 Unter Sonderwagnissen werden Wagnisse verstanden, die sich individuell aus einem Bauprojekt ergeben. Beispiele sind langfristige Festpreise, neuartige Bauverfahren oder Mengengarantien (KSM, Band 1, Rn. 16).

111 *Von Rintelen* in: Kniffka, Bauvertragsrecht, BGB § 650c Rn. 63.

112 *Franz/Kues*, BauR 2006, 1376 (1377).

113 *Franz/Kues*, BauR 2006, 1376 (1377).

114 *Franz/Kues*, BauR 2006, 1376 (1377).

115 *Retzlaff* fände es daher sinnvoll allgemein nur von Gewinnzuschlag zu sprechen, da seines Erachtens der Begriff des Wagnisses nur unnötigen sprachlichen Ballast darstellt (*Retzlaff*, BauR 2017, 1781 [1800]).

116 *Detterbeck*, Verwaltungsrecht, Rn. 239; BVerfGE 83, 1 (19).

117 *Detterbeck*, Verwaltungsrecht, Rn. 239.

Diese Betrachtungen lassen sich auf § 650c Abs. 1 S. 1 BGB übertragen. Zuschläge sind daher dann „angemessen“, wenn sie die Grenze der Zumutbarkeit wahren und den Besteller im Verhältnis zu dessen Änderungsanordnung nicht unzumutbar beeinträchtigen.

(2) Systematik

Der Begriff „angemessen“ wird im BGB oft verwendet. Es würde den Umfang der Arbeit sprengen, zöge man jegliche Verwendung vergleichend heran. Die systematische Auslegung beschränkt sich daher auf das Werk- und Bauvertragsrecht sowie eine Vorschrift des Reisevertragsrecht aufgrund ihrer ähnlich gelagerten Konzeption.

(a) Innerhalb des Werk- und Bauvertragsrechts

(aa) §§ 637 Abs. 1, 640 Abs. 2 BGB

Keine brauchbaren Erkenntnisse liefern die werk- und bauvertraglichen Normen §§ 637 Abs. 1, 640 Abs. 2 BGB. Denn dort bezieht sich der Begriff „angemessen“ auf eine Frist[118] und wird nicht, wie in § 650c Abs. 1 S. 1 BGB im Kontext von Kosten verwendet. Schon deshalb scheidet eine Vergleichbarkeit aus.

(bb) § 641 Abs. 3 BGB

§ 641 Abs. 3 BGB verschafft dem Besteller ein Leistungsverweigerungsrecht, wenn sich die Bau- bzw. Werkleistung nach Abnahme als mangelhaft erweist. Das Leistungsverweigerungsrecht bezieht sich auf einen angemessenen Teil der Vergütung. „Angemessen“ ist in der Regel das Doppelte der für die Beseitigung des Mangels erforderlichen Kosten (§ 641 Abs. 3 Halbs. 2 BGB). Ziel des § 641 Abs. 3 BGB ist es, dem Besteller ein wirksames Instrument an die Hand zu geben, mit dem er den Unternehmer zur Erfüllung seiner vertraglichen Pflichten anhalten kann.[119] Ein ähnliches Ziel verfolgt die Zuschlagsregelung in § 650c Abs. 1 S. 1 BGB. Denn die Kenntnis des Unternehmers, dass sein unternehmerisches Risiko bei Nachträgen durch Zuschlagssätze kompensiert wird und damit ein potenzieller Gewinn weiterhin sichergestellt ist, hält ihn gerade zur Erfüllung der Änderungsanordnung und damit seiner vertraglichen Pflichten an. Dennoch lassen sich die Wertungen des § 641 Abs. 3 BGB – was die Auslegung tatsächlich erforderlicher Kosten gezeigt hat[120] – nicht auf § 650c Abs. 1 S. 1 BGB übertragen.

---

118 Gleiches gilt für die Vorschriften der §§ 641 Abs. 2 S. 1 Nr. 3, 643 S. 1, 648a Abs. 4 S. 2, 650 f Abs. 5 S. 1, 650g Abs. 2 S. 1, 650r Abs. 2 S. 1, 650t BGB, deren Bezugspunkt ebenso eine Frist ist.

119 MüKo BGB/*Busche*, BGB § 641 Rn. 36.

120 *Abschnitt B. I. 1. b) aa) (2) (b) (cc).*

Denn bei einer Schlechtleistung und einer Zusatzleistung bzw. Leistungsreduzierung gelten unterschiedliche Maßstäbe.

(b) § 651e Abs. 2 BGB

In § 651e Abs. 2 BGB geht es – ebenso wie in § 650c Abs. 1 S. 1 BGB – um tatsächlich entstandene Kosten, die „angemessen" sein müssen. Bei einem Personenwechsel des Reisenden kann der Reiseveranstalter im Regelfall Mehrkosten von bis zu 20 % des Reisepreises in Rechnung stellen, die der „alte" und „neue" Reisende als „angemessen" hinzunehmen haben.[121] Erst ein Übersteigen dieses Grenzwerts führt zur Unangemessenheit. Man könnte daher auf den Gedanken kommen, diesen Schwellenwert auch auf § 650c Abs. 1 S. 1 BGB zu übertragen. Unangemessen wären dann Zuschläge, die die Grenze von 20 % der tatsächlich erforderlichen Kosten übersteigen.[122]

Für eine solche Erwägung würde die Interessenlage sprechen.[123] Denn beiden Regelungen ist gemein, dass sie denjenigen, der die Vertragsänderung herbeiführt, vor überhöhten Mehrkosten schützen wollen:

Die Übertragung des Reisevertrags auf einen „neuen" Reisenden beruht auf dem Entschluss des „alten" Reisenden. Beide Reisenden – als Gesamtschuldner – sollen durch den Begriff der Angemessenheit vor überhöhten Mehrkosten geschützt werden. Hintergrund ist dabei, dass der „alte" Reisende dem Reiseveranstalter insofern ausgeliefert ist, als dass ein auf persönlichen Gründen beruhender Rücktritt vom Vertrag mit Kosten verbunden ist, obwohl eine Pauschalreise

---

121 BeckOGK/*Harke*, BGB § 651e Rn. 25.

122 Auf den ersten Blick erscheint ein Vergleich von Reisevertragsrecht mit Baurecht einem Vergleich von Äpfeln mit Birnen gleichzustehen. Eine genaue dogmatische Untersuchung entkräftet dieses Vorurteil zwar, zeigt jedoch auch, dass eine wertungsmäßige Übertragung an dieser Stelle keinen Sinn macht.

123 Angesichts der ähnlich gelagerten Diktion könnte man zudem auf die Idee kommen, § 651e BGB, der am 01.07.2018 in Kraft trat, könnte durch § 650c BGB – am 01.01.2018 in Kraft getreten – beeinflusst worden sein. § 651e Abs. 2 BGB geht aus § 651b Abs. 2 a. F. hervor. § 651b Abs. 2 a. F. lautete: *„Tritt ein Dritter in den Vertrag ein, so haften er und der Reisende dem Reiseveranstalter als Gesamtschuldner für den Reisepreis und die durch den Eintritt des Dritten entstehenden Mehrkosten."* Verstärkt wird der Gedanke der Einflussnahme daher durch die seitens des Gesetzgebers angestrengte, inhaltliche Modifizierung der Mehrkosten in Mehrkosten, die angemessen und tatsächlich entstanden sind. Allerdings beruht diese Änderung auf Art. 9 Abs. 2 S. 3 der Pauschalreiserichtlinie (EU) 2015/2302, welcher normiert: *„Diese Kosten dürfen nicht unangemessen sein und dürfen die tatsächlichen Kosten des Reiseveranstalters infolge der Übertragung des Pauschalreisevertrags nicht übersteigen."* Es lassen sich daher keine tragfähigen Rückschlüsse auf das Verhältnis zu § 650c BGB ziehen.

häufig weit im Voraus gebucht wird und deshalb vielfach mit nachträglichen Veränderungen in der Lebenssituation des Reisenden kollidiert.[124]

Das Bauvertragsrecht zeichnet ein ähnliches Bild. Die eine Nachtragsvergütung auslösende Änderungsanordnung des § 650b Abs. 1 BGB beruht auf dem Entschluss des Bestellers. Auch dieser soll vor überhöhten Mehrkosten durch die Angemessenheit der Zuschläge geschützt werden. Hintergrund ist dabei, dass auch hier der Besteller dem Unternehmer im Stadium der Abwicklung des Bauvertrags meist auf Gedeih und Verderb ausgeliefert ist, da ein Wechsel des Vertragspartners – insbesondere bei der Beteiligung mehrerer Unternehmer – nur schwer möglich und mit hohen Kosten verbunden ist.

Auch die Historie würde für eine Übertragbarkeit sprechen. Der Reisevertrag wurde ursprünglich als Werkvertrag behandelt.[125] Erst am 01.10.1979 trat das Reisevertragsrecht in Kraft und wurde als eigenständiger Vertragstyp im System des Bürgerlichen Gesetzbuchs aufgenommen.[126] Da die Wurzeln des Reisevertragsrechts im Werkvertragsrecht liegen, werden weiterhin bestehende Lücken durch einen Rückgriff auf das Werkvertragsrecht geschlossen.[127] Auch das Bauvertragsrecht fußt auf dem Werkvertragsrecht. Deutlich wird dies an dem expliziten Verweis des § 650a Abs. 1 S. 2 BGB.[128]

Die Ähnlichkeit wird darüber hinaus durch einen weiteren Aspekt im Bürgerlichen Gesetzbuch unterstrichen. Sowohl das Bauvertrags- als auch das Reisevertragsrecht wurden systematisch unter Titel 9 „Werkvertrag und ähnliche Verträge“ angesiedelt. Während der Bauvertrag eine besondere Ausgestaltung des Werkvertrags ist, handelt es sich bei dem Reisevertrag um einen dem Werkvertrag „ähnlichen“ Vertragstypen. Auch die Stellung im Gesetz würde daher für eine Übertragung des Grenzwerts sprechen.

Trotz der Gemeinsamkeiten in Interessenlage, Ursprung und Systematik scheidet eine Übertragbarkeit aus. Denn einer solchen steht bereits die Verschiedenheit der Vertragsgegenstände entgegen. Zwar schuldet der Reiseveranstalter nicht nur eine Tätigkeit, sondern auch einen Erfolg in Gestalt der mangelfreien Durchführung der Pauschalreise, dieser Erfolg verkörpert sich jedoch nicht wie beim Werkvertrag in einem fertigen Werk, sondern setzt sich aus einer Vielzahl

124 BeckOGK/*Harke*, BGB § 651e Rn. 3.

125 BGH, Urt. v. 30.11.1972 – VII ZR 239/71 in: NJW 1973, 318 ff.

126 BGBl. 1979 Teil I, S. 509.

127 MüKo BGB/*Busche*, BGB § 631 Rn. 20. Seiner Ansicht nach müssen die Besonderheiten und Wertungen der §§ 651a ff. BGB gleichwohl Berücksichtigung finden. Zur Schließung einer Regelungslücke können die Vorschriften des Werkvertrags deshalb nicht unmittelbar, sondern nur in analoger Anwendung herangezogen werden (*Schmid* in: Erman BGB, BGB Vor § 651a Rn. 2). Ein Rückgriff auf das Werkvertragsrecht wird vor allem bei der Beurteilung der Zulässigkeit von Vorauszahlungsklauseln (§ 641 BGB) und beim Rücktritt nach Reiseantritt, der vom Wortlaut des § 651i BGB nicht umfasst ist (§ 648 BGB), relevant.

128 Freilich müssen auch hier die bauvertraglichen Wertungen beachtet werden.

von Teilleistungen (gemäß § 651a Abs. 3 BGB: Beförderung, Beherbergung, Vermietung von Kraftfahrzeugen/-rädern und touristische Leistungen) zusammen.[129] Dies ist auch der Grund, warum der Gesetzgeber das Pauschalreiserecht einem eigenen Leitbild unterwirft.[130] Diese völlig unterschiedlichen Vertragsgegenstände stehen einer Grenzwertübertragung entgegen.

Gleiches gilt aufgrund der deutlichen Unterschiede in der Personenstruktur. Bei einem klassischen Bauvertrag besteht diese aus Besteller und Unternehmer. Anders ist dies beim Reisevertragsrecht. Dort sind neben dem Reiseveranstalter und dem Reisenden typischerweise auch Leistungserbringer und Reisevermittler in die Vertragsabwicklung involviert. Diese durchaus komplexen Personen- und Rechtsbeziehungen kommen in den §§ 651a ff. BGB zum Ausdruck. Wertungen aus diesem fein austarierten System lassen sich nicht einfach übertragen.

Zudem beruhen die §§ 651a – 651m BGB auf der Umsetzung der Pauschalreiserichtlinie (EU) 2015/2302. Ziel dieser Richtlinie war die Stärkung des Verbraucherschutzes, wie dies beispielsweise an der Erweiterung reiserechtlicher Informationspflichten deutlich wird.[131] Auch gestaltete der Gesetzgeber bei der Umsetzung dieser Richtlinie das Reisevertragsrecht im BGB aus Verbraucherschutzgründen als durchwegs zwingende Vorschriften aus.[132] Eine Wertungsübertragung kann daher allenfalls noch bei einem Verbraucherbauvertrag (§ 650i BGB) – der ebenfalls zwingend ausgestaltet ist[133] – erfolgen. Bei einem konventionellen Bauvertrag (§ 650a BGB) passt eine solche jedenfalls nicht.

(3) Telos

§ 650c Abs. 1 S. 1 BGB billigt dem Unternehmer angemessene Zuschläge für allgemeine Geschäftskosten, Wagnis und Gewinn zu. Der Gesetzgeber verfolgte damit das Ziel, unternehmerische Verluste in Hinblick auf die Nachtragsvergütung zu vermeiden.[134] Weitere, vor allem aber konkretere Ausführungen fehlen der Gesetzesbegründung. Auch die teleologische Auslegung fördert insofern keine neuen Erkenntnisse zutage.

(4) Historie

Ebenso wenig Aufschluss bietet die historische Auslegung. Der AK I des 4. DBGT empfahl 2012 das erste Mal eine gesetzliche Regelung zur Vergütungsanpassung auf Basis tatsächlich erforderlicher Kosten und erklärte bzgl. „angemessener Zuschläge“ Folgendes:

129 *Führich/Staudinger*, Reiserecht, § 5, Rn. 1.
130 *Führich/Staudinger*, Reiserecht, § 5, Rn. 1.
131 *Führich/Staudinger*, Reiserecht, § 1, Rn. 26, § 2, Rn. 6.
132 MüKo BGB/*Tonner*, BGB Vor § 651a Rn. 78.
133 Siehe § 650o BGB.
134 BT-Drucks. 18/8486, S. 34.

„Zuschläge für Allgemeine Geschäftskosten, Wagnis und Gewinn werden der hinterlegten Urkalkulation entnommen. Fehlt diese oder fehlt die Vermutungswirkung der Kalkulation, muss auf unternehmensbezogene Ansätze zurückgegriffen werden."[135]

Was unter der recht vagen Formulierung „unternehmensbezogener Ansätze" zu verstehen ist, wird nicht näher ausgeführt. Der Abschlussbericht der AG Bauvertragsrecht beim BMJV greift zwar die Formulierung des AK I des 4. DBGT auf, enthält aber zur Bedeutung des Begriffs „angemessen" folgende noch offener formulierte Passage:

„Zuschläge für Allgemeine Geschäftskosten, Wagnis und Gewinn werden der hinterlegten Urkalkulation entnommen. Fehlt diese oder entfällt die Vermutungswirkung der Kalkulation, müssen die Kosten auf andere Weise schlüssig dargelegt werden."[136]

Auch im Referentenentwurf des BMJV sowie dem Gesetzesentwurf der BReg finden sich keine detaillierten Ausführungen:

„Hinsichtlich eines Zuschlags für allgemeine Geschäftskosten wird mithin vermutet, dass er weiterhin zutreffend ist. Haben sich die allgemeinen Geschäftskosten erhöht, hat der Unternehmer die Möglichkeit, sie auf andere Weise schlüssig darzulegen. In die Vermutung für die Ansätze der Urkalkulation einbezogen wurden auch Zuschläge für Wagnis und Gewinn."[137]

Es fehlt damit an der Definition eines „angemessenen Zuschlags". Die zunächst verwandte Formulierung *„unternehmensbezogener Ansätze"* ging in der Diktion *„auf andere Weise schlüssig darlegen"* auf. An einer darüber hinausgehenden Aufklärung fehlt es. Übliche oder typischerweise angemessene Zuschlagssätze existieren nicht. Denn jedes Bauunternehmen kalkuliert seine Zuschlagssätze nach eigenen Ansätzen, welche von der Unternehmensgröße, der Struktur, dem Leistungsspektrum sowie der Auftragslage etc. abhängen.[138]

(5) Fazit

Vereint man die gewonnenen Erkenntnisse, ergibt dies folgende Definition:

---

135 AK I – Bauvertragsrecht, BauR 2012, 1479.
136 Abschlussbericht der AG Bauvertragsrecht, S. 25.
137 Referentenentwurf des BMJV zur Reform des Bauvertragsrechts, S. 59; BT-Drucks. 18/8486, S. 56.
138 *Oberhauser* in: DLOPS, § 2, Rn. 110.

Angemessene Zuschläge sind prozentuale Aufschläge der tatsächlich erforderlichen Kosten, die die Grenzen der Zumutbarkeit wahren und den Besteller im Verhältnis zu seiner Änderungsanordnung nicht unzumutbar beeinträchtigen.[139]

d) Planungsverantwortung

Im Falle des § 650b Abs. 1 S. 1 Nr. 2 BGB steht dem Unternehmer kein Anspruch auf Vergütung für vermehrten Aufwand zu, wenn seine Leistungspflicht auch die Planung des Bauwerks oder der Außenanlage umfasst.[140] Die Formulierung ist vor allem deshalb misslich, weil sie einem Unternehmer, der die Planung des Bauwerks oder der Außenanlage schuldet, generell eine Mehraufwandsvergütung bei unverändertem Bauerfolg versagt. Der Verlust dieses Anspruchs setzt keinen Planungsfehler voraus. Es wird schlichtweg unterstellt, dass der auch planende Unternehmer vertraglich stets alle Planungs-, Bau- und Vergütungsrisiken übernommen habe.[141] Dies führt zwangsläufig zu untragbaren Ergebnissen. Die generelle wortlautgetreue Anspruchsversagung kann mit Verfassungsrecht nicht in Einklang gebracht werden. Es bedarf daher einer genauen, differenzierten Ermittlung, wann der Unternehmer tatsächlich im Sinne des § 650c Abs. 1 S. 2 BGB *„plant"*. Denn die Aufgabenverteilung im Bereich der Planung ist für die Frage, ob dem Unternehmer ein Anspruch auf Vergütung des vermehrten Aufwands (§ 650c Abs. 1 S. 2 BGB) zusteht, geradezu ausschlaggebend.

(a) Art der Leistungsbeschreibung

Einen ersten Anhaltspunkt hierfür bietet die Art der Leistungsbeschreibung.[142]

---

139 In diese Richtung tendiert auch *Busche*: „Als angemessen sind danach solche Zuschläge anzusehen, deren Realisierung in der betreffenden Branche unter Wettbewerbsbedingungen redlicherweise (noch) erwartet werden kann. Angemessen ist insoweit nicht ein bestimmter Zuschlag. Zuschläge können vielmehr in einer gewissen Bandbreite als (noch) angemessen angesehen werden" (MüKo BGB/*Busche*, BGB § 650c Rn. 5). Woraus *Busche* diese Erkenntnisse jedoch schöpft, bleibt offen.

140 Dabei ist nachvollziehbar, dass § 650c Abs. 1 S. 2 BGB Fälle, in denen eine Änderung des Werkerfolgs seitens des Bestellers begehrt wird (§ 650b Abs. 1 S. 1 Nr. 1 BGB), nicht umfasst. Denn hierbei muss der Unternehmer Aufwand betreiben, der nicht vom ursprünglich vereinbarten Werkerfolg umfasst ist und daher ungeachtet der ihm übertragenen Planungsverantwortung gesondert vergütet werden muss (vgl. *Leupertz* in: Messerschmidt/Voit, Privates Baurecht, BGB § 650c Rn. 24).

141 *Orlowski*, BauR 2017, 1427 (1433).

142 Regelmäßig kann keine Einstufung der Leistungsbeschreibung bzgl. des kompletten Vertrags in eine funktionale bzw. detaillierte Ausschreibung erfolgen, da in der Praxis häufig – insbesondere bei größeren Bauvorhaben – beide Arten der Leistungsbeschreibung innerhalb eines Vertrags nebeneinander bestehen (vgl.

Für die Ausschreibung bzw. Beschreibung eines Werks stehen grundsätzlich zwei unterschiedliche Methoden zur Verfügung. Einerseits kann das Werk detailliert mit einem in Positionen gegliederten Leistungsverzeichnis beschrieben werden (§ 7b VOB/A). Andererseits kann eine Beschreibung funktional – über den zu erreichenden Erfolg durch Festlegung der zu erreichenden Funktion bzw. des zu erreichenden Leistungsziels – erfolgen (§ 7c VOB/A). Während der Besteller bei der detaillierten Leistungsbeschreibung mittels Leistungsverzeichnis die zu erbringenden Leistungen plant, plant der Unternehmer bei der funktionalen Baubeschreibung, wie er die vom Besteller vorgegebenen Anforderungen erfüllen und das Leistungsziel erreichen wird.[143]

(aa) Funktionale Ausschreibung mit Leistungsprogramm (§ 7c VOB/A)

Nach der Gesetzesbegründung ist für die Frage, ob „die Leistungspflicht des Unternehmers auch die Planung des Bauwerks oder der Außenanlage" gemäß § 650c Abs. 1 S. 2 BGB umfasst, ausschlaggebend, dass der Unternehmer nicht nur die Ausführung der vom Besteller erstellten Planung, sondern auch die Erstellung der Planung selbst schuldet.[144] Die Neuregelung geht daher von dem in der Praxis selten vorliegenden Fall aus, dass der Unternehmer auf Basis einer rein funktionalen Baubeschreibung die Planung und Preisbildung vornimmt und global-pauschal Planung und Ausführung übernimmt.[145] Ein solcher, sog. Global-Pauschalvertrag umfasst in aller Regel das Versprechen des Unternehmers, alle zur Verwirklichung des funktionalen Werkerfolgs erforderlichen Leistungen zum (Pauschal-)Vertragspreis zu erbringen.[146] Dass der Unternehmer in diesem Fall das Risiko trägt, nicht kalkulierte Leistungen ohne besondere Vergütung erbringen zu müssen, ist billig und gerecht, da er schließlich eigenverantwortlich plant und entscheidet, welcher Aufwand zur Erfüllung der funktional beschriebenen Vorgaben des Bauherrn notwendig ist.[147] Er übernimmt nicht nur die Planungs- und Bauleistungen, sondern auch das Vergütungsrisiko für deren Mangelfreiheit sowie das Massen- und Mengenrisiko vollständig.[148]

(bb) Detaillierte Ausschreibung mit Leistungsverzeichnis (§ 7b VOB/A)

Anders verhält sich dies jedoch bei einem Einheitspreis- oder Detailpauschalvertrag. Bei einer Leistungsbeschreibung mit Leistungsverzeichnis kann sich

---

Oberhauser in: DLOPS, § 2, Rn. 46). In diesen Fällen ist dann auf die Ausschreibung der konkreten Änderung, die für die Preisbildung maßgeblich ist, abzustellen.

143 *Oberhauser* in: DLOPS, Das neue Bauvertragsrecht, § 2, Rn. 45.

144 Vgl. BT-Drucks. 18/8486, S. 86.

145 *Oberhauser* in: DLOPS, § 2, Rn. 46.

146 *Leupertz* in: Messerschmidt/Voit, Privates Baurecht, BGB § 650c Rn. 23.

147 *Leupertz* in: Messerschmidt/Voit, Privates Baurecht, BGB § 650c Rn. 23.

148 *Orlowski*, BauR 2017, 1427 (1433).

durchaus ein Anspruch auf zusätzliche Vergütung ergeben, wenn die im Leistungsverzeichnis beschriebene Leistung nicht ausreicht oder nicht geeignet ist, den vereinbarten Werkerfolg herbeizuführen.[149] Hat der Besteller dem Unternehmer durch eine Planung bzw. eine Leistungsbeschreibung vorgegeben, welche Leistungen zur Erreichung des geschuldeten Werkerfolgs erforderlich sind, muss der Unternehmer auch nur diese in seine Preisbildung bzw. Kalkulation einbeziehen.[150] Werden später andere oder darüber hinausgehende Leistungen als diejenigen, die der Besteller geplant hat, zur Erreichung des Werkerfolgs notwendig, ist ein preislicher Ausgleich über § 650c Abs. 1 S. 1 BGB erforderlich, da das Vergütungsrisiko beim Besteller liegt.[151]

(b) Geteilte Planungsverantwortung

Häufig kann jedoch die Erstellung der Planung, die die Grundlage der Kalkulation war, nicht ausschließlich der einen oder anderen Partei zugeordnet werden. Es liegt vielmehr ein Fall geteilter Planungsverantwortung vor.[152] Zu verweisen ist hier auf den in der Praxis nicht selten vorkommenden Fall, in dem sich der Besteller die Bauplanung, trotz einer funktionalen Ausschreibung, ganz oder zum Teil selbst vorbehält.[153] Ebenso als Beispiel dient der Generalunternehmer, der häufig mit der Ausführungsplanung betraut ist, sein Angebot jedoch nur auf Grundlage der vom Besteller erstellten Entwurfsplanung kalkulieren kann.[154]

§ 650c Abs. 1 S. 2 BGB kennt keine arbeitsteilige Planung. Dies könnte reziprok bedeuten, dass je nach Einzelfall abgewogen werden muss, wessen Planungsverantwortung letztendlich überwiegt. Jedoch fehlen Hinweise, die bei geteilter Planungsverantwortung in Richtung dieser Alles-oder-Nichts-Lösung deuten. Der Gesetzgeber hat lediglich in mehreren Passagen verdeutlicht, dass § 650c Abs. 1 S. 2 BGB nur bei ausschließlicher Planungsverantwortung des Unternehmers greifen soll.[155]

Für die Feststellung, ob ein Anspruch auf Mehrvergütung seitens des Unternehmers besteht, verbleibt es daher bei der Vertragsauslegung (§§ 133, 157 BGB).

---

149 *Oberhauser* in: DLOPS, § 2, Rn. 45.

150 *Oberhauser* in: DLOPS, § 2, Rn. 49.

151 Der Besteller kann den Unternehmer zudem trotz Planungsfehlern regelmäßig nicht auf Schadensersatz in Anspruch nehmen, weil die Mehrkosten entweder Sowieso-Kosten sind oder zu einer entsprechenden Wertsteigerung des Objekts führen, mit der Folge, dass nach den Grundsätzen der Vorteilsausgleichung gar nicht erst ein Schaden entsteht (vgl. *Orlowski*, BauR 2017, 1427 [1433]).

152 *Kimpel*, NZBau 2016, 734 (736).

153 *Leupertz* in: Messerschmidt/Voit, Privates Baurecht, Syst. Teil K, Rn. 25.

154 *Schwenker/Rodemann* in: Erman BGB, BGB § 650c Rn. 7.

155 Referentenentwurf des BMJV zum Entwurf eines Gesetzes zur Reform des Bauvertragsrechts und zur Änderung der kaufrechtlichen Mängelhaftung, S. 56 f.; vgl. auch BT-Drucks. 18/8486, S. 86 (Nr. 12), S. 88 (Nr. 19), S. 89 (Nr. 22).

Mithilfe dieser ist zu ermitteln, dass der Unternehmer die Planung für die konkrete Änderung, die für die Preisbildung maßgeblich ist, nicht bzw. nicht allein erstellt hat.[156] Andernfalls entfällt sein Vergütungsanspruch gemäß § 650c Abs. 1 S. 2 BGB.

(c) Lösung: Teleologische Reduktion

Wie dargelegt, ist der Wortlaut des § 650c Abs. 1 S. 2 BGB daher zu weit formuliert. Er differenziert weder zwischen der Art der Leistungsbeschreibung noch dem Grad der Planungsverantwortung. Bei stringenter, wortlautgetreuer Anwendung führt dies zu untragbaren Ergebnissen, in denen der Unternehmer seines Vergütungsanspruchs auf vermehrten Aufwand beraubt wird. Dies wäre mit den von Art. 12 Abs. 1 GG geschützten Unternehmerinteressen nicht in Einklang zu bringen. Dem Problem kann jedoch mittels teleologischer Reduktion des § 650c Abs. 1 S. 2 BGB beigekommen werden. Die teleologische Reduktion kommt in Betracht, wenn eine Norm ihrem Wortsinn nach Sachverhalte erfasst, die nach dem erkennbaren Willen des Gesetzgebers gerade nicht erfasst werden sollen.[157] Um dennoch den eigentlichen Zweck zu erreichen, ist der Wortlaut einzuschränken bzw. zu reduzieren.

Vorliegend hat es der Gesetzgeber versäumt, die Rechtsvorschrift ihrem Sinn und Zweck nach einzuschränken, obwohl dies angesichts der Gesetzesbegründung eindeutig seinem Willen[158] entsprach. Dabei ist vor allem zu berücksichtigen, dass der Ausschluss des Mehrvergütungsanspruchs erst relativ spät während des Gesetzgebungsverfahrens aufgrund eines Vorschlags des Bundesrats (BRat) erfolgte.[159] § 650c Abs. 1 S. 2 BGB lautet:

> *„Umfasst die Leistungspflicht des Unternehmers auch die Planung des Bauwerks oder der Außenanlage, steht diesem im Fall des § 650b Absatz 1 Satz 1 Nummer 2 kein Anspruch auf Vergütung für vermehrten Aufwand zu."*

Um den verfassungsrechtlichen Vorgaben gerecht zu werden, ist § 650c Abs. 1 S. 2 BGB teleologisch zu reduzieren und von nun an so zu lesen:

---

156 *Oberhauser* in: DLOPS, § 2, Rn. 50; *Leupertz* in: Messerschmidt/Voit, Privates Baurecht, Syst. Teil K, Rn. 25.

157 *Reimer*, Juristische Methodenlehre, S. 270; BVerwG, Urt. v. 7.5.2014, 4 CN 5/13, Juris – Rn. 14.

158 Vgl. BT-Drucks. 18/8486, S. 86 (Nr. 12), S. 88 (Nr. 19), S. 89 (Nr. 22).

159 Es lässt sich wohl nicht leugnen, dass der Gesetzgeber, trotz seiner Pflicht aus Art. 20 Abs. 3 GG – Normen rechtssicher und klar zu verfassen – angesichts des Zeitdrucks nachlässig verfuhr.

*Umfasst die Leistungspflicht des Unternehmers auch die [**ausschließliche**] Planung[**sverantwortung**] des [**funktional beschriebenen**] Bauwerks oder der [**funktional beschriebenen**] Außenanlage, steht diesem im Fall des § 650b Absatz 1 Satz 1 Nummer 2 kein Anspruch auf Vergütung für vermehrten Aufwand zu.*

Die Grenzen der teleologischen Reduktion sind beachtet. Zu ziehen sind sie dort, wo vorhandene Normen nicht mehr nur norm- oder gesetzesimmanent präzisiert, das heißt nicht mehr sinn- und zweckgemäß eingeschränkt, sondern gegen erklärte gesetzgeberische Wertungen generell korrigiert oder derogiert werden.[160]

Nach der Gesetzesbegründung sollte § 650c Abs. 1 S. 2 BGB lediglich klarstellender Natur sein.[161] Der Gesetzgeber wollte gegenüber der bisherigen Rechtsprechung keinen neuen Ausschlussgrund für eine Mehrvergütung schaffen.[162] Die hier vertretene Lesart des § 650c Abs. 1 S. 2 BGB trägt diesem Bedürfnis Rechnung. Der zu weit geratene Wortlaut wird lediglich konkretisiert. Der teleologisch reduzierte § 650c Abs. 1 S. 2 BGB steht in Einklang mit den bisherigen, zu dieser Problematik ergangenen Entscheidungen des Bundesgerichtshofs (BGH):

So hat der BGH in einem Fall, in dem aufgrund funktionaler Leistungsbeschreibung eine Kanalbaugrube durch Wassererhaltungsmaßnahmen nach Wahl des Unternehmers trocken zu halten war, entschieden, dass durch die Leistungsbeschreibung über den zu erreichenden Erfolg Maßnahmen jeder Art, die zur Zielerreichung erforderlich sind, abgedeckt seien.[163] Aus diesem Grund könne aufgrund einer Leistungsänderung keine Zusatzvergütung verlangt werden, wenn aufwendigere als die vom Unternehmer geplanten Wassererhaltungsmaßnahmen ausgeführt werden müssen.[164] In weiteren Entscheidungen[165] hat der BGH verdeutlicht, dass in Fällen, in denen die Vertragsparteien auf Anregung des Bestellers oder Unternehmers eine bestimmte Ausführungsart zum Gegenstand des Vertrags gemacht haben, die Kalkulation nur die vereinbarte Ausführungsart umfasst. Sind für die Herbeiführung des geschuldeten Werkerfolgs zusätzliche Arbeiten erforderlich, sind diese von dem Besteller gesondert zu vergüten. Dies gilt aber nur, sofern „die Kalkulation des Werklohnes nicht nur auf den Vorstellungen des Auftragsnehmers beruhe“.[166] Zudem hat der BGH entschieden,

---

160 *Brandenburg*, Die teleologische Reduktion, S. 71.

161 Vgl. BT-Drucks. 18/11437, S. 41.

162 Vgl. BT-Drucks. 18/8486, S. 86 (Nr. 12), S. 88 (Nr. 19), S. 89 (Nr. 22).

163 BGH, Urt. v. 11.11.1993 – VII ZR 47/93 in: NJW 1994, 850 ff..

164 *Oberhauser* in: DLOPS, § 2, Rn. 51.; BGH, Urt. v. 11.11.1993 – VII ZR 47/93 in: NJW 1994, 850 ff.

165 BGH, Urt. v. 17.5.1984 – VII ZR 169/82 in: NJW 1984, 2458 ff.; BGH, Urt. v. 16.7.1998 – VII ZR 350/96 in: NJW 1998, 3708 ff.; BGH, Urt. v. 27.7.2006 – VII ZR 202/04 in: NZBau 2006, 777 ff., Rn. 25.

166 BGH, Urt. v. 27.7.2006 – VII ZR 202/04 in: NZBau 2006, 777 ff., Rn. 25.

dass in dem Fall, in dem sich die Kalkulation des Unternehmers nicht allein nach seinen eigenen Vorstellungen, sondern in erster Linie nach einem Leistungsverzeichnis des Bestellers richtet, der vereinbarte Preis die Werkleistung nur in der jeweils angegebenen Größe, Güte und Herstellungsart abdeckt.[167] Notwendig werdende zusätzliche Arbeiten sind dann gesondert zu vergüten.

2. Berechnung

Nachdem der Regelungsgehalt des § 650c Abs. 1 S. 1 BGB durch Auslegung ermittelt wurde, erfolgt in einem zweiten Schritt die genaue Vergütungsberechnung.

Besteht die angeordnete Leistungsänderung lediglich in einer Zusatzleistung ohne Auswirkung auf die Vertragsleistung, ist der Fall einfach gelagert, da nur Mehr- und nicht auch Minderleistungen zu berücksichtigen sind. Werden durch die angeordnete Leistungsänderung jedoch Leistungen des bisherigen Vertrags abgeändert, können zur Kostenermittlung nach § 650c Abs. 1 S. 1 BGB im Ausgangspunkt verschiedene Berechnungsmethoden herangezogen werden.

Allein die 2017 publizierten Berechnungsmethoden von *Retzlaff*[168], *Franz*[169] und *Bötzkes*[170] zeigen bereits, wie stark die Literaturauffassungen hinsichtlich der Vergütungsermittlung divergieren. Angesichts der Aktualität der Thematik verwundert es auch nicht, dass es an gefestigten Berechnungsstrukturen fehlt. Erst mit zunehmender Zeit wird sich hier ein klares Konzept durchsetzen, sei es durch höchstrichterliche Rechtsprechung oder geeinte Literaturstimmen. Diese Arbeit erhebt daher nicht den Anspruch des allein „richtigen" Berechnungsmodells. Auch ist sich der Verfasser im Klaren, dass es weiterhin Einzelfälle geben wird, die eine eigene Art der Berechnung erfordern. Dennoch möchte die Arbeit eine abstrakte Anleitung schaffen, mithilfe derer schrittweise und praxisnah die Vergütung nach § 650c Abs. 1 S. 1 BGB ermittelt werden kann. Dies ist möglich, da sich sämtliche Berechnungswege im Wesentlichen auf zwei Rechenmethoden reduzieren lassen.

a) Tatsächlich erforderliche Kosten

In „Methode 1" hat der Besteller die Vergütung für die nicht erbrachte ursprüngliche Leistung nicht zu bezahlen. Vielmehr schuldet er stattdessen den Aufwand für die Änderungsleistung anhand der tatsächlichen Kostenermittlung mit anschließender Bezuschlagung.

---

167 BGH, Urt. v. 17.5.1984 – VII ZR 169/82 in: NJW 1984, 2458 ff.
168 *Retzlaff*, BauR 2017, 1781 (1798).
169 *Franz*, BauR 2017, 380 (391 f.).
170 *Bötzkes*, IBR 2017, 1039.

Bei „Methode 2" wird die vertragliche Vergütung voll angesetzt. Anschließend wird der erforderliche Kostenunterschied zwischen Vertrags- und Änderungsleistung ermittelt und der sich dabei ergebende Differenzbetrag bezuschlagt.

Um den Unterschied beider Methoden nachvollziehbar aufzuzeigen, werden die zwei Berechnungsarten anhand eines Beispielfalls zu Mehr- und Minderkosten miteinander verglichen. Ausgangspunkt ist dabei folgender Sachverhalt:

Ein Bauunternehmer wird im Wege eines Einheitspreisvertrags mit einem Treppenbau in einem Neubau beauftragt. Es sollen 10 Holztreppen und 2 Stahltreppen errichtet werden. Alle Treppen weisen die gleichen Maße auf.

Kalkulation des AN:

Holztreppe	EUR 1.000,00
Stahltreppe	EUR 2.000,00
Restkosten	EUR 3.000,00
EKT gesamt	EUR 17.000,00
BGK (20 %)	EUR 3.400,00
AGK, W&G (10 %)[173]	EUR 2.040,00
Vergütung	EUR 22.440,00

Tatsächliche Herstellungskosten:

Holztreppe	EUR 800,00
Stahltreppe	EUR 1.500,00
BGK Holztreppe[171]	EUR 160,00
BGK Stahltreppe[172]	EUR 300,00

171 Dem Verfasser ist durchaus bewusst, dass auch die tatsächlichen Baustellengemeinkosten (BGK) von den kalkulierten Baustellengemeinkosten abweichen können. Wird beispielshalber mit fünf Polieren im Rahmen der Baustellenarbeiten geplant – diese arbeiten aber derart effektiv zusammen, dass im weiteren Fortgang ein Bedarf für nur noch vier Poliere besteht – führt dies zu geringeren tatsächlichen Baustellengemeinkosten als zunächst kalkuliert. Aus Vereinfachungsgründen wird in dem Rechenbeispiel des Verfassers jedoch von identischen Baustellengemeinkosten ausgegangen. Denn diese Gleichstellung ermöglicht es, die Gründe für den Unterschiedsbetrag beider Berechnungsmethoden deutlicher, vor allem aber verständlicher, aufzuzeigen.

172 Siehe Fn. 171.

173 Aus Gründen der Vereinfachung ist hier von einem Zuschlag von 10 % ausgegangen worden. In der baubetrieblichen Praxis wird der entsprechende Prozentsatz üblicherweise aus einer Bewertung der vergangenen Zahlen für Umsatz und allgemeine Geschäftskosten (AGK) sowie einer Prognose der zukünftigen Kostenentwicklung abgeleitet (*Althaus*, NZBau 2019, 15 f.).

Um die Berechnungsmodelle zunächst nicht unnötig zu verkomplizieren, wird im Folgenden ein Wert von 6 % als angemessener Zuschlag herangezogen.[174]

aa) Mehrkosten

Unvorhersehbar ordnet das Bauamt aus Brandschutzgründen an, dass drei weitere Treppen sowie die Wandbefestigung in feuerfester Ausführung (Stahl) zu realisieren sind. Nach ordnungsgemäßem, fruchtlosem Ablauf der 30-tägigen Verhandlungsphase (§ 650b Abs. 2 BGB) ordnet der Bauherr schließlich die Änderung dreier Holztreppen in Stahltreppen an.

(1) Methode 1

Bei „Methode 1" ist in einem ersten Schritt der kalkulierte Vertragspreis für die drei Holztreppen von der Vergütung abzuziehen. Als Zweites ist der tatsächliche Herstellungspreis der drei Stahltreppen zu ermitteln, welcher die EKT und die für diese anfallenden Baustellengemeinkosten umfasst. Von diesem tatsächlichen Herstellungspreis ist ein angemessener Zuschlag i. H. v. 6 % zu errechnen und diesem wiederum hinzu zu addieren. Die endgültige Vergütung ergibt sich dann aus einer Addition der Vergütung ohne die geschuldeten Holztreppen und dem tatsächlichen Aufwand für die Änderungsleistung samt Bezuschlagung.

Rechenweg:

EUR 22.440,00 - EUR 3.960,00 (EUR 3.000,00 + EUR 600,00 + EUR 360,00) = EUR 18.480,00
EUR 4.500,00 + EUR 900,00 = EUR 5.400,00
EUR 5.400,00 + (6 % von EUR 5.400,00 = EUR 324,00) = EUR 5.724,00
EUR 18.480,00 + EUR 5.724,00 = EUR 24.204,00

174 Während *Kornet* behauptet, dass die durchschnittlichen angemessenen Zuschläge bei 6 % – 10 % liegen (*Kornet*, BauR 2016, 1386 [1388]), führen *Leinemann/Kues* aus, dass in der Praxis Zuschläge für allgemeine Geschäftskosten, Wagnis und Gewinn kaum je mit unter 10 % in der Summe anzutreffen sind, eher noch deutlich höher (*Leinemann/Kues* in: LK, Bauvertragsrecht, BGB § 650c Rn. 61). Wie die Ermittlung angemessener Zuschläge genau erfolgt, ist bislang ungeklärt. Der Verfasser hat hierzu ein eigenes, unter *Abschnitt B. I. 2. b) ii)* näher ausgeführtes Berechnungsmodell entwickelt.

(2) Methode 2

Bei „Methode 2" ist in einem ersten Schritt das Kostendelta zwischen dem tatsächlichen Herstellungspreis der Holztreppen und der Stahltreppen zu ermitteln. Dies erfolgt, indem die Differenz der tatsächlichen EKT von Holz- und Stahltreppen mit der Differenz der tatsächlichen Baustellengemeinkosten von Holz- und Stahltreppe addiert wird.[175] Als Zweites ist ein Zuschlag i. H. v. 6 % des Kostendeltas zu errechnen und diesem hinzuzuaddieren. Die endgültige Vergütung ergibt sich dann aus einer Addition der Ursprungsvergütung und des bezuschlagten Kostendeltas.

Rechenweg:

(EUR 4500,00 – EUR 2.400,00 = EUR 2.100,00) + (EUR 900,00 – EUR 480,00 = EUR 420,00) = EUR 2.520,00
EUR 2.520,00 + (6 % von EUR 2.520,00 = EUR 151,20) = EUR 2.671,20
EUR 22.440,00 + EUR 2.671,20 = EUR 25.111,20

bb) Minderkosten

Nachdem sich der Bauherr bei dem Bauamt erkundigt, stellt sich heraus, dass auch die Realisierung sämtlicher Treppen aus Holz den Brandschutzanforderungen genügen würde. Nach ordnungsgemäßem Ablauf der 30-tägigen Verhandlungsphase (§ 650b Abs. 2 BGB) ordnet der Bauherr daher die Änderung der zwei Stahltreppen in Holztreppen an.

175 Für die Berechnung des Kostendeltas wäre es dogmatisch und methodisch falsch, anstelle der hypothetischen, tatsächlichen Kosten, auf die kalkulierten Kosten der für die ursprünglich nach dem Vertrag geschuldeten Leistung abzustellen. Denn wie das Wort „tatsächlich" in § 650c Abs. 1 S. 1 BGB konstatiert, dürfen für eine Vergleichsbetrachtung nur real entstandene Kosten ansetzbar sein (So auch BeckOK BauvertrR/*Althaus/Kattenbusch*, BGB § 650c Rn. 14 f.). Andernfalls würde dies zudem zu der vom Gesetzgeber geradezu nicht gewollten Gewinnpotenzierung führen.

(1) Methode 1

Rechenweg:

EUR 22.440,00 - EUR 5.280,00 (EUR 4.000,00 + EUR 800,00 + EUR 480,00) = EUR 17.160,00
EUR 1.600,00 + EUR 320,00 = EUR 1.920,00
EUR 1.920,00 + (6 % von EUR 1.200,00 = EUR 115,20) = EUR 2.035,20
EUR 17.160,00 + EUR 2.035,20 = EUR 19.195,20

(2) Methode 2

Rechenweg:

(EUR 3000,00 – EUR 1.600,00 = EUR 1.400,00) + (EUR 600,00 – EUR 320,00 = EUR 280,00) = EUR 1.680,00
EUR 1.680,00 + (6 % von EUR 1.680,00 = EUR 100,80) = EUR 1.780,80
EUR 22.440,00 - EUR 1.780,80 = EUR 20.659,20

cc) Vergleich

Mehrkosten:

Methode 1:	EUR 24.204,00
Methode 2:	EUR 25.111,20

Minderkosten:

Methode 1:	EUR 19.195,20
Methode 2:	EUR 20.659,20

Beide Methoden kommen sowohl bei den Mehr- als auch bei den Minderkosten zu unterschiedlichen Ergebnissen. Es stellt sich daher die Frage, welche Rückschlüsse aus dem Vergleich zu ziehen sind.

In dem Mehrkostenbeispiel beträgt die Gesamtvergütung bei „Methode 1" EUR 24.204,00. Bei „Methode 2" sind es EUR 25.111,20. Dies ergibt einen Kostenunterschied von EUR 907,20. Die Differenz erschließt sich bei genauer Zahlenanalyse. Stellt man die kalkulierten Kosten der drei Holztreppen (EUR 3.960,00) den tatsächlichen Kosten der drei Holztreppen samt Bezuschlagung (EUR 3.052,80) gegenüber, ergibt dies den soeben festgestellten Unterschiedsbetrag von EUR 907,20. Der Grund für die Abweichung ist darin zu sehen, dass der Unternehmer für die Holztreppen einen sehr guten Preis vereinbart hat. Während bei „Methode 1" der günstig kalkulierte Preis für die Holztreppen von der ursprünglichen, vertraglichen Vergütung vollständig subtrahiert wird, bleibt dem Unternehmer bei „Methode 2" der über die tatsächlichen Herstellungskosten hinausgehende Kostenvorteil erhalten. Es lässt sich daher folgende Schlussfolgerung ziehen: Je stärker die für die Preisvereinbarung kalkulierten Kosten einer Teilleistung den tatsächlichen Herstellungskosten ähneln, desto geringer ist der verbleibende Kostenvorteil.

In dem Minderkostenbeispiel beträgt die Gesamtvergütung bei „Methode 1" EUR 19.195,00. Bei „Methode 2" sind es EUR 20.659,20. Dies ergibt eine Differenz von EUR 1.464,20. Auch hier wirkt sich die sehr gute Preisvereinbarung bzgl. der Stahltreppen zugunsten des Unternehmers in „Methode 2" aus. Nach „Methode 1" wird der kalkulierte Stahltreppenpreis von EUR 5.280,00 von der ursprünglichen Gesamtvergütung subtrahiert, sodass eine diesbezüglich günstige Kalkulation keine Wirkung entfaltet. Anders wiederum verhält es sich bei „Methode 2". Hier werden nur die tatsächlichen Herstellungskosten der zwei Stahltreppen samt Bezuschlagung i. H. v. EUR 3.816,00 in Abzug gebracht. Der darüber hinausgehende Kostenvorteil – EUR 1.464,00 – bleibt bestehen. Auch hier lässt sich daher folgender Rückschluss ziehen: Je stärker sich die für die Preisvereinbarung kalkulierten Kosten einer Teilleistung an den tatsächlichen Herstellungskosten orientieren, desto höher fällt der Abzug von der ursprünglich vertraglich vereinbarten Vergütung aus, und desto geringer ist der verbleibende Kostenvorteil.

Als wesentlicher Unterschied beider Methoden lässt sich daher ausmachen, dass nur bei „Methode 2" der Gewinn bzw. Verlust der auf Kalkulation beruhenden Preisvereinbarung dem Unternehmer in absoluter Höhe erhalten bleibt. Es stellt sich daher die Frage, welche Berechnungsmethode im Rahmen des § 650c Abs. 1 S. 1 BGB zur Kostenermittlung dem Grunde nach heranzuziehen ist. Dies ist durch Auslegung zu ermitteln.

(1) Wortlaut

Bereits der Wortlaut des § 650c Abs. 1 S. 1 BGB deutet auf eine Berechnung nach „Methode 2" hin. Bei „Methode 1" wird die ursprünglich vorgesehene, nicht erbrachte Leistung von dem Gesamtpreis abgezogen und die Änderungsleistung samt Zuschlägen diesem hinzuaddiert.

Bei „Methode 2" bleibt hingegen der ursprüngliche Vertragspreis bestehen. Der Aufwand der Änderungsleistung wird mittels eines Kostendeltas berechnet, dass anschließend bezuschlagt wird. Der Wortlaut des § 650c Abs. 1 S. 1 BGB nimmt allein auf den „vermehrten bzw. verminderten Aufwand" Bezug. Der ursprüngliche Gesamtpreis wird nicht erwähnt. Dies lässt darauf schließen, dass von diesem auch kein Abzug erfolgen soll.

Hinzu tritt der Umstand, dass § 650c Abs. 1 S. 1 BGB davon spricht, dass der Aufwand für die Änderungsleistung **„nach"** den tatsächlich erforderlichen Kosten samt Zuschlägen **„zu ermitteln"** ist. Dies deutet auf einen Rechenvorgang mit verschiedenen Posten – wie es bei der Errechnung des Kostendeltas der Fall ist – hin. Wären allein die tatsächlich erforderlichen Kosten maßgeblich, hätte der Gesetzgeber die Norm so formuliert, dass der Aufwand für die Änderungsleistung **mit** den tatsächlich erforderlichen Kosten samt Zuschlägen **anzusetzen** ist.

(2) Systematik

Die systematische Auslegung fördert dagegen keine neuen Erkenntnisse zutage. Aus dem werkvertraglichen Kontext des § 650c Abs. 1 S. 1 BGB lassen sich keine Rückschlüsse auf die Berechnungsweise ziehen.

§ 632 Abs. 2 BGB dient nicht als möglicher Ansatzpunkt. Nach dieser Norm wird bei fehlender preisrechtlicher Übereinkunft die übliche Vergütung als vereinbart angesehen und zu den bereits bestehenden Vertragsposten hinzuaddiert. Hieraus kann jedoch kein Parallelschluss für § 650c Abs. 1 S. 1 BGB gezogen werden. Denn bei bloßem Hinzurechnen üblicher Preise wäre die Einführung des § 650c Abs. 1 S. 1 BGB nicht nötig gewesen.[176]

Auch den §§ 642 und 648 S. 2 BGB können keine für die Berechnung des § 650c Abs. 1 S. 1 BGB relevanten Rechtsgedanken entnommen werden. Gegen ein Heranziehen von Wertungen aus § 642 BGB spricht schon der Umstand, dass es sich bei dieser Regelung – anders als bei der Vergütungsanpassung des § 650c Abs. 1 S. 1 BGB – um einen selbstständigen, unabhängigen Anspruch neben der vereinbarten Vergütung handelt.[177] Hinzu tritt ein weiterer Aspekt. In Hinblick auf den Anrechnungsbetrag entspricht § 642 Abs. 2 BGB dem Regelungsansatz des § 648 S. 2 BGB.[178] Bei beiden Normen ist jedoch nicht auf die tatsächlich entstandenen, höheren Kosten abzustellen,[179] denn eine solche Berücksichtigung würde dem insoweit eindeutigen Wortlaut widersprechen. Sowohl § 642 Abs. 2 BGB als auch § 648 S. 2 BGB beziehen sich auf die „vereinbarte Vergütung". Auch der BGH hat in seinem Grundsatzurteilen zu § 642 BGB mittlerweile klargestellt, dass bei Absatz 2 „die Höhe der vereinbarten Vergütung zu berücksichtigen ist."[180]

---

176 Notwendig wäre allenfalls eine Ausnahmeregelung für Leistungen, denen keine üblichen Vertragspreise zugrunde liegen, gewesen.

177 *Schonebeck* in: LK, Bauvertragsrecht, BGB § 642 Rn. 8.

178 MüKo BGB/*Busche*, BGB § 642 Rn. 18.

179 Dieselbe Auffassung teilt *Althaus*, NZBau 2018, 643 (644). *Schilder* und *Sienz* sind in diesem Punkt hingegen anderer Ansicht und erwägen zum Teil in analoger Heranziehung des § 2 Abs. 5 VOB/B bzw. des § 650c Abs. 1 BGB ein Abstellen auf die tatsächlich entstandenen höheren Kosten in Einzelfällen (*Schilder*, BauR 2007, 450 [452 f.]; BeckOK BauvertrR/*Sienz*, BGB § 642 Rn. 71 ff.). *Schilder* hält ein striktes Festhalten an der Ursprungskalkulation vor allem dann für ungeeignet, wenn Fälle vorliegen, in denen einzelne Positionen, wie z. B. das Vorhalten eines Baucontainers aus Wettbewerbsgründen, nicht oder mit zu geringen Kosten kalkuliert wurde (*Schilder*, BauR 2007, 450 [452]). Diese Auffassung ist nachvollziehbar. Eine Analogie kommt dennoch nicht in Betracht. Denn der Gesetzgeber hätte im Zuge der Bauvertragsrechtsreform auch den § 642 Abs. 2 BGB bzw. § 648 S. 2 BGB ändern können. Er tat dies jedoch – trotz Kenntnis dieser Problematik – nicht. Einzig die Nummerierung des § 648 BGB (§ 649 a. F. BGB) wurde geändert. Das planwidrige Vorliegen einer Regelungslücke kann daher nicht angenommen werden.

180 BGH, Urt. v. 26.10.2017 – VII ZR 16/17 und BGH, Urt. v. 30.01.2020 – VII ZR 33/19.

Die systematische Auslegung bringt daher bzgl. der Berechnungsmethode keine neuen Erkenntnisse zutage.

(3) Historie

Der Abschlussbericht der AG Bauvertragsrecht vom 18.06.2013 enthielt folgende Passage:

> *„Die tatsächlich erforderlichen Mehr- und Minderkosten werden zunächst saldiert und der in der jeweiligen Bezugsposition des Ausgangsvertrages für die Ausgangsleistung kalkulierte Gewinn wird sodann hinzugerechnet bzw. der kalkulierte Verlust wird abgezogen. Die Berechnung der Mehr- oder Mindervergütung soll dabei nicht um einen sog. Vertragspreisniveaufaktor ergänzt werden.“*[181]

Der Gesetzgeber überarbeitete diese Textstelle, setzte sich dementsprechend intensiv mit ihr auseinander und äußerte sich in der Gesetzesbegründung zur Frage der Kostenermittlungsmethode wie folgt:

> *„Bei der Ermittlung des veränderten Aufwandes nach den tatsächlichen Kosten ist die Differenz zwischen den hypothetischen Kosten, die ohne die Anordnung des Bestellers entstanden wären, und den Ist-Kosten, die aufgrund der Anordnung tatsächlich entstanden sind, zu bilden. Diese Differenz ist die Grundlage für die Vergütung für den geänderten Aufwand.“*[182]

Angesichts dieser Formulierung wird deutlich, dass nur „Methode 2“ das zutreffende Berechnungsmodell sein kann. Denn hypothetische Kosten werden nur bei dieser Art der Kostenermittlung herangezogen. Die Kostendifferenz der hypothetischen Vertragsleistung und der angeordneten Änderungsleistung ergibt dort das Kostendelta, welches anschließend angemessen bezuschlagt wird. Anders verhält es sich bei „Methode 1“: Dort sind nur die Kosten der Vertrags- und Änderungsleistung relevant. Hypothetische Kosten werden nicht berechnet.

(4) Telos

Auch das Telos spricht für eine Berechnung nach „Methode 2“. Nur der Änderungsteil sollte von einer Preisregulierung umfasst werden. Der ursprüngliche Vertragsteil sollte unberührt bleiben. Erkennbar wird dies an dem Willen des Gesetzgebers, der sich in der Gesetzesbegründung wie folgt niederschlägt:

181 Abschlussbericht der AG Bauvertragsrecht, S. 26 f.
182 BT-Drucks. 18/8486, S. 56.

> *„[...] Stattdessen soll die im Wettbewerb für die Ausgangsleistungen zustande gekommene anteilige Gewinn- oder Verlustspanne für die jeweilige Bezugsposition in ihrer ursprünglichen Höhe (d. h. als Absolutbetrag) erhalten bleiben und dadurch das Preisrisiko für die Vertragsparteien begrenzt werden.“*[183]

Wie oben[184] dargestellt, lässt sich als wesentlicher Unterschied beider Berechnungsmethoden ausmachen, dass dem Unternehmer nur bei „Methode 2“ der Gewinn bzw. der Verlust der auf der Kalkulation beruhenden Preisvereinbarung in absoluter Höhe erhalten bleibt. Indem in die Differenz die hypothetischen tatsächlichen Kosten anstelle der Kosten, die ursprünglich für die Vertragsleistung geschuldet wurden, eingestellt werden, wird sichergestellt, dass der Unternehmer nicht besser, bzw. schlechter steht als durch die Ausführung der unveränderten Leistung.[185] Beabsichtigter Sinn und Zweck der Vergütungsanpassung ist es, das Äquivalenzgefüge des ursprünglichen Vertrages nicht anzutasten, um den ohnehin schon starken Eingriff in die Vertragsfreiheit möglichst gering zu halten.

dd) Fazit

Es bleibt daher zu konstatieren, dass neben der grammatischen und der teleologischen Auslegung vor allem die Gesetzesbegründung dafür spricht, „Methode 2“ anzuwenden.

b) Angemessene Zuschläge für allgemeine Geschäftskosten, Wagnis und Gewinn

Ebenfalls unklar bleibt, wie angemessene Zuschläge zu ermitteln sind. In der Literatur existieren hierzu zahlreiche Vorschläge. Während sich die überwiegende Anzahl an Autoren für eine einheitliche Feststellung angemessener Zuschläge für allgemeine Geschäftskosten, Wagnis und Gewinn ausspricht, differenzieren andere zwischen den einzelnen Zuschlagsposten.[186]

aa) Marktbezogener Ansatz

Eine Möglichkeit der Zuschlagsberechnung bestünde darin, die jeweiligen Marktgegebenheiten als Bemessungsmaßstab heranzuziehen.[187] Angemessene Zuschläge wären dann die vergleichbaren, ortsüblichen Zuschläge.

Dies ist jedoch nicht praxistauglich. Denn ein solcher Vorschlag bleibt konturenlos, solange es an klaren Orientierungshilfen bzw. Leitlinien zur Berechnung

---

183 BT-Drucks. 18/8486, S. 56.

184 *Abschnitt B. I. 2. a) cc).*

185 *Oberhauser* in: DLOPS, § 2, Rn. 102.

186 Exemplarisch dazu *von Rintelen* in: Kniffka, Bauvertragsrecht, BGB § 650c Rn. 63 f.

187 *Retzlaff*, BauR 2017, 1781 (1800).

fehlt.[188] Da zudem jedes Unternehmen seine Zuschlagssätze abhängig von Größe, Struktur, Leistungsspektrum und Auftragsauslastung individuell kalkuliert, ließe sich ein „üblicher" Zuschlagssatz gar nicht feststellen.[189]

Im Übrigen scheitert eine Umsetzung auch daran, dass es nicht für alle Bauleistungen übliche Preise gibt. Denn übliche Preise sind das Resultat einer einheitlichen, empirischen Datenerhebung.[190] Da es an einer solchen fehlt, liefe die Erforschung ortsüblicher Preise auf eine Bestimmung durch Sachverständige hinaus.[191] Ein solches Ansinnen wäre jedoch aus drei Gründen misslich. Zum einen gelangen unterschiedliche Sachverständige zu unterschiedlichen Ergebnissen. Zum anderen kostet die Gutachtenermittlung – insbesondere bei aufwendigen Verfahren seltener Änderungsanordnungen – viel Geld. Demgegenüber wurde das Bauvertragsrecht jedoch eingeführt, um einen zügigen Bauablauf zu gewährleisten und kostenintensive Konflikte zu vermeiden.[192] Diesem Telos widerspräche eine langwierige Ermittlung des ortsüblichen Preisniveaus.

bb) Branchenbezogener Ansatz

Verbreitet wird in der Literatur auch die Ansicht vertreten, auf branchenübliche Ansätze als Maßstab für die Zuschläge der allgemeinen Geschäftskosten abzustellen.[193]

Auch hier gilt, dass es einerseits an einer für die Ermittlung notwendigen, empirischen Datenerhebung fehlt, die zudem in regelmäßigen Abständen aktualisiert werden müsste. Andererseits wird das Abstellen auf einen pauschalen Zuschlagssatz nicht den konkreten Bedürfnissen der Unternehmen gerecht. Denn jedes Unternehmen kalkuliert seine Zuschlagssätze individuell in Abhängigkeit der es ausmachenden Faktoren. Im Übrigen bliebe weiterhin ungeklärt, welche Zuschlagshöhe für Wagnis und Gewinn anzusetzen wäre. Denkbar wären letztlich nur zwei Szenarien, die jedoch beide nicht überzeugen.

Greift man für die Zuschlagsermittlung von Wagnis und Gewinn ebenfalls auf branchenübliche Ansätze zurück,[194] stellen sich die oben bereits aufgeführten Probleme.

---

188 Richtvorgaben könnte beispielsweise ein sog. Zuschlagsspiegel – ähnlich dem Mietspiegel – liefern, der nach wissenschaftlichen Grundsätzen durch Interessenvertreter der Besteller und Unternehmer alle zwei Jahre aktualisiert und angepasst wird. Angesichts der dafür benötigten Vorlaufzeit würde dies jedoch keine Hilfe für die aktuelle Thematik darstellen.

189 *Franz/Althaus/Oberhauser/Berner*, BauR 2015, 1221 (1224 f.).

190 *Retzlaff*, BauR 2017, 1781 (1800).

191 *Retzlaff*, BauR 2017, 1781 (1800).

192 BT-Drucks. 18/8486, S. 25.

193 BeckOK BauvertrR/*Althaus/Kattenbusch*, BGB § 650c Rn. 42; *Althaus*, BauR 2017, 412 (417); *Leinemann/Kues* in: LK, Bauvertragsrecht, BGB § 650c Rn. 60.

194 *Retzlaff*, BauR 2017, 1781 (1800 f.).

Legt man der Zuschlagsermittlung für Wagnis und Gewinn eine eigene Berechnungsmethode zugrunde, würde sich die Frage stellen, ob dies mit Praktikabilitätsgründen noch zu vereinbaren ist. Denn der Unternehmer müsste dann bei Heranziehen des § 650c Abs. 1 S. 1 BGB stets zwei eventuell sogar drei unterschiedliche Berechnungen vornehmen. Gerade bei Großprojekten, bei denen typischerweise eine Fülle an Nachträgen auftritt, wäre eine derartige Prüfungsflut praxisuntauglich.

cc) Unternehmensbezogener Ansatz

Ebenfalls in Betracht zu ziehen wäre eine unternehmensbezogene Ermittlung. Die Zuschlagshöhe würde sich dann anhand der von dem Unternehmen durchschnittlich erwirtschafteten Deckungsbeiträgen ergeben.[195]

Für diesen Ansatz spricht, dass der tatsächliche Bedarf des Unternehmens an der Erzielung entsprechender Deckungsbeiträge regelmäßig am treffendsten berücksichtigt wird. Neben dem individuellen Zuschnitt überzeugt auch die Praktikabilität. Denn die Ermittlung des Bedarfs erfolgt praxisnah – wie in der Baukalkulation üblich.[196] Er wird, auf Grundlage des Verhältnisses von Unternehmensumsatz und allgemeine Geschäftskosten in der Vergangenheit – ggf. unter Berücksichtigung aktueller Entwicklungen[197] – abgeleitet. Der Unternehmer kann hierfür die betreffenden Vorjahreswerte aus der letzten Unternehmensbilanz entnehmen.

Nichtsdestotrotz ist diese Ermittlungsmethode zum einen ungeeignet für Unternehmen im Gründungsjahr, denn diese haben keine Vorjahreswerte, auf die sie zurückgreifen können. Zum anderen geht der unternehmensbezogene Ansatz davon aus, dass jedes Unternehmen eine Unternehmensbilanz aufstellt. Nicht jeden Unternehmer trifft jedoch die Bilanzierungspflicht. Gerade Einzelpersonen oder Betriebe, die freiberuflich tätig sind– man denke hierbei an Bauleiter[198] oder Baustatiker[199] – können, wenn sie unter der Umsatz- bzw. Gewinngrenze des § 141 Abs. 1 Nr. 1 AO bzw. § 241a HGB[200] liegen, von der Pflicht zur Bilanzerstellung

---

195 *Althaus*, NZBau 2019, 15 (18).

196 BeckOK BauvertrR/*Althaus/Kattenbusch*, BGB § 650c Rn. 44.

197 Nach Auffassung des Verfassers wäre die Berücksichtigung aktueller Entwicklungen zwingend notwendig. Andernfalls wären Unternehmen, die in der Vergangenheit einen nur geringen Umsatz sowie niedrige Zuschläge aufweisen, in gewisser Weise benachteiligt. Trotz positiver Aussichten müssten sie sich mit Zuschlägen abgeben, die ihren gegenwärtigen Bedarf nicht widerspiegeln.

198 *Wacker* in: Schmidt, EStG – Kommentar, EStG § 18 Rn. 155.

199 *Wacker* in: Schmidt, EStG – Kommentar, EStG § 18 Rn. 155.

200 Seit dem „Gesetz zur Entlastung der mittelständischen Wirtschaft von Bürokratie", welches zum 01.01.2016 in Kraft trat, wurde die Umsatzgrenze von EUR 500.000,00 auf EUR 600.000,00 und die Gewinngrenze von EUR 50.000 auf EUR 60.000,00 angehoben (BGBl. I 2015 [1400]).

ausgenommen sein. Zwar bestünde ebenfalls die Möglichkeit einer freiwilligen Bilanzaufstellung, doch eine solche ist mit viel bürokratischem Aufwand und damit einhergehenden Zeitverlust verbunden. Hat der Unternehmer daher die Wahl, wird er regelmäßig auf die Aufstellung einer Bilanz verzichten. In diesen Fällen ist der unternehmensbezogene Ansatz nicht zielführend.

dd) Vertragsbezogener Ansatz

Optional könnten auch die vertragsbezogenen Ansätze zur Zuschlagsermittlung herangezogen werden. Dies geschieht, indem ein Gesamtzuschlag berechnet wird, der als Gesamtdeckungsbeitrag für allgemeine Geschäftskosten, Wagnis und Gewinn fungiert. Zu ermitteln wäre dieser Gesamtzuschlag aus der Differenz zwischen vereinbarter Vergütung und den hypothetischen tatsächlichen Herstellkosten für die Ausführung der vertraglichen Leistung auf Basis des unveränderten Vertrags.[201] Mit dem hierdurch gegenüber den Herstellkosten errechneten Prozentsatz werden die tatsächlich erforderlichen Kosten bezuschlagt.

Vorteil dieser Methode ist eine Orientierung an der tatsächlichen Höhe der Deckungsbeiträge für allgemeine Geschäftskosten, Wagnis und Gewinn, bezogen auf den konkreten Vertrag. Etwaige spekulative Kostenverschiebungen der einzelnen Einheitspreise bleiben wirkungslos. Auch wird den jeweiligen Besonderheiten des Vertrags Rechnung getragen. Denn der Unternehmer schließt unterschiedliche Bauverträge mit unterschiedlichen Zuschlagssätzen. Allein das Abstellen auf einen pauschalen Zuschlagssatz wird diesen Gegebenheiten oftmals nicht gerecht.

Hiergegen spricht jedoch der gewichtige Umstand, dass durch diese Art der Berechnung das Vertragspreisniveau des einzelnen Vertrags fortgeschrieben wird.[202] Der Gesetzgeber hat in seiner Begründung explizit angeführt, dass „[d]ie Berechnung der Mehr- oder Mindervergütung [...] nicht um einen sogenannten Vertragspreisniveaufaktor ergänzt [wird]".[203] Der vertragsbezogene Ansatz ignoriert diese Vorgabe und scheidet daher als Berechnungsmodell aus.

ee) Positionsbezogener Ansatz

Die Höhe angemessener Zuschläge könnte sich auch – entsprechend einem Vorschlag *Retzlaffs* – nach dem positionsbezogenen Zuschlagsniveau aus dem Ausgangsvertrag richten. Zur Verdeutlichung wird das 2017 veröffentlichte Beispiel *Retzlaffs* aufgegriffen:

---

201 *Althaus*, NZBau 2019, 15 (18).
202 *Althaus*, NZBau 2019, 15 (18).
203 BT-Drucks. 18/8486, S. 56.

Ein Unternehmer unterbreitet ein Angebot für einen Werkvertrag. Die ihm durch die Leistung gemäß Position 1 des LV pro Einheit entstehenden Kosten (EKT) belaufen sich auf EUR 8,00. Er bietet die Leistung für EUR 10,00 an. Damit enthält die Leistung einen Zuschlag von 25 % auf die EKT. Nach Auftragserteilung ändert der Besteller die Position 1. Jetzt ist ein Preis für die Position 1 neu zu ermitteln. Die Kosten des Unternehmers belaufen sich auf EUR 12,00 pro Einheit.

Würde der neue Preis aus der Kalkulation mit diesen Eckdaten entwickelt, dann errechnet sich ein Preis von EUR 12,00 zzgl. 25 % = EUR 15,00.

Spekulative Kalkulation bedeutet, dass der Unternehmer dies antizipiert und seine Kalkulation daraufhin ausrichtet: Obgleich seine EKT für die Ausgangsleistung tatsächlich EUR 8,00 wären, hinterlegt er dem angebotenen Preis von EUR 10,00 die folgende Kalkulation: EKT EUR 4,00, der Rest (= EUR 6,00, also 150 % auf EKT) Zuschläge. Führt nun die Leistungsänderung dazu, dass dem Unternehmer tatsächlich EKT von EUR 12,00 pro Einheit entstehen, dann errechnet sich ein neuer Preis von EUR 12,00 zzgl. 150 % = EUR 30,00 pro Einheit.[204]

An diesem Beispiel versucht *Retzlaff*, die Potenzierung der Gewinne zu verdeutlichen. Kalkuliert man anstelle der tatsächlichen Kosten der Teilleistung zu EUR 8,00 nur spekulativ EUR 4,00 und verschiebt folglich den anderen Anteil von EUR 4,00 (= 40 % des Einheitspreises von EUR 10,00) in die Zuschläge, führt dies bereits zu einer Erhöhung des neuen Einheitspreises um 100 %.[205] Genau eine solche Gewinnhebelung wollte der Gesetzgeber vermeiden.

Retzlaff ist nun der Ansicht, dass ein Abstellen auf das positionsbezogene Zuschlagsniveau aus dem Ausgangsvertrag eine spekulative Preisbildung verhindert. In vorliegendem Fall beliefen sich die hypothetischen tatsächlichen Kosten auf EUR 8,00. Die herunterkalkulierten EUR 4,00 wären hingegen irrelevant. Würde man nun die EUR 8,00 ins Verhältnis mit dem angebotenen Vertragspreis i. H. v. EUR 10,00 setzen, erhielte man die Zuschlagshöhe von 25 %.

Auf den ersten Blick überzeugt *Retzlaffs* Ansatz. Entscheidet sich der Unternehmer dafür, seine Nachtragsvergütung nach § 650c Abs. 1 S. 1 BGB zu ermitteln, hat er zunächst das zu bezuschlagende Kostendelta aus hypothetischen tatsächlichen Kosten und den neuen tatsächlichen Kosten zu ermitteln. Dieser Rechenschritt ermöglicht es, den ursprünglichen, angemessenen Zuschlagssatz auszumachen. Dies geschieht, indem die hypothetischen tatsächlichen Kosten ins Verhältnis zu dem dafür angebotenen Vertragspreis gesetzt werden. Konsequenz dessen ist, dass spekulativ kalkulierte EKT nutzlos bleiben, da sie bei der Zuschlagsermittlung nicht partizipieren.

---

204 *Retzlaff*, BauR 2017, 1781 (1801).

205 Der Einheitspreis ordnungsgemäß kalkulierter Kosten (EUR 15,00 = EUR 12,00 zzgl. 25 %) beträgt 100 % des spekulativ kalkulierten Einheitspreises (EUR 30,00).

Althaus/Kattenbusch erheben den Einwand, dass eine positionsbezogene Ermittlung des ursprünglich in einer Leistungsposition enthaltenen tatsächlichen AGK-Anteils nicht möglich sei.[206] Denn die auf diese Position entfallenden Baustellengemeinkosten lassen sich nicht „objektiv“ ermitteln, sondern nur durch Rückgriff auf die Kalkulation bewertend zuordnen, was im Rahmen des § 650c Abs. 1 S. 1 BGB ausscheiden müsse. Dieser Einwand ist jedoch nicht zutreffend, da es unzweifelhaft zulässig ist, durch Kalkulationsrückgriff die Baustellengemeinkosten, die auf jede Leistungsposition zufallen, zu ermitteln. Wäre dies nicht möglich, ließen sich die tatsächlich erforderlichen Kosten nie bestimmen. Denn sie umfassen neben den tatsächlichen Herstellungskosten auch die jeder Leistungsposition zuzuordnenden Baustellengemeinkosten, die stets kalkulatorisch ermittelt werden.

Trotzdem überzeugt *Retzlaffs* Ansatz nicht. Die von *Retzlaff* dargestellte Beispielrechnung zur spekulativen Kalkulation ist nicht vollständig nachvollziehbar. *Retzlaffs* Ansatz besteht darin, die hypothetischen Kosten mit dem angebotenen Vertragspreis ins Verhältnis zu setzen, um dadurch das gesuchte Zuschlagsniveau zu erhalten. Seiner Ansicht nach bleiben spekulativ kalkulierte Kosten außen vor. Dies ist aber nicht richtig. Denn ein findiger Unternehmer wird durch Kostenverschiebungen zwischen den Einheitspreisen des Vertrags genau die Potenzierung von positionsbezogenen Gewinnen im Rahmen von Nachtragsforderungen herbeiführen, die der Gesetzgeber vermeiden wollte und damit indirekt das Vertragspreisniveau fortführen.[207] Zieht man *Retzlaffs* Ausgangsfall heran und modifiziert ihn ein wenig, wird eingängig veranschaulicht, was gemeint ist:

A. *RETZLAFFS* BEISPIELSFALL

Ein Unternehmer unterbreitet ein Angebot für einen Werkvertrag. Die ihm durch die Leistung gemäß Position 1 des LV pro Einheit entstehenden tatsächlichen Kosten (= direkte Kosten bzw. EKT) belaufen sich auf EUR 8,00. Er bietet die Leistung für EUR 10,00 an. Damit enthält die Leistung einen Zuschlag von 25 % auf die EKT. Nach Auftragserteilung ändert der Besteller die Position 1. Der Preis für die Position 1 ist daher neu zu ermitteln. Die nunmehr tatsächlichen Kosten des Unternehmers belaufen sich auf EUR 12,00 pro Einheit.

I. Ausgangsfall:

Angebotener Vertragspreis – Position 1:	EUR 10,00
Tatsächliche EKT:	EUR 8,00
Tatsächliche EKT nach Änderungsanordnung:	EUR 12,00

206 BeckOK BauvertrR/*Althaus/Kattenbusch*, BGB § 650c Rn. 43; ebenso *Althaus*, NZBau 2019 15 (19).
207 So auch BeckOK BauvertrR/*Althaus/Kattenbusch*, BGB § 650c Rn. 43.

Zuschlagsniveau: 25% [= (EUR 10,00 - EUR 8,00) - EUR 8,00].
Neuer Preis nach Änderungsanordnung: EUR 15,00 [= EUR 12,00 + EUR 3,00 (= 25 % von EUR 12,00)].

Angebotener Vertragspreis – Position 1:	EUR 10,00
Tatsächliche EKT:	EUR 8,00
Kalkulierte EKT:	EUR 4,00
Tatsächliche EKT nach Änderungsanordnung:	EUR 12,00

Zuschlagsniveau: 150 % [= (EUR 10,00 - EUR 4,00) : EUR 4,00]
Neuer Preis nach Änderungsanordnung: EUR 30,00 [= EUR 12,00 + EUR 18,00 (= 150 % von EUR 12,00)]

B. MODIFIZIERUNG DES BEISPIELFALLS:

Ein Unternehmer unterbreitet ein Angebot für einen Werkvertrag. Der Gesamtvertragspreis von EUR 40,00 ist angemessen und entspricht der Ortsüblichkeit. Der Unternehmer rechnet mit einer Änderungsanordnung bzgl. Position 1. Er bietet daher einen sehr hohen Teilpreis von EUR 16,00 (üblich wäre ein Marktpreis von EUR 8,00) an und kalkuliert den tatsächlichen EKT-Preis (EUR 8,00) mit EUR 4,00 sehr günstig.

Nach Auftragserteilung ändert der Besteller die Position 1. Der Preis für die Position 1 ist daher neu zu ermitteln. Die nunmehr tatsächlichen Kosten des Unternehmers belaufen sich auf EUR 12,00 pro Einheit.

Angebotener Gesamtvertragspreis: EUR 40,00

Position 1: EUR 16,00	Position 2: EUR 14,00	Position 3: EUR 10,00

Tatsächliche Gesamt-EKT: EUR 30,00

Position 1: EUR 8,00	Position 2: EUR 11,00	Position 3: EUR 11,00

Kalkulierte EKT:

Position 1: EUR 4,00	Position 2: EUR 11,00	Position 3: EUR 15,00

Tatsächliche EKT nach Änderungsanordnung: 34,00

Position 1: EUR 12,00	Position 2: EUR 11,00	Position 3: EUR 11,00

Zuschlagniveau: 200 % [= (EUR 16,00 - EUR 8,00) : EUR 8,00]
Neuer Preis nach Änderungsanordnung: EUR 36,00 [= EUR 12,00 + EUR 24,00 (= 200 % von EUR 12,00)].

Bietet der Unternehmer – wie regelmäßig bei einem Bauvertrag – mehrere Leistungen an, setzt sich der Gesamtpreis aus den verschiedenen Einzelpreisen der jeweiligen Positionen im Leistungsverzeichnis zusammen. Stellt man – wie *Retzlaff* es vorschlägt – auf die hypothetischen tatsächlichen Kosten ab und setzt diese ins Verhältnis mit dem angebotenen Vertragspreis, bleiben die kalkulierten Kosten zwar außen vor, der Unternehmer hätte dann jedoch die Möglichkeit durch die Gesamtpreisaufteilung auf die jeweiligen Leistungspositionen spekulativ zu kalkulieren.[208] Er würde Leistungspositionen, die seiner Erfahrung nach typischerweise eine Änderungsanordnung hervorrufen, mit einem teureren Vertragspreis versehen und dort, wo keine Änderungen zu befürchten sind, billige Vertragspreise aufrufen. Im Ergebnis würde es dem Unternehmer gelingen, trotz des Ansetzens spekulativer Vertragsangebotspreise bei einzelnen Leistungspositionen einen annehmbaren Gesamtpreis zu erzielen. Letztlich ließe sich sogar konstatieren, dass es mit jeder Leistungspositionszunahme eines Bauvorhabens für den Unternehmer leichter würde, spekulative Kostenverschiebungen zu verstecken.

Darüber hinaus bliebe unklar, wie eine Berechnung bei zusätzlichen Leistungen zu erfolgen hätte. Schließlich würde es in derartigen Fällen an einem heranzuziehenden Bezugspunkt fehlen. Wäre eine identische oder gleichartige Position im Ursprungsvertrag nicht vorhanden, muss der „positionsbezogene" Ansatz daher schon denknotwendig ausscheiden.

ff) Kalkulationsbezogener Ansatz

Eine weitere Möglichkeit der Zuschlagsberechnung bestünde in der Heranziehung der ursprünglich kalkulierten Zuschlagssätze. Jedoch schloss der Gesetzgeber eine derartige Bezugnahme ausdrücklich aus:

> *„Innerhalb einer Nachtragsberechnung darf es keine Kombination zwischen den tatsächlich erforderlichen Kosten einerseits und den kalkulierten Kosten andererseits geben, um keine Anreize für spekulative Kostenverschiebungen zu schaffen. Damit scheidet im Rahmen des Absatzes 1 ein Rückgriff auf die hinterlegte Urkalkulation aus."*[209]

Die Auffassung *Mundts*,[210] wonach der nachweislichen, bei der Auftragserteilung vorhandenen Urkalkulation des Unternehmers eine gewisse Indizwirkung für die entsprechenden Zuschläge zukommt, ist daher abzulehnen. Sie widerspricht dem

208 Denn für Position 1 ist nicht der übliche Marktpreis von EUR 12,00 maßgeblich, sondern der angebotene Vertragspreis in Höhe von EUR 16,00.

209 BT-Drucks. 18/8486, S. 56.

210 BeckOGK/*Mundt*, BGB § 650c Rn. 82.

Gesetzeszweck, nach dem der Rückgriff auf die Urkalkulation gerade vermieden werden soll. Darüber hinaus soll die Vermutungswirkung zugunsten der hinterlegten Urkalkulation ausdrücklich nur in dem Fall des § 650c Abs. 2 BGB gelten. Der Gesetzgeber hat – wie der Wortlaut zeigt – hierbei explizit zwischen der Berechnung nach § 650c Abs. 1 BGB und der Berechnung nach § 650c Abs. 2 BGB differenziert. Die Annahme einer Indizwirkung wäre daher *contra legem*. Eine solche scheidet zudem auch deshalb aus, weil die Urkalkulation weder Vertragsbestandteil noch Geschäftsgrundlage ist.[211] Schließlich hat der Besteller oftmals keine Kenntnis der Kalkulationsansätze, da die Urkalkulation üblicherweise wegen ihres Charakters als Geschäftsgeheimnis in einem verschlossenen Umschlag hinterlegt wird.[212]

gg) Bauzeitbezogener Ansatz

Die Höhe angemessener Zuschläge könnte auch mittels eines bauzeitbezogenen Ansatzes – der sog. Unterdeckungsrechnung – ermittelt werden.[213] Dieser sähe wie folgt aus:

In einem ersten Schritt wäre der vereinbarte Deckungsbeitrag A zu bestimmen, den der Unternehmer bei gewöhnlichem Vertragsfortlauf innerhalb der für die Leistung vorgesehenen Ausführungsfrist erzielt hätte. Deckungsbeitrag A ist dabei die Differenz zwischen der für die Leistung vorgesehenen vertraglichen Vergütung und den tatsächlichen (hypothetischen) HK, die ohne Leistungsänderung in demselben Zeitraum angefallen wären.

In einem zweiten Schritt wäre der tatsächlich erzielte Deckungsbeitrag B für die geänderte Leistung innerhalb der vertraglich vorgesehenen Ausführungsfrist zu ermitteln. Für diesen sind von der tatsächlich innerhalb der vertraglich vorgesehenen Ausführungsfrist erzielten Vergütung die dafür tatsächlich anfallenden Herstellkosten abzuziehen.

Den entgangenen Deckungsbeitrag und damit die Höhe der angemessenen Zuschläge würde die Differenz beider Werte des Deckungsbeitrags A und des Deckungsbeitrags B ergeben.[214]

Dieses Berechnungsmodell hat zur Folge, dass der Unternehmer nur zusätzliche Deckungsbeiträge erhält, wenn die Ausführung der Nachtragsleistungen Auswirkungen auf den vereinbarten Ausführungszeitraum hat.[215]

---

211 *Von Rintelen* in: Kniffka, Bauvertragsrecht, BGB § 650c Rn. 56.

212 *Von Rintelen* in: Kniffka, Bauvertragsrecht, BGB § 650c Rn. 56.

213 *Franz/Althaus/Oberhauser/Berner*, BauR 2015, 1221 (1225).

214 Für konkrete Berechnungsbeispiele empfiehlt sich die Lektüre des Aufsatzes von *Franz/Althaus/Oberhauser/Berner*, BauR 2015, 1221 (1226 ff.).

215 *Franz/Althaus/Oberhauser/Berner*, BauR 2015, 1221 (1225). Da anderweitiger Erwerb infolge der Bauzeitverzögerung anzurechnen wäre (§ 648 S. 2 BGB), handelt es sich bei §§ 631 Abs. 1, 650c Abs. 1 S. 1 BGB per se um einen diesbezüglich reduzierten Vergütungsanspruch.

Dem Ansatz stehen jedoch gewichtige Argumente entgegen. Zum einen erfordert eine derartige Ermittlung einen erheblichen Darstellungs- und Begründungsaufwand, bei der sogar im Einzelfall eine baubetriebliche Bewertung von Bauabläufen notwendig werden könnte.[216] Zum anderen widerspricht dieses Modell dem klaren Willen des Gesetzgebers.[217] § 650c Abs. 1 S. 1 BGB spricht von „tatsächlich erforderlichen Kosten **mit** angemessenen Zuschlägen“ nicht von „tatsächlich erforderlichen Kosten **mit grundsätzlich** angemessenen Zuschlägen“. Nach dem gesetzlichen Leitbild sind die tatsächlich erforderlichen Kosten daher **immer** zu bezuschlagen. Dies soll auch in Fällen gelten, in denen die Mehrleistung keine bauzeitlichen Auswirkungen hervorruft. Ein anderes Verständnis wäre *contra legem*. Ferner sollen nach diesem Modell auch Zuschläge anfallen, wenn infolge der Anordnung lediglich eine Bauzeitverzögerung eintritt, die Leistungsänderung selbst jedoch keine Erhöhung der Herstellkosten nach sich zieht. Auch dies ist mit § 650c Abs. 1 S. 1 BGB unvereinbar, denn einen Zuschlag soll es nur auf tatsächliche Mehrkosten („**vermehrter** Aufwand“) und nicht für rein zeitliche Auswirkungen geben.

hh) Gesetzesbezogener Ansatz

Retzlaff entwickelt die Idee eines Sockelbetrags, für dessen Höhe er §§ 648 S. 3, 650 f Abs. 5 S. 3 BGB analog[218] heranzieht.[219] Dieser hätte den Vorteil einer schnellen und einfachen Lösung, gerade in komplexen Verfahren.

Gemäß §§ 648 S. 2, 650 f Abs. 5 S. 2 BGB kann der Unternehmer im Kündigungsfall grundsätzlich den auf die erbrachten Leistungen entfallenden Vergütungsanteil verlangen. Er muss sich jedoch ersparte Aufwendungen, den Erwerb durch anderweitige Verwendung der Arbeitskraft, sowie den böswillig unterlassenen anderweitigen Erwerb anrechnen lassen. Die §§ 648 S. 3, § 650 f Abs. 5 S. 3 BGB enthalten die Vermutung, dass dem Unternehmer 5 % der Vergütung, die auf den noch nicht erbrachten Teil der Werkleistung fällt, zustehen.

---

216 *Leupertz* in: Messerschmidt/Voit, Privates Baurecht, BGB § 650c Rn. 22.

217 So auch BeckOK BauvertrR/*Althaus/Kattenbusch*, BGB § 650c Rn. 41. Trotzdem sehen *Franz/Althaus/Oberhauser/Berner* die Ergebnisse ihrer Berechnungsmethodik als sachgerecht an. Die Vorteile einer Bauzeitverzögerung gleichen die Nachteile fehlender Bauzeitauswirkung aus. Während dem Unternehmer bei Bauzeitverzögerungen regelmäßig höhere Zuschläge zukommen, als dies bei einer umsatzbezogenen Bezuschlagung im Rahmen der Preisfortschreibung der Fall wäre, steht der Unternehmer bei einer reinen EKT-Erhöhung ohne Bauzeitauswirkung schlechter als bei einer vorkalkulatorischen Preisfortschreibung.

218 §§ 648 S. 3 und 650 f Abs. 5 S. 3 BGB haben beide denselben Wortlaut: *„Es wird vermutet, dass danach dem Unternehmer 5 Prozent der auf den noch nicht erbrachten Teil der Werkleistung entfallenden vereinbarten Vergütung zustehen.“*

219 *Retzlaff*, BauR 2017, 1781 (1800 f.).

Retzlaff schlägt dazu vor, dass derjenige Teil der Vergütung, den der Unternehmer nicht zur Deckung der direkten Kosten eines Bauvorhabens benötigt (gemäß §§ 648 S. 3, 650 f Abs. 5 S. 3 BGB also 5 % der Gesamtvergütung), mit dem Betrag zur Deckung von allgemeine Geschäftskosten, Wagnis und Gewinn gemäß § 650c Abs. 1 S. 1 BGB gleichgesetzt werden könnte. Eine derartige Überlegung hat durchaus ihre Berechtigung, denn Sinn und Zweck der Vermutungsregelungen in §§ 648 S. 3 und 650 f Abs. 5 S. 3 BGB ist es, dem Unternehmer eine Kostenpauschale, die dessen Aufwand zur Aufrechterhaltung seines Betriebs abdeckt, zu gewähren. Dabei ist die Pauschale von 5 % nicht abschließend.[220] Vielmehr obliegt es dem Unternehmer im Einzelfall darzulegen und zu beweisen, dass er mehr als 5 % der noch offenen Vergütung beanspruchen kann.

Überträgt man nun diese Idee auf § 650c Abs. 1 S. 1 BGB, darf der Mindestprozentsatz für „angemessene Zuschläge" jedoch nicht 5 % – sondern muss 5,26 % – betragen. Denn bei den §§ 648 S. 3, 650 f Abs. 5 S. 3 BGB wird als Eingangsgröße die volle Vergütung einschließlich der Zuschläge herangezogen, um die ersparten Kosten und die Kündigungsvergütung zu ermitteln. Anders verhält es sich bei § 650c Abs. 1 S. 1 BGB. Dort sind zwar die Kosten bekannt, die Gesamtvergütung jedoch mangels Zuschlagshöhe nicht. Die analoge Anwendung der §§ 648 S. 3, 650 f Abs. 5 S. 3 BGB auf § 650c Abs. 1 S. 1 BGB führt daher zu folgender Zuschlagsermittlung: Der Zuschlag für allgemeine Geschäftskosten, Wagnis und Gewinn beträgt 5 : 95 = 1/19 = 5,26 %. Dieser Wert wäre dann gesetzliches Minimum und als Mindestsatz für die angemessene Zuschlagshöhe heranzuziehen.

Dieselbe Auffassung teilte das KG in seinem Urteil vom 10.07.2018 – 21 U 30/17.[221]

Dennoch wird sich diese an sich praxistaugliche Idee nicht etablieren. Denn die Zuschlagssätze liegen, wie *Kornet* in einem Aufsatz 2016 bereits dargestellt hat, im Regelfall zwischen 6 % und 10 %.[222] *Leinemann/Kues* gehen sogar von 10 % oder mehr aus.[223] Ein Unternehmer wird sich daher mit 5,26 % nicht begnügen. Allenfalls bei Kleinstaufträgen mag dies der Fall sein, nicht jedoch bei Großprojekten. Selbst wenn man die 5,26 % daher nur als Mindestzuschlag verstehen würde, lösen sie das eigentliche Problem nicht.

---

220 MüKo BGB/*Busche*, BGB § 648 Rn. 31.

221 KG, Urt. v. 10.07.2018 – 21 U 30/17. Hierbei ist zwar zu beachten, dass die Entscheidung den insoweit parallel gelagerten Mehrvergütungsanspruch aus § 2 Abs. 5 und Abs. 6 VOB/B betraf. Indes wird aber auch bei BGB-Verträgen eine Heranziehung des Rechtsgedankens anzunehmen sein – zumal die Erkenntnis des Mindestzuschlagfaktors aus BGB-Normen gewonnen wird.

222 *Kornet*, BauR 2016, 1386 (1388).

223 *Leinemann/Kues* in: LK, Bauvertragsrecht, BGB § 650c Rn. 61.

ii) Eigenes Modell: Sog. rahmenbezogener Ansatz

Sämtliche, in der Literatur entwickelten Modelle haben Schwächen. Dies belegt auch der Umstand, dass sich bislang noch keine einhellige Auffassung zur Ermittlung der Zuschlagshöhe durchgesetzt hat. Aus diesem Grund hat der Verfasser ein eigenes Modell entwickelt, bei dem das Ziel der Parteien, eine praxisnahe und damit einfache und schnelle Ermittlung angemessener Zuschläge zu gewährleisten, im Vordergrund steht.

Der Gesetzeswortlaut des § 650c Abs. 1 S. 1 BGB spricht von „angemessenen Zuschlägen für allgemeine Geschäftskosten, Wagnis und Gewinn".

Zieht man *Retzlaffs* gesetzesbezogenen Ansatz heran, liegt der Mindestprozentsatz angemessener Zuschläge bei 5,26 %.[224] Dies steht in Einklang mit der Rechtsprechung.[225]

Zur Bestimmung des Maximalprozentsatzes ist die Gesetzesbegründung heranzuziehen:

> *„Die Berechnung der Mehr- oder Mindervergütung wird nicht um einen sogenannten Vertragspreisniveaufaktor ergänzt. Die Anwendung dieses Faktors würde dazu führen, dass die ursprünglich einkalkulierte Gewinn- oder Verlustspanne auch bei der Berechnung der Vergütung für die Nachträge zugrunde zu legen wäre, was im Ergebnis zu einer Potenzierung der Gewinne oder Verluste der Ausgangskalkulation führen würde."*[226]

Dieser Passage lässt sich entnehmen, dass das Vertragspreisniveau im Rahmen der Zuschlagsberechnung des § 650c Abs. 1 S. 1 BGB nicht (mehr) herangezogen werden darf.

Teile der Literatur erwecken den Anschein, als wäre vollkommen klar, was dem Vertragspreisniveau bzw. dem Vertragspreisniveaufaktor zu verstehen wäre. Dies ist jedoch nicht der Fall. Wie bereits *Franz/Kues* in einem lesenswerten Beitrag 2010 ausführten, ist bis heute ungeklärt, ob zur Ermittlung des Vertragspreisniveaus auf einzelne Titel, das jeweilige Gewerk oder den Gesamtauftragswert abzustellen ist.[227] Je nach Bezugspunkt erhält man indes gänzlich unterschiedliche Ergebnisse. Zur Verdeutlichung wird erneut obiger Treppenfall aufgegriffen.

---

224 *Abschnitt B. I. 2. b) hh).*

225 KG, Urt. v. 10.07.2018 – 21 U 30/17.

226 BT-Drucks. 18/8486, S. 56.

227 *Franz/Kues*, BauR 2010, 678 (683).

Ein Bauunternehmer wird im Wege eines Einheitspreisvertrags mit einem Treppenbau in einem Neubau beauftragt. Es sollen 10 Holztreppen und 2 Stahltreppen errichtet werden. Alle Treppen weisen die gleichen Maße auf.

Kalkulation des AN:

Holztreppe	EUR 1.000,00
Stahltreppe	EUR 2.000,00
Restkosten	EUR 3.000,00
EKT gesamt	EUR 17.000,00
BGK (20 %)	EUR 3.400,00
AGK, W&G (10 %)	EUR 2.040,00
Vergütung	EUR 22.440,00

Tatsächliche HK:

Holztreppe	EUR 800,00
Stahltreppe	EUR 1.500,00
Restkosten	EUR 2.500,00
BGK Holztreppe	EUR 80,00
BGK Stahltreppe	EUR 150,00
BGK Restkosten	EUR 500,00

Trotz der drei unterschiedlichen Bezugspunkte ist der Rechenweg identisch. Zunächst ist die Differenz zwischen der vereinbarten Vergütung und den hypothetischen tatsächlichen Herstellkosten für die Ausführung der vertraglichen Leistung auf Basis des unveränderten Vertrags zu errechnen. Sodann ist diese Differenz in einen Prozentsatz umzuwandeln, indem sie ins Verhältnis zur vereinbarten Vergütung gesetzt wird. Dieser Prozentsatz stellt dann das sog. Vertragspreisniveau bzw. den Vertragspreisniveaufaktor dar.

Bezugspunkt: Leistungstitel – Holztreppe

Schritt 1:

EUR 13.200 (EUR 10.000,00 + EUR 2.000,00 + EUR 1.200) – EUR 1.0176,00 (EUR 8.000,00 + EUR 1.600,00 + EUR 576,00) = EUR 3.024,00[228]

Schritt 2:

EUR 3.024,00 : EUR 22.440,00 = 13 %

228 In Worten: Vereinbarte Vergütung der Holztreppe (10 Holztreppen + Holztreppen BGK + Holztreppen AGK) – Hypothetische tatsächliche Herstellungskosten (10 Holztreppen + Holztreppen BGK + 6 % Holztreppen AGK) = Differenzbetrag.

Bezugspunkt: Gewerk – Treppe

Schritt 1:

EUR 18.480,00 (EUR 10.000,00 + EUR 4.000,00 + EUR 2.800,00 + EUR 1.680,00) – EUR 13.992 (EUR 8.000,00 + EUR 3.000,00 + EUR 2.200,00 + EUR 792,00) = EUR 4.488,00[229]

Schritt 2:

EUR 4.488,00 : EUR 22.440,00 = 20 %

Bezugspunkt: Gesamtauftragswerk

Schritt 1:

EUR 22,440,00 - EUR 17.820,00 (EUR 8.000,00 + EUR 3.000,00 + EUR 2.500,00 + EUR 2.700,00 + EUR 1.620,00) = EUR 4.620,00[230]

Schritt 2:

EUR 4.620,00 : EUR 22.440,00 = 20,6 %

Je nach Bezugspunkt ergibt sich daher ein unterschiedliches Vertragspreisniveau.

Kapellmann/Schiffers/Markus ziehen stets die am besten geeignete Vertragsposition als Bezugspunkt heran.[231] Ansonsten ermitteln sie das Vertragspreisniveau durch Gegenüberstellung der in der Angebotskalkulation angesetzten Werte (bzw. der Einheitspreise) zu den hypothetischen tatsächlichen Kosten. Auf den ersten Blick überzeugt dies. Erlässt der Besteller in unserem Beispielsfall jedoch eine Änderungsanordnung, die – anstelle zweier Holztreppen – zwei Treppen mit Holzelementen vorsieht, offenbaren sich die Schwächen dieses Ansatzes. Denn es kann neben der Holztreppe (13 %) ebenso gut das Gewerk Treppe (20 %) als Bezugspunkt herangezogen werden. Zwischen beiden Werten befindet sich jedoch eine nicht vernachlässigbare Differenz von 7 %. Während sich der Unternehmer aus wirtschaftlichen Gründen auf das Gewerk Treppe beziehen will, wird der Besteller für den Bezugspunkt Holztreppe plädieren; Streit ist die Folge. Aus Gründen der Rechtssicherheit ist es daher zwingend notwendig, die Kriterien der Abgrenzung noch klarer zu konkretisieren. Am sinnvollsten erscheint hier ein dreistufiges Vorgehen.

---

229 In Worten: Vereinbarte Vergütung der Treppen (10 Holztreppen + 2 Stahltreppen + Treppen BGK + Treppen AGK) – Hypothetische tatsächliche Herstellungskosten (10 Holztreppen + 2 Stahltreppen + Treppen BGK + 6 % Treppen AGK) = Differenzbetrag.

230 In Worten: Vereinbarte Vergütung – Hypothetische tatsächliche Herstellungskosten (10 Holztreppen + 2 Stahltreppen + Restkosten + BGK + 6 % AGK) = Differenzbetrag.

231 KSM, Band 1, Rn. 1001. So auch *Althaus*, BauR 2012, 359 (362).

Der Bezugspunkt des einzelnen **Leistungstitels** kann nur dann einschlägig sein, wenn er sich zu 100 % mit der Nachtragsleistung deckt. Dies wäre in unserem Fallbeispiel der Fall, wenn der Besteller weitere Holz- oder Stahltreppen anordnen würde. Andernfalls droht einfach zu vermeidender Streit. Scheidet der Leistungstitel als Bezugswert aus, ist hierzu subsidiär auf das **Gewerk** abzustellen. Voraussetzung ist, dass es plausibel vom Gesamtwerk zu trennen ist[232] und die Nachtragsleistung eine typische Gewerksleistung darstellt. Ist ein Bauvertrag über einen Hausbau geschlossen worden und der Besteller ordnet bei der Treppenmontage Stahlschrauben anstelle von Eisenschrauben an, fehlt es an einem gewerkstypischen Bezug. Denn Schrauben werden bei der Realisierung des Bauvorhabens in zahlreichen Situationen verwendet. Etwas anderes würde dagegen gelten, wenn es sich um Spezialschrauben des Treppenbaus handelt. Schließlich – und damit subsidiär zu Leistungstitel und Gewerk – ist auf das **Gesamtauftragswerk** abzustellen. Eine solche Abstufung ist praktikabel. Plausible Abgrenzungskriterien sorgen für Transparenz. Die aufwendigste Ermittlung – bei der für das Vertragspreisniveau auf das Gesamtauftragswerk abgestellt wird – erfolgt an letzter Stelle. Das Vertragspreisniveau ist daher für jeden Nachtrag nach folgendem, dreistufigen Schema zu ermitteln:

Stufe 1 – Bezugspunkt "Leistungstitel"
<u>Voraussetzung:</u> Nachtragsleistungstitel entspricht Leistungstitel.
Wenn die Voraussetzung von Stufe 1 nicht vorliegt, dann:

Stufe 2 – Bezugspunkt "Gewerk"
<u>Voraussetzung:</u>
a) Gewerk kann plausibel zu Gesamtauftragswerk abgegrenzt werden
und
b) Nachtragsleistung hat gewerkstypischen Bezug
Wenn die Voraussetzungen von Stufe 2 nicht vorliegen, dann:

Stufe 3 – Bezugspunkt "Gesamtauftragswerk"

Für die Ermittlung angemessener Zuschläge hat dies folgende Konsequenz. Der Gesetzgeber verdeutlichte explizit in seiner Gesetzesbegründung, dass eine Berechnung der Mehr- oder Mindervergütung nicht um einen sog. Vertragspreisniveaufaktor ergänzt wird. Er stellte damit ausdrücklich klar, dass von § 650c Abs. 1 S. 1 BGB nicht Zuschläge umfasst werden, die das Vertragspreisniveau widerspiegeln. Aus diesem Umstand lässt sich daher folgende „Zuschlagsspanne" im Rahmen des § 650c Abs. 1 S. 1 BGB ausmachen:

---

232 Eine Trennung wäre beispielshalber dann zu bejahen, wenn das Gewerk vom Gesamtauftragswerk in räumlich oder funktionaler Hinsicht abgegrenzt werden kann.

5,26 % bis zum Vertragspreisniveau

Der Mindestprozentsatz beträgt stets 5,26 %. Der Maximalprozentsatz ergibt sich aus der Grenze zum Vertragspreisniveau, das sich – wie eben aufgezeigt – transparent und praktikabel berechnen lässt. Insbesondere muss der Unternehmer, der seine Nachtragsvergütung gemäß § 650 Abs. 1 S. 1 BGB ermittelt haben will, ohnehin die für die Vertragspreisniveauberechnung erforderlichen Werte der hypothetischen, tatsächlichen Kosten offenlegen; denn diese Werte werden nicht nur im Rahmen der Zuschlagsberechnung, sondern auch im Wege der Ermittlung tatsächlich erforderlicher Kosten, benötigt.

Es verbleibt die Frage, wie angemessene Zuschläge zu bestimmen sind. Während der Unternehmer einen Prozentwert knapp unter dem Vertragspreisniveau beanspruchen wird, wird der Besteller möglichst niedrige Prozentwerte für ausreichend erachten. Die daraus resultierende Rechtsunsicherheit birgt ein Konfliktpotenzial, das sich leicht vermeiden lässt. Denn hat man einen Mindest- und einen Maximalprozentsatz, liegt es auf der Hand, einen gerechten Ausgleich dadurch zu schaffen, indem man den Mittelwert beider Grenzwerte heranzieht. Dieser Mittelwert stellt dann den angemessenen prozentualen Zuschlag für allgemeine Geschäftskosten, Wagnis und Gewinn dar. Die Zuschlagsberechnung im Rahmen des § 650c Abs. 1 S. 1 BGB ist daher nach folgender Formel zu ermitteln:

Angemessene Zuschläge für AGK, Wagnis und Gewinn = Bezuschlagung des Aufwands für die Änderungsleistung anhand der tatsächlichen Kostenermittlung in Höhe des Mittelwerts[233] [= (Prozentuales Vertragspreisniveau + 5,26 %) : 2]

Zur Verdeutlichung der Zuschlagsberechnung wird erneut der bereits bekannte Treppenfall anhand von Mehr- und Minderkosten geprüft.

233 Unterschreitet der Mittelwert 5,26 %, ist der Mindestprozentsatz heranzuziehen.

Ein Bauunternehmer wird im Wege eines Einheitspreisvertrags mit einem Treppenbau in einem Neubau beauftragt. Es sollen 10 Holztreppen und 2 Stahltreppen errichtet werden. Alle Treppen weisen die gleichen Maße auf.

Kalkulation des AN:

Holztreppe	EUR 1.000,00
Stahltreppe	EUR 2.000,00
Restkosten	EUR 3.000,00
EKT gesamt	EUR 17.000,00
BGK (20 %)	EUR 3.400,00
AGK, W&G (10 %)	EUR 2.040,00
Vergütung	EUR 22.440,00

Tatsächliche Herstellungskosten:

Holztreppe	EUR 800,00
Stahltreppe	EUR 1.500,00
Restkosten	EUR 2.500,00
BGK Holztreppe	EUR 80,00
BGK Stahltreppe	EUR 150,00
BGK Restkosten	EUR 500,00

(1) Mehrkosten

Unvorhersehbar ordnet das Bauamt aus Brandschutzgründen an, dass drei weitere Treppen sowie die Wandbefestigung in feuerfester Ausführung (Stahl) zu realisieren sind. Nach ordnungsgemäßem Ablauf der 30-tägigen Verhandlungsphase (§ 650b Abs. 2 BGB) ordnet der Bauherr schließlich die Änderung dreier Holztreppen in Stahltreppen an.
Rechenweg:

(EUR 4500,00 – EUR 2.400,00 = EUR 2.100,00) + (EUR 900,00 – EUR 480,00 = EUR 420,00) = EUR 2.520,00
„{25 % [= EUR 1.500,00 (= EUR 6.000,00 - EUR 4.500,00) : EUR 6.000,00] + 5,26 %}: 2 = 15,13 %
EUR 2.520,00 + (15,13 % von EUR 2.520,00 = EUR 381,28) = EUR 2.901,28
EUR 22.440,00 + EUR 2.901,28 = EUR 25.341,28

(2) Minderkosten

Nachdem sich der Bauherr bei dem Bauamt erkundigt, stellt sich heraus, dass auch die Realisierung sämtlicher Treppen aus Holz den Brandschutzanforderungen genügen würde. Nach ordnungsgemäßem Ablauf der 30-tägigen Verhandlungsphase (§ 650b Abs. 2 BGB) ordnet der Bauherr daher die Änderung der zwei Stahltreppen in Holztreppen an.

Rechenweg:

(EUR 3000,00 – EUR 1.600,00 = EUR 1.400,00) + (EUR 600,00 – EUR 320,00 = EUR 280,00) = EUR 1.680,00
{20% [= EUR 400,00 (= EUR 2.000,00 - EUR 1.600,00) : EUR 2.000,00] + 5,26 %}: 2 = 12,63 %
EUR 1.680,00 + (12,63 % von EUR 1.680,00 = EUR 212,18) = EUR 1.892,18
EUR 22.440,00 - EUR 1.892,18 = EUR 20.547,82

jj) Fazit

Angesichts der dargestellten Unsicherheiten und der Vermeidung von Streit erscheint es für beide Parteien am sinnvollsten, sich bereits bei Vertragsschluss über die Höhe der Zuschlagssätze für allgemeine Geschäftskosten, Wagnis und Gewinn zu einigen.[234] Dabei wäre auch bei Vertragsschluss eine formularvertragliche Festlegung der Zuschlagshöhe möglich, wenn diese auf gewissen Erfahrungswerten beruht.[235] Gelingt dies nicht oder fehlt es an einer solchen Vereinbarung, ist das oben dargelegte Modell des Verfassers heranzuziehen. Es hat den Vorteil einer schnellen, transparenten und praxisgerechten Ermittlung angemessener Zuschläge.

Sicherlich wird es auch hier Literaturstimmen geben, die dem Modell eine Vertragspreisniveauberücksichtigung durch die Hintertür vorwerfen. Dem ist jedoch nicht so. Denn wie die oben angeführten Rechenbeispiele belegen, weicht die Zuschlagshöhe sowohl bei dem Mehr-[236] als auch dem Minderkostenbeispiel[237] erheblich von dem Vertragspreisniveau ab. Allein der Einbezug des Vertragspreisniveaus als Rechenfaktor begründet nicht das Fortführen eines solchen.

Vielmehr gelingt durch den Einbezug des Vertragspreisniveaus die Lösung einer komplexen Kontroverse. In der Bauvertragspraxis gilt der Grundsatz der Kalkulationsfreiheit.[238] Dem Unternehmer steht bei der Kalkulation seiner

234 Dies empfehlen auch *von Rintelen* in: Kniffka, Bauvertragsrecht, BGB § 650c Rn. 58 und *Leinemann/Kues* in: LK, Bauvertragsrecht, BGB § 650c Rn. 62.

235 Ebenso *von Rintelen* in: Kniffka, Bauvertragsrecht, BGB § 650c Rn. 58 und BeckOGK/*Mundt*, BGB § 650c Rn. 73. A. A. ist *Orlowski*, BauR 2017, 1427 (1432). Seiner Auffassung nach können zwar die Zuschläge für Wagnis und Gewinn vertraglich im Vornherein vereinbart werden, nicht aber die Zuschläge für allgemeine Geschäftskosten, da der Unternehmer diese periodisch kalkuliert und sie umsatz- und zeitabhängig erwirtschaftet werden. Allerdings besteht – trotz des Umstands, dass die Zuschlagshöhe nicht stetig gleich bleibt – kein Benachteiligungsrisiko, wenn die vertragliche Vereinbarung eines Zuschlagsbetrags auf Erfahrungswerten beruht.

236 Die Zuschlagshöhe beträgt hier nur 15, 13 %, während das Vertragspreisniveau bei 25 % liegt.

237 Auch hier beträgt die Zuschlagshöhe nur 12, 63 %, während das Vertragspreisniveau bei 20 % liegt.

238 *Leinemann*, VOB/B, VOB/B § 2 Rn. 115; m. w. N. *Leinemann*, NJW 2017, 3113 (3117).

Preise, zu denen auch die Zuschläge gehören, ein Ermessen zu.[239] Dieses Ermessen wird durch die Begrifflichkeit des „angemessenen Zuschlags" eingeschränkt. Diese Einschränkung dient allein dem Interesse des Bestellers. Gleichwohl muss eine Berechnungsvorgabe im Lichte des Grundsatzes der Kalkulationsfreiheit ergehen. Hierbei entsteht ein Zwiespalt, den es in Einklang zu bringen gilt. Der rahmenbezogene Ansatz des Verfassers berücksichtigt diese Leitlinie. Ein für den Besteller ungünstiger Ausgangspreis wird nicht fortgeführt. Gleichzeitig wird der Unternehmer nicht über Maß seines wirtschaftlichen Verhandlungsgeschicks beraubt. Die beiderseitigen Interessen werden hinreichend gewahrt.

Doch selbst wenn man der Auffassung wäre, dass dem Unternehmer bei Anwendung des vom Verfasser vertretenen Modells eine gewisse Bevorzugung zu Teil würde, so wäre dies gerechtfertigt. Denn es gilt die Zuschlagsberechnung erneut in den Gesamtkontext des neu eingeführten Bauvertragsrechts zu setzen und die enge Verknüpfung der § 650b BGB und § 650c BGB zu berücksichtigen. Wird der Unternehmer gegen seinen Willen zu Auftragsarbeiten gezwungen, so erscheint es nur billig, dies zumindest im Rahmen der Vergütung zu kompensieren und ihn nicht jeglichen wirtschaftlichen Vorteils zu berauben.

c) Einzelfragen zur Berechnung

Die „tatsächlich erforderlichen Kosten" der Änderungsleistung ohne Zuschläge stellen die faktischen Selbstkosten des Unternehmers dar, welche wiederum in Eigen- *aa)* und Nachunternehmerleistungen *bb)* zu unterteilen sind. Dabei stellt sich die Frage, wie die Bewertung und Berechnung einzelner Vorgänge zu erfolgen hat.

aa) Eigenleistungen

Bei Eigenleistungen des Unternehmers sind im Wesentlichen drei Problemkreise – Lohn- *(1)*, Geräte- *(2)* und Material- bzw. Stoffkosten *(3)* – näher zu beleuchten.

Im Ausgangspunkt ist die sich jeweils stellende Problematik dieselbe. Werden Arbeitskräfte angestellt, Geräte gemietet oder Materialien für das entsprechende Bauvorhaben gekauft, lassen sich die jeweiligen Kostenanteile für die Änderungsleistung ohne Schwierigkeiten ermitteln. Denn die zeitanteilige Bestimmung ergibt sich für das Personal aus der Lohnbuchhaltung, während die entsprechenden Geräte- und Stoffkosten den betreffenden Mietverträgen bzw. den einschlägigen Rechnungen entnommen werden können.

Anders ist dies bei Fällen, in denen dauerhaft angestelltes Personal eingesetzt wird oder unternehmenseigene Gerätschaften und Materialien bzw. Stoffe zu bewerten sind. Die Besonderheit der aufgezeigten Konstellationen liegt darin, dass es an einem tatsächlich relevanten Mittelabfluss fehlt, welcher typischerweise als Bewertungsgrundlage dient. Dennoch ist eine Ermittlung des

239 *Leinemann*, NJW 2017, 3113 (3117).

Eigenaufwands – ebenso wie bei § 637 BGB[240] – sachgerecht. Denn der Wortlaut des § 650c BGB zwingt nicht zu einer streng schadensrechtlichen Ermittlung der tatsächlich entstehenden Kosten.[241]

(1) Lohnkosten

Das erste Problemfeld im Hinblick auf Eigenleistungen umfasst die Thematik der Lohnkosten. Dabei ist zwischen den Mitarbeitern *(a)*, dem Unternehmer selbst *(b)* und sonstigen Personen *(c)* zu differenzieren.

(a) Mitarbeiter

Bzgl. der Lohnkosten der Mitarbeiter sind im Wesentlichen drei Themenkomplexe aufzuarbeiten – der gewöhnliche Arbeitslohn *(aa)*, Mehrarbeitszuschläge *(bb)* und der aufgrund entfallener Leistung anderweitig erzielte Erwerb *(cc)*.

(aa) Gewöhnlicher Arbeitslohn

Der gewöhnliche Arbeitslohn der eigenen Mitarbeiter ist im Wege eines zweistufigen Vorgehens zu ermitteln.

In einem ersten Schritt ist der jeweils angefallene Zeitaufwand zu bestimmen. Dies kann mittels Stundenlohnzetteln[242] oder einem Zeiterfassungssystem erfolgen.

In einem zweiten Schritt ist die Lohnkostenhöhe auszumachen. Dabei ist in der Literatur umstritten, auf welcher Grundlage der Lohn zu berechnen ist. Während *Bötzkes* und *Mundt* auf den tatsächlich bezahlten Lohn abstellen,[243] möchten *Leinemann/Kues, von Rintelen* und *Kniffka* den tariflichen Mittellohn heranziehen.[244]

Folgt man dem Wortlaut des § 650c Abs. 1 S. 1 BGB, sollten für die Bestimmung **tatsächlich** erforderlicher Kosten auch die **tatsächlichen** Lohnkosten maßgeblich sein. Denn der Heranziehung des Mittellohns würde ein Pauschalierungselement anhaften, welches dem klaren Wortlaut widerspricht. Auch steht es mit der Gesetzessystematik nicht in Einklang. Schließlich legte der Gesetzgeber ausdrücklich fest, dass auf kalkulierte Ansätze lediglich im Rahmen des § 650c Abs. 2 BGB abgestellt werden darf.

---

240 BeckOK BGB/*Voit*, BGB § 637 Rn. 10.

241 BeckOK BauvertrR/*Althaus/Kattenbusch,* BGB § 650c Rn. 23.

242 In der VOB/B befinden sich in § 2 Abs. 10 und § 15 VOB/B besondere, detaillierte Regelungen zu Stundenlohnarbeiten und Stundenlohnzetteln.

243 *Bötzkes*, IBR 2017, 1039; BeckOGK/*Mundt*, BGB § 650c Rn. 43.

244 *Leinemann/Kues* in: LK, Bauvertragsrecht, BGB § 650c Rn. 51; *von Rintelen* in: Kniffka, Bauvertragsrecht, BGB § 650c Rn. 39 f.; *Kniffka* in: Kompendium des Baurechts, 4. Teil, Rn. 298.

Dennoch führt *von Rintelen* an, dass eine Mittelohnberechnung preisrechtlich für die Ermittlung von Selbstkosten anerkannt sei.[245] Dies trifft jedoch nicht zu. Denn gestützt wird dieser Befund im Wesentlichen auf die allgemeinen „Leitsätze für die Preisermittlung aufgrund von Selbstkosten“ (LSP), die Anlage der VO PR 30/53 sind.[246] Die LSP ähneln dabei den speziellen „Leitsätzen für die Ermittlung von Preisen für Bauleistungen aufgrund von Selbstkosten“ (LSP-Bau), die Anlage der VO PR 1/72 sind. Dies beruht darauf, dass die Regelungen der LSP-Bau die bis dahin geltenden – zum Teil noch aus der Vorkriegszeit stammenden – Vorschriften der LSP über die Ermittlung von Selbstkostenpreisen ablösen sollten und deshalb diesen angeglichen wurden.[247] Mit Wirkung zum 01.07.1999 wurde die VO PR 1/72 samt Anlagen aufgehoben.[248] Da die Materialien zu Rechtsverordnungen nicht in gleicher Weise wie Gesetzgebungsmaterialien veröffentlicht werden, sind die Aufhebungsgründe nicht einsehbar. *Petersen* mutmaßt zutreffend, dass neben dem Gedanken der Deregulierung auch die fehlende Praxisrelevanz Anlass der Beseitigung war.[249] Es wäre jedenfalls widersinnig, die allgemeinen Leitsätze heranziehen, wenn doch die speziell auf Bauleistungen zugeschnittenen Leitsätze bewusst aufgehoben wurden.

Sicherlich ist einzuräumen, dass die tatsächliche Lohnermittlung bürokratischen Aufwand mit sich bringt und in der Bauwirtschaft bislang unüblich ist. Dennoch rechtfertigen allein die Bedürfnisse der Praxis keine Auslegung *contra legem*. Dies ergibt sich auch aus einem erneuten Vorhalt des eigentlichen Gesetzeszwecks. Der Gesetzgeber wollte mit Einführung des Bauvertragsrechts einer Preisspekulation und Gewinnpotenzierung entgegentreten. Er überließ dem Unternehmer die freie Entscheidung, seine Kosten bei Änderungsnachträgen nach § 650c Abs. 1 S. 1 BGB oder eben kalkulatorisch nach § 650c Abs. 2 BGB zu ermitteln. Empfindet der Unternehmer daher eine genaue Lohnkostenaufschlüsselung als belastend, steht es ihm frei, dieser durch das Aufstellen einer angemessenen Urkalkulation zu entgehen.[250] Ergänzend sei darauf hingewiesen, dass die Ablehnung einer Mittellohnberechnung auch im Einklang mit der Rechtsprechung steht.[251]

245 *Von Rintelen* in: Kniffka, Bauvertragsrecht, BGB § 650c Rn. 40.

246 *Von Rintelen* in: Kniffka, Bauvertragsrecht, BGB § 650c Rn. 40.

247 *Männel*, Kostenrechnung, S. 609. Dennoch ergeben sich wesentliche Unterschiede bzgl. des Preiskalkulationsaufbaues sowie der Gemeinkostengliederung. Die unterschiedliche Ausgestaltung fußt im Wesentlichen auf den betriebswirtschaftlichen Besonderheiten der Baubranche.

248 Aufgehoben durch Verordnung vom 16.06.1999 (BGBl. I S. 1419).

249 *Petersen*, NZBau 2000, 549 (550).

250 Eine Belastung wäre zum Beispiel das Ansetzen des Mittellohns bei Spezialleistungen, da diese höhere Lohnkosten verursachen.

251 KG, Urt. v. 08.07.2015 – 29 U 43/14 (BeckRS 2015, 13550 Rn. 16); OLG Zweibrücken, Urt. v. 03.09.2014 – 1 U 162/13 (bei juris Rz. 17).

(bb) Mehrarbeitszuschläge

Fallen Mehrarbeitszuschläge – beispielsweise durch Arbeiten an einem Feiertag – an, gilt es zu differenzieren, ob sie einem konkreten Auftrag zugeordnet werden können oder allgemeinen betrieblichen Notwendigkeiten entspringen. Sind sie einem konkreten Bauvorhaben zuzuordnen, dürfen sie angesetzt werden. Fallen sie allgemein an, sind sie verhältnismäßig periodisch aufzuteilen.

(cc) Anderweitiger Erwerb

Das dritte Problem betrifft die Thematik des „anderweitigen Erwerbs". Es wird vor allem bei Arbeitsentfall relevant. Ergeht eine Änderungsanordnung, aufgrund der im Vergleich zum Ausgangsvertrag Kosten entfallen, entstehen dem Unternehmer dem Grunde nach, obwohl er die für die Vertragsleistung an sich vorgesehene Kapazitäten nun nicht mehr einsetzen muss, nicht unbedingt Minderkosten. Denn die für die Vorhaltung der Kapazitäten anfallenden Aufwendungen lassen sich nicht unbedingt vermeiden, etwa bei frei werdenden Arbeitnehmern. Es stellt sich dann die Frage, ob der Einwand des Bestellers, mit den frei gewordenen Kapazitäten ließe sich „anderweitiger Erwerb" erzielen, durchdringt.

Klar ist, dass eine Gegenrechnung erfolgen kann, wenn der Unternehmer die tatsächlichen Kosten für den Einsatz der vorgesehenen Kapazitäten gar nicht aufwenden muss, er demzufolge keinem tatsächlichen und konkreten Mittelabfluss unterliegt, etwa weil er bei angemietetem Gerät den Mietvertrag noch nicht wirksam geschlossen hatte. Wurden jedoch für die Verwirklichung des Ausgangsvorhabens bereits Personen – zum Beispiel Leiharbeitnehmer – angestellt oder Gerätschaften angemietet, scheidet eine Gegenrechnung grundsätzlich aus.[252] Denn dann sind die Kosten bereits entstanden.[253]

---

252 Dasselbe Problem kann sich auch bei bereits angemieteten Gerätschaften stellen. Auch diese können, wenn sie aufgrund der Änderungsanordnung nicht mehr benötigt werden, dem Grunde nach woanders zur Gewinnerzielung eingesetzt werden.

253 In diesem Fall wird der Besteller dem Unternehmer aber vorwerfen, dieser müsse die frei gewordenen Kapazitäten wirtschaftlich nutzen, um die eigenen Kosten zu verringern. Fraglich ist, ob sich dieser Einwand mit analoger Anwendung des § 648 S. 2 BGB, der explizit von ersparten Aufwendungen durch anderweitige Arbeitskraftverwendung spricht, begründen lässt. Dagegen spricht das Fehlen einer planwidrigen Regelungslücke. Der Gesetzgeber änderte im Zuge der Bauvertragsrechtsreform auch die Norm des § 648 BGB (Nummerierungsänderung [§ 649 a. F. BGB]). Trotz Kenntnis dessen Norminhalts formulierte er § 650c Abs. 1 S. 1 BGB ohne vergleichbare Kosteneinschränkung hinsichtlich anderweitigen Erwerbs. Maßgeblich sollte allein der „verminderte Aufwand" sein. Die Berücksichtigung anderweitigen Erwerbs würde sich daher über den ausdrücklichen Wortlaut der Norm hinwegsetzen (ebenfalls *Pause*, ZfBR 2018, 731 [734] und BeckOGK/*Mundt*, BGB § 650c Rn. 47). Auch muss – wie oben bereits aufgezeigt

(b) Unternehmer

Ein konkreter Mittelabfluss fehlt ebenso, wenn der Unternehmer selbst tätig wird, also seine eigene Arbeitskraft einsetzt. Auch hier wäre es verfehlt, dem Unternehmer einen Vergütungsanspruch aus § 650c Abs. 1 S. 1 BGB aus dem Grund zu verwehren, weil er keine Dritten mit der Tätigkeit betraute.

Für eine Bewertung kann auf die grundsätzlichen Erwägungen zu § 637 BGB zurückgegriffen werden, da dort die identische Fragestellung zu klären ist.[254] Demnach ist es sachgerecht, die Lohnkosten, die der Unternehmer einem in beruflich abhängiger Stellung Tätigen für eine solche Arbeit zahlen müsste, als Orientierungshilfe heranzuziehen.[255]

Betrifft die Arbeitskraft des Unternehmers unternehmensfremde Einzelarbeitsleistungen, die ebenso gut Hilfskräfte mit Stundenlohnvergütung ausführen könnten, kann dem Mehraufwand ein Marktwert zugeschrieben werden.[256] Eine Bemessung richtet sich dann nach dem Stundenlohn einer entsprechend qualifizierten Hilfskraft abzüglich des Sozialversicherungsbeitrags.[257] Ein Unternehmer kann jedoch nicht Stundensätze eines Meisters oder Obergesellens ansetzen, wenn er für die durchgeführten Arbeiten keine entsprechende Qualifikation besitzt.[258] Bei fehlender Fachkunde kann daher nur der Vergütungssatz eines Hilfsarbeiters und bei vorhandener Fachkunde ohne Gesellenabschluss nur der Vergütungssatz eines Gesellen herangezogen werden.[259]

(c) Sonstige Personen

Einer genauen Begutachtung bedarf es auch, wenn der Unternehmer Leistungen von sonstigen Personen – insbesondere Angehörigen oder Freunden – ohne angemessene Vergütung als sog. „Freundschaftsdienst“ verrichten lässt.

Auch hier sind Aufwendungen – entsprechend den rechtlichen Erwägungen zu § 637 BGB – nach dem Lohn eines abhängig Beschäftigten abzüglich der Sozialversicherungsbeiträge zu errechnen.[260] Ebenso wie bei der Bewertung der Eigenleistung des Unternehmers hängt die Vergütung maßgeblich von der Qualifikation und den notwendigen Fachkenntnissen des Arbeitenden ab.

(Abschnitt B. I. 1. a) bb) (1) (e)) – zwischen der Änderungsanordnung und der Teilkündigung strikt getrennt werden. Würde man deren Rechtsfolgen durch die Analogie derart angleichen, würden die Grenzen der Rechtsinstitute verschwimmen und weitere Rechtsunsicherheiten entstehen.

254 BGH, BauR 1973, 52 ff.; BeckOK BGB/*Voit*, BGB § 637 Rn. 10; BeckOK BauvertrR/*Althaus/Kattenbusch*, BGB § 650c Rn. 24.

255 Siehe hierzu Fn. 255.

256 BGH in: NJW-RR 2001 (888).

257 BeckOGK/*Rast*, BGB § 637 Rn. 138.

258 BeckOGK/*Rast*, BGB § 637 Rn. 139.

259 BeckOGK/*Rast*, BGB § 637 Rn. 139.

260 BeckOGK/*Rast*, BGB § 637 Rn. 138.

(2) Gerätekosten

Das zweite Problemfeld im Kontext von Eigenleistungen stellt sich beim Einsatz bereits vorhandener Gerätschaften. Hierbei ist zu beachten, dass von den Gerätekosten auch Betriebsstoffe (Treib-, Schmier- und Brennstoffe etc.) umfasst werden.[261] Grundsätzlich hat der Verbrauch von Betriebsstoffen anhand von Messaufzeichnungen oder Zählervorrichtungen zu erfolgen.[262] Stehen derartigen Feststellungen jedoch wirtschaftliche oder schwer realisierbare Gründe entgegen, ist eine indirekte Verbrauchsmessung zulässig.[263] Ein solches Vorgehen deckt sich auch mit dem Interesse des Bestellers. Denn dieser müsste andernfalls neben den Kosten für den Verbrauch des Betriebsstoffs auch die Kosten einer exakten Verbrauchsermittlung tragen.[264]

Auch bei dem Einsatz vorhandener Gerätschaften stellt sich die Frage, wie die tatsächlich erforderlichen Kosten ermittelt werden können. Die Literatur unterbreitet hierzu nachfolgend bewertete Lösungsvorschläge:

(a) Baugeräteliste

Leinemann/Kues sehen als Option der Kostenermittlung das Heranziehen der Abschreibungs- und Verzinsungssätze aus der Baugeräteliste[265.266]

Dagegen spricht, dass die Baugeräteliste keine ständig aktuelle Preisbestimmung gewährt. Die gegenwärtig gültige Druckausgabe der Baugeräteliste stammt aus dem Jahr 2015 und stellt eine Überholung des Vorgängermodells aus dem Jahre 2007 dar; zwar erfolgt jedoch online eine laufende Aktualisierung des Datenbestands durch die Aufnahme neuer Geräte und Ausrüstungen. Die letzte Aktualisierung – bei Abruf der Homepage am 09.11.2020 – datiert jedoch auf den 11.02.2020.[267] Bei einer derart erheblichen Zeitspanne ist es nicht möglich, realitätsnah sämtliche Baugeräte – die immerhin eine Anzahl von 15.000 Datensätzen übersteigen – abzubilden. Insbesondere können Marktpreisschwankungen so nicht berücksichtigt werden. Zudem enthält die Baugeräteliste nur theoretische Verrechnungssätze.[268] Die tatsächlichen Kosten, die es eigentlich im Rahmen des § 650c Abs. 1 S. 1 BGB zu ermitteln gilt, können ihr gerade nicht entnommen werden.

---

261 BeckOGK/*Mundt*, BGB § 650c Rn. 51.
262 *Leinemann/Kues* in: LK, Bauvertragsrecht, BGB § 650c Rn. 52.
263 *Leinemann/Kues* in: LK, Bauvertragsrecht, BGB § 650c Rn. 52.
264 *Von Rintelen* in: Kniffka, Bauvertragsrecht, BGB § 650c Rn. 43.
265 BGL Baugeräteliste 2015, Herausgeber: Bauverlag GmbH, Hauptverband der Deutschen Bauindustrie.
266 *Leinemann/Kues* in: LK, Bauvertragsrecht, BGB § 650c Rn. 52.
267 https://www.bgl-online.info/vorwort.html (abgerufen am 09.11.2020).
268 BeckOK BauvertrR/*Althaus/Kattenbusch*, BGB § 650c Rn. 25a.

(b) § 287 S. 2 ZPO

Mundt präferiert eine Lösung, in der die in Ansatz zu bringenden Kosten gemäß § 287 S. 2 ZPO geschätzt werden. Anhaltspunkte einer Schätzung könnten seiner Auffassung nach entweder entsprechende Mietpreise abzüglich der üblichen Zuschläge des Vermieters oder aber die eben genannte Baugeräteliste sein.

Dagegen spricht, dass eine Schätzung stets Unsicherheiten birgt und uneinheitliche Entscheidungen provoziert. Ferner erfordert eine objektive Schätzung stets die Beteiligung einer dritten, neutralen Person. Bei engem Verständnis des § 287 Abs. 2 ZPO wäre diese Person der Richter. In Zeiten, in denen die Regierung einen „Pakt für den Rechtsstaat“[269] verabschiedet, um für Entlastung bei den Gerichten zu sorgen, wäre eine richterliche Entscheidung bei jedem Einsatz eigener Gerätschaften jedoch kaum zu erklären. Die Lösung *Mundts* ist daher abzulehnen. Allenfalls ließe sich darüber nachdenken, eine andere neutrale dritte Person – etwa einen Schlichter oder einen Sachverständigen – einzubinden. Doch auch hier spricht gegen die Einbindung neben dem finanziellen der zeitliche Aufwand.

(c) Selbstkostenerstattung

Von Rintelen schlägt als weitere Ermittlungsmethode vor, die Kosten für Abschreibung und Verzinsung sowie Instandhaltung und Instandsetzung anzusetzen.[270] Er entnimmt diesen Gedanken Nr. 23 und Nr. 26 LSP.[271] Beide Nummern sind Teil der Anlage zur VO PR Nr. 30/53.

Wie eben[272] jedoch ausführlich dargelegt, muss ein Rückgriff auf die allgemeinen Leitsätze dann ausscheiden, wenn die für die Baubranche spezielleren Leitsätze bewusst aufgehoben wurden.

(d) Steuerliche Abschreibungsregelungen

Auch ein Rückgriff auf die steuerlichen Abschreibungsregelungen scheidet als tauglicher Lösungsansatz aus.

Mittels sog. Abschreibung für Abnutzung (AfA)-Tabellen lässt sich die betriebsgewöhnliche Nutzungsdauer eines Anlageguts in Jahren bestimmen. Da

269 Abrufbar am 04.02.2021 unter: https://www.bundesregierung.de/resource/blob/992814/1575742/d2aa4f58e3ee33e96a4a28d1ea98d2f5/2019-01-31-beschluss-pakt-rechtsstaat-data.pdf?download=1.

270 *Von Rintelen* in: Kniffka, Bauvertragsrecht, BGB § 650c Rn. 43.

271 Unter LSP versteht man „Leitsätze für die Preisermittlung aufgrund von Selbstkosten“, die nach Ansicht *von Rintelens* weiterhin Teil des allgemeinen Preisrechts sind und Regelungen zur Preisermittlung von Selbstkosten erhalten (*von Rintelen* in: Kniffka, Bauvertragsrecht, BGB § 650c Rn. 40 und 43).

272 *Abschnitt B. I. 2. c) aa) (1) (a) (aa).*

die AfA-Tabellen nach Anhörung der wirtschaftlichen Fachverbände aufgestellt wurden, berücksichtigen sie auch die jeweiligen branchenspezifischen Bedürfnisse.[273]

Für die Ermittlung ist dabei zwangsläufig eine Differenzierung zwischen Verbrauchs- und Gebrauchsgütern vorzunehmen, da nur Gebrauchsgüter eine gewisse Nutzungsdauer aufweisen.

Verbrauchsgüter können nach dem erstmaligen Einsatz nicht mehr wiederverwertet werden (z. B. Beton).[274] Für sie scheidet ein Heranziehen der AfA-Tabelle aus. Sämtliche Kosten wären vielmehr sofort in Ansatz zu bringen.

Bei Gebrauchsgütern führt der erstmalige Einsatz nicht zum sofortigen Verzehr, sondern lediglich zu einem gewissen Verbrauch.[275] Gebrauchsgüter zeichnet daher eine mehrfache oder langjährige Einsatzmöglichkeit aus. Allerdings weist sowohl die mehrfache als auch die langjährige Einsatzmöglichkeit erhebliche Berechnungsproblematiken auf:

Bei mehrfacher Einsatzmöglichkeit werden zunächst die Kosten für den Gesamteinsatz ermittelt und anschließend durch die jeweiligen Leistungseinheiten geteilt.[276] Auf diese Weise erhält man den jeweiligen Einsatzwert. Diese an sich einfache Ermittlungsweise geht jedoch davon aus, dass die Kosten für den Gesamteinsatz stets feststehen. Fälle, in denen Gebrauchsgüter weiterhin benutzt werden, der Unternehmer jedoch gleichzeitig seine Rechnung stellen will, können mit diesem Ansatz daher nicht gelöst werden.

Bei langjähriger Nutzungsmöglichkeit wird der Wert – bei Annahme eines linearen Verlaufs des Wertverzehrs – jährlich verringert. Die Anschaffungskosten werden dabei durch die Nutzungsdauer geteilt. Eine Berechnung der tatsächlichen Kosten könnte bei langjähriger Nutzungsmöglichkeit daher wie folgt aussehen:

273 Sichtbar wird dies auch daran, dass es neben der allgemeinen AfA-Tabelle für die verschiedenen Branchen und Wirtschaftszweige spezielle AfA-Tabellen – wie es beispielsweise die AfA-Tabelle Baugewerbe ist – gibt, auch wenn wohl das Hauptmotiv in der Vermeidung ständiger Auseinandersetzungen zwischen Unternehmen und dem Finanzamt lag.

274 KSM, Band 1, Rn. 23.

275 KSM, Band 1, Rn. 23.

276 KSM, Band 1, Rn. 23.

Der Unternehmer hat eine mobile Bohrmaschine, die für drei Monate auf der Baustelle benötigt wird und EUR 480,00 gekostet hat. Er zieht nun die AfA-Tabelle[277] heran, und entnimmt der Zeile des Anlageguts Bohrmaschine (mobil) eine Nutzungsdauer von acht Jahren[278]. Pro Monat kann er daher EUR 5,00[279] – insgesamt EUR 15,00 – an tatsächlichen Kosten in Ansatz bringen.

Dabei stellt sich die Frage, was gelten würde, wenn die Bohrmaschine neun Jahre durchgehend auf einer Großbaustelle zum Einsatz käme. Möglich wäre auch dann nur der Ansatz von EUR 480,00. Ebenfalls in Betracht käme eine Addition weiterer EUR 60,00 für das zusätzliche Jahr der Baustellennutzung. Schließlich wäre der Unternehmer ohne eine solche Addition gezwungen, dieselbe Bohrmaschine bei einer Fremdfirma zu mieten, da er andernfalls sein eigenes Gerät umsonst für ein Jahr auf der Baustelle verwenden würde. Andererseits ließe sich wiederum nur schwer erklären, wieso der Unternehmer mit EUR 540,00 höhere Kosten in Ansatz bringen dürfte, als ihm bei Neukauf und periodischer Nutzung der Maschine entstanden worden wären. Schon aufgrund dieser Schwierigkeiten ist eine Berechnung nach Abschreibungsgrundsätzen abzulehnen.

Hinzu kommt, dass die AfA auf einen Monatsbetrag ausgelegt ist. Deutlich wird dies anhand des § 7 Abs. 1 S. 4 EstG. Wird ein Gerät aber nur an einem Tag auf der Baustelle benötigt, könnte der Unternehmer den gesamten Monatsbetrag in Ansatz bringen. Diese Diskrepanz ließe sich mit dem Wortlaut des § 650c Abs. 1 S. 1 BGB nicht in Einklang bringen.

Im Übrigen spricht gegen diese Berechnungsmethode, dass sie auf theoretische, pauschale Verrechnungssätze zurückgreift, anstatt eine dem Wortlaut des § 650c Abs. 1 S. 1 BGB entsprechende tatsächliche Ermittlung vorzunehmen.

(e) Mietkosten

Vorzugswürdig ist es daher, den Einsatzwert bereits vorhandener Gerätschaften anhand von Mietkosten zu bestimmen. Zwischen drei möglichen Szenarien ist zu differenzieren: Der Einsatz bereits gemieteter Geräte einer Fremdfirma *(aa)*, der Einsatz gemieteter Geräte einer eigenen Firma *(bb)* und der Einsatz eigener, vorhandener Geräte *(cc)*.

---

277 Die AfA-Tabelle für die allgemein verwendbaren Anlagegüter (AfA-Tabelle „AV") ist unter folgender Seite herunterladbar (Stand 04.02.2021): https://www.bundesfinanzministerium.de/Content/DE/Standardartikel/Themen/Steuern/Weitere_Steuerthemen/Betriebspruefung/AfA-Tabellen/Ergaenzende-AfA-Tabellen/AfA-Tabelle_AV.html;jsessionid=B464462B38F3FEDD0FE34CF1997F6159.delivery2-replication.

278 Fundstelle 5.3.2 AfA-Tabelle „AV".

279 EUR 480,00 : 8 Jahre Nutzungsdauer = EUR 60,00. EUR 60,00 : 12 Monate = EUR 5,00. EUR 5,00 x 3 Monate Baustellennutzung = EUR 15,00.

(aa) Einsatz gemieteter Geräte einer Fremdfirma

Bei Einsatz gemieteter Geräte einer Fremdfirma können die tatsächlich angefallenen Kosten durch Rechnungsvorlage ermittelt werden.

(bb) Einsatz gemieteter Geräte einer eigenen Firma

Seit Neustem ist jedoch vermehrt zu beobachten, dass Gesellschaften ihren angeschafften Gerätepark in hierfür eigens gegründete (Tochter-)Gesellschaften auslagern. So können sie unkompliziert durch genaue Aufschlüsselung der Vorhalte- und Einsatzzeiten zusätzliche Mietkosten für Nachtragsleistungen nachweisen.

Ruft die eigens gegründete Gesellschaft einen stark überhöhten Mietzins ab, um damit den Ertrag der Nachtragsvergütung zu steigern, ist das gesetzliche Tatbestandsmerkmal der Erforderlichkeit des § 650c Abs. 1 S. 1 BGB als Korrektiv heranzuziehen. Wie oben[280] bereits herausgearbeitet, wird hiermit dem Gebot der Wirtschaftlichkeit Rechnung getragen. Wird gegen dieses Gebot verstoßen, führt dies zur Freistellung des Bestellers von den überhöhten Nachtragsforderungskosten mit der Folge, dass der Unternehmer die entsprechende Position zu reduzieren hat.

Ein weiteres Problem stellt sich bei ursprünglicher Gewährung eines Mietpreisnachlasses. Befand sich der Mietzins angemieteter Geräte der konzerneigenen Gesellschaft im Ausgangsvertrag weit unter dem Marktpreis und wird nun für die geänderte oder zusätzliche Leistung auf das übliche Marktpreisniveau angehoben, stellt sich die Frage, ob dieses Vorgehen rechtens ist.[281] Liegen objektiv nachvollziehbare Kriterien für die Preiserhöhung vor – wie es beispielshalber ein plötzlicher Anstieg der Nachfrage wegen eines Werkbrands in der Produktionsfirma wäre – wird dies zu bejahen sein. Fehlt es jedoch an nachvollziehbaren Gründen, bedarf es einer weiteren Differenzierung zur genauen Ermittlung des anzusetzenden Betrags.[282] Handelt es sich bei der ausgelagerten Gesellschaft um ein hundertprozentiges Tochterunternehmen in der Rechtsform einer GmbH, wird man von dem mietenden Unternehmen erwarten können, durch gesellschaftsrechtliche Weisung den zuvor gewährten Nachlass auch im Rahmen der Nachtragsanordnung zu gewähren.[283] Etwas anderes muss aber für den Fall einer Konzernverflechtung gelten, bei der dem Unternehmer selbst keine direkte Weisungsmöglichkeit bzgl. des vermietenden Konzernunternehmen zusteht.[284] *Althaus/Kattenbusch* erwägen hier eine Zurechnung des Verhaltens der Konzernmuttergesellschaft, die umstandslos konzerninterne Nachlässe

280 *Abschnitt B. I. 1. b) aa) bb).*
281 BeckOK BauvertrR/*Althaus/Kattenbusch,* BGB § 650c Rn. 31.
282 BeckOK BauvertrR/*Althaus/Kattenbusch,* BGB § 650c Rn. 31.
283 BeckOK BauvertrR/*Althaus/Kattenbusch,* BGB § 650c Rn. 32.
284 BeckOK BauvertrR/*Althaus/Kattenbusch,* BGB § 650c Rn. 33.

steuern kann.[285] Dieser Gedanke geht jedoch zu weit. Denn typische Voraussetzung der Verhaltenszurechnung ist die Einwirkungsmöglichkeit auf die Person. Eine Umgehung durch eine Zurechnungskonstruktion über die Muttergesellschaft wäre daher unbillig, zumal auch der Aspekt zu berücksichtigen ist, dass das Vermögen des Unternehmers durch die Ausgliederung tatsächlich formal geschwächt ist.

(cc) Einsatz eigener, bereits vorhandener Geräte

Das zweite größere Problemfeld im Kontext von Eigenleistungen stellt sich beim Einsatz eigener Gerätschaften.

Insbesondere bei Eigengeräten, die ein gewisses Alter aufweisen, käme *prima facie* allein der Ansatz von Betriebs- und Wartungskosten sowie der Verzehr des Verkehrswerts[286] in Betracht. Schon dies wäre angesichts der typischerweise geringen Höhe nur schwer mit Treu und Glauben in Einklang zu bringen. Denn es darf sich für den Unternehmer nicht nachteilig auswirken, ob er Eigen- oder angemietete Drittgeräte zur Auftragsverwirklichung heranzieht.[287]

Darüber hinaus ist folgender Aspekt zu beachten. Für gewöhnlich ist der Wertverzehr bei alten Geräten kaum mehr ermittelbar, sodass bei diesen faktisch nur noch Betriebs- und Wartungskosten angesetzt werden könnten.[288] Wartungs- und Reparaturkosten hängen jedoch nicht von einer Anordnung des Bestellers gemäß § 650b Abs. 1 BGB ab, sondern sind auf den Zustand der Geräte zurückzuführen.[289] Sie entstehen losgelöst einer Anordnung. Betreffen sie zufällig das Zeitfenster einer Änderungsanordnung, darf für sie nichts anderes gelten. Dies hätte zur Folge, dass der Unternehmer gar keine Kosten für die Nutzung seiner eigenen Geräte in Ansatz bringen dürfte. Er wäre gezwungen, benötigte Maschinen zu mieten, um den Verschleiß eigener, noch funktionstüchtiger Gerätschaften zu vermeiden. Ein solches Vorgehen widerspräche jedoch dem Gebot der Wirtschaftlichkeit, das bei § 650c Abs. 1 S. 1 BGB in dem Begriff „erforderlich" seine Ausprägung findet.

Dem Unternehmer ist daher zuzubilligen, für den Einsatz eigener, bereits vorhandener Geräte Kosten in Höhe vergleichbarer, ortsüblicher Mietpreise aufzurufen. Der hierbei zwangsläufig bestehende Spielraum ist adäquat. Denn im Gegenzug erhält der Besteller die Sicherheit der Präsenz benötigter Gerätschaften im jeweils dafür vorhergesehenen Bauverlaufsstadium. Bauverzögerungen wegen Mietengpässen existieren in dieser Konstellation nicht. Auch sind die Angestellten des Unternehmers bei dem Einsatz von Eigengeräten typischerweise

---

285 BeckOK BauvertrR/*Althaus/Kattenbusch,* BGB § 650c Rn. 33.

286 Ein solcher Wertverzehr kann bei einem Einsatz von gewisser Dauer eintreten.

287 So auch BeckOK BauvertrR/*Althaus/Kattenbusch,* BGB § 650c Rn. 25.

288 BeckOK BauvertrR/*Althaus/Kattenbusch,* BGB § 650c Rn. 25.

289 So zutreffend BeckOGK/*Mundt,* BGB § 650c Rn. 50 und *Pause,* ZfBR 2018, 731 (733). A. A. – jedoch ohne nähere Erläuterung – *Bötzkes,* IBR 2017, 1039.

bewanderter. „Handgriffe" sitzen für gewöhnlich schneller, als bei einem Fremdgerät, das einer gewissen Einarbeitungszeit bedarf.

(3) Material bzw. Stoffkosten

Am einfachsten dürfte die Ermittlung von Eigenleistungen bei Material- bzw. Stoffkosten sein. Der Unternehmer hat hier lediglich die Lieferantenrechnung vorzulegen.

Neben den Anschaffungskosten[290] dürfen auch sämtliche Anschaffungsnebenkosten[291] in Ansatz gebracht werden. Während Mengenrabatte, Preisnachlässe oder Gutschriften für zurückgesendete Verpackungen dem Besteller zugutekommen, sind Skonti nicht zugunsten des Bestellers zu berücksichtigen.[292] Denn ein Skonto ist ein kurzfristiger Preisnachlass auf einen Rechnungsbetrag, der bei Zahlung innerhalb einer gewünschten Frist erfolgt. Die Entschädigung für eine beschleunigte Kaufpreisentrichtung betrifft jedoch allein den unternehmerischen Finanzbereich.[293] Eine Ausnahme gilt nur in Fällen eines außergewöhnlichen Skontos; er ist dann als verdeckter Nachlass zu bewerten.[294]

Führt die Materialverarbeitung zu notwendigem Verschnitt oder Stoffabfall kann der Unternehmer dies in der Regel in Ansatz bringen. Dabei hat er die dem Grunde nach üblichen Kosten anzusetzen, muss jedoch bei höherem Verschleiß eine konkrete Aufwandsermittlung anstrengen. Eine Ausnahme gilt für verbliebene Reste, die wiederverwertet werden können. In Fällen, in denen eine Weiterverwendung möglich ist, ist dem Besteller der marktübliche Preis gutzuschreiben. [295] Ein darüber hinaus erzielter Gewinn muss dagegen dem Unternehmer verbleiben, da er einerseits ausschließlich auf dessen Verhandlungsgeschick beruht und andererseits allein dessen Finanzbereich betrifft.

bb) Nachunternehmerleistungen

Die Bewertung von Nachunternehmerleistungen kann durch Vorlage der jeweiligen Nachunternehmerrechnung erfolgen.

---

290 Beispiel: Baustoffkosten.

291 Beispiel: Transport- und Verpackungskosten.

292 *Leinemann/Kues* in: LK, Bauvertragsrecht, BGB § 650c Rn. 53.

293 *Leinemann/Kues* in: LK, Bauvertragsrecht, BGB § 650c Rn. 53; *von Rintelen* in: Kniffka, Bauvertragsrecht, BGB § 650c Rn. 44.

294 *Von Rintelen* in: Kniffka, Bauvertragsrecht, BGB § 650c Rn. 44. Zum Umgang mit Nachlässen siehe *Abschnitt B. I. 2. c) bb) (3).*

295 Führt beispielsweise die Verwendung von Schmieröl zu einer gewissen Ansammlung von Altöl, ist der dafür erzielbare Marktpreis gegenzurechnen. Denn Altöl kann mittels Raffinationsaufbereitung zu Basisöl – verwendbar u. a. als Brennstoff in einer Zementfabrik – verarbeitet werden.

Insbesondere darf der Unternehmer, wenn er infolge der Leistungsänderung an seine Kapazitätsgrenzen gelangt, die notwendigen und erforderlichen Betriebsmittel – sei es Personal oder Gerätschaft – von dritter Seite beziehen.[296] Derartige Kosten externer Ressourcen genügen auch dem Gebot der Erforderlichkeit[297] aus § 650c Abs. 1 S. 1 BGB. Dies wird anhand eines Vergleichs mit der Parallelvorschrift § 1 Abs. 4 S. 1 VOB/B sichtbar. Im Gegensatz zu § 1 Abs. 4 S. 1 VOB/B verzichtete der Gesetzgeber bei Einführung des § 650b BGB darauf, einen Ausnahmetatbestand für den Fall vorzusehen, dass der Betrieb des Unternehmers nicht auf die Ausführung der betreffenden Leistungen eingerichtet ist. Dies führt im Umkehrschluss dazu, dass sämtliche Aufwendungen, die für den Einsatz externer Ressourcen anfallen, „erforderlich" und damit von der Vergütungsanpassung umfasst sind.[298]

Drei Fälle bedürfen einer genaueren Begutachtung:

(1) Auflösungsentschädigung

So stellt sich die Frage, ob eine Auflösungsentschädigung von § 650c Abs. 1 S. 1 BGB umfasst wird. Was unter dieser zu verstehen ist, verdeutlicht nachfolgendes Fallbeispiel:

Ein Unternehmer wird mit dem Bau einer Treppe beauftragt. Für dieses Vorhaben wird ein Teilstück aus Holz benötigt, das der Unternehmer selbst nicht produzieren kann und deshalb einen Nachunternehmer (Schreiner) beauftragt. Nach ordnungsgemäßem Ablauf der Verhandlungsphase ergeht eine Änderungsanordnung mit dem Inhalt, dass das Spezialteil aus Holz nunmehr aus Stahl hergestellt werden soll. Der Unternehmer kann auch das Spezialteil aus Stahl nicht selbst produzieren. Er muss nun den alten Vertrag mit dem Nachunternehmer (Schreiner) kündigen und einen neuen Vertrag mit einem Nachunternehmer (Bauschlosser) abschließen. Bei dieser Kündigung wird regelmäßig eine Auflösungsentschädigung gemäß § 648 S. 2 und S. 3 BGB fällig.

Zwar kennt der Unternehmer – wie vorliegend – bei notwendiger Beauftragung eines Nachunternehmers bereits im Zeitpunkt der Auftragsannahme das Risiko einer Auflösungsentschädigung. Dies verpflichtet ihn indes nicht zur

---

296 BeckOK BauvertrR/*Althaus/Kattenbusch*, BGB § 650c Rn. 49.

297 Dazu *Abschnitt B. I. 2. c) ff)*.

298 Vorrangig betrifft dies Änderungsanordnungen, die zur Erreichung des vereinbarten Werkerfolgs notwendig sind (650b Abs. 1 S. 1 Nr. 2 BGB). Denn Anordnungen, die den vereinbarten Werkerfolg selbst ändern (§ 650b Abs. 1 S. 1 Nr. 1 BGB), vom Unternehmer jedoch nicht mit eigenen Betriebsmitteln erbracht werden können, sind regelmäßig schon nicht zumutbar (§ 650b Abs. 1 S. 2 BGB), sodass sich derartige Berechnungsfragen im Rahmen des § 650c BGB schon gar nicht erst stellen.

Einpreisung in die Angebotskalkulation. Denn es wäre unbillig, wenn allein die Beauftragung eines Nachunternehmers bereits den Umstand rechtfertigen würde, dem Unternehmer das Auflösungsentschädigungsrisiko aufzubürden. Auslöser der Auflösungsentschädigung ist die allein auf den Besteller zurückzuführende Änderungsanordnung, welche zudem so ausfallen muss, dass sie überhaupt erst eine Vertragskündigung erfordert. Eine Auflösungsentschädigung wird daher von § 650c Abs. 1 S. 1 BGB erfasst.[299]

(2) Vereinbarung eines VOB/B-Vertrags mit einem Nachunternehmer

Problematisch ist die Frage der Kostenberechnung auch dann, wenn zwischen dem Besteller und dem Unternehmer die gesetzlichen Bauvertragsregelungen des BGB Anwendung finden, der Unternehmer mit einem Nachunternehmer jedoch die Bestimmungen der VOB/B vereinbart hat. Zu prüfen ist dann, ob ein Unternehmer die vom Nachunternehmer gemäß § 2 Abs. 5 und Abs. 6 VOB/B ermittelten Nachtragspreise als tatsächlich erforderliche Kosten gemäß § 650c Abs. 1 S. 1 BGB gegenüber dem Besteller geltend machen kann.

Langen ist der Auffassung, dass sämtliche Vertragsverhältnisse in der Vertragskette Besteller, Unternehmer und Nachunternehmer isoliert zu betrachten sind.[300] Demnach könne es durchaus sein, dass in beiden Vertragsverhältnissen unterschiedliche Regelungen für die Ermittlung der Nachtragsvergütung gelten. Ähnlich sehen dies *Leinemann/Kues*.[301]

Dem ist zuzustimmen, wenngleich dieser Thematik in Zukunft womöglich keine Relevanz mehr zukommen wird. Während sich § 2 Abs. 5 VOB/B auf die Vergütung von Änderungen der im Vertrag vorgesehenen Leistungen bezieht, betrifft § 2 Abs. 6 VOB/B die Vergütung zusätzlicher im Vertrag nicht vorgesehener Leistungen. Beide Vorschriften enthalten nur sehr rudimentäre Regelungen zur Preisermittlung. Gelang es den Parteien bislang nicht, sich über eine Preisanpassung zu einigen, wurde der Preis für die geänderte oder zusätzliche Leistung durch Fortschreibung der Vertragspreise und ihrer Einzelbestandteile ermittelt.[302] Diese sog. vorkalkulatorische Preisfortschreibung[303] hat den Zweck

---

299 Ebenso *von Rintelen* in: Kniffka, Bauvertragsrecht, BGB § 650c Rn. 34.

300 *W. Langen* in: LBD, BGB § 650c Rn. 41.

301 Auch sie sind der Auffassung, dass die durch den Nachunternehmer auf Basis der § 2 Abs. 5 und Abs. 6 VOB/B ermittelten Nachtragspreise erforderliche Ist-Kosten des Unternehmers im Verhältnis zum Besteller darstellen (*Leinemann/Kues* in: LK, Bauvertragsrecht, BGB § 650c Rn. 40). Allerdings weisen sie – ebenso wie *von Rintelen* in: Kniffka, Bauvertragsrecht, BGB § 650c Rn. 49 – darauf hin, dass prinzipiell bei einem Nachtrag die Gesamtbetrachtung der Vergütung für die Änderungsleistung maßgeblich ist.

302 *Kues* in: Nicklisch/Weick/Jansen/Seibel, VOB/B, VOB/B § 2 Rn. 391; OLG Brandenburg, Urt. v. 25.11.2015 – 4 U 7/14 in: NZBau 2016, 221 ff.

303 *Kapellmann* in: Kapellmann/Messerschmidt, VOB A/B, VOB/B § 2 Rn. 387, 395.

durch Heranziehen einer Bezugsposition das Vertragspreisniveau zu sichern.[304] Es scheint indessen, als würde eine Abkehr von dieses Grundsätzen stattfinden.

Während das KG bereits in seiner Entscheidung vom 26.07.2018[305] die sog. Korbion'sche Formel[306] („Guter Preis bleibt guter Preis, schlechter Preis bleibt schlechter Preis") infrage stellte, ging der BGH in seinem Aufsehen erregenden Urteil vom 08.08.2019[307] sogar noch weiter.

Aufhänger der BGH-Entscheidung war die Auseinandersetzung mit der Frage, wie der Preis einer Mengenmehrung nach § 2 Abs. 3 Nr. 2 VOB/B zu bestimmen ist. Folgender Sachverhalt lag dem Urteil zugrunde:

Ein Unternehmer, der mit der Entsorgung von Bauschutt samt gefährlicher Stoffe beauftragt war, hatte dabei im Leistungsverzeichnis einen Vordersatz von 1 Tonne zum Einheitspreis von EUR 462,00 angesetzt. Tatsächlich fiel eine Menge von 83,92 Tonnen an. Nachdem der Unternehmer den Preis von EUR 462,00 fortschrieb, wandte der Besteller ein, dass die tatsächlich angefallenen leistungsabhängigen Kosten, die eine Menge von 110 % übersteigen, weit unterhalb des kalkulierten Einheitspreises liegen und deshalb einer Anpassung bedürfen. Der Besteller errechnete in der Folge einen Einheitspreis von EUR 109,00 pro Tonne. Das Berufungsgericht kam auf einen Preis von EUR 150,00 für die 110 % übersteigende Menge. Der BGH verwarf die hiergegen vom Unternehmer angestrengte Revision.

Obwohl die Entscheidung § 2 Abs. 3 Nr. 2 VOB/B betraf, lassen sich die dort getroffenen Wertungen auch auf § 2 Abs. 5 VOB/B übertragen.[308] Denn beide Vorschriften besitzen denselben Wortlaut, nach welchem „ein neuer Preis unter Berücksichtigung der Mehr- oder Minderkosten zu vereinbaren" ist. Der BGH gewann hieraus die Überzeugung, dass zwar ein neuer Preis zu vereinbaren ist, die Formulierung jedoch nicht regelt, wie dies zu erfolgen hat.[309] Er beschritt damit

---

304 *Kapellmann* in: Kapellmann/Messerschmidt, VOB A/B, VOB/B § 2 Rn. 395.

305 KG, Urt. v. 10.07.2018 – 21 U 30/17 (Revision wurde hier zum Teil zugunsten des Beklagten zugelassen). In der Entscheidung ging es um eine Mehrvergütungsforderung (EUR 32.000) für geänderter Leistungen, welche das KG als Anlass nahm, ein neues Berechnungskonzept vorzulegen.

306 Mit der Korbion'schen Formel wird verkürzt zum Ausdruck gebracht, dass das vereinbarte Vertragspreisniveau des Ausgangsvertrags in Normalfällen – also in solchen, in denen sich die Kalkulation innerhalb des Kalkulationskorridors +/- 10 v. H. bewegt – beibehalten werden soll. Fälle spekulativer Mengenänderungen werden nicht von ihr erfasst (*Rohrmüller*, IBR 2009, 1430).

307 BGH, Urt. v. 08.08.2019 – VII ZR 34/18 = BeckRS 2019, 19049.

308 BeckOK VOB/B/*Kandel*, VOB/B § 2 Abs. 5 Rn. 2a.

309 *Franz* ist an diesem Punkt sogar der Auffassung, dass die vorkalkulatorische Preisfortbildung bei Nachtragsleistungen eine Missinterpretation des Wortlauts von § 2 Abs. 5 VOB/B darstellt (*Franz*, BauR 2012, 380 [394]).

in Fällen, in denen es an einer ausdrücklichen Vereinbarung über die Preisanpassung fehlt, den Weg der ergänzenden Vertragsauslegung. Danach ergibt sich ein Rückgriff auf das gesetzliche Leitbild des § 650c BGB mit der Konsequenz, die Preisbildung auf Basis der tatsächlich erforderlichen Kosten, samt angemessener Zuschläge vorzunehmen. Das Urteil des BGH darf daher als Abkehr vom Konzept der vorkalkulatorischen Preisfortschreibung verstanden werden.[310]

Nichtsdestotrotz ergeben sich weiterhin – jedenfalls bei Preisanpassungen für zusätzliche Leistungen (§ 2 Abs. 6 VOB/B), die in der Praxis noch vorkalkulatorisch ermittelt werden[311] – im Vergleich zu § 650c Abs. 1 S. 1 BGB deutliche Preisunterschiede. Selbst wenn man daher das Urteil des BGH vom 08.08.2019 nicht nur als bloße Rechtsprechungstendenz zu § 2 Abs. 5 VOB/B oder gar als Einzelfallentscheidung, sondern als richtungsweisende Berechnungsvorgabe versteht, stellt sich zumindest bei Zusatzleistungen (noch) die Frage, ob Nachtragspreise des Nachunternehmers, die im Wege vorkalkulatorischer Preisfortschreibung ermittelt wurden, als erforderliche Ist-Kosten des Unternehmers im Verhältnis zum Besteller einzustufen sind.

Dafür spricht der Gesetzeswortlaut. Insbesondere hat der Gesetzgeber bei § 650c Abs. 1 S. 1 BGB keine Ausnahmeregelung – wie etwa § 650c Abs. 1 S. 2 BGB – oder Einschränkung für VOB/B-Verträge mit Nachunternehmern normiert.

Auch bestand der gesetzgeberische Wille darin, Konflikte weitestgehend zu unterbinden, um einen zügigen Baufortgang zu gewährleisten.[312] Könnte ein Unternehmer nun seine Nachunternehmerkosten nicht „eins zu eins" an den Besteller weitergeben, liefe dies der eigentlichen Zielsetzung zuwider.

Im Übrigen ist die grundsätzlich im Bauvertragsrecht geltende Belastungsverteilung zu berücksichtigen. Im Rahmen des § 650b BGB wird der Unternehmer durch Anordnung des Bestellers zu einer Leistung verpflichtet, zu der er sich nie ausdrücklich bereit erklärt hat. Dieses Defizit muss bei Zweifelsfragen im Zuge der Vergütungsanpassung Berücksichtigung finden. Es wäre daher unbillig und würde auf eine Benachteiligung über Gebühr hinauslaufen, wenn man dem Unternehmer lediglich gestatten würde, die regelmäßig geringeren, tatsächlich erforderlichen Kosten anstelle der seitens des Nachunternehmers vorkalkulatorisch ermittelten

---

310 Aus diesem Grund wird wohl in Zukunft mit einer Zunahme von Parteivereinbarungen, in denen die „altbekannt und bewährte" vorkalkulatorische Preisfortschreibung als Berechnungsmethode festgelegt wird, zu rechnen sein.

311 Doch auch hier gibt es bereits Literaturstimmen, die die zu § 2 Abs. 3 VOB/B erarbeitete Methodik der ergänzenden Vertragsauslegung nicht nur auf die Nachtragsfälle des § 2 Abs. 5 VOB/B, sondern auch auf solche des § 2 Abs. 6 VOB/B, übertragen wollen (*Buhlmann*, LMK 2019, 421929 [beckonline]). Auch die Rspr. tendiert in ersten Entscheidungen zu diesem Ansatz (siehe dazu ausführlich: *Abschnitt C. III. 1. c) aa) (1) (a) (bb))*. Gleichwohl fehlt es in dieser Frage bislang an höchstrichterlicher Rechtsprechung.

312 BT-Drucks. 18/8486, S. 55.

Kosten gegenüber dem Besteller in Ansatz zu bringen. Denn aufgrund der Relativität der Schuldverhältnisse hat der Unternehmer im Nachunternehmerverhältnis die geschuldeten Kosten ohne Einschränkung zu entrichten.

(3) Nachlass und Jahresrückvergütungen

Ebenso stellt sich die Frage, inwieweit mit nachträglichen Nachlässen oder Jahresrückvergütungen zu verfahren ist. Da bei § 650c Abs. 1 S. 1 BGB auf die „tatsächlich erforderlichen Kosten" abzustellen ist, müssen auch spätere Kostenreduzierungen an den Besteller weitergereicht werden. Es darf keinen Unterschied machen, ob der Nachunternehmer von vornherein oder erst nachträglich eine Vergünstigung gewährt. Zwar führt dies dazu, dass die Höhe der Vergütungsanpassung mangels feststehender Reduzierung nicht exakt bestimmt werden könnte. Die Lösung liegt jedoch darin, die Kosten der üblicherweise zu erwartenden Rückvergütung, bzw. des Nachlasses in Ansatz zu bringen.[313]

Die Berücksichtigung von Nachlässen und Jahresrückvergütungen birgt gleichwohl Risiken. Unzulässig sind Kick-Back-Vereinbarungen zwischen Unternehmer und Nachunternehmer. Denn erfolgt nachträglich die Rückzahlung eines Teilbetrages – ohne Offenlegung gegenüber dem Besteller – bedeutet dies, dass die Nachtragsvergütung zu hoch angesetzt wurde und der Unternehmer einem Betrug gemäß § 263 StGB gegenüber und zu Lasten des Bestellers beging.

Allerdings lassen sich Mehrkosten auch auf anderen, nicht derart offensichtlichen Wegen erzielen. In Betracht kämen hierbei vor allem fingierte Angebote oder Verträge.[314] Bei einem Mehraufwand bestünden die dafür denkbaren Ansatzpunkte einerseits in den hypothetischen tatsächlichen Kosten der wegfallenden Ausgangsleistung und andererseits in den tatsächlichen Kosten der anfallenden Änderungsleistung.

Wird bei einem Mehraufwand ein Preis für die hypothetischen, tatsächlichen Kosten der weggefallenen Ausgangsleistung aufgerufen, der unter der Marktüblichkeit liegt, steigt das zu errechnende Kostendelta und damit die Höhe der Vergütungsanpassung. Auch wenn sich der Besteller gegen derartige Geschäftspraktiken mittels gerichtlicher Inanspruchnahme wehren kann, ist ein erfolgreiches Vorgehen nicht garantiert. Denn kaum ein Unternehmer wird fingierte Verträge mit krassen Differenzen zur Marktüblichkeit vorlegen. Geringe Kostenunterschreitungen erfordern jedoch spezielle Kenntnisse, die der Besteller oft nicht hat.

Ähnlich liegt der Fall, wenn die tatsächlichen Kosten der Änderungsleistung zu hoch angesetzt werden – zum Beispiel, weil sich der Unternehmer möglicherweise

---

313 Kautelarjuristisch empfiehlt es sich, darüber hinaus bereits im Ausgangsvertrag eine Klausel aufzunehmen, die für die Vergütungsanpassung bei Nachtragsleistungen einen Vorbehalt für derartige Kostenreduzierungen enthält (So auch BeckOK BauvertrR/*Althaus/Kattenbusch,* BGB § 650c Rn. 55).

314 Siehe hierzu auch BeckOK BauvertrR/*Althaus/Kattenbusch,* BGB § 650c Rn. 55a.

im Zuge eines anderen Bauvorhabens revanchiert. Auch hier wird es dem Besteller kaum gelingen, dem Unternehmer unredliche Geschäftspraktiken nachzuweisen, zumal die Abrede zwischen Unternehmer und Nachunternehmer ein Scheingeschäft (§ 117 BGB) wäre, dessen Vorliegen der Besteller beweisen müsste.[315]

cc) Nachtragsbearbeitungskosten

Ferner stellt sich die Frage, ob Nachtragsbearbeitungskosten im Rahmen des § 650c Abs. 1 S. 1 BGB Berücksichtigung finden. Unter Nachtragsbearbeitungskosten sind Aufwendungen zu verstehen, die der Unternehmer tätigt, um dem Besteller ein Angebot zur Leistungsänderung bzw. -erweiterung vorlegen zu können.[316] Gerade bei Großbauvorhaben erreichen diese Kosten häufig eine Größenordnung von sieben- bis achtstelligen Beträgen.[317] Die Frage der Erstattungsfähigkeit ist daher von besonderer praktischer Relevanz.

(1) Meinungsstand

Einerseits ließe sich vertreten, dass § 650c Abs. 1 S. 1 BGB auch Nachtragsbearbeitungskosten umfasse.[318] Schließlich würden Zuschläge des ursprünglichen Kalkulationsangebot diese Kosten nicht abdecken, da sie unter Ansatz der ausgeschriebenen Leistung kalkuliert wurden. Die entstehenden Kosten für darüber hinausgehende Ergänzungs- und Zusatzarbeiten müssten deshalb bei der Vergütung Berücksichtigung finden.

Andererseits habe der Unternehmer aufgrund des Anordnungsrechts aus § 650b BGB mit Nachtragsbearbeitungskosten in gewissem Umfang zu rechnen. Daher sei dieser vorhersehbarer Aufwand bereits in die allgemeinen Geschäftskosten einzupreisen.[319] Nachtragsbearbeitungskosten wären danach nicht von § 650c Abs. 1 S. 1 BGB umfasst.

---

315 BGH, Urt. v. 09.07.1999 – V ZR 12–98.

316 LG Schwerin, Urt. v. 28.06.2017 – 3 O 162/16, ebenso *Marbach*, BauR 2003, 1794 (1796).

317 *Marbach*, BauR 2003, 1794 (1796); *Duve/Richter*, BauR 2007, 1490.

318 So vertreten es zumindest *Marbach* und *Duve/Richter* für den in der VOB/B parallel gelagerte Fall des § 2 Abs. 5 und Abs. 6 (*Marbach*, BauR 2003, 1794 [1799 ff.]; *Duve/Richter*, BauR 2007, 1490 [1493 f.]). *Marbach* stützt dies im Wesentlichen darauf, dass derartige Kosten bei Angebotsabgabe zum Zeitpunkt der Ausschreibung für den Unternehmer nicht erkennbar waren.

319 So vertreten es zumindest *Krebs/Schuller* für den in der VOB/B parallel gelagerten Fall des § 2 Abs. 5 und Abs. 6 VOB/B (*Krebs/Schuller*, BauR 2007, 636 [639 f.]). Ihrer Auffassung nach würde eine gesonderte Vergütungspflicht das Preisgefüge des Hauptvertrags verlassen, da diese Kosten abschließend in den Zuschlagssätzen berücksichtigt sind. In diese Richtung tendieren auch *Althaus/Heindl* in: Althaus/Heindl, Der öffentliche Bauauftrag, 6. Teil 4, Rn. 234. Es müssten dann jedoch Kriterien aufgestellt werden, die diesen „gewissen Umfang“ ausfüllen, da andernfalls das eigentliche Problem nur anderweitig aufgehangen wird.

Ein vermittelnder Standpunkt bestünde darin, nur „echte“ Mehrkosten von § 650c Abs. 1 S. 1 BGB als umfasst anzusehen. Dabei würde zwischen externen Kosten, die erstattungsfähig sind, und internen Kosten, für deren Erstattung ein konkreter Mehraufwandsnachweis nötig wäre, unterschieden.[320]

Höchstrichterliche Rechtsprechung zur Berücksichtigung von Nachtragsbearbeitungskosten im Rahmen des § 650c Abs. 1 S. 1 BGB erging bislang nicht.

(2) Stellungnahme

Nach Auffassung des Verfassers finden Nachtragsbearbeitungskosten bei § 650c Abs. 1 S. 1 BGB keine Berücksichtigung. Dies ergibt sich bei Anwendung des Gesetzestextes. So lautet § 632 Abs. 3 BGB: *„Ein Kostenanschlag ist im Zweifel nicht zu vergüten.“*

Die Formulierung ist eindeutig. Nachtragsbearbeitungskosten sind nicht zu erstatten. Zwar gab es vor Inkrafttreten der Bauvertragsrechtsreform im BGB-Werkvertrag kein Anordnungs- bzw. Vergütungsanpassungsrecht, sodass § 632 Abs. 3 BGB bislang nur für den Fall galt, dass der Unternehmer freiwillig Nachtragsbearbeitungskosten auslöste und in Vorleistung trat.[321] § 632 Abs. 3 BGB ist allerdings im allgemeinen Teil des Werkvertragsrechts verortet. Nach der Gesetzessystematik gilt die Norm daher auch bei einer Leistungsverpflichtung kraft Anordnung. Dies steht auch in Einklang mit dem gesetzgeberischen Willen, der sich unter Zuhilfenahme der Stellungnahme des BRates im Gesetzgebungsverfahren zum neuen Bauvertragsrecht ergibt:

> *„Die Aufwendungen des Unternehmers für die Erstellung eines Angebotes im Sinne von § 650b Absatz 1 Satz 2 BGB-E können insbesondere bei großen Bauvorhaben erheblich sein. Jedenfalls dann, wenn der Besteller von den ins Auge gefassten Änderungen Abstand nimmt, hat der Unternehmer nach dem Gesetzentwurf dennoch keinen Erstattungsanspruch.“*[322]

Nachtragsbearbeitungskosten sollen nicht ersatzfähig sein, wenn eine Ausführung der begehrten Leistungsänderung mangels Änderungsanordnung nicht

320 LG Schwerin, Urt. v. 28.06.2017 – 3 O 162/16; *Kapellmann* in: Kapellmann/Messerschmidt, VOB A/B, VOB/B § 2 Rn. 430 f.; KSM, Band 1, Rn. 1105 ff. Gleichermaßen könnte man der Auffassung sein, Nachtragsbearbeitungskosten erst ab der Überschreitung einer gewissen Höhe unter § 650c Abs. 1 S. 1 BGB zu fassen und den unterhalb dieser Grenze liegenden Teil als im Ausgangsangebot einkalkuliert anzusehen.

321 In diesen Fällen war es auch sachgerecht, ihm nach § 632 Abs. 3 BGB die Nachtragsbearbeitungskosten zu versagen, da es ihm freistand, eine Nachtragsbearbeitung überhaupt vorzunehmen.

322 BT-Drucks. 18/8486, S. 90 (Punkt 22 d).

zustande kommt. Dies ist plausibel, da diese Kosten – wie eben angeführt – ohne Änderungsanordnung vom Unternehmer freiwillig übernommen werden. Zwar hatte der BRat offenbar selbst Zweifel daran, ob die fehlende Erstattungsfähigkeit auch im Fall einer Änderungsanordnung gelten solle („Jedenfalls"). Den Gesetzgeber hat die Stellungnahme des BRates jedoch nicht dazu veranlasst, den Entwurf anzupassen. Die geäußerten Bedenken wurden schlicht hingenommen. Mangels ausdrücklicher Klarstellung muss es daher auch im Falle einer Änderungsanordnung bei der Zweifelsregelung des § 632 Abs. 3 BGB verbleiben.

Darüber hinaus sprechen neben dem Wortlaut des § 650c Abs. 1 S. 1 BGB *(a)* und der kürzlich ergangenen BGHRechtsprechung zur VOB/B-Parallelvorschrift *(b)* auch praktische Folgeerwägungen *(c)* gegen die Erstattungsfähigkeit von Nachtragsbearbeitungskosten.

(a) Wortlaut des § 650c Abs. 1 S. 1 BGB

Nach dem gesetzlichen Regelfall erfolgt eine Anordnung nach Ablauf der 30-tägigen Verhandlungsphase, in welcher der Unternehmer trotz Vorlage von einem oder mehreren Angeboten mit dem Besteller keine Übereinkunft – meist aus wirtschaftlichen Gründen – erzielen konnte. Die Kosten der Nachtragsbearbeitung sind daher zum Zeitpunkt der Änderungsanordnung typischerweise bereits – zumindest aber größtenteils – entstanden. Nach § 650c Abs. 1 S. 1 BGB ist, der infolge einer Anordnung des Bestellers nach § 650b Abs. 2 BGB den vermehrten oder verminderten Aufwand zu ermitteln. Dieser Aufwand muss sich also auf die Ausführung der geänderten Bauleistung selbst beziehen. Die Nachtragsbearbeitungskosten werden mangels Kausalität („infolge") gerade nicht erfasst.

(b) BGH zu Nachtragsbearbeitungskosten in der VOB/B

Auch in dem kürzlich ergangenen BGH-Urteil zur Parallelvorschrift § 2 Abs. 5 VOB/B wird die Erstattungsfähigkeit von Nachtragsbearbeitungskosten verneint.[323]

In dem Fall hatte sich der Senat mit der Frage auseinanderzusetzen, ob ein Auftragnehmer wegen verzögerter Vergabe und einem auftraggeberseits verhängten Baustopp als Mehrvergütungsanspruch Kosten für ein Privatgutachten erstattet verlangen kann, das er in Vorbereitung auf die Schlussrechnung und zur Ermittlung der verzögerungsbedingt entstandenen Mehrkosten eingeholt hat.

Das Gericht entschied, dass Kosten, die zur Ermittlung der Vergütung nach § 2 Abs. 5 VOB/B aufgewendet werden, nicht selbst Gegenstand dieser Vergütung sein können.[324] Damit klärte der BGH die in der VOB/B seit Langem umstrittene

323 BGH, Urt. v. 22.10.2020 – VII ZR 10/17 in: NZBau 2021, 24 ff.

324 Zur Begründung führt der BGH u. a. aus, dass es für die Einordnung als Mehrkosten nicht bereits genüge, dass die Kosten vom Auftragnehmer zunächst nicht einkalkuliert worden sind bzw. nicht einkalkuliert werden konnten. § 2 Abs. 5

Frage der Erstattungsfähigkeit von Nachtragsbearbeitungskosten. Ob der aus dieser Grundsatzentscheidung hervorgegangene Rechtsgedanke auch bei der Parallelvorschrift des § 650c BGB Anwendung findet, bleibt abzuwarten. In jedem Fall lässt sich eine höchstrichterliche Tendenz ausmachen, Nachtragsbearbeitungskosten dem Grunde nach als nicht erstattungsfähig anzusehen.

(c) Umfang bei Folgeangeboten

Auch praktische Erwägungen sprechen gegen die Berücksichtigung von Nachtragsbearbeitungskosten; so wäre bei Folgeangeboten der Umfang der Nachtragsbearbeitungskosten zu klären. Legt der Unternehmer dem Besteller mehrere Angebote vor, verursacht die Erstellung des ersten Vorschlags regelmäßig die höchsten Kosten. Etwaige Folgeangebote können sich an den vorherigen Anträgen orientieren und bedürfen oftmals nur geringer Anpassungen. Deren Aufwand ist daher deutlich niedriger.

Dabei ist die Abgrenzung, ob die Kosten sämtlicher Angebote oder nur die für das letzte Nachtragsangebot anfallenden Kosten umfasst werden, durchaus konfliktgeladen. Versteht man die Nachtragsbearbeitungskosten umfassend, könnte ein Unternehmer dazu verleitet sein, wenig erfolgsversprechende Angebote zu unterbreiten, um die Kosten in die Höhe zu treiben. Beschränkt man die Nachtragsbearbeitungskosten auf die für das letzte Angebot anfallenden Kosten, fallen sie typischerweise wesentlich geringer aus, als wenn der Unternehmer nur ein Angebot abgegeben hätte. Dies birgt Konfliktpotenzial und widerspricht der eigentlichen Zielvorstellung eines zügigen Baufortgangs. Nachtragsbearbeitungskosten werden daher von § 650c Abs. 1 S. 1 BGB nicht umfasst.

dd) Kosten aufgrund der Verhandlungsphase

Ferner ist zu klären, inwieweit Kosten im Rahmen des § 650c Abs. 1 S. 1 BGB zu berücksichtigen sind, die durch das Verhandeln hervorgerufenen werden. Neben den Verhandlungskosten selbst können Verzögerungs- sowie Stillstandskosten entstehen.

VOB/B normiert, dass ein neuer Preis unter Berücksichtigung der Mehr- oder Minderkosten zu vereinbaren ist, wenn die Grundlagen des Preises für eine im Vertrag vorgesehene Leistung durch Änderung des Bauentwurfs oder andere Anordnungen des Bestellers geändert werden. Dies sei dahingehend auszulegen, dass Parteien bei der Vereinbarung des neuen Preises die Mehr- und Minderkosten berücksichtigen sollen, die im Zusammenhang mit der Ausführung der betroffenen vertraglich vereinbarten Leistung anfallen. Kosten, die erforderlich sind, um im Falle einer fehlenden Vereinbarung der Parteien die geschuldete Vergütung erst zu ermitteln oder darzulegen, gehören demgegenüber nicht dazu.

(1) Verhandlungskosten

Dass Verhandlungskosten nicht in Ansatz gebracht werden dürfen, ergibt sich bereits aus dem Wortlaut des § 650c Abs. 1 S. 1 BGB. Sie entstehen nicht „infolge" der Anordnung.

(2) Verzögerungsbedingte Mehrkosten

Ebenso wenig können verzögerungsbedingte Mehrkosten in Ansatz gebracht werden. Denn diese beruhen auf einer durch die Verhandlung hervorgerufenen zeitlichen Verzögerung und entstehen daher ebenfalls nicht „infolge" der Anordnung.

Dieses Ergebnis ist auch sachgerecht. Während der Verhandlungsphase – deren Beginn in der Mitteilung des Änderungsbegehrens zu sehen ist – besteht der Vertrag in seiner ursprünglichen Gestalt fort. Der Unternehmer ist demzufolge dazu angehalten, unverändert und fortwährend seine Leistung zu erbringen. Diesen Umstand hat er beim Führen der Verhandlungen zu berücksichtigen. Kommt daher eine Ausdehnung der Verhandlungsphase in Betracht, ist den Parteien zu raten, vorab eine vertragliche Regelung zur Verteilung dieser Kosten zu treffen.

(3) Kosten für Stillstandszeiten

Weniger eindeutig ist die Ersatzfähigkeit von Kosten, die durch Stillstandszeiten entstehen. Maßgeblich ist zunächst der Inhalt des Ausgangsvertrages. Der Unternehmer muss daher – entsprechend dem einzuhaltenden Zeitplan – weiterbauen, um sich nicht schadensersatzpflichtig zu machen. Dieser Grundsatz wird jedoch je nach einschlägiger Alternative durch § 650b Abs. 1 S. 1 BGB modifiziert. Daher ist zwischen einer Änderung des Werkerfolgs gemäß § 650b Abs. 1 S. 1 Nr. 1 BGB und einer notwendigen Änderung nach § 650b Abs. 1 S. 1 Nr. 2 BGB zu unterscheiden.

(a) § 650b Abs. 1 S. 1 Nr. 1 BGB

Zunächst ist die Konstellation zu erörtern, in der der Besteller eine Änderung des Werkerfolgs begehrt (§ 650b Abs. 1 S. 1 Nr. 1 BGB). Kraft Gesetzes ist eine einseitige Änderung erst nach Ablauf der 30-tägigen Verhandlungsphase möglich. Kosten, die aus einer vorherigen Einstellung des Bauvorgehens resultieren, sind deshalb grundsätzlich vom Unternehmer zu tragen. In der Regel wird der Unternehmer daher weiterhin die bisherige Vertragsleistung ausführen, auch wenn dies mit den Interessen des Bestellers kollidiert, weil er damit weiterhin Vergütung verlangen kann.

Von Rintelen möchte dem Besteller dennoch ein Recht zum „Stoppen bzw. vorläufigen Abbestellen der zu ändernden Leistung" zusprechen.[325] Er versteht dieses

325 *Von Rintelen* in: Kniffka, Bauvertragsrecht, BGB § 650b Rn. 83.

Recht als „Vorwirkung" des Leistungsänderungsrechts. Schließlich bringe § 648 BGB zum Ausdruck, dass dem Unternehmer kein Anspruch auf die unveränderte Leistungsausführung zusteht. Voraussetzung dieses Rechts solle lediglich die ausdrückliche Abbestellung sein. Ob das Änderungsbegehren anschließend tatsächlich umgesetzt wird, sei ohne Belang.

Hierfür besteht jedoch kein Bedürfnis. Denn es steht dem Besteller frei, eine Teilkündigung gemäß § 648 BGB auszusprechen. Dass er in diesem Fall möglicherweise wegen § 648 S. 2 BGB höhere Kosten zu tragen hat als im Falle eines Baustillstands, begründet kein Recht auf vorläufigen Baustopp. Denn es handelt sich bei der Änderung des Werkerfolgs um keine notwendige Änderung. Zudem ist sie allein der Sphäre des Bestellers zuzuschreiben. Ferner wäre der Unternehmer der willkürlichen Geltendmachung eines solchen Rechts ausgesetzt. Schließlich könnte der Besteller den Fortgang der Bauleistungen beliebig oft einstellen, um in Ruhe eine Werkerfolgsänderung zu planen, die im Anschluss wiederum verworfen würde. Unternehmerische Folgeaufträge wären *de facto* nicht planbar.

Bis zum Ausspruch einer einseitigen Änderung des Werkerfolgs gemäß § 650b Abs. 1 S. 1 Nr. 1 BGB verbleibt es daher bei der Prämisse, dass der Unternehmer die Vertragsleistung des Ausgangsvertrags nach wie vor zu erbringen hat. Stellt der Unternehmer den Bau ein, sind die hieraus resultierenden Kosten von ihm zu tragen.

(b) § 650b Abs. 1 S. 2 Nr. 2 BGB

Anders verhält es sich im Falle von Änderungen, die zur Erreichung des Werkerfolgs gemäß § 650b Abs. 1 S. 1 Nr. 2 BGB notwendig sind.

Erkennt der Unternehmer, dass die Ausführungsart zur Erreichung des Werkerfolgs ungeeignet ist, und zeigt er dies dem Besteller an, wäre es unbillig, müsste der Unternehmer die ungeeignete Leistung weiter ausführen.[326] Denn diese ist zur Herbeiführung des Erfolgs ungeeignet, würde aber trotzdem – angesichts des 30-tägigen Verhandlungszeitraums – einen deutlichen Kostenanstieg verursachen. Gleichzeitig darf ein Einstellen der Arbeiten aber ebenso wenig dazu führen, dass dem Unternehmer die Kosten des Stillstands aufgebürdet würden.[327] Denn die Vermeidung unnützer Kosten kommt allein dem Besteller zugute. Dieser hat daher im Fall des § 650b Abs. 1 S. 1 Nr. 2 BGB etwaige Stillstandskosten zu tragen. Fraglich ist, auf welcher Rechtsgrundlage ein solcher Anspruch beruhen könnte.

---

326 *W. Langen* in: LBD, BGB § 650b Rn. 33.

327 BeckOK BauvertrR/*Althaus/Kattenbusch,* BGB § 650c Rn. 58; *W. Langen* in: LBD, BGB § 650b Rn. 33.

§ 650c Abs. 1 S. 1 BGB scheidet mangels Anordnung seitens des Bestellers aus. Für die Begründung eines Anspruchs auf Schadensersatz fehlt es an einer Pflichtverletzung.

Auch § 304 BGB ist nicht einschlägig. Denn dieser verspricht lediglich Ersatz der Mehraufwendungen für das erfolglose Angebot sowie die Aufbewahrung und Erhaltung des geschuldeten Gegenstands und setzt Verzug voraus.

Es verbleibt § 642 BGB. Auch diese Regelung setzt Verzug des Bestellers voraus.

Althaus/Kattenbusch vertreten, dass Verzug jedenfalls dann vorliege, wenn der Besteller ein ihm vom Unternehmer unterbreitetes zumutbares Angebot für eine einvernehmliche Leistungsänderung nicht annehme.[328] Dem Besteller müssten jedoch aus Billigkeitserwägungen auch die Stillstandskosten vor Angebotsabgabe im Falle ungeeigneter Leistungen angelastet werden. Maßgeblicher Bezugspunkt für die Auslösung des Verzugs in § 642 Abs. 1 BGB ist eine unterlassene Handlung des Bestellers. *Althaus/Kattenbusch* knüpfen in dieser Hinsicht an die notwendige Änderungsanordnung an. Dies ist zwar stimmig. Es werden jedoch – wie eben dargestellt – nicht alle notwendigen Fallkonstellationen erfasst. Vorzugswürdiger erscheint daher ein anderer Anknüpfungspunkt. Sobald dem Besteller die ungeeignete Leistung bekannt ist, besteht für ihn eine vertragliche Nebenpflicht, gegenüber dem Unternehmer die Fortführung oder Einstellung anzuordnen.[329] Dass dem Besteller diese Entscheidungsoption zugebilligt wird, ist gerecht. Denn es kann sich durchaus im Wege einer Gesamtbetrachtung als sinnvoll herausstellen, zunächst auf die weitere Leistungsausführung zu pochen, als den sofortigen Baustopp anzuordnen.[330] Begehrt der Besteller weiterhin Leistungsausführung, hat der Unternehmer diese – will er sich nicht schadensersatzpflichtig machen – fortzusetzen. Begehrt der Besteller einen sofortigen Baustopp, gerät er in Verzug, §§ 293, 295 BGB. Denn mit der Kundgabe des Begehrens eines sofortigen Baustopps erklärt der Besteller, dass er die weitere Leistungsausführung, die

---

328 BeckOK BauvertrR/*Althaus/Kattenbusch*, BGB § 650c Rn. 58.

329 A. A. sind *Abel/Schönfeld*, BauR 2017, 2047 (2051 ff.). Nach ihrer Auffassung habe der Unternehmer den Besteller darauf hinzuweisen, dass er bei Ausführung nur anhand der Leistungsbeschreibung eine mangelhafte Leistung erbringen werde und deshalb eine technische Änderung notwendig sei. Reagiere der Besteller auf diese Ankündigung nicht, habe der Unternehmer für die von ihm dann eigenverantwortlich ausgeführte technisch notwendige Änderung einen Mehrvergütungsanspruch.

330 Wird beispielsweise ein Kellerausbau mit Spundwänden vereinbart und es stellt sich während der Aushubarbeiten im weiteren Bauverlauf heraus, dass derartige Wände aufgrund der Bodenverhältnisse ungeeignet sind – vielmehr Bohrpfahlwände vonnöten sind – kann es durchaus sinnvoll sein, aus Sicht des Bestellers weiterhin den Fortgang der Leistung zu fordern. Denn die Aushubarbeiten fallen so oder so an. Es wäre dementsprechend unsinnig, in diesem Fall die Baustelle stillzulegen und die hierdurch verursachten Kosten zu tragen.

der Unternehmer konkludent wörtlich anbietet, nicht annimmt.[331] Unternimmt der Besteller hingegen nichts, ist die Leistung aus dem Ausgangsvertrag fortzuführen. Dies wird – auch wenn die Leistung *de facto* sinnlos ist – insofern im Interesse des Unternehmers liegen, da er ja für sämtliche erbrachte Leistungen Vergütung erhält. Zudem ist es stringent, da es der Besteller selbst in der Hand hat, weitere Kosten durch Mitteilung eines Baustopps zu unterbinden.

ee) Kausalität

§ 650c Abs. 1 S. 1 BGB normiert, dass sich die Vergütungshöhe nach dem infolge einer Anordnung des Bestellers vermehrten oder verminderten Aufwand richtet. Aufgrund der Formulierung „infolge" muss der Aufwand in kausalem Zusammenhang mit der Anordnung des Bestellers stehen. Nach der *conditio-sine-qua-non*[332]- Formel darf der Aufwand nicht hinweggedacht werden, ohne dass die Anordnungsverwirklichung entfiele (sog. Äquivalenztheorie).[333] Dies bedeutet, dass der Aufwand notwendigerweise zur Anordnungsverwirklichung betrieben werden muss oder die Anordnung selbst den Aufwand verursacht. Alle anderen Aufwandsbemühungen – insbesondere solche, die allein die bisherige

---

331 Ein wörtliches Angebot gemäß § 295 BGB kann auch konkludent erfolgen (BeckOGK/*Dötterl*, BGB § 295 Rn. 7). Bei Dauerschuldverhältnissen gilt dabei, dass in der bisherigen Erfüllung des Schuldverhältnisses durch den Schuldner die konkludente, wörtliche Erklärung liegt, seine Leistungen auch weiterhin erbringen zu wollen, und zwar selbst dann, wenn der Gläubiger die Leistungen ablehnt (*Feldmann* in: Staudinger, BGB § 295 Rn. 21). Eine allgemeingültige Definition des Begriffs „Dauerschuldverhältnis" existiert nicht, weil dies zu Abgrenzungsschwierigkeiten führen würde und einer zukünftigen Entwicklung der Begrifflichkeit entgegenstünde (BT-Drucks. 14/6040, S. 177). Zwar ist ein gewöhnlicher Bauvertrag zweifellos kein Dauerschuldverhältnis. Trotzdem müssen – nach Auffassung des Verfassers – bei ihm die eben genannten Anforderungen an ein wörtliches Angebot gelten. Hierfür sprechen vor allem Billigkeitserwägungen. Der Bauvertrag besitzt aber auch eine gewisse strukturelle Ähnlichkeit einem Dauerschuldverhältnis gegenüber. Nach der Gesetzesbegründung unterscheiden sich Dauerschuldverhältnisse im Gegensatz zu Schuldverhältnissen, die auf eine einmalige Leistung gerichtet sind, dadurch, dass aus ihnen während der Laufzeit fortlaufend neue Leistungs- und Schutzpflichten entstehen und das Zeitelement von wesentlicher Bedeutung ist (BT-Drucks. 14/6040, S. 176 f.). Zieht man ein langwieriges Großbauvorhaben heran, erwachsen mit Fortlauf der Arbeiten durchaus neue Leistungs- und Schutzpflichten. Auch hat die zum 01.01.2018 in Kraft getretene bauvertragliche Vorschrift des § 648a BGB, die bewusst auf die Norm des § 314 BGB – einer Vorschrift für Dauerschuldverhältnisse – verweist, eine bestimmte Indizwirkung.

332 Lateinisch; Deutsch: Bedingung ohne die nicht.

333 *Schellhammer*, Schuldrecht, Kapitel 24, Rn. 1287.

Vertragsleistung betreffen – sind nicht kausal und deshalb dem Anwendungsbereich des § 650c Abs. 1 S. 1 BGB entzogen.

Vereinzelte Fallkonstellationen erscheinen problematisch, so beispielsweise die Entwendung eines ordnungsgemäß gesicherten Baustellenfahrzeuges oder die versehentlichen Beschädigungen fertiggestellter Teilleistungen durch einen Handwerker. Doch auch sie lassen sich mit den allgemeinen Zurechnungskriterien bewältigen. Denn die weit gefasste Äquivalenztheorie[334] wird durch die Adäquanz des Kausalverlaufs[335] und den Schutzzweck der Norm[336] begrenzt. Die Rechtsfolgen der aufgeworfenen Beispiele sind daher eindeutig. Während bei dem Diebstahl des Baustellenfahrzeugs der Aufwand für die Neubeschaffung eines entsprechenden Gerätes nicht vom Schutzzweck des § 650c Abs. 1 S. 1 BGB umfasst wird, fehlt es bei der versehentlichen Beschädigung am erforderlichen Zurechnungszusammenhang. Denn die – zudem nicht erforderlichen – Mehrkosten entstanden nur bei Gelegenheit der Änderungsleistung und wurden somit nicht von dieser verursacht.[337]

ff) Erforderlichkeit

Alle Kostenposten, die im Rahmen des § 650c Abs. 1 S. 1 BGB in Ansatz gebracht werden sollen, müssen sich am Kriterium der Erforderlichkeit messen lassen.

Der Unternehmer ist für die Erforderlichkeit tatsächlich entstandener Kosten darlegungs- und beweispflichtig.[338] Denn es handelt sich hierbei nicht um ein bloßes Gegenrecht des Bestellers, sondern um ein anspruchsbegründendes Tatbestandsmerkmal. Maßgeblich für die Erforderlichkeit ist eine Gesamtbetrachtung

---

334 Andernfalls wären auch die entferntesten Ursachen kausal. Würde beispielsweise der Sohn als Angestellter in dem Unternehmen seines Vaters etwas aus Versehen beschädigen, hätte der Vater als Unternehmer dennoch die Ursache für den Erfolgseintritts kausal durch Zeugung des Sohnes geschaffen.

335 Nach der Adäquanztheorie sind gänzlich unwahrscheinliche Haftungsfolgen ausgeschlossen (BeckOK BGB/*Flume*, BGB § 249 Rn. 284). Als Beispiel kann hier ein Dacheinsturz infolge eines Luftstaudrucks durch den Überflug eines Helikopters genannt werden (BGH, Urt. v. 27.01.1981 – VI ZR 204/79). Würden demnach bei Dachstuhlarbeiten vor Fertigstellung durch einen Überflug Schäden eintreten, wären diese nicht kausal und könnten dementsprechend nicht im Rahmen des § 650c Abs. 1 S. 1 BGB in Ansatz gebracht werden.

336 Hiernach muss der Schaden innerhalb des von der jeweiligen Haftungsnorm vorgegebenen Schutzzwecks liegen (BeckOK BGB/*Flume*, BGB § 249 Rn. 288). Auf unseren Fall gemünzt, bedeutet dies, dass der vermehrte oder verminderte Aufwand innerhalb des von § 650c Abs. 1 S. 1 BGB vorgegebenen Schutzzwecks liegen muss. Hieran fehlt es, wenn der Aufwand nicht mehr spezifische Auswirkung der Anordnung ist, sondern sich in diesem ein eigenständiger, anderer Gefahrenkreis verwirklicht hat (*Wandt*, Gesetzliche Schuldverhältnisse, § 16, Rn. 139).

337 *Von Rintelen* in: Kniffka, Bauvertragsrecht, BGB § 650c Rn. 33.

338 *Leinemann/Kues* in: LK, Bauvertragsrecht, BGB § 650c Rn. 39.

der Vergütung für die Änderungsleistung aus *Ex-ante*-Sicht[339] eines verständigen Unternehmers.[340] Auch der Besteller kann aufgrund der Gesamtbetrachtung nicht vereinzelte Preise als überhöht beanstanden. Vielmehr muss er darlegen, dass die Gesamtvergütung des Nachtrags den Anforderungen an die Erforderlichkeit nicht genügt.[341] Ein Indiz für überhöhte Kosten und damit die fehlende Erforderlichkeit kann sich ggf. dann ergeben, wenn der Unternehmer von üblichen Ansätzen abweicht.[342]

II. § 650c Abs. 2 BGB

1. Bedeutung

a) Urkalkulation

Zunächst ist fraglich, was unter dem Begriff der „Urkalkulation" zu verstehen ist. Das kann weder dem Gesetz noch der VOB/B entnommen werden. *Orlowski* definiert sie zutreffend wie folgt:

> *„Urkalkulation ist die in einem geschlossenen und in der Regel versiegelten Umschlag verwahrte Fassung der Dokumentation und Offenlegung der Kalkulationsansätze […], die ursächlich zu dem Angebotspreis führ[t] und dem Angebot des Unternehmers zugrunde lieg[t]."*[343]

Für ein umfassendes Verständnis bedarf es aber neben der Definition auch einer näheren Betrachtung von Sinn und Zweck der „Urkalkulation". Dabei kann auf die Erkenntnisse vergangener BGH-Rechtsprechung[344] zu den insoweit

339 Grund hierfür ist, dass sich das Adjektiv „tatsächlich" nicht auf die Erforderlichkeit, sondern die Kosten, bezieht (*von Rintelen* in: Kniffka, Bauvertragsrecht, BGB § 650c Rn. 48).

340 *Von Rintelen* in: Kniffka, Bauvertragsrecht, BGB § 650c Rn. 48 f. *Althaus/Kattenbusch* sind hingegen der Ansicht, dass unbeantwortet bleibt, ob für die Erforderlichkeit auf die einzelnen angefallenen Kosten oder die Gesamtsumme abzustellen ist (BeckOK BauvertrR/*Althaus/Kattenbusch,* BGB § 650c Rn. 28). Indes dürfte neben dem Argument des „Rosinenpickens" auch der Wortlaut für das Abstellen auf die Gesamtsumme sprechen. Denn § 650c Abs. 1 S. 1 BGB spricht von „Kosten" und nicht von „EKT" oder „Kostenteilen".

341 *Von Rintelen* in: Kniffka, Bauvertragsrecht, BGB § 650c Rn. 49.

342 BeckOK BauvertrR/*Althaus/Kattenbusch,* BGB 650c Rn. 30.

343 *Orlowski,* BauR 2017, 1427 (1432).

344 BGH, Urt. v. 14.03.2013 – VII ZR 142/12 = NJW 2013, 2423 ff.

parallelen § 2 Abs. 5 und Abs. 6 VOB/B zurückgegriffen werden.[345] Hiernach wird die ursprüngliche Kalkulation herangezogen, um – unter Fortschreibung der dort enthaltenen Vertragspreise in ihren Einzelbestandteilen – den Preis für die geänderte bzw. zusätzliche Leistung zu ermitteln. Dem liegt der nachvollziehbare Gedanke zugrunde, dass sich die Parteien an den von ihnen getroffenen vertraglichen Wertungen von Leistung und Gegenleistung auch im Zuge nachträglicher Änderungs- bzw. Zusatzleistungen festhalten lassen sollen.[346] Überträgt man diese Praktik auf § 650c Abs. 2 BGB, ist fraglich, wie detailliert die Aufschlüsselung einzelner Vertragspreise sein muss, um diesem Anliegen zu genügen. Konkrete Vorgaben hierzu fehlen. Sie lassen sich jedoch aus § 650c Abs. 2 S. 1 und S. 2 BGB herleiten.

aa) § 650c Abs. 2 S. 1 BGB („Rückgriff auf die Ansätze in einer Urkalkulation")

Der Gesetzeswortlaut spricht von dem „[Z]urückgreifen" auf die „Ansätze" in der Urkalkulation. Grundlegende Voraussetzung dabei ist eine gewisse Detailtiefe der Ansätze, denn nur sie ermöglicht eine Fortschreibung der Preise. Der Begriff des „Ansatzes" ist jedoch abstrakt. Einerseits ließe sich die Formulierung so verstehen, dass eine Ermittlung der Ansätze für die Preisfortschreibung aus den Kalkulationsansätzen durch Neuberechnung genüge. Andererseits ließe sich der Gesetzeswortlaut auch so interpretieren, dass sich die Ansätze für die Preisfortschreibung bereits „in" der Urkalkulation befinden müssen, demnach eine Neuberechnung ausscheidet.[347] Letztlich befand der Gesetzgeber es zu Recht für unnötig, den Begriff des „Ansatzes" näher zu konkretisieren, da selbst ein weites Verständnis durch die übrigen Anforderungen aus § 650c Abs. 2 S. 2 BGB reguliert wird.

---

345 *Leinemann/Kues* in: LK, Bauvertragsrecht, BGB § 650c Rn. 78; BeckOK BauvertrR/*Althaus/Kattenbusch*, BGB § 650c Rn. 81; *Oberhauser* in: DLOPS, § 2; Rn. 118. Kritisch hierzu *Leupertz* in: Messerschmidt/Voit, Privates Baurecht, BGB § 650c Rn. 29 ff. Seines Erachtens darf der Unternehmer nicht auf die Methode der (vor) kalkulatorischen Preisfortschreibung, sondern lediglich auf die Ansätze in der Kostenelementebene der Urkalkulation zurückgreifen, um die tatsächlich erforderlichen Kosten darzulegen, die weiterhin Maßstab für die Nachtragsvergütungsbemessung bleiben sollen. Gänzlich offen bleibt dabei aber die entscheidende Frage, wie dann eine Kostenberechnung zu erfolgen hat.

346 *Leinemann/Kues* in: LK, Bauvertragsrecht, BGB § 650c Rn. 78. *Hermann Korbion* gab in diesem Kontext den griffigen und vielfach zitierten Merksatz zum Besten: „Guter Preis bleibt guter Preis, schlechter Preis bleibt schlechter Preis."

347 So *von Rintelen* in: Kniffka, Bauvertragsrecht, § 650c, Rn. 98, der sich dabei maßgeblich auf die Gesetzesbegründung (BT-Drucks. 18/8486, S. 56, „keine Neuberechnung") stützt. Eine solche Schlussfolgerung lässt die Gesetzesbegründung indes nicht zu. Denn der Begriff der „Neuberechnung" fällt nicht im Kontext der „Ansätze", sondern dem der widerleglichen Vermutung.

bb) § 650c Abs. 2 S. 2 BGB („Vermutungswirkung")

Bedeutsamer sind deshalb die Voraussetzungen, die an das Auslösen der Vermutungswirkung (§ 650c Abs. 2 S. 2 BGB) gestellt werden. Die danach erforderliche Detailgenauigkeit lässt Rückschluss darauf zu, ob neu berechnet werden darf. In der Gesetzesbegründung heißt es hierzu:

> *„Die Vermutungswirkung kann jedoch nur greifen, wenn die vom Unternehmer offenbarte oder zumindest hinterlegte Urkalkulation ausreichend aufgeschlüsselt ist."*[348]

Maßgeblich ist daher, was unter „ausreichend[er] [A]ufschlüssel[ung]" zu verstehen ist.

(1) Meinungsstand in der Literatur

Althaus/Kattenbusch, von Rintelen und *Oberhauser* sind der Auffassung, dass die Formulierung nur so verstanden werden kann, der Unternehmer dürfe weder seine Urkalkulation nachreichen noch die Ansätze der hinterlegten Urkalkulation für die Zwecke der Preisfortschreibung weiter aufschlüsseln.[349] Bereits aus der Urkalkulation müssen sich die Bezugsgrößen (Kosten- und Zeitansätze) ergeben, die für eine Fortschreibung der Kalkulationsansätze zum Zwecke der Nachtragsberechnung benötigt werden.

Folgt man dieser herrschenden Literaturansicht ergeben sich Umfang und Grad der Aufschlüsselung von selbst.[350] Erforderliches Minimum ist eine Aufgliederung der Einzelpositionen bzw. -leistungen in die entsprechenden Kostenarten, also Lohn, Stoffe, Geräte, Fremdleistungen und sonstige Kosten.[351] Daneben muss die Urkalkulation die Baustellengemeinkosten samt deren Zusammensetzung sowie Zuschläge für allgemeine Geschäftskosten, Wagnis und Gewinn

---

348 BT-Drucks. 18/8486, S. 56.

349 BeckOK BauvertrR/*Althaus/Kattenbusch,* BGB § 650c Rn. 73; *von Rintelen* in: Kniffka, Bauvertragsrecht, BGB § 650c Rn. 98; *Oberhauser* in: DLOPS, § 2, Rn. 116. Dem Unternehmer soll nur dann ein Wahlrecht zustehen, wenn eine plausible und nicht zu hinterfragenden Urkalkulation mit den erforderlichen Inhalten vorliegt.

350 Siehe hierzu aber auch *Oberhauser* in: DLOPS, § 2 Rn. 117 und BeckOGK/*Mundt,* BGB § 650c Rn. 97 ff. *Althaus/Kattenbusch* gehen hierbei noch mehr in die Tiefe und merken zu den jeweiligen Gliederungspunkten – wenn auch sehr abstrakt gehalten – einzelne Besonderheiten an (BeckOK BauvertrR/*Althaus/Kattenbusch,* BGB § 650c Rn. 73 ff.).

351 Eine derartige Kosteneinteilung ist jedoch nach oben hin unbegrenzt fortführbar. So unterteilen *Althaus/Kattenbusch* beispielsweise ihre Kostenstrukturierung im Ausgangspunkt auch in Schal- und Rüstkosten (BeckOK BauvertrR/*Althaus/Kattenbusch,* BGB § 650c Rn. 85). Als Faustregel gilt: Je komplexer die Kalkulation des Bauvorhabens, desto feingliedriger sollte eine Kosteneinteilung erfolgen.

enthalten. Letztere müssen – sofern sie nicht einheitlich aufgeschlagen wurden – gesondert für jede Position ausgewiesen werden.

Je nach Kostenart sind jedoch folgende Besonderheiten zu berücksichtigen: So werden Lohnkosten beispielsweise anhand des Mittellohns[352] kalkuliert, da zum Zeitpunkt der Kalkulationserstellung unklar ist, welche Personen für die Herstellung der Bauleistung eingesetzt werden. Eine weitere Besonderheit ergibt sich bei den allgemeinen Geschäftskosten. Diese fallen in der Realität nicht zeit- sondern umsatzbezogen an, müssen aber kalkulatorisch in die Baupreise einberechnet werden, um anschließend über die Abrechnung der erbrachten Bauleistung zu einer Kostendeckung zu gelangen.[353] Folglich führt jede Abweichung des prognostizierten Umsatzes zu einer Unter- oder Überdeckung der allgemeinen Geschäftskosten.[354] Weist die Urkalkulation zur Deckung der allgemeinen Geschäftskosten aber einen festen prozentualen Zuschlag aus, kann nur dieser auch im Rahmen der Preisfortschreibung in Ansatz gebracht werden.[355] Will der Unternehmer dennoch einen zeitanteiligen Bezug – entsprechend der tatsächlichen Kostenentstehung der allgemeinen Geschäftskosten – erreichen, ist der Kalkulationsansatz für die allgemeinen Geschäftskosten zeitbezogen aufzustellen.[356] Andernfalls verbleibt es bei dem festen prozentualen Zuschlagssatz mit der Folge, dass etwaige Bauzeitabweichungen folgenlos bleiben.

Für die Frage der ausreichenden Aufschlüsselung stehen sinnbildlich die Nachunternehmer- oder Fremdleistungskosten. Bislang wurde hierzu meist ein Betrag – ohne weitere Detaillierung – kalkuliert, der vom Unternehmer für die Nachunternehmerleistung geschätzt oder auf Anfrage als Kostenvoranschlag vonseiten des Nachunternehmers mitgeteilt wurde. Einem solchen Betrag fehlte es an aufgeschlüsselten Ansätzen für die Kalkulation und damit an aussagekräftigen Daten, mithilfe derer sich eine plausible Ableitung und Prüfung der Höhe einer Nachtragsvergütung im Nachunternehmerbereich herstellen lässt.[357] Erforderlich war daher eine nachträgliche Aufgliederung. Nach herrschender Literaturansicht scheidet eine solche Möglichkeit nach dem neuen Bauvertragsrecht aus.[358] Will der Unternehmer Nachträge im Wege vorkalkulatorischer Preisfortschreibung berechnen, hat er seine Urkalkulation hinreichend aufzuschlüsseln.

352 Bei gewerblichen Angestellten berücksichtigt der Mittellohn (Tarif-)Löhne und Lohnzulagen, Lohnnebenkosten (z. B. für Fahrtkosten auf Baustellen), Zeit- und Erschwerniszulagen, den Arbeitgeberanteil für die Vermögensbildung und Sozialkosten (BeckOK BauvertrR/*Althaus/Kattenbusch,* BGB § 650c Rn. 87 f.).

353 BeckOK BauvertrR/*Althaus/Kattenbusch,* BGB § 650c Rn. 101. Kalkulatorisch geschieht dies, indem ein anteiliger Betrag zur Deckung der allgemeinen Geschäftskosten ins Verhältnis zum Umsatz gesetzt wird.

354 BeckOK BauvertrR/*Althaus/Kattenbusch,* BGB § 650c Rn. 102.

355 BeckOK BauvertrR/*Althaus/Kattenbusch,* BGB § 650c Rn. 128.

356 BeckOK BauvertrR/*Althaus/Kattenbusch,* BGB § 650c Rn. 128.

357 BeckOK BauvertrR/*Althaus/Kattenbusch,* BGB § 650c Rn. 92.

358 BeckOK BauvertrR/*Althaus/Kattenbusch,* BGB § 650c Rn. 92.

(2) Stellungnahme

Diese Erwägungen mögen zwar sachgerecht erscheinen. Denn vor allem bei größeren Bauvorhaben muss der Unternehmer typischerweise mit Änderungs- bzw. Zusatzleistungen rechnen, sodass eine genaue Aufschlüsselung zumutbar erschiene. Dennoch erscheint die vorstehende Auffassung zu streng.[359] Sie wird den tatsächlichen Gegebenheiten der Praxis nicht gerecht. Die Vermutungswirkung muss auch dann greifen, wenn die Urkalkulation lediglich Ansätze für die Preisfortschreibung enthält, sodass für die Nachtragvergütungsermittlung eine Neuberechnung notwendig wird. Dafür spricht neben der Gesetzesbegründung und dem Gesetzeswortlaut auch ein Vergleich mit der VOB/B.

(a) Gesetzesbegründung

In der Gesetzesbegründung findet sich zu § 650c Abs. 2 BGB folgende Passage:

> *„Um die Abrechnung praktikabel zu gestalten, wird dem Unternehmer die Möglichkeit eröffnet, zur Berechnung der Vergütung für den Nachtrag auf die Kostenansätze einer vereinbarungsgemäß hinterlegten Urkalkulation zurückzugreifen.“*[360]

Das entscheidende Wort dieses Abschnitts ist „praktikabel“. Dem Gesetzgeber waren folglich die Umsetzungsschwächen der Nachtragsvergütungsermittlung nach § 650c Abs. 1 S. 1 BGB durchaus bewusst. Gerade um den auftretenden Defiziten gegenzusteuern, wurde die alternative Berechnungsmethode des § 650c Abs. 2 BGB geschaffen. Folgt man der herrschenden Literaturansicht, muss der Unternehmer stets eine hinreichend detaillierte Urkalkulation hinterlegen. Andernfalls geht er das Risiko ein, sich von vornherein der Berechnungswahlmöglichkeit zu berauben. Zweifel bei der Genauigkeit einzelner Ansätze gehen zu seinen Lasten. Je genauer die Aufschlüsselung jedoch sein muss, desto zeit- und kostenintensiver ist sie. Das widerspricht der bezweckten „Praktikabilität“. Besonders bei Großbauvorhaben – bei denen die Wahlmöglichkeit von enormer Bedeutung ist – müsste sich der Unternehmer vorab mit zahlreichen Nachunternehmern über deren Kostenaufteilung abstimmen und Kostenvoranschläge einholen, anhand derer eine kalkulatorische Preisfortschreibung möglich wäre. Denn für alternative, präzise Schätzungen fehlt es oftmals am nötigen Spezialwissen.[361] Entscheidet sich der Unternehmer im Nachhinein doch für eine Berechnung nach § 650c Abs. 1 S. 1 BGB, trifft ihn eine unnötige wirtschaftliche Zusatzbelastung.

Für die Auffassung des Verfassers spricht auch folgender Ausschnitt der Gesetzesbegründung:

---

359 Ebenso zweifelnd *Kniffka* in: Kompendium des Baurechts, 4. Teil, Rn. 315.

360 BT-Drucks. 18/8486, S. 56.

361 Darin liegt nicht zuletzt häufig der Grund für die Auslagerung der vom Besteller gewünschte Leistungen an etwaige Nachunternehmer.

„Dadurch wird gewährleistet, dass die Vertragsparteien für die Ermittlung der tatsächlich erforderlichen Kosten keine Neuberechnung vornehmen müssen, sondern – wie bisher – auf die in der Regel vorhandene Urkalkulation des Unternehmers zurückgreifen können."[362]

Der Rückgriff auf die Urkalkulation soll „wie bisher" vonstattengehen. Der Gesetzgeber nimmt ausdrücklich auf die bisherige Baupraxis Bezug. Dem dort vorherrschenden Standard entspricht es aber, dass die Nachtragsvergütungsbestimmung aus der hinterlegten Urkalkulation mithilfe einer Neuberechnung vorgenommen wird.[363] So enthalten beispielsweise auch die Formblätter 221 bis 223 des Vergabehandbuchs des Bundes keine Vorgaben für eine exakte EKT-Aufschlüsselung. Es erfolgt einzig eine Unterteilung in Kostenobergruppen (Lohn-, Stoff-, Geräte- und sonstige Kosten sowie Nachunternehmerleistungen).[364] Ließe man eine Neuberechnung daher nicht zu, bliebe der gesetzgeberische Verweis auf die „bisher[ige]" Rechtslage unberücksichtigt.

(b) Wortlaut

Auch der Gesetzeswortlaut steht einem großzügigeren Aufschlüsselungsverständnis nicht entgegen. Denn die Bezeichnung „Ansätze" ist unpräzise.[365] Fehlt es aber an einer gesetzgeberischen Konkretisierung ist grundsätzlich von einem weiten Anwendungsbereich der Norm auszugehen. Dafür spricht, dass eine Gesetzesnorm generell und abstrakt sein soll, um eine Vielzahl von Fällen abzubilden und zu erfassen. Gerade deshalb muss, soweit – wie hier – keine Einschränkung vom Gesetzgeber vorgesehen ist, ein weites Verständnis gelten.

(c) Vergleich mit der VOB/B

Darüber hinaus spricht auch ein Vergleich mit der VOB/B für die Berechtigung, die Ansätze der hinterlegten Urkalkulation zum Zwecke der Preisfortschreibung nachträglich weiterhin aufzuschlüsseln.

Der BGH hatte sich 2008 bei einem VOB/B-Vertrag mit dem Einwand zu befassen, dass eine Kalkulation keine ausreichende Darlegungsgrundlage darstelle, weil es sich um eine nachträgliche Aufschlüsselung handele und notwendige kalkulatorische Angaben fehlten. In der Urteilsbegründung führte er hierzu aus:

---

362 BT-Drucks. 18/8486, S. 56.
363 *Von Rintelen* in: Kniffka, Bauvertragsrecht, BGB § 650c Rn. 99.
364 VHB Bund, Ausgabe 2017, Stand 2019, Formblätter 221–223.
365 Siehe *Abschnitt B. II. 1. a) aa).*

„In der Anlage K 26 hat die Kl. den Preis von 2210 DM/kg in Lohnkosten, Materialkosten und Gerätekosten untergliedert. Die Kl. hat vorgetragen, auf diese Weise habe sie den Preis kalkuliert. Wenn das zutrifft, können die Darlegungen zur Kalkulation nicht mit der Begründung zurückgewiesen werden, es handele sich um eine nachträgliche Aufstellung. Eine dem Vertrag zu Grunde liegende Kalkulation kann nachträglich schriftlich niedergelegt werden. Es ist ihr Wesen, dass sie den Preis in Kalkulationsbestandteile aufschlüsselt. Eine derartige Aufschlüsselung kann auch nicht mit der Begründung zurückgewiesen werden, es fehlten weitere, für eine Kalkulation übliche Angaben, wie solche zu den Allgemeinen Geschäftskosten oder zu Gewinn und Wagnis. Es steht einem Unternehmer grundsätzlich frei, wie er seine Preise kalkuliert. Er kann Preise lediglich mit den direkten Herstellungskosten kalkulieren, also ohne Geschäftskostenzuschlag oder Zuschlag für die Gewinnerwartung. Eine solche Kalkulation mag zwar unüblich sein, kann jedoch nicht als unschlüssig zurückgewiesen werden.“[366]

Es ist daher durchaus nachvollziehbar, die dort getroffene – eindeutige – Wertung zu übertragen. Wie bereits mehrfach erwähnt, sind § 2 Abs. 5 und Abs. 6 VOB/B die Parallelvorschriften zu § 650c Abs. 2 BGB. Angesichts derselben Ermittlungsmethodik wäre es inkonsequent, sich unterschiedlicher Maßstäbe bei der kalkulatorischen Berechnung zu bedienen, zumal exakte gesetzliche Vorgaben fehlen. Die Rechtsprechung zu den VOB/B-Vorschriften hat sich über lange Zeit hinweg entwickelt. Nachdem der Gesetzgeber ein in erster Linie praktikables Instrument zur Berechnung zulassen wollte, erscheint es nicht nachvollziehbar, die dort von der Rechtsprechung entwickelten Ansätze zur Fortschreibung der Kalkulation im Fall des § 650c BGB außer Acht zu lassen. Sicherlich muss eine Übertragung dort, wo zwischen den Regelungen deutliche Unterschiede bestehen, unterbleiben. Gleichermaßen muss sie aber in Fragen, in denen Ähnlichkeiten dominieren, Berücksichtigung finden.[367]

Dieser Auffassung stehen auch keine überzeugenden Beiträge oder Kommentierungen der herrschenden Literatur entgegen. Denn die dominierenden Literaturstimmen warten nicht mit stichhaltigen Argumenten für die abweichende Behandlung auf, sondern stellen lediglich die Divergenz bei der Detailtiefe zwischen VOB/B und BGB-Vertrag fest.[368]

(3) Fazit

Daher genügt eine Aufschlüsselung nach Kostenobergruppen samt Baustellengemeinkosten sowie Zuschlägen für allgemeine Geschäftskosten, Wagnis und Gewinn. Kann der Unternehmer aus diesen Kalkulationsansätzen

366 BGH, Urt. v. 18.12.2008 – VII ZR 201/06 = NJW 2009, 835 ff., Rn. 38.
367 BeckOK BauvertrR/*Althaus/Kattenbusch,* BGB § 650c Rn. 81.
368 Vgl. etwa BeckOK BauvertrR/*Althaus/Kattenbusch,* BGB § 650c Rn. 73; *Oberhauser* in: DLOPS, § 2 Rn. 116 f.

Preisfortschreibungsansätze bilden, sind die Anforderungen an eine Urkalkulation erfüllt. Überzogene Maßstäbe widersprechen dem gesetzgeberischen Anliegen nach einer praktikableren Berechnungsmethode.

Für absolute Rechtssicherheit ist den Parteien zu empfehlen, die beabsichtigten Urkalkulationsanforderungen bereits vorab im Bauvertrag kautelarjuristisch festzulegen. Da die Festlegung eines Mindestinhalts kalkulatorischer Aufschlüsselung wegen des Wahlrechts vorwiegend im Interesse des Unternehmers liegt, sollte vor allem dieser auf eine diesbezügliche Einigung hinwirken.

b) Vereinbarungsgemäße Hinterlegung

Nach dem Wortlaut des § 650c Abs. 2 S. 1 BGB kann der Unternehmer nur dann auf die Urkalkulation zurückgreifen, wenn er sie „vereinbarungsgemäß hinterlegt“ hat.

aa) Begriffsbestimmungen

Typischerweise wird die Urkalkulation „vereinbarungsgemäß“ in einem verschlossenen Umschlag außerhalb des unternehmerischen Machtbereichs bei dem Besteller oder einem Dritten „hinterlegt“.[369] Dadurch wird sichergestellt, dass die Kalkulationsgrundlage nicht nachträglich verändert werden kann und überprüfbar ist.[370] Geschieht dies fehlerhaft oder wird gänzlich unterlassen, streitet für den, der sich auf eine (angebliche) Urkalkulation seines Vertrags bezieht, jedenfalls nicht die Vermutung des § 650c Abs. 2 S. 2 BGB.[371] Die Qualität der Urkalkulation spielt für das Tatbestandsmerkmal „vereinbarungsgemäß hinterlegt“ keine Rolle.[372]

Alternativ zur Hinterlegung kann ein Unternehmer auch durch Kalkulationsoffenbarung die Vermutungswirkung auslösen.[373] Dies ergibt die Gesetzesbegründung:

> *„Die Vermutungswirkung kann jedoch nur greifen, wenn die vom Unternehmer offenbarte oder zumindest hinterlegte Urkalkulation ausreichend aufgeschlüsselt ist.“*[374]

---

369 *Retzlaff*, BauR 2017, 1781 (1803). Dritter wäre in diesem Fall ein Notar oder Rechtsanwalt (*W. Langen* in: LBD, BGB § 650c Rn. 80).

370 MüKo BGB/*Busche*, BGB § 650c Rn. 7. Im Regelfall wird zudem vereinbart unter welchen Bedingungen der Besteller bzw. der Dritte Einsicht in den Umschlag gewährt bekommt (*W. Langen* in: LBD, BGB § 650c Rn. 80).

371 *Retzlaff*, BauR 2017, 1781 (1803).

372 BeckOGK/*Mundt*, BGB § 650c Rn. 100.

373 BeckOGK/*Mundt*, BGB § 650c Rn. 102; *Oberhauser* in: DLOPS, § 2, Rn. 116, MüKo BGB/*Busche*, BGB § 650c Rn. 7; *von Rintelen* in: Kniffka, Bauvertragsrecht, BGB § 650c Rn. 102.

374 BT-Drucks. 18/8486, S. 56.

Indes bleibt unklar, ob auch im Offenbarungsfall eine Einigung nötig ist.

Nach *Mundt* und *Oberhauser* kann die Offenbarung – anders als die Hinterlegung – einseitig erfolgen.[375] Sie entnehmen dies der Gesetzesbegründung. Während dort zunächst noch von der „vereinbarungsgemäß hinterlegten Urkalkulation“ gesprochen werde, gäbe es später eine Passage, in der nur mehr die „offenbarte oder zumindest hinterlegte Urkalkulation“ Erwähnung finde.[376] Der Gesetzgeber hätte der Formulierung ohne Weiteres ein „vereinbarungsgemäß“ voranschicken können – was er jedoch nicht tat.

Dies überzeugt nicht. Ohne eine Vereinbarung kann die Vermutungswirkung des § 650c Abs. 2 S. 2 BGB nicht ausgelöst werden, da die Offenbarung kein eigenständiger, gesetzlicher Tatbestand ist.[377] Sie muss vielmehr als weitergehende Hinterlegung verstanden werden. Bei hypothetischem Austausch der Begrifflichkeiten befände sich daher die Formulierung „vereinbarungsgemäß offenbarte Urkalkulation“ im Gesetz. Notwendig ist daher ein Konsens der Parteien.[378]

Verwehrt sich der Besteller daher einer Hinterlegung, bestünde nach dem Gesetzeswortlaut kein Wahlrecht. Der Unternehmer müsste seine Nachtragsvergütung stets nach § 650c Abs. 1 S. 1 BGB berechnen. Eine Verpflichtung des Bestellers zur Annahme einer vom Unternehmer angebotenen Kalkulation gäbe nicht. Andernfalls würde dies eine „einseitig aufgenötigte Urkalkulation“ darstellen.[379]

Ein solches Verständnis ist jedoch zu eng. Eine willkürliche Beschneidung des Wahlrechts liefe der gesetzgeberischen Intention zuwider. *Leupertz* und *Langen* bedienen sich daher zu Recht des Gebots von Treu und Glauben (§ 242 BGB).[380] Ein Verwehren des Bestellers ist dann rechtsmissbräuchlich, wenn die Weigerung auf keinem hinreichend sachlichen Grund beruht.[381] Dies ist jedenfalls der Fall, wenn die Ablehnung allein zum Zwecke der Verhinderung einer Vergütungsberechnung nach § 650c Abs. 2 BGB erfolgt.

---

375 BeckOGK/*Mundt*, BGB § 650c Rn. 102, *Oberhauser* in: DLOPS, § 2, Rn. 116.

376 BT-Drucks. 18/8486, S. 56.

377 Derselben Auffassung *von Rintelen* in: Kniffka, Bauvertragsrecht, § 650c, Rn. 102; *Leinemann/Kues* in: LK, Bauvertragsrecht, BGB § 650c Rn. 81 ff.

378 Insbesondere vor dem Hintergrund, dass im Rechtsverkehr der Grundsatz gilt, dass Schweigen keine Willenserklärung darstellt.

379 Vgl. *von Rintelen* in: Kniffka, Bauvertragsrecht, BGB § 650c Rn. 104.

380 *Leupertz* in: Messerschmidt/Voit, Privates Baurecht, BGB § 650c Rn. 33; *W. Langen* in: LBD, BGB § 650c Rn. 79.

381 An einem sachlichen Grund fehlt es jedenfalls dann, wenn der Besteller die Hinterlegung der Urkalkulation allein deshalb ablehnt, weil er die Vergütungsberechnung nach § 650c Abs. 2 BGB verhindern möchte.

bb) Zeitpunkt

In zeitlicher Hinsicht macht das Gesetz keine Vorgaben. Auch die Gesetzesbegründung enthält keine Angaben. Eine Hinterlegungsvereinbarung muss daher nicht zwingend bei Vertragsschluss ergehen. *Leupertz* hält es sogar für möglich, dass sie erst in Zusammenhang mit der Geltendmachung des konkreten Nachtrags erfolge.[382] Anderer Auffassung ist *Oberhauser*.[383] Ihres Erachtens sei der späteste Zeitpunkt der Vertragsschluss, gleich, ob es sich um eine Hinterlegung oder eine Offenbarung handele. Sie begründet dies damit, dass nichts Gegenteiliges geregelt wurde.

Dies ist jedoch ein Zirkelschluss. Denn genauso ließe sich argumentieren, dass mangels Regelung gerade eine zeitlich spätere vereinbarungsgemäße Hinterlegung bzw. Offenbarung möglich sein müsse. Schließlich sei auch bei den Parallelvorschriften § 2 Abs. 5 und Abs. 6 VOB/B eine nachträgliche Aufschlüsselung der vertraglichen Preise und damit das Nachreichen einer Urkalkulation zulässig.[384]

Maßgeblicher Zeitpunkt sollte nach Auffassung des Verfassers der Zugang des Änderungsbegehrens sein. Erst ab diesem Zeitpunkt besteht ein möglicher Interessenkonflikt. Kennt der Unternehmer die vom Besteller gewünschten Änderungen, könnte er diese im Rahmen der kalkulatorischen Aufschlüsselung vorteilhaft berücksichtigen. Solange die Verhandlungsphase jedoch nicht begonnen hat, steht nicht einmal fest, ob der Besteller eine Änderung tatsächlich begehren wird. Es fehlt daher an dem Bedürfnis einer zeitlichen Eingrenzung.

cc) Darlegungs- und Beweislast

Darlegungs- und beweisbelastet für die Höhe des Nachtragsvergütungsanspruchs ist der Unternehmer.[385] Gleichwohl wird ihm durch die Vermutungswirkung des § 650c Abs. 2 S. 2 BGB die Darlegungslast erleichtert und die Beweislast zulasten des Bestellers umgekehrt.[386] Die Vermutungswirkung bezieht sich nicht nur darauf, dass die kalkulatorischen Preise den tatsächlichen Preisen entsprechen. Vielmehr wird ebenfalls vermutet, dass die angesetzten allgemeinen Geschäftskosten den tatsächlichen allgemeinen Geschäftskosten entsprechen und die in der Urkalkulation angegebenen Zuschläge angemessen sind.[387] Bei § 650c Abs. 2

---

382 *Leupertz* in: Messerschmidt/Voit, Privates Baurecht, BGB § 650c Rn. 33.

383 *Oberhauser* in: DLOPS, § 2, Rn. 116.

384 Der BGH hatte sich 2008 mit dem Einwand zu beschäftigen, dass eine Kalkulation keine ausreichende Darlegungsgrundlage darstellt, weil es sich um eine nachträgliche Aufschlüsselung handelt und notwendige kalkulatorische Angaben fehlen. Er führte hierzu aus: „Eine dem Vertrag zu Grunde liegende Kalkulation kann nachträglich schriftlich niedergelegt werden" (BGH, NJW 2009, 835 ff., Rn. 38). Diese Feststellung lässt sich auf § 650c Abs. 2 BGB übertragen.

385 *Von Rintelen* in: Kniffka, Bauvertragsrecht, BGB § 650c Rn. 108.

386 *Von Rintelen* in: Kniffka, Bauvertragsrecht, BGB § 650c Rn. 108.

387 BeckOGK/*Mundt*, BGB § 650c Rn. 93.

S. 2 BGB handelt es sich um eine gesetzliche Vermutungsregelung, sodass § 292 S. 1 ZPO gilt.[388] Da § 650c Abs. 2 S. 2 BGB nur eine Entsprechensvermutung ohne weitere Vorgaben aufstellt, ist ein Widerlegen zulässig.[389] Berechnet ein Unternehmer seine Nachtragsvergütung daher anhand der Urkalkulation, streitet die Vermutungswirkung für die Richtigkeit dieser Berechnung.

Dem Besteller verbleibt lediglich die Möglichkeit, die Vermutung zu widerlegen. Sollte ihm dies gelingen, hat der Unternehmer seine Nachtragsvergütung ausschließlich nach § 650c Abs. 1 S. 1 BGB zu ermitteln und den Nachweis tatsächlich erforderlicher Kosten zu führen. Zu den Anforderungen des Wiederlegens finden sich in der Literatur verschiedene Ansätze:

(1) Streitstand

Althaus/Kattenbusch sind der Auffassung, dass der Besteller – sofern er die Nachtragsberechnung nach § 650c Abs. 2 BGB angreifen möchte – eine eigene Nachtragsberechnung nach § 650c Abs. 1 S. 1 BGB aufstellen müsse.[390] Aus dieser müsse dann hervorgehen, dass die kalkulatorisch fortgeschriebenen Preise über den tatsächlich erforderlichen Kosten liegen.

Dagegen meint *Langen*, dass bereits die Widerlegung der Vermutungswirkung eines Teils der fortgeschriebenen Kosten genüge, um gleichwohl die Vermutung insgesamt zu widerlegen.[391] Selbst wenn die kalkulatorischen Herstellkosten den tatsächlich erforderlichen Kosten entsprächen, der Unternehmer jedoch einen spekulativ deutlich erhöhten Zuschlag für Wagnis und Gewinn berechnet habe, soll die Vermutungswirkung für die gesamte Nachtragsvergütung widerlegt sein.[392]

Auch *von Rintelen* spricht sich für eine Überprüfung der Fortschreibung aus.[393] Für ihn muss jedoch die gesamte Urkalkulation widerlegt werden. Das Widerlegen einzelner Urkalkulationsansätze genüge nicht. Andernfalls würde man die beweisrechtlichen Konsequenzen von tatsächlicher und gesetzlicher Vermutung verwischen.[394]

388 Die gesetzliche Vermutung darf dabei keinesfalls mit einer rein tatsächlichen Vermutung verwechselt werden. Denn beide Rechtsinstitute haben unterschiedliche beweisrechtliche Konsequenzen. So genügt es bei tatsächlichen Vermutungen, die Grundlage der Vermutung zu erschüttern, während gesetzliche Vermutungen nur durch den Beweis des Gegenteils beseitigt werden können (*von Rintelen* in: Kniffka, Bauvertragsrecht, BGB § 650c Rn. 110).

389 Insofern lediglich klarstellend, BT-Drucks. 18/8486, S. 56.

390 BeckOK BauvertrR/*Althaus/Kattenbusch*, BGB § 650c Rn. 139.

391 *W. Langen* in: LBD, BGB § 650c Rn. 84.

392 *W. Langen* in: LBD, BGB § 650c Rn. 84.

393 *Von Rintelen* in: Kniffka, Bauvertragsrecht, BGB § 650c Rn. 110 f.

394 Siehe hierzu Fn. 388.

(2) Stellungnahme

Alle Ansichten müssen sich den Vorwurf eines Entweder-oder-Ansatzes machen lassen, der so nicht im Gesetz verankert ist. Während *Althaus/Kattenbusch* den Besteller verpflichten, eine eigene Nachtragsberechnung nach § 650c Abs. 1 S. 1 BGB anzustellen, verweisen *Langen* und *von Rintelen* den Besteller allein auf eine Überprüfung der auf Urkalkulation basierenden Preisfortschreibung. Eine solche Differenzierung ist nicht nachvollziehbar. Beide Lösungsansätze haben Schwächen:

(a) Erstellen einer eigenen Nachtragsberechnung

Wird der Besteller auf die Erstellung einer eigenen Nachtragsvergütungsberechnung nach § 650c Abs. 1 S. 1 BGB verwiesen, stellt ihn dies in der Praxis vor Probleme. Vor allem bei größeren und komplexeren Bauvorhaben dürfte ein Nachweis kaum möglich sein. Denn dem Besteller sind die internen Verhältnisse des Unternehmers regelmäßig nicht bekannt.[395] Auch fehlt es für gewöhnlich an verlässlichen Informationen aus der Betriebsbuchhaltung des Unternehmers.[396] Hinzu tritt der notwendige erforderliche Dokumentationsaufwand auf der Baustelle.[397]

Althaus/Kattenbusch erwägen daher eine Beweiserleichterung zugunsten des Bestellers. Sie wenden die Grundsätze der sekundären Darlegungslast an.[398] Diese Überlegung erscheint auf den ersten Blick zur Lösung des Problems geeignet. Wo es dem Besteller typischerweise an der Kenntnis der für eine Ermittlung nach § 650c Abs. 1 S. 1 BGB maßgeblichen Umstände fehlt, kann der Unternehmer in zumutbarer Weise Angaben zu den aus seiner Sphäre stammenden Gegebenheiten machen.

Trotzdem ist die Beweiserleichterung abzulehnen. Denn Folge einer solchen wäre die Entwertung der Vermutungsregelung des § 650c Abs. 2 S. 2 BGB samt Beschneidung des unternehmerischen Wahlrechts.[399] Der Besteller könnte stets bei Ermittlung der Nachtragsvergütung nach kalkulatorischer Preisfortschreibung eine Abrechnung nach § 650c Abs. 1 S. 1 BGB verlangen.[400] Er müsste hierfür einzig die Prozessbehauptung aufstellen, dass die kalkulatorisch ermittelte Vergütung über einer nach § 650c Abs. 1 S. 1 BGB zu berechnenden Vergütung liegt.[401] Dass ein solches Vorgehen im eindeutigen Widerspruch zum gesetzgeberischen Willen steht, zeigt die Gesetzesbegründung. In dieser wird ausdrücklich auf das Wahlrecht des Unternehmers bei der Berechnung hingewiesen.[402]

395 BeckOK BauvertrR/*Althaus/Kattenbusch,* BGB § 650c Rn. 139.
396 *Sindermann*, NZBau 2019, 284 (287).
397 *Sindermann*, NZBau 2019, 284 (287).
398 BeckOK BauvertrR/*Althaus/Kattenbusch,* BGB § 650c Rn. 139.
399 BeckOK BauvertrR/*Althaus/Kattenbusch,* BGB § 650c Rn. 139.
400 BeckOK BauvertrR/*Althaus/Kattenbusch,* BGB § 650c Rn. 139.
401 BeckOK BauvertrR/*Althaus/Kattenbusch,* BGB § 650c Rn. 139.
402 Vgl. BT-Drucks. 18/8486, S. 56.

Es bleibt daher dabei, dass der Besteller, der einer kalkulatorischen Preisfortschreibung nicht beipflichtet, den Gegenbeweis zu führen hat.[403] Als Erleichterung der Nachweisführung kommt lediglich die Heranziehung eines Sachverständigen in Betracht. Wirtschaftlich betrachtet dürfte sich dessen Einsatz jedoch nur bei größeren Bauvorhaben rentieren.

(b) Überprüfung der auf Urkalkulation basierenden Preisfortschreibung

Ebenso abzulehnen ist es, den Besteller auf eine Fehlersuche bei der Fortschreibung der vereinbarungsgemäß hinterlegten Urkalkulation zu verweisen. Allein der Umstand, dass einzelne Kalkulationsansätze einem Vergleich mit den tatsächlich erforderlichen Kosten nicht standhalten, genügt für eine Widerlegung nicht. Denn dabei wird missachtet, dass höhere Ansätze einzelner Positionen niedrigere Ansätze anderer Positionen kompensieren. Der Besteller muss vielmehr nachweisen, dass die gesamte Berechnung unrichtig war. Der Gesetzeswortlaut des § 650c Abs. 2 BGB liefert die dafür maßgeblichen Anknüpfungspunkte. Diese sind einerseits die „fortgeschriebene Vergütung“ und andererseits „die vereinbarungsgemäß hinterlegte Urkalkulation“.[404]

Mit der „fortgeschriebenen Vergütung“ ist die vorkalkulatorische Preisfortschreibung gemeint. Diese muss nach methodischen Grundsätzen durchgeführt worden sein.

---

403 *Althaus/Kattenbusch* verlangen hier beschwichtigend nur einen Sachvortrag, in dem der Besteller die Prozessbehauptung geringerer tatsächlich erforderlicher Kosten und Zuschläge konkretisiert (BeckOK BauvertrR/*Althaus/Kattenbusch*, BGB § 650c Rn. 139).

404 Ebenso *Sindermann*, NZBau 2019, 284 (287 f.). Es leuchtet daher ein, dass sich ein Besteller zur Vereinbarung einer Urkalkulationshinterlegung nur dann animieren lässt, wenn die Urkalkulation den inhaltlichen und strukturellen Anforderungen genügt. Für eine solche Überprüfung existieren im Grunde zwei Möglichkeiten. Einerseits kann der Besteller bereits eine qualifizierte Plausibilitätsüberprüfung im Zuge des Beauftragungsverfahrens vornehmen (sog. projektbezogener Ansatz). Nachteil ist der anfänglich hohe Prüfaufwand. Vorteil ist die frühzeitige Klarheit in Hinblick auf die Vergütungsberechnung. Andererseits kann der Besteller die Überprüfung im Beauftragungsverfahren auch nur auf die strukturelle Eignung beschränken und die inhaltliche Eignungsprüfung erst im jeweiligen Nachtragsfall vornehmen (sog. nachtragsbezogener Ansatz). Die Urkalkulation ist dann in struktureller Hinsicht vereinbarungsgemäß hinterlegt, eine inhaltliche Überprüfung erfolgt erst nach Vorlage der vom Unternehmer kalkulatorisch berechneten Nachtragsvergütung im Einzelfall. Nachteil ist der Anstieg des Prüfaufwands und des Konfliktpotenzials, mit dem während der Projektabwicklung zu rechnen ist. Vorteil ist der anfangs wesentlich geringere Aufwand.

Die Voraussetzungen einer „vereinbarungsgemäß hinterlegten Urkalkulation" liegen nur dann vor, wenn die Urkalkulation für eine Fortschreibung „strukturell geeignet" und „inhaltlich stimmig" ist.[405]

Die „strukturelle Eignung" erfordert, dass die Preisermittlung der einzelnen Teilleistungen im Kern nachvollziehbar ist. Dies gelingt, indem der Unternehmer den für die Herstellung der Teilleistungen erforderlichen Personal- und Gerätebedarf pro Produktionseinheit ansetzt.[406] „Inhaltlich stimmig" sind die Kalkulationsansätze hingegen nur, wenn sie aufwands- und kostenkausal angegeben sind. Demnach dürfen nur Produktionsfaktoren und Dienstleistungen, die der Unternehmer durch die Fertigstellung der begehrten Leistung verursachen wird, kalkuliert werden. Um der inhaltlichen Überprüfung des Bestellers standzuhalten, genügt es, wenn die Kalkulationsansätze sowohl in Hinblick auf den Umfang des Produktionsfaktoreneinsatzes als auch der wirtschaftlichen Bewertung plausibel sind. Eine „realitätsnahe" Kalkulation ist nicht Voraussetzung.[407] Denn ohne vertragliche Vorgaben verbleibt es bei der unternehmerischen Kalkulationsfreiheit. Dies bedingt zugleich die Schwierigkeit einer Widerlegung.

(c) Lösungsansatz: Kombination

Die unternehmerische Vergütungsberechnung nach § 650c Abs. 1 S. 1 BGB steht für bürokratischen – und damit zeitlichen – Aufwand und birgt angesichts auslegungsfähiger Kriterien („erforderlich" und „angemessen") Konfliktpotenzial. Der Anwendungsbereich dürfte sich daher auf kleinere Bauvorhaben, deren Teilleistungen einfach und klar abgrenzbar sind, beschränken.

Bei größeren Bauvorhaben werden Unternehmer hingegen bei der Nachtragsberechnung § 650c Abs. 2 BGB bevorzugen, zumal die Grundsätze der vorkalkulatorischen Preisfortschreibung angesichts der VOB/B-Vorschriften „bekannt und bewährt" sein dürften.

Voraussichtlich wird der Vermutungswirkung vor allem bei umfangreichen Bauvorhaben streitentscheidende Relevanz zukommen. Gerade dort wäre es unbillig, den Besteller auf nur einen der beiden Ansätze zu verweisen. Allein die hier vertretene, differenzierende Betrachtung sorgt für eine hinreichende Kompensation. Zur Widerlegung kann der Besteller daher optional eine eigene Nachtragsberechnung nach § 650c Abs. 1 S. 1 BGB vornehmen oder die auf der Urkalkulation basierende Preisfortschreibung überprüfen.

---

405 *Sindermann*, NZBau 2019, 284 (288).

406 *Sindermann*, NZBau 2019, 284 (288). Gestattet ist dabei ein Rückgriff auf Datenbanken, analytische Entwicklungen und Erfahrungswerte.

407 BeckOGK/*Mundt*, BGB § 650c Rn. 99.

c) *Nachtragswahlrecht*

Nach § 650c Abs. 2 S. 1 BGB „kann" zur Berechnung der Nachtragsvergütung auf die Urkalkulationsansätze zurückgegriffen werden. Damit räumt der Gesetzgeber dem Unternehmer ein Wahlrecht bzgl. der Nachtragsvergütungsermittlung ein. Einerseits besteht die Option, diese durch Rückgriff auf die Urkalkulation (§ 650c Abs. 2 BGB), andererseits durch Ermittlung der tatsächlich erforderlichen Kosten samt Zuschlägen (§ 650c Abs. 1 S. 1 BGB) zu errechnen. Beide Möglichkeiten stehen alternativ zueinander. Eine Kombination beider Modelle scheidet aus. Es gilt das Verbot der sog. Mischberechnung. Dafür spricht der Wortlaut der Gesetzesbegründung:

> *„Innerhalb einer Nachtragsberechnung darf es keine Kombination zwischen den tatsächlich erforderlichen Kosten einerseits und den kalkulierten Kosten andererseits geben, um keine Anreize für spekulative Kostenverschiebungen zu schaffen. Damit scheidet im Rahmen des Absatzes 1 ein Rückgriff auf die hinterlegte Urkalkulation aus. [...]*
>
> *Für den Unternehmer ergibt sich also ein Wahlrecht, ob er „Nachträge" auf Basis seiner ursprünglichen Kalkulation (Absatz 2) oder nach den tatsächlich erforderlichen Kosten (Absatz 1) abrechnen will. Um Spekulationen bei der Preisgestaltung zu verhindern, kann der Unternehmer das Wahlrecht für jeden Nachtrag nur insgesamt ausüben („Vergütung für den Nachtrag"). Je nachdem wie er sich entschieden hat, hat er konsequent entweder die Urkalkulation fortzuschreiben oder die tatsächlich erforderlichen Mehr- oder Minderkosten für die nachträglich angeordnete Leistung darzulegen."*[408]

Gleich an zwei Stellen weist der Gesetzgeber auf die strikte Trennung beider Berechnungsmethoden hin („**keine Kombination**" und „**Wahlrecht für jeden Nachtrag nur insgesamt ausüben**"). Darum bemüht, etwaigen spekulativen Preisgestaltungen etwas entgegenzusetzen, insistiert die Gesetzesbegründung auf einen Grundsatz:

> *Für jeden Nachtrag darf das Wahlrecht einmal – und das auch nur insgesamt – ausgeübt werden.*

---

408 BT-Drucks. 18/8486, S. 56.

Dementsprechend kann der Unternehmer für verschiedene Nachträge unterschiedliche Nachtragsvergütungsberechnungswege wählen.[409] Einzig innerhalb eines Nachtrags soll eine Ermittlungskombination ausscheiden.

aa) Begriff

Fraglich ist, was unter einem „Nachtrag" zu verstehen ist. Das Gesetz enthält keine Legaldefinition. In der Baupraxis fiel der Begriff des Nachtrags meist in umgangssprachlichem Zusammenhang. Je nach Gegebenheit wurden damit die Nachtragsberechnung, die Nachtragsforderung, das Nachtragsangebot oder die Nachtragsleistung bezeichnet.[410]

Mit der Formulierung „zur Berechnung der Vergütung für den Nachtrag" in § 650c Abs. 2 S. 1 BGB bezieht sich der Gesetzgeber auf den bereits bei § 650c Abs. 1 S. 1 BGB an den Anfang gestellten Satzteil „[d]ie Höhe des Vergütungsanspruchs für den infolge einer Anordnung des Bestellers nach § 650b Absatz 2 vermehrten oder verminderten Aufwand". Diesen Befund unterstreicht auch die Verwendung des bestimmten Artikels „der" bei der Formulierung aus § 650c Abs. 2 S. 1 BGB. Denn damit wird impliziert, dass die Vergütung bereits hinreichend konkretisiert wurde. Der Gesetzgeber spart sich lediglich, um Wiederholungen zu vermeiden, eine erneute Spezifizierung.

Unter dem Begriff „Nachtrag" ist daher im Ausgangspunkt die vom Besteller angeordnete Änderung der Leistung zu verstehen.

Dabei ist zu sehen, dass ein Änderungsbegehren des Bestellers durchaus aus mehreren Anordnungen bestehen kann. Der Änderungsbegriff in § 650b Abs. 1 BGB fungiert als Oberbegriff für jede Modifikation einer bereits vereinbarten Leistung, zu der auch das Hinzukommen bislang nicht vereinbarter Leistungen zählt.[411]

Ein „Nachtrag" kann daher mehrere in einer Änderung geäußerte Anordnungen umfassen.

Dafür spricht auch die Gesetzessystematik. § 650c BGB verweist schon in seiner amtlichen Überschrift auf § 650b Abs. 2 BGB („Vergütungsanpassung bei Anordnungen nach § 650b Absatz 2"). Gemäß § 650b Abs. 2 S. 1 BGB kann der Besteller – nach Ablauf der Verhandlungsphase – „die Änderung" anordnen. Der

409 A. A. ist *Kniffka*. Er meint, dass Spekulationen im Falle der Annahme eines Wahlrechts für jeden einzelnen Nachtrag Tor und Tür geöffnet werden würde (*Kniffka* in: Kompendium des Baurechts, 4. Teil, Rn. 322).

410 BeckOK BauvertrR/*Althaus/Kattenbusch,* BGB § 650c Rn. 71.

411 *Leinemann/Kues* in: LK, Bauvertragsrecht, BGB § 650b Rn. 38.

Begriff der Änderung wird in Einzahl verwendet. Er umfasst etwaige in Mehrzahl beschriebene Anordnungen nach § 650b Abs. 2 BGB.

bb) Umfang

Neben dem Begriffsverständnis bedarf es ebenfalls der Klärung des Nachtragsumfangs. Zu dessen Verdeutlichung wird erneut auf den bereits bekannten Treppenbeispielsfall zurückgegriffen:

Ein Schreiner wird mit der Errichtung einer Holztreppe über zwei Stockwerke beauftragt. Unvorhersehbar ordnet das Bauamt an, dass ein bereits in Holz eingebautes Teilstück der Treppe sowie die Wandbefestigung in feuerfester Ausführung (Stein und Stahl) realisiert werden muss. Die bereits verbauten Teilstücke lassen sich nicht nochmals wiederverwenden. Nach ordnungsgemäßem Ablauf der Verhandlungsphase ordnet der Besteller

- *den Ausbau und die Entsorgung des in Holz eingebauten Treppenteilstücks samt Wandbefestigung*
und
- *die Beschaffung und den Einbau des Treppenteilstücks samt Wandbefestigung in feuerfester Ausführung*

an. Im LV befinden sich keine Positionen, die für den Ausbau und die Entsorgung herangezogen werden können.

Zunächst ist festzustellen, dass es sich – trotz des Umstands, dass der Besteller zwei zusätzliche Leistungen anordnet – nur um einen Nachtrag handelt. Maßgeblich hierfür ist der zeitliche Bezugspunkt. Ergehen die Anordnungen zeitgleich, liegt ausschließlich ein Nachtrag vor. Erfolgen die Anordnungen zeitlich nacheinander, handelt es sich um zwei Nachträge.

In dem Treppenbeispielsfall dürfte der Unternehmer seine Nachtragsvergütung aufgrund des Verbots der Mischberechnung daher nur anhand des § 650c Abs. 1 S. 1 BGB ermitteln. Für einen Rückgriff auf die Ansätze der Urkalkulation fehlt es bzgl. der Ausbau- und Entsorgungsanordnung an tauglichen Bezugspunkten. Die deshalb nach § 650c Abs. 1 S. 1 BGB erforderliche Kostenermittlung gilt daher – aufgrund der Einheit des Nachtrags – auch für die Beschaffungs- und Einbauanordnung. So sieht es zumindest ein Teil der Literatur.[412]

412 *Oberhauser* in: DLOPS, § 2, Rn. 114; *Leinemann/Kues* in: LK, Bauvertragsrecht, BGB § 650c Rn. 74. *Von Rintelen* geht an dieser Stelle sogar noch weiter und kritisiert das Wahlrecht im Allgemeinen (*von Rintelen* in: Kniffka, Bauvertragsrecht, BGB § 650c Rn. 93 f.). Seiner Auffassung nach stellt es eine Meistbegünstigung des Unternehmers dar und schafft eine Gefahr des Rosinenpickens durch risikofreie

Andere plädieren dafür, dem Unternehmer ein Wahlrecht – trotz der insoweit eindeutigen Gesetzesbegründung – nicht nur einheitlich für jeden Nachtrag, sondern gesondert für jede abgrenzbare Teilleistung zu zugestehen.[413] Maßgeblich für die Abgrenzung der Teilleistung sei der bautechnische und baubetriebliche Sachzusammenhang und die hierdurch begründete kalkulatorische Zusammengehörigkeit.[414]

Das überzeugt. Wäre für das Wahlrecht einzig der Nachtrag maßgeblich, hätte dies fatale Anreize für den Besteller zur Folge. Denn dieser könnte bei seinen Änderungsbegehren taktieren und damit das unternehmerische Wahlrecht wesentlich einschränken. Fehlt es für eine Anordnung – wie in dem oben angeführten Beispielsfall – an Bezugspositionen im Leistungsverzeichnis, könnte der Besteller den Unternehmer willkürlich für die gesamte Nachtragsberechnung auf § 650c Abs. 1 S. 1 BGB verweisen. Gerade in Fällen, in denen die übrigen Positionen zu einer unternehmerfreundlichen kalkulatorischen Preisfortschreibung geführt hätten, erscheint dies unbillig.[415] Vor allem auch deshalb, weil der Rückgriff auf die Kalkulationsansätze buchstäblich auf dem einvernehmlichen Parteiwillen beruht. Die Parteien vereinbaren die Hinterlegung einer Urkalkulation, um die Vermutungswirkung des § 650c Abs. 2 S. 2 BGB auszulösen. Damit bringen sie zum Ausdruck, diese verwenden zu wollen und schaffen für nachträglich erteilte Aufträge eine Preisbindung.[416] Ein Besteller, der dem Unternehmer aus rein wirtschaftlicher Motivation das Wahlrecht beschneidet, agiert zu seinem vorangegangenen Verhalten widersprüchlich.[417]

Auch die Kriterien zur Abgrenzung der Teilleistungen nach Sachzusammenhang und kalkulatorischer Zusammengehörigkeit überzeugen.[418] Denn diese sind auch in der Praxis für die Positionsaufschlüsselung des Leistungsverzeichnisses maßgeblich und damit den Parteien „bekannt und bewährt". Die Lösung beugt daher weiteren Konflikten vor.

Spekulation, da unterkalkulierte Preise auf Basis der Ist-Kosten nach § 650c Abs. 1 S. 1 BGB abgerechnet werden könnten. Das Wahlrecht ist jedoch geltendes Recht.

413 *Orlowski*, BauR 2017, 1427 (1432). Ähnlich sehen dies BeckOK BauvertrR/*Althaus/Kattenbusch,* BGB § 650c Rn. 133 ff. und BeckOGK/*Mundt*, BGB § 650c Rn. 23.

414 BeckOK BauvertrR/*Althaus/Kattenbusch,* BGB § 650c Rn. 133. *Mundt* formuliert dies etwas abstrakter und spricht von unterschiedlich technisch-sachlichen Regelungsbereichen (BeckOGK/*Mundt*, BGB § 650c Rn. 23).

415 Dies wäre der Fall, wenn der Unternehmer (leicht) überkalkulatorisch Vertragspreise ansetzt.

416 *Leinemann/Kues* in: LK, Bauvertragsrecht, BGB § 650c Rn. 72.

417 Lateinisch: *Venire contra factum proprium* (siehe bereits Fn. 949).

418 Der auf den ersten Blick einfachste Weg – innerhalb des Änderungsbegehrens nach Anordnungen zu trennen – würde die Problematik nicht lösen. Ein solcher Ansatz wäre reiner Formalismus und ließe sich durch den Besteller leicht unterlaufen. Es müssten lediglich sämtliche Anordnungen zu einer Einzigen zusammenfasst werden.

cc) Fazit

Die Gesetzesbegründung ist bzgl. des unternehmerischen Wahlrechts aufschlussreich. Nach ihr darf das Wahlrecht für jeden Nachtrag insgesamt nur ein einziges Mal ausgeübt werden. Ein so deutlich dargelegter, gesetzgeberischer Wille kann nicht einfach unterlaufen werden. Dennoch müssen die oben beim Umfang herausgearbeiteten Billigkeitserwägungen Berücksichtigung finden. Dies gelingt durch eine Modifikation des Nachtragsbegriffs:

„Nachtrag" ist demnach die vom Besteller angeordnete Änderung jeder Teilleistung.

Diese Definition steht einerseits mit den gesetzgeberischen Anforderungen in Einklang. Andererseits berücksichtigt sie die eben aufgezeigten Überlegungen. Dabei umfasst die Änderung als Oberbegriff nicht nur bereits vorhandene Teilleistungen, sondern auch das Hinzukommen bislang noch nicht vereinbarter Teilleistungen.

2. Berechnung

Wie die Preisfortschreibung zu erfolgen hat, kann dem Gesetz nicht entnommen werden. Allein der Hinweis, auf die Ansätze der Urkalkulation zurückzugreifen, ist wenig aussagekräftig. Er lässt einzig den Rückschluss zu, dass Ansätze in der Urkalkulation, die der geänderten Leistung unter denselben Bedingungen entsprechen, zu übernehmen sind. Im Übrigen muss auf das Preisfortschreibungsmodell der VOB/B zurückgegriffen werden.[419] Es stellen sich daher ähnliche Fragen, wie sie bereits bei Anwendung der VOB/B-Vorschriften diskutiert wurden. Trotzdem verbietet sich eine inhaltsgleiche Übertragung. Denn einerseits werden die Preisfortschreibungsregeln der VOB/B nach Erlass des neuen Bauvertragsrechts zunehmend neu interpretiert.[420] Andererseits fehlt es an einer direkten Anknüpfung des § 650c Abs. 2 BGB an die Preisfortschreibungsregeln der VOB/B, weshalb offen bleibt, wie die Norm genau zu verstehen ist.[421] Vieles ist umstritten. Im

---

419 BeckOK BauvertrR/*Althaus/Kattenbusch,* BGB § 650c Rn. 81 m. w. N.; *Kniffka* in: Kompendium des Baurechts, 4. Teil, Rn. 316. Kritisch hierzu *Leupertz* (Leupertz in: Messerschmidt/Voit, Privates Baurecht, BGB § 650c Rn. 29 ff.). Neben dem insoweit eindeutigen Wortlaut des § 650c Abs. 2 S. 2 BGB („auf Basis der Urkalkulation fortgeschriebenen Vergütung") spricht auch die Gesetzesbegründung für ein solches Verständnis („fortgeschriebenen Preis- und Kalkulationsansätze", „Urkalkulation fortschreiben" [BT-Drucks. 18/8486, S. 56]).

420 Siehe dazu bereits die Andeutungen in *Abschnitt B. I. 2. c) bb) (2).* M. w. N. *Kniffka* in: Kompendium des Baurechts, 4. Teil, Rn. 316.

421 *Kniffka* spricht gar davon, dass die „[g]esetzliche Preisfortschreibung [...] zurzeit ein Buch mit leeren Blättern [ist]" (*Kniffka* in: Kompendium des Baurechts, 4. Teil, Rn. 316).

Folgenden wird daher eine grobe Leitlinie zur Berechnung erarbeitet, welche die wichtigsten Einzelprobleme umfasst und abhandelt.[422]

a) Vorgehen

Für die vorkalkulatorische Preisfortschreibung ist zunächst eine Bezugsposition *(aa))* auszumachen, hilfsweise ist auf das Vertragspreisniveau (*bb))* zurückzugreifen. Anschließend ist die Fortschreibung *(cc))* durchzuführen.

aa) Bezugsposition

Am einfachsten ist der Fall gelagert, wenn die Urkalkulation für die geänderte oder zusätzliche Leistung eine identische Vergleichsposition enthält, denn dann ist diese heranzuziehen. Fehlt es an einer solchen, bedarf es des Rückgriffs auf die Kostenansätze, Aufwands- und Leistungswerte einer vergleichbaren bzw. ähnlichen Leistungsposition als Bezugsposition.

Dabei stellt sich die Frage, ob andere Anknüpfungspunkte für die geänderte als für die zusätzliche Leistung bestehen. Da unterschiedliche Vergleichspositionen ein unterschiedliches Preisniveau mit sich bringen, ist diese Frage von erheblicher Relevanz.

Einige Literaturstimmen sind der Auffassung, dass bei einer geänderten Leistung vorrangig an die geänderte Position anzuknüpfen, während bei einer zusätzlichen Leistung auf die passendste Position des gesamten Leistungsverzeichnisses abzustellen sei.[423] Dafür spricht zwar der Sinn und Zweck, jedoch lässt sich diese Sichtweise nicht auf § 650c BGB übertragen. Während bei den Preisanpassungsregelungen in der VOB/B zwischen geänderter (§ 2 Abs. 5 VOB/B) und zusätzlicher Leistung (§ 2 Abs. 6 VOB/B) unterschieden wird, fehlt in § 650c Abs. 2 BGB eine solche Differenzierung. Es ist daher im Rahmen des § 650c Abs. 2 BGB einheitlich nach einer vertraglichen Bezugsposition zu suchen, deren Leistungselemente hinsichtlich der bautechnischen und baubetrieblichen Produktionsschritte möglichst ähnlich zu der neuen Leistung sind.[424] Ob dies bei geänderten Leistungen tatsächlich zu Abweichungen bezüglich der Bezugsposition führt, dürfte zweifelhaft sein. Denn die geänderte Leistung wird auch nach der hier vertretenen Ansicht regelmäßig maßgeblicher Bezugspunkt bleiben.

---

422 Es würde den Rahmen dieser Arbeit sprengen, würden sämtliche umstrittenen Einzelprobleme aufgegriffen und abgehandelt werden.

423 *Leinemann/Kues* in: LK, Bauvertragsrecht, BGB § 650c Rn. 132 f.; BeckOK BauvertrR/*Althaus/Kattenbusch,* BGB § 650c Rn. 105 ff.; *Manteufel* in: Kleine-Möller/Merl/Glöckner, § 12, Rn. 541.

424 BeckOK BauvertrR/*Althaus/Kattenbusch,* BGB § 650c Rn. 115.

Sollten bei gleich gut geeigneten Bezugsleistungen bestimmte Vertragspreise vergleichsweise hoch, andere wiederum vergleichsweise niedrig sein, ist zur Vermeidung von Streit ein Mittelwert zu bilden.[425]

bb) Vertragspreisniveau

Findet sich keine unmittelbar vergleichbare Bezugsposition, mithilfe derer fortgeschrieben werden könnte, ist auf das Vertragspreisniveau bzw. den Vertragspreisniveaufaktor zurückzugreifen. Dieser Begriff wurde bereits oben eingehend erörtert.[426] Als Bezugspunkt kommen in diesem Fall sowohl Leistungstitel, Gewerk als auch Gesamtauftragswerk in Betracht. Da regelmäßig sämtliche Vergleichsleistungen ein unterschiedliches Vertragspreisniveau zur Folge haben, hat eine Abgrenzung zu erfolgen.

Hierfür kann auf das bereits erarbeitete, dreistufige Schema zurückgegriffen werden:

Stufe 1 – Bezugspunkt „Leistungstitel"
Voraussetzung: Nachtragsleistungstitel entspricht Leistungstitel.
Wenn die Voraussetzung von Stufe 1 nicht vorliegt, dann:

Stufe 2 – Bezugspunkt „Gewerk"
Voraussetzung:
a) Gewerk kann plausibel zu Gesamtauftragswerk abgegrenzt werden
und
b) Nachtragsleistung hat gewerkstypischen Bezug
Wenn die Voraussetzungen von Stufe 2 nicht vorliegen, dann:

Stufe 3 – Bezugspunkt „Gesamtauftragswerk"

cc) Fortschreibung

(1) Kostenansätze

Schließlich erfolgt die Fortschreibung. Sinn und Zweck der vorkalkulatorischen Preisfortschreibung ist es, die Vor- bzw. Nachteile aus der Angebotskalkulation – und damit das ursprüngliche Äquivalenzgefüge der Parteien – zu erhalten. Deshalb muss der Preis für den nicht von der Änderungsanordnung betroffenen Teil

425 *Leinemann/Kues* in: LK, Bauvertragsrecht, BGB § 650c Rn. 134. In der Theorie wäre dies möglich, wenn die Zuschlagsmethodik nicht durchgehend gleichartig ist, Kalkulationsfehler vorliegen oder die Preise frei gegriffen sind. Praktisch wird ein solcher Mittelwert aber so gut wie nie zu bilden sein, da bei sehr ähnlichen Bezugspositionen kaum ein Kalkulator seine Kalkulationsmethodik derart gravierend ändern wird (KSM, Band 1, Rn. 1003).

426 *Abschnitt B. I. 2. b) ii).*

unberührt bleiben, während für den von der Änderungsanordnung betroffenen Teil eine Preisanpassung vorgenommen wird. Dies geschieht, indem zunächst die Bezugsposition festgelegt wird. Ist diese bestimmt, wird durch Vergleich mit deren Listenpreis[427] das Vertragspreisniveau ermittelt. Anschließend wird der Listenpreis der neuen Leistung mit dem Vertragspreisniveaufaktor multipliziert und ergibt den maßgeblichen Kostenansatz.

(2) Aufwandswerte und Leistungsansätze

Umstritten ist der Umgang mit Aufwandswerten bzw. Leistungsansätzen.[428] Aufwandswerte erfassen die benötigten Arbeitsstunden pro Mengeneinheit, während Leistungsansätze die ausgeführte Menge (z. B. m^3, m^2, t) pro Zeiteinheit (z. B. h, d) bezeichnen.[429]

Im Wesentlichen kommen zwei Berechnungsmöglichkeiten in Betracht. Einerseits könnten der Nachtragskalkulationsfortschreibung nur die Kostenansätze des konkret verursachten und damit nachgewiesenen, tatsächlichen Mehraufwands für zusätzlichen Anfall von Arbeitsstunden und Geräteeinsatz zugrunde gelegt werden dürfen.[430] Denn gerade bei kleineren und mittleren Bauaufträgen ist die Praxis der vorkalkulatorischen Preisfortschreibung schwierig.[431] Andererseits könnten kalkulierte Aufwandswerte und Leistungsansätze auch schlicht fortgeschrieben werden.[432]

---

427 Dieser Listenpreis stellt einen Rückgriff auf Erfahrungswerte dar und kann aus Richtwertesammlungen entnommen werden. Solche sind u. a. . die Arbeitszeit-Richtwerte-Hochbau, sirAdos, ARH-Tabellen, Baugerätelisten oder Preislisten von Baustoffherstellern oder Lieferanten (*Jansen* in: Ganten/Jansen/Voit, VOB/B, VOB/B § 2 Abs. 5 Rn. 48).

428 *Leinemann/Kues* in: LK, Bauvertragsrecht, BGB § 650c Rn. 138; *Jansen* in: Ganten/Jansen/Voit, VOB/B, VOB/B § 2 Abs. 5 Rn. 61.

429 *Althaus*, BauR 2012, 359 (364).

430 M. w. N. *Althaus*, BauR 2012, 359 (364).

431 Dieser Befund wird u. a. durch das Vergabe- und Vertragshandbuch für die Baumaßnahmen des Bundes (VHB) gestützt, dass in Nr. 510 einen Leitfaden für die Vergütung bei Nachträgen aufstellt. Da sich die kommunalen Bauverwaltungen an dem VHB orientieren, ist es als Indikator für das Preisfortschreibungsverständnis öffentlicher Besteller zu begreifen. In dem dort unter Nr. 7.4.1. zu § 2 Abs. 5 VOB/B aufgeführten Rechnungsbeispiel erfolgt jedoch für die Bestimmung des zusätzlichen Aufwandswerts keine kalkulatorische Preisfortschreibung. Vielmehr wird einfach ein Zeitwert mit einem Fußnotenzusatz „Nach Angabe und auf Nachweis des Auftragnehmers“ angesetzt, dessen genaue Berechnung offengelassen wird, aber mutmaßlich den tatsächlichen Aufwand abbildet (so auch *Althaus*, BauR 2012, 359 [366 f.]).

432 *Althaus*, BauR 2012, 359 (364); KSM, Band 1, Rn. 1012 f.; *Jansen* in: Ganten/Jansen/Voit, VOB/B, VOB/B § 2 Abs. 5 Rn. 61.

Bei der Preisfortschreibung im Rahmen eines VOB/B-Vertrags hat dieser Streit seine Berechtigung. Im neuen Bauvertragsrecht hingegen muss eine Preisfortschreibung zwingend anhand der kalkulierten Leistungsansätze erfolgen. Andernfalls würde dies zu einer Vermengung der Berechnungsmethoden aus § 650c Abs. 1 und Abs. 2 BGB führen, die der Gesetzgeber angesichts der alternativen Ausgestaltung bewusst vermeiden wollte.

Im Übrigen müsste zur Ermittlung des tatsächlichen Mehraufwands zunächst festgestellt werden, wie schnell der Unternehmer die Vertragsleistung hypothetisch selbst ausgeführt hätte, um dann diesen Wert dem tatsächlichen Zeitansatz für die geänderte Leistung gegenüberzustellen. Systemwidrig wäre es, die kalkulierten Aufwandswerte und Leistungsansätze den tatsächlich angefallenen gegenüberzustellen.[433] Es verbliebe der Rückgriff auf den „üblichen" Aufwand. Auch das trüge nicht zur Lösung des Problems bei. Denn der „übliche" Aufwand berücksichtigt nicht die tatsächlichen Kosten und Fähigkeiten des Unternehmers. Dies hätte zur Folge, dass ein tüchtiger Unternehmer für seine Schnelligkeit bestraft und ein langsamer Unternehmer belohnt werden würde.[434]

(3) Baustellengemeinkosten

In der Baupraxis ist es – zumindest bei größeren Bauvorhaben – üblich, dass die Baustellengemeinkosten[435] zunächst projektbezogen ermittelt und damit in ihrer absoluten Größe erfasst werden, um anschließend auf die einzelnen Leistungspositionen umgelegt zu werden (sog. Umlagekalkulation).[436]

Zur Verhinderung einer Überdeckung muss insbesondere bei der Preisfortschreibung für Mehrleistungen – wenn keine zusätzlichen Baustellengemeinkosten anfallen – darauf geachtet werden, dass die Preise keine zusätzlichen Baustellengemeinkostenanteile enthalten.[437] Andernfalls bedarf es einer Anpassung. Fallen hingegen zusätzliche Baustellengemeinkosten an, müssen diese berücksichtigt werden.

---

433 *Althaus*, BauR 2012, 359 (364); *Jansen* in: Ganten/Jansen/Voit, VOB/B, VOB/B § 2 Abs. 5 Rn. 62.

434 *Althaus*, BauR 2012, 359 (364).

435 Zur Begriffsbestimmung siehe *Abschnitt B. I. 1. b) aa) (2) (a).*

436 *Jansen* in: Ganten/Jansen/Voit, VOB/B, VOB/B § 2 Abs. 5 Rn. 68. Bei kleineren oder mittleren Bauvorhaben erfolgt hingegen meist eine Kalkulation mit vorbestimmten Zuschlägen (sog. Zuschlagskalkulation). Der Grund hierfür liegt darin, dass sich der Arbeitsaufwand für die Umlagekalkulation bei derartigen Größenordnungen meist nicht rentiert (KSM, Band 1, Rn. 18).

437 *Althaus*, BauR 2012, 359 (374).

(4) Allgemeine Gemeinkosten, Wagnis und Gewinn

Prozentuale, kalkulierte Zuschläge für allgemeine Geschäftskosten, Wagnis und Gewinn stehen dem Unternehmer in dieser Höhe auch für die geänderte bzw. zusätzliche Leistung zu, ohne dass es eines gesonderten Nachweises bedürfte.[438] Dies beruht darauf, dass die allgemeinen Geschäftskosten nicht an konkrete Vertragsleistungen, sondern an die Gesamtleistung des Unternehmers anknüpfen. Sie sind daher umsatzabhängig fortzuschreiben.

Demnach müssen sich Umsatzmehrungen auch bei den allgemeinen Geschäftskosten niederschlagen. Gleiches gilt für Wagnis und Gewinn. Sie sind – als umsatzbezogene Zuschläge – Entgelt für unternehmerisches Handeln. Auch bei ihnen muss daher eine Anpassung erfolgen. Bei Mengenunterschreitungen müssen die kalkulierten allgemeinen Geschäftskosten zumindest in der Höhe der Anteile erhalten bleiben, die der ursprünglich vereinbarten Auftragssumme entsprach. Fehlt es dem Unternehmer an Kompensation durch Mehrungen an anderer Stelle, müssen die Einheitspreise erhöht werden.[439] Man spricht insoweit von einer „asymmetrischen Behandlung umsatzabhängiger Zuschläge". Während bei umsatzerhöhenden Änderungen die umsatzbezogen kalkulierten Vergütungsbestandteile (allgemeine Geschäftskosten, Wagnis und Gewinn) durch entsprechende Beaufschlagung angepasst werden, bleiben sie bei umsatzmindernden Änderungen in Höhe ihrer ursprünglich vorgesehenen Deckungsbeiträge erhalten und werden nicht herabgesetzt.[440]

Kontrovers diskutiert wird, wie bei der Preisfortschreibung im Rahmen eines VOB/B-Vertrags mit einer periodenbezogenen Unterdeckung von allgemeinen Geschäftskosten umzugehen ist. Eine solche liegt vor, wenn sich die Bauzeit als Folge von Mengen- oder Leistungsänderungen verlängert, ohne dass dies in dem jeweiligen Geschäftsjahr durch Mehrleistungen bei dem betreffenden Bauvertrag ausgeglichen würde.[441]

Einige Literaturstimmen sind der Auffassung, allgemeine Geschäftskosten seien allein umsatzbezogen zu kalkulieren.[442] Umsatzbezogen kalkulierte Kosten müssen umsatzbezogen fortgeschrieben werden – unabhängig der tatsächlichen Dauer der Bauzeit.

Nach der Gegenansicht – deren Einzelheiten wiederum umstritten sind – sollen allgemeine Geschäftskosten nicht nur umsatzbezogen, sondern auch zeitbezogen anfallen und seien deshalb auch zweiteilig zu kalkulieren.[443] Bei einer

---

438 *Leinemann/Kues* in: LK, Bauvertragsrecht, BGB § 650c Rn. 142.

439 *Jansen* in: Ganten/Jansen/Voit, VOB/B, VOB/B § 2 Abs. 5 Rn. 65; *Althaus*, BauR 2012, 359 (372).

440 *Althaus*, BauR 2012, 359 (362 f.). Diese Asymmetrie beruht auf dem gesetzlichen Leitbild des Kündigungsrechts aus § 648 BGB.

441 *Althaus*, BauR 2012, 359 (373).

442 KSM, Band 1, Rn. 1428 f.; m. w. N. *Jansen* in: Ganten/Jansen/Voit, VOB/B, VOB/B § 2 Abs. 5 in Rn. 66; m. w. N. *Althaus*, BauR 2012, 359 (373).

443 *Drittler*, BauR 2008, 1217 (1221 ff.); m. w. N. *Althaus*, BauR 2012, 359 (373, dort Fn. 86).

Bauzeitverlängerung mit gleichbleibendem Umsatz müsse daher ein Ausgleich der im jeweiligen Geschäftsjahr nicht gedeckten Teile in voller Höhe – jedenfalls aber im Umfang der zeitabhängig kalkulierten Anteile – erfolgen.

Dieses Spannungsfeld zufriedenstellend zu lösen, ist nahezu unmöglich.[444] Zwar können die AGK-Deckungsbeiträge in gewisser Weise antizipiert werden, naturgemäß werden die prognostizierten Umsätze pro Periode jedoch über- oder unterschritten.[445] Die Hinzunahme eines zeitbezogenen Kalkulationsansatzes ist daher durchaus nachvollziehbar.

Dennoch erscheint eine rein umsatzbezogene Lösung vorzugswürdig. Dafür spricht folgender Umkehrschluss: Würden allgemeine Geschäftskosten in umsatz- und zeitabhängige Anteile aufgeteilt werden, müsste für Umsatzerhöhungen bei unveränderter Bauzeit Folgendes gelten: Während der umsatzbezogene Anteil der allgemeinen Geschäftskosten fortzuschreiben wäre, müsste der zeitbezogene Anteil herausgerechnet werden. Dies wird jedoch weder in Theorie noch Praxis umgesetzt. Vielmehr wird hier auf der zeitlichen Ebene – ebenso wie beim Umgang mit umsatzabhängigen Zuschlägen – eine asymmetrische Behandlung der allgemeinen Geschäftskosten vertreten. Bei Erhöhung der Bauleistung sollen die AGK-Deckungsbeiträge steigen. Bei Verringerung der Bauleistung sollen dem Unternehmer die AGK-Deckungsbeiträge in ursprünglich vorgesehener Höhe verbleiben. Dieser Ansatz ist dogmatisch problematisch. Denn die zeitlich asymmetrische Behandlung lässt sich – anders als die umsatzabhängige – nicht mit dem Rechtsgedanken des § 648 BGB erklären. Verschiebt sich die Bauausführung in zeitlicher Hinsicht, wird davon eine (Teil-)Kündigung gerade nicht umfasst. Es verbleibt allenfalls die Möglichkeit einer Entschädigung nach § 642 BGB, die jedoch Annahmeverzug erfordert. Der zeitbezogene Ansatz ist daher abzulehnen. Für die rein umsatzbezogene Lösung spricht insbesondere der Sinn und Zweck der Kalkulation. Ziel ist es, ein vereinfachtes, pauschalisiertes Verfahren zu schaffen, das gerade nicht an die tatsächliche Kostenentstehung anknüpft. Ein künstliches Aufspalten der allgemeinen Geschäftskosten in umsatz- und zeitbezogene Ansätze verkompliziert die Berechnung, indem entgegen der eigenen Systematik partiell an die realen Gegebenheiten anknüpft, anstatt diese zu pauschalieren. Auch muss beachtet werden, dass der Unternehmer das Risiko einer etwaigen Bauzeitverzögerungen kennt. Zwar lässt sich dieses Risiko nicht quantifizieren, es kann jedoch bei den Zuschlägen für Wagnis und Gewinn eingepreist werden.

Im neuen Bauvertragsrecht stellt sich die im VOB/B-Vertrag kontrovers diskutierte Streitfrage jedenfalls nicht. Bereits der Wortlaut des § 650c Abs. 2 BGB

444 Nach der Entscheidung des BGH, Urt. v. 08.08.2019 – VII ZR 34/18 dürfte obendrein auch bei VOB/B-Verträgen im Rahmen der Preisfortschreibung zweifelhaft sein, ob sich dieses Problem überhaupt noch stellt (siehe dazu erneut *Abschnitt B. I. 2. c) bb) (2))*.

445 KSM, Band 1, Rn. 1428.

ist eindeutig. Er fordert eine strenge Fortschreibung der Ansätze aus der hinterlegten Urkalkulation. Ferner erfolgt in der Gesetzesbegründung folgende Klarstellung:

„Hinsichtlich eines Zuschlags für allgemeine Geschäftskosten wird mithin vermutet, dass er weiterhin zutreffend ist. Haben sich die allgemeinen Geschäftskosten erhöht, hat der Unternehmer die Möglichkeit, die Berechnungsmethode nach Absatz 1 zu wählen und sie auf andere Weise schlüssig darzulegen. In die Vermutung für die Ansätze der Urkalkulation einbezogen wurden auch Zuschläge für Wagnis und Gewinn. Solche Zuschläge werden im Wettbewerb um die Ausgangsleistung erzielt, so dass es sachgerecht ist, sie über die Vermutung im Zweifel fortzuschreiben. Bei unternehmensbezogen kalkulierten Zuschlägen bezieht sich die widerlegliche Vermutung auch auf die in der Urkalkulation ausgewiesenen Ansätze und Bezugsgrößen, wie Umsatz, Bauzeit oder projektbezogene Festbeträge.“[446]

Mit der Formulierung „weiterhin zutreffend“ klärt der Gesetzgeber den Umfang der Vermutung. Die kalkulierten Zuschläge der Ausgangsleistung waren nicht nur dort angemessen, sondern sind es auch in Hinblick auf die Preisfortschreibung. Fehlt eine Aufteilung in umsatz- und zeitbezogene Ansätze, ist folglich auch im Rahmen der Preisfortschreibung nicht zu trennen. Ebenso wird erläutert, dass sich die Vermutungswirkung unternehmensbezogener, kalkulierter Zuschläge neben den ausgewiesenen Ansätzen auch auf „Bezugsgrößen wie Umsatz [und] Bauzeit“ bezieht. Daraus ergibt sich, dass im Rahmen des § 650c Abs. 2 BGB eine strenge Preisfortschreibung anhand der in der Urkalkulation aufgeführten umsatzbezogenen AGK-Ansätze zu erfolgen hat. Ein Abgleich mit den verursachungsgerechten allgemeinen Geschäftskosten verbietet sich.

Das Risiko einer periodenbezogenen Unterdeckung allgemeiner Geschäftskosten trägt daher der Unternehmer.[447] Um dem vorzubeugen, sollte der Unternehmer einen entsprechenden zeitbezogenen Ansatz in seiner Kalkulation ausweisen, mithilfe dessen ein Bezugspunkt zur tatsächlichen Kostenentstehung der allgemeinen Geschäftskosten geschaffen wird.[448]

b) Einzelfragen zur Berechnung

Die Berechnung der vorkalkulatorischen Preisfortschreibung ist im Detail unklar. In der VOB/B-Praxis stellen sich dabei an zahlreichen Stellen konfliktträchtige Sonderprobleme, die angesichts ihrer Komplexität oft für Ratlosigkeit

---

446 BT-Drucks. 18/8486, S. 56.

447 Dies ist insofern gerecht, als dass ein Gleichlauf zwischen Unter- und Überdeckung geschaffen wird.

448 So auch BeckOK BauvertrR/*Althaus/Kattenbusch*, BGB § 650c Rn. 128.

sorgen. Sämtliche der sich im Rahmen des § 650c Abs. 2 BGB stellenden Fragestellungen zu erörtern, würde den Rahmen der Arbeit überschreiten. Der Verfasser beschränkt sich daher auf die praxisrelevantesten Fallkonstellationen.

aa) Ausnahmen von der Bindung an den alten Preis

Manche Fallgestaltungen in der VOB/B verbieten es, bei Mehrmengen weiterhin den alten Preis als Preisermittlungsgrundlage heranzuziehen und fortzuschreiben. Eine Preiskorrektur nach oben erfordert das Aufheben dieser grundsätzlich bestehenden Bindung. Mit Einführung des § 650c Abs. 2 BGB stellt sich nunmehr auch im Bauvertragsrecht die Frage, ob in diesen Fällen eine Ausnahme zu erfolgen hat.

(1) Kalkulationsirrtum

Die erste Konstellation, in der eine Ausnahme zu diskutieren ist, ist der Kalkulationsirrtum. Damit ist der Fall gemeint, bei dem der Unternehmer vergisst, die notwendigen Kosten in der Auftragskalkulation zu berücksichtigen.[449]

Im Rahmen eines VOB/B-Vertrags wird dem Unternehmer als Auftragnehmer dabei in eng umgrenzten Fällen eine Korrektur der Auftragskalkulation zur Berechnung des Neupreises gestattet.[450] Der BGH versagte in seinem Urteil vom 07.07.1998, in dem ein Bieter in seinem Angebot Transport- und Montagekosten aufgrund einer EDV-Anlagenumstellung versehentlich nicht mit einkalkulierte und nach Kenntniserlangung um Nichtberücksichtigung seines Angebots bat, zwar eine Anfechtung des Kalkulationsirrtums. Gleichwohl durfte der Auftraggeber den Auftragnehmer nicht am irrtümlichen Angebot festhalten.[451] Zwar besteht für den Auftraggeber im Grundsatz keine Mitwirkungspflicht, Bieterangebote auf Kalkulationsfehler zu überprüfen. Drängt sich ein Kalkulationsirrtum aber geradezu auf, ist eine Hinweispflicht auf den Kalkulationsfehler ausnahmsweise unter dem Gesichtspunkt des Verschuldens bei Vertragsverhandlungen (c. i. c., §§ 311, 280 BGB) bzw. dem Rechtsgedanken der unzulässigen Rechtsausübung (§ 242 BGB) anzunehmen.[452] Dies hat zur Folge, dass bei deren Nichteinhaltung die Durchsetzung des Vertrags ausscheidet.

---

449 *Leinemann/Kues* in: LK, Bauvertragsrecht, § 650c, Rn. 154.

450 *Kapellmann* in: Kapellmann/Messerschmidt, VOB A/B, VOB/B § 2 Rn. 407, 293. Werden Positionen hingegen bewusst niedrig gehalten und der Unternehmer erfährt später, dass er höhere Preise hätte aufrufen können, liegt kein Kalkulationsirrtum vor.

451 BGH, Urt. v. 07.07.1998 – X ZR 17–97 = NJW 1998, 3192 ff.

452 Für das Verwehren der Vertragsdurchführung fordert der BGH jedoch das kumulative Vorliegen zweier Voraussetzungen: Zum einen muss die Vertragsdurchführung für den Auftragnehmer unzumutbar sein. Zum anderen muss der Besteller die Tatsachen, die den Kalkulationsirrtum und seine unzumutbaren Folgen begründen, kennen.

Gegen eine Übertragung dieser Feststellungen auch bei der vorkalkulatorischen Preisfortschreibung nach § 650c Abs. 2 BGB spricht, dass das Risiko der Fehleinschätzung ausschließlich aus der Sphäre des Unternehmers stammt.[453] Ein Kalkulationsirrtum muss deshalb zu dessen Lasten gehen.

Auch der BGH verneinte daher – zutreffend – die Anfechtbarkeit eines unternehmerischen Kalkulationsirrtums. Der Kalkulationsirrtum stellt einen im Stadium der Willensbildung unterlaufenden Irrtum über den Beweggrund (Motivirrtum) dar, der von keinem gesetzlichen Anfechtungsgrund umfasst wird. Erwägenswert wäre einzig die Möglichkeit, die Anfechtung eines unternehmerischen Kalkulationsirrtums nur dann zuzulassen, wenn sie vom Erklärungsempfänger positiv erkannt wurde. Doch auch hier helfen die §§ 119 ff. BGB nicht weiter. Ihrer Anwendbarkeit steht die enorme Rechtsunsicherheit durch die Häufung subjektiver Umstände entgegen. Gemäß § 121 Abs. 1 S. 1 BGB muss die Anfechtung „unverzüglich" – legaldefiniert ohne schuldhaftes Zögern – nach Kenntniserlangung erfolgen. Maßgeblich für die Anfechtung wäre daher, wann der Erklärende Kenntnis von der Kenntniserlangung des Erklärungsempfängers erlangt. Dies erscheint weder sinnvoll noch praxistauglich, zumal die Anfechtungsmöglichkeit *per se* bereits mit Rechtsunsicherheit verbunden ist.

Doch auch über die *culpa in contrahendo*[454] (c. i. c., §§ 311, 280 BGB) bzw. den Rechtsgedanken der unzulässigen Rechtsausübung (§ 242 BGB) kann sich der Unternehmer nicht von der fehlerhaften Kalkulation lösen. Dies ergibt sich bei einem Bauvertrag aus der Gesetzessystematik. Anders als bei der VOB/B, bei der nur vorkalkulatorisch der Preis fortgeschrieben wird, stehen dem Unternehmer im Bauvertragsrecht zwei Berechnungsalternativen – § 650c Abs. 1 und Abs. 2 BGB – zur Verfügung. Scheidet die vorkalkulatorische Preisfortschreibung nach § 650c Abs. 2 BGB aus,[455] ist es dem Unternehmer stets möglich, den Nachtragsaufwand über die tatsächlich erforderlichen Kosten zu ermitteln. Es liegt daher zu keinem Zeitpunkt eine unzumutbare Belastung[456] des Unternehmers vor, die eine Loslösung rechtfertigen könnte. Vielmehr führt ein unternehmerischer Kalkulationsirrtum schlicht zum Entfall seines Wahlrechts, da die vorkalkulatorische Preisfortschreibung als sinnvolle Berechnungsalternative ausscheidet. Die Nachtragsvergütung ist dann nach § 650c Abs. 1 S. 1 BGB zu ermitteln.

---

453 A. A. ist *Kniffka* in: Kompendium des Baurechts, 4. Teil, Rn. 380, 445 ff.

454 Lateinisch; Deutsch: Verschulden bei Vertragsschluss.

455 Grund für ein Ausscheiden kann z. B. sein, dass der Unternehmer die Urkalkulation nicht vorschriftsgemäß hinterlegt bzw. offenbart hat und damit keine Vermutungswirkung ausgelöst wurde.

456 Siehe Fn. 452.

(2) Mengenmehrungen

Ebenfalls unklar ist, wie die Fälle der Mengenmehrungen zu behandeln sind.[457] Für Mehrmengenabrechnungen enthält § 2 Abs. 3 VOB/B verbindliche Regelungen. Bleibt die Mengenmehrung unter der Grenze von 10 %, gilt weiterhin der vertragliche Einheitspreis. Denn dem Wesen des Einheitspreises ist das Risiko einer möglichen Mengenänderung immanent.[458] Wird dagegen die Zehn-Prozent-Grenze überschritten, hat eine Kostenanpassung zu erfolgen.

Unweigerlich stellt sich daher die Frage, ob bei der vorkalkulatorischen Preisfortschreibung nach § 650c Abs. 2 BGB dieselbe Risikoverteilung gilt. Dagegen spricht, dass sich im neu eingeführten Bauvertragsrecht keine gesetzliche Regelung mit Risikoverteilungsgrenzen bei Mengenmehrungen befindet. Ferner fehlt es an einer Verweisung auf § 2 Abs. 3 VOB/B. Schon deshalb müssen unterschiedliche Grundsätze greifen. Darüber hinaus spricht die Gesetzesbegründung lediglich von „fortgeschriebenen Preis- und Kostenansätze[n]“ und davon „die Urkalkulation fortzuschreiben“.[459] Mengenmehrungen werden bei § 650c Abs. 2 BGB nicht behandelt. Daraus lässt sich der Schluss ziehen, dass der Gesetzgeber im Rahmen des § 650c Abs. 2 BGB einzig die vorkalkulatorische Preisfortschreibung anwenden will. Das Heranziehen vereinzelter VOB/B Vorschriften, die diese Methodik modifizieren, ist hingegen nicht gewollt. Preisliche Anpassungsgrenzen bei Mengenänderungen resultieren daher allein aus den allgemeinen Billigkeitsnormen der §§ 134, 138, 242 und 313 BGB. Werden sie den Bedürfnissen der Parteien nicht gerecht, sollten Anpassungsklauseln in den Vertrag aufgenommen werden.

bb) Behandlung von Skonti und Nachlässen

(1) Skonto

Der Skonto ist ein kurzfristiger Preisnachlass auf einen Rechnungsbetrag, der bei Zahlung innerhalb einer gewünschten Frist erfolgt. Es handelt sich bei ihm um eine Zahlungsmodalität.

Da die ursprünglich kalkulierten Einzelkosten der Teilleistungen unberührt bleiben, wirkt sich ein Skonto nicht auf die Nachtragsvergütung aus.[460]

Etwas anderes gilt nur dann, wenn auch für die Nachtragsvergütungszahlung innerhalb einer gewünschten Frist ein Skonto vorgesehen ist.

457 Mengenmehrungen können u. a. aufgrund einer Kostenerhöhung von Personal- und Materialkosten auftreten. Ebenso kann eine unsorgfältige Planung des Bestellers Mengenabweichungen verursachen. Sie liegt vor allem dann vor, wenn bereits vor dem Fertigstellen der entsprechenden Ausführungsplanung Mengen ausgeschrieben werden (*Leinemann/Kues* in: LK, Bauvertragsrecht, BGB § 650c Rn. 159 f.).

458 BGH, Beschl. v. 23.03.2011 – VII ZR 216/08 in: NZBau 2011, 353 ff., Rn. 7.

459 BT-Drucks. 18/8486, S. 56.

460 *Leinemann/Kues* in: LK, Bauvertragsrecht, BGB § 650c Rn. 162.

(2) Nachlass

Nachlässe stellen hingegen eine summenmäßig[461] oder prozentuale Preisreduzierung des Angebots bzw. Vertragspreises bei unverändert bleibender Leistung dar.[462]

Einerseits ließe sich vertreten, nur solche Nachlässe im Rahmen der Preisfortschreibung zu berücksichtigen, die bereits in der Urkalkulation zum Ausdruck gebracht wurden. Hierfür spricht, dass § 650c Abs. 2 BGB ausdrücklich den Rückgriff auf die Ansätze der Urkalkulation fordert. Nur sie sind für die Fortschreibung maßgeblich. Spätere, individuell vereinbarte Nachlässe wären daher irrelevant.

Andererseits ließe sich vertreten, dass alle tatsächlich gewährten Nachlässe auch bei der Preisfortschreibung für die Nachtragsvergütung zu berücksichtigen sind.

Ein vermittelnder Vorschlag kommt von *Kapellmann*.[463] Nachlässe sollen sich dann nicht auf Nachtragsvergütungen erstrecken, wenn – so aber der Praxis-Regelfall – die Gesamtabrechnungssumme die Vertragssumme überschreite. Andernfalls seien sie bei der Preisfortschreibung zu berücksichtigen.

Auch die Rechtsprechung ist in dieser Frage uneins.[464]

Grundsätzlich erscheint *Kapellmanns* Vorschlag vorzugswürdig. Er ist jedoch zu modifizieren. Die ausschließliche Berücksichtigung von kalkulatorisch festgehaltenen Nachlässen ist zu starr und wird den realen Gegebenheiten nicht gerecht. Denn oft kommt es nach anfänglicher Urkalkulation zu Preisverhandlungen, in denen der Unternehmer noch vor der Auftragserteilung einen nicht kalkulatorisch berücksichtigten und damit nachträglichen Nachlass gewährt.[465] Die Ausklammerung eines solchen Nachlasses bei der Nachtragsvergütung wäre jedoch reiner Formalismus und unbillig. Ebenso wenig überzeugt es, alle tatsächlich gewährten Nachlässe als maßgeblich anzusehen. Denn auf die tatsächlichen Kosten ist nur in § 650c Abs. 1 BGB – aber eben nicht in § 650c Abs. 2 BGB – abzustellen. Diese Ansicht vermengt daher beide Berechnungsmethoden und widerspricht dem gesetzgeberischen Willen.

Es ist daher wie folgt zu differenzieren: Alle Nachlässe – unabhängig davon, ob sie formal in der Urkalkulation aufgeführt werden oder nicht – sollten bis zum

---

461 Bei dem summenmäßigen Nachlass beschränkt sich die Preisreduzierung auf die jeweilige Summe (*Leinemann/Kues* in: LK, Bauvertragsrecht, BGB § 650c Rn. 163; *Kapellmann* in: Kapellmann/Messerschmidt, VOB A/B, VOB/B § 2 Rn. 414).

462 *Leinemann/Kues* in: LK, Bauvertragsrecht, BGB § 650c Rn. 163.

463 *Kapellmann* in: Kapellmann/Messerschmidt, VOB A/B, VOB/B § 2 Rn. 414.

464 Für eine generelle Nachlassberücksichtigung bei der Nachtragsvergütung zusätzlicher Leistungen: OLG Hamm Urt. v. 13.01.1995 – 12 U 84/94; OLG Düsseldorf Urt. v. 22.09.1992 – 23 U 224/91. Gegen eine generelle Nachlassberücksichtigung bei der Nachtragsvergütung: OLG Köln, Urt. v. 08.10.2002 – 24 U 57/02.

465 *Leinemann/Kues* in: LK, Bauvertragsrecht, § 650c, Rn. 170 f.

Zugang des Änderungsbegehrens berücksichtigt werden. Dies ist derselbe Zeitpunkt, bis zu dem nach Auffassung des Verfassers eine Hinterlegung bzw. Offenbarung der Urkalkulation erfolgen darf.[466] Die vorgeschlagene Lösung führt zu einem Gleichlauf und sorgt aufgrund der eindeutigen Handhabung für Rechtssicherheit. Solange die Urkalkulation noch präzisiert und geändert werden kann, können auch Nachlässe berücksichtigt werden. Neben der zeitlichen Beschränkung bedarf es jedoch auch einer Umfangsbegrenzung. Übersteigt die Gesamtabrechnungssumme die Vertragssumme, muss die Nachlassberücksichtigung bei der Nachtragsvergütung ausscheiden. Wird etwa ein vierprozentiger Nachlass auf eine Holztreppe gewährt, später jedoch eine weitaus teurere Stahltreppe angeordnet, ist nicht ersichtlich, wieso der Unternehmer hier stets – bei summenmäßigem Vergleich des Reduzierungsbetrags – einen wesentlich höheren Nachlass gewähren sollte. Ein dahin gehend fingierter Erklärungswille würde gegen die vernünftigen wirtschaftlichen Interessen des Unternehmers verstoßen, die bei objektiver Auslegung zu berücksichtigen wären.[467] Denn keinesfalls möchte der Unternehmer dem Besteller unvorhersehbar und unbegrenzt hohe Preisreduzierungen bei Leistungen, die über dem ursprünglichen Bau-Soll liegen, einräumen.[468]

Selbst wenn ein Nachlass nach dem oben dargelegten, grundlegenden Verständnis bei der bauvertraglichen Preisfortschreibung nicht zu berücksichtigen ist, so kann er gleichwohl aufgrund individualvertraglicher Vereinbarung Anwendung finden.[469] Die Reichweite jeder individuellen Nachlassvereinbarung ist durch Vertragsauslegung (§§ 133, 157 BGB) im Einzelfall zu ermitteln.[470] In

---

466 Siehe *Abschnitt B. II. 1 b) bb).*

467 Siehe dazu auch *Kapellmann*, NZBau 2000, 57 (59).

468 Siehe dazu auch *Kapellmann*, NZBau 2000, 57 (59).

469 Zum besseren Verständnis folgendes Beispiel: Einigt sich ein Unternehmer mit dem Besteller nach Zugang des Änderungsbegehrens im Rahmen der 30-tägigen Verhandlungsphase aus verhandlungstaktischen Gründen auf einen Nachlass (3 %) für sämtliche Leistungen – auch diejenigen des Nachtrags, hat dies folgende Konsequenz: Bei der Preisfortschreibung nach § 650c Abs. 2 BGB findet der Nachlass keine Berücksichtigung, da er zu „spät" – nach Zugang des Änderungsbegehrens – gewährt wurde. Allerdings ist der Regelungsgehalt der Individualvereinbarung eindeutig. Der Nachlass soll sämtliche Nachtragsleistungen umfassen. Von der durch Fortschreibung ermittelten Gesamtnachtragsvergütung sind daher die 3 % Nachlass abzuziehen.

470 In seiner Entscheidung vom 24.07.2003 – V II ZR 79/02 verstand der BGH eine Klausel, mit der der Unternehmer einen Nachlass von 5 % auf alle Einheitspreise gewährte, dergestalt, dass sie auch die neu nach § 2 Abs. 6 Nr. 2 VOB/B zu bildenden Einheitspreise für zusätzliche Leistungen erfasst. Das Bauvertragsrecht unterscheidet jedoch nicht zwischen geänderter und zusätzlicher Leistung. Schon deshalb scheidet eine Übertragung dieser Rechtsprechungstendenz aus.

diesem Fall ist nur der Wille der Vertragsparteien, nicht der Zeitpunkt der Nachlassvereinbarung entscheidend.[471]

Es ist daher festzuhalten, dass für die Nachtragsvergütungsberechnung nach § 650c Abs. 2 BGB bei Nachlässen zweistufig vorzugehen ist: Zunächst ist festzustellen, ob sie in zeitlicher Hinsicht zu berücksichtigen sind. Dies gilt für solche Nachlässe, die der Unternehmer bis zum Zugang des Änderungsbegehrens gewährt, sofern die Gesamtabrechnungssumme unter der Vertragssumme liegt.[472] Ist dem nicht so, ist zu untersuchen, ob die Auslegung der individualvertraglichen Vereinbarung ein anderes Ergebnis zulässt.

III. § 650c Abs. 3 BGB

Gelingt es den Vertragspartnern, sich über eine Nachtragsvergütungshöhe zu einigen, ist der Anwendungsbereich des § 650c BGB nicht eröffnet.[473] Der nachträglich geänderte Werklohn wird erst mit Abnahme und Erteilung einer prüffähigen Schlussrechnung fällig, §§ 641, 650g Abs. 4 BGB. Vor der Abnahme kann der Unternehmer lediglich Abschlagszahlungen gemäß § 632a BGB auf den geänderten Werklohn verlangen.

Für den Fall, dass sich die Vertragsparteien jedoch nicht über die Nachtragsvergütungshöhe einigen und auch keine anderslautende gerichtliche Entscheidung ergeht, greift § 650c Abs. 3 S. 1 BGB. Hiernach kann der Unternehmer 80 % der in einem Angebot nach § 650b Abs. 1 S. 2 BGB genannten Mehrvergütung bei der Berechnung von vereinbarten oder gemäß § 632a BGB geschuldeten Abschlagszahlungen ansetzen. Der Zweck dieser Vorschrift besteht in einem Ausgleich des unternehmerischen Vergütungsrisikos. Denn ohne die Regelung des § 650c Abs. 3 BGB würde der Unternehmer die durch Änderungsleistung bestellte Leistung erbringen, wäre jedoch in Hinblick auf die Nachtragsvergütung auf eine Klärung im Zuge der Schlussrechnung verwiesen. Um diesen Missstand vorzubeugen, entschied sich der Gesetzgeber daher für die Einführung einer vereinfachten Einforderung der anteiligen Vergütung für die erbrachte Nachtragsleistung.[474]

Weshalb die Grenze bei 80 % und nicht etwa 70 oder 75 % gezogen wurde, ist unklar. Dieses Richtmaß lässt sich wohl auch nicht empirisch begründen, ist aber vermutlich das Ergebnis erfolgreicher bauwirtschaftlicher Lobbyarbeit.[475]

471 *Jansen* in: Ganten/Jansen/Voit, VOB/B, VOB/B § 2 Abs. 5 Rn. 90.

472 Zwar wird ein Preisnachlass typischerweise bei Vertragsschluss gewährt. Bei fortlaufenden Vertragsbeziehungen erschiene jedoch auch während der Vertragsabwicklung eine unternehmerische, entgegenkommende Preisreduzierung mit Blick auf Folgeverträge denkbar.

473 BeckOK BGB/*Voit*, BGB § 650c Rn. 24.

474 BeckOK BauvertrR/*Althaus/Kattenbusch*, BGB § 650c Rn. 142.

475 *Von Rintelen* in Kniffka, Bauvertragsrecht, BGB § 650c Rn. 124.

Berechtigterweise muss dabei indes angemerkt werden, dass die Zahlungsmoral bei Nachträgen seitens der Besteller, vor allem denen der öffentlichen Hand, verbesserungswürdig ist.[476] Zudem werden die restlichen 20 % erst nach Werkabnahme fällig, sodass der Unternehmer in dieser Höhe nicht nur das Solvenzrisiko des Bestellers trägt, sondern zugleich einen Liquiditätsentzug hinzunehmen hat, der auch nicht durch einen etwaigen Zinsanspruch ausgeglichen wird.[477] Obendrein dürfte sich das finanzielle Risiko des Bestellers auch deshalb in Grenzen halten, weil er sich regelmäßig eine Vertragserfüllungsbürgschaft in zulässiger Höhe von 10 % hat einräumen lassen. Obwohl die Grenze von 80 % willkürlich erscheint, ist der dahinter liegende Zweck durchaus begrüßenswert.

1. Bedeutung

a) § 650c Abs. 3 S. 1 BGB

aa) Vereinbarte oder gemäß § 632a BGB geschuldete Abschlagszahlung

§ 650c Abs. 3 S. 1 BGB setzt voraus, dass der Unternehmer überhaupt Abschlagszahlungen – vereinbart oder gemäß § 632a BGB geschuldet – verlangen kann.

§ 650c Abs. 3 S. 1 BGB erleichtert damit nur die Berechnung der Abschlagshöhe, während die Grundvoraussetzungen für das Entstehen einer Abschlagszahlung – also die Erbringung der das Nachtragsangebot betreffende Nachtragsleistung – weiterhin erforderlich ist.[478] Sind die vertraglich geschuldeten Leistungen daher mangelhaft erbracht worden, kommen gemäß § 632a Abs. 1 S. 4 BGB Abzüge bei der Höhe der Abschlagszahlungen in Betracht.[479]

bb) Kann-Vorschrift

Wie sich dem Wortlaut entnehmen lässt, handelt es sich bei der Regelung des § 650c Abs. 3 S. 1 BGB nur um eine dem Unternehmer zur Verfügung gestellte Option. Es besteht – dies macht der Begriff „kann" deutlich – erneut ein Wahlrecht zwischen vorläufig pauschalierter (§ 650c Abs. 3 S. 1 BGB) und eigentlicher Berechnung (§ 650c Abs. 1 und Abs. 2 BGB).[480]

---

476 *Von Rintelen* in Kniffka, Bauvertragsrecht, BGB § 650c Rn. 124.

477 BeckOK BGB/*Voit*, BGB § 650c Rn. 22.

478 BeckOGK/*Mundt*, BGB § 650c Rn. 132.

479 Dem Besteller verbleibt ferner die Möglichkeit, einer berechneten Abschlagsforderung mit einer Gegenforderung die Aufrechnung zu erklären (BeckOK BGB/*Voit*, BGB § 650c Rn. 23).

480 A. A. sind *Orlowski*, BauR 2017, 1427 (1434) und BeckOGK/*Mundt*, BGB § 650c Rn. 118: Gemäß § 632a Abs. 1 S. 1 BGB kann der Unternehmer von dem Besteller eine Abschlagszahlung in Höhe des Wertes der von ihm erbrachten und nach dem Vertrag geschuldeten Leistung verlangen (BT-Drucks. 18/8486, S. 47). Der Wert der erbrachten Leistungen bemisst sich nach dem vereinbarten Werklohn. § 650c BGB gelangt jedoch nur zur Anwendung, wenn sich die Vertragsparteien nach einer

Entweder macht der Unternehmer Abschlagszahlungen nach Maßgabe des § 632a BGB i. H. v. 100 % geltend, oder aber er verlangt Abschläge i. H. v. 80 %[481] der im Rahmen des Einigungsversuchs vorgelegten Angebotssumme nach § 650c Abs. 3 S. 1 BGB.[482] Verlangt der Unternehmer eine pauschalierte Abschlagzahlung nach § 650c Abs. 3 S. 1 BGB, kann er später keine Abschlagszahlung für die vollständige und gemäß § 650c Abs. 1 oder Abs. 2 BGB begründete Mehrvergütung mehr fordern. Der Anspruch auf Restzahlung steht ihm dann gemäß § 650c Abs. 3 S. 2 BGB erst nach Abnahme und Vorlage einer prüffähigen Schlussrechnung zu (§§ 641, 650g Abs. 4 BGB). Die aufwandsärmere und somit verlockendere Lösung des § 650c Abs. 3 S. 1 BGB sollte daher wohl überlegt sein.

cc) Angebot nach § 650b Abs. 1 S. 2 BGB

§ 650c Abs. 3 S. 1 BGB normiert, dass sich die pauschalierte Abschlagszahlung nach dem vom Unternehmer unterbreiteten Angebot im Sinne des § 650b Abs. 1 S. 2 BGB richtet. Es stellt sich daher die Frage, welche inhaltlichen und formalen Anforderungen an eine solche Angebotsunterbreitung zu stellen sind.

Änderungsanordnung nicht auf eine Nachtragsvergütung einigen konnten. Demnach schuldet der Unternehmer zwar die geänderten Leistungen, die Mehrkosten haben sich aber noch nicht im vereinbarten Werklohn niedergeschlagen. Für die Berechnung der Abschlagszahlungen kann daher kein Rückgriff auf § 650c Abs. 1 und Abs. 2 BGB erfolgen, da die hiernach berechnete Nachtragsvergütung gerade nicht zwischen den Vertragspartnern vereinbart ist. Zwar sind die Schlussfolgerungen von *Orlowski* und *Mundt* plausibel, sie basieren jedoch auf der Annahme, dass **sich der Wert der erbrachten Leistung nach dem vereinbarten Werklohn** bemisst. Während *Mundt* lediglich auf *Orlowski* verweist, zieht dieser seine Erkenntnis einfach so aus der Gesetzesbegründung zum Regierungsentwurf (BT-Drucks. 18/8486, S. 47). Will man sich an dortiger Stelle vergewissern, findet man indes keine derartige Aussage. Vielmehr soll der **Wert der erbrachten Leistung nach dem Wertzuwachs beim Besteller** bemessen werden (BT-Drucks. 18/8486, S. 47). Nach diesem – zutreffenden – Verständnis stellt daher auch eine infolge einer Änderungsanordnung erbrachte Leistung einen Wertzuwachs dar und löst damit eine Abschlagszahlung aus.

481 Dabei ist zu beachten, dass der Unternehmer beim Verbraucherbauvertrag wegen § 650m Abs. 1 BGB nur 90 % dieser 80 % verlangen kann – mithin 72 % (*Orlowski*, BauR 2017, 1427 [1434]). Dem Verbraucherschutz wird damit nur teilweise gedient, denn der Unternehmer kann weiterhin 100 % der von ihm erbrachten Leistungen abrechnen, solange er bei der letzten Abschlagsrechnung die letzten 10 % der Gesamtvergütung nicht berücksichtigt. Dagegen ist es nicht notwendig, jede Abschlagszahlung i. H. v. 10 % zu reduzieren (BeckOGK/*Mundt*, BGB § 650m Rn. 11). Letztlich wird dies versteckte Vorauszahlungen provozieren, weil der Unternehmer seine anfänglichen Leistungen überbewertet (*Leinkert* in: Messerschmidt/Voit, Privates Baurecht, BGB § 650m Rn. 15).

482 *W. Langen* in: LBD, BGB § 650c Rn. 91.

(1) Mindestinhalt

Schon die Frage nach dem Mindestinhalt ist in der Literatur umstritten: Zum Teil wird gefordert, dass das Nachtragsangebot in Aufschlüsselung und Angaben dem ursprünglichen Angebot des Ausgangsvertrags zu entsprechen hat.[483] Zum Teil soll es bereits genügen, wenn anhand der Angebotsaufstellung Abschlagszahlungen verlangt werden können. Dabei wird als Orientierungshilfe § 632a Abs. 1 S. 5 BGB vorgeschlagen.[484]

Keine der beiden Auffassungen ist überzeugend. Sie postulieren vielmehr – angesichts fehlender Gesetzesvorgaben – überzogene Anforderungen. Gegen den Gleichlauf der Anforderungen an ein Nachtrags- und ein Ausgangsvertragsangebot spricht schon, dass damit stets eine Benachteiligung des sorgfältigeren Unternehmers einherginge. Denn die Vorgaben an ein Nachtragsangebot wären bei einem gründlich erarbeiteten Ausgangsangebot deutlich strenger als bei dessen bloß oberflächlicher Erstellung. Der weniger sorgfältige Unternehmer käme dann – ungerechterweise – in den Genuss nachsichtigeren Umgangs. Auch ein Heranziehen des § 632a Abs. 1 S. 5 BGB zur Bestimmung der Angebotsvoraussetzungen scheidet aus. Denn § 650b Abs. 1 S. 2 BGB enthält weder eine dem § 632a Abs. 1 S. 5 BGB vergleichbare Formulierung, noch wird darauf verwiesen. Vielmehr gilt der Grundsatz der Privatautonomie: Der Unternehmer ist in seiner Angebotserstellung frei.[485] Rahmenbedingungen sind zwar wünschenswert, jedoch nicht verpflichtend. Gleichwohl muss jedes Nachtragsangebot zumindest Preisangaben enthalten, um den Anforderungen des § 650c Abs. 3 S. 1 BGB zu genügen. Denn die Errechnung der achtzigprozentigen Abschlagspauschalsumme erfordert als Bezugspunkt einen Ausgangsbetrag. Ohne Belang ist, ob es sich dabei um einen Einheitspreis, einen Pauschalpreis oder ein Angebot auf Regiebasis handelt.[486]

---

483 *Oberhauser*, NZBau 2019, 3 (6), BeckOK BauvertrR/*Leupertz*, BGB § 650b Rn. 60. Bei einem Einheitspreis- bzw. Detailpauschalvertrag hat eine detaillierte Aufschlüsselung zu erfolgen. Bei einem Global-Pauschalvertrag genügt eine Angebotserstellung in pauschalierter Weise.

484 M. w. N. BeckOGK/*Mundt*, BGB § 650b Rn. 115. Eine derart allgemeine Aussage ist jedoch nur bedingt nachvollziehbar. Denn der Unternehmer verlangt die Abschlagszahlungen aus § 650c Abs. 3 S. 1 BGB und eben nicht aus § 632a BGB.

485 *Abel/Schönfeld*, BauR 2018, 1 (3); BeckOK BauvertrR/*Althaus/Kattenbusch*, BGB § 650c Rn. 143.

486 BeckOGK/*Mundt*, BGB § 650b Rn. 114. Gleichwohl werden an dieser Stelle – zum besseren Verständnis – noch einmal die Unterschiede der Vergütungsarten aufgezeigt: Bei einem Einheitspreisvertrag richtet sich der Preis für die Leistung nach einer Grundeinheit (Leistungsdauer spielt dagegen keine Rolle). Bei einem Pauschalpreisvertrag wird ein fester Betrag für eine vertraglich definierte Leistung vereinbart. Unter der Abrechnung auf Regiebasis versteht man die Abrechnung nach dem tatsächlichen Arbeits- und Materialaufwand.

(2) Preisbildung

Der Unternehmer hat sich bei der Angebotsabfassung auch nicht an § 650c Abs. 1 und Abs. 2 BGB zu orientieren.[487] Dies befürworten zwar einige Literaturstimmen.[488] Diese sind aus folgenden Gründen aber nicht überzeugend:

(a) Gesetzessystematik

Langen begründet seine Ablehnung gegenüber einer freien Angebotskalkulation maßgeblich mit der Gesetzessystematik.[489] Ließe man ein frei kalkulierbares Angebot zu, würde dies auf zwei unterschiedliche Vergütungssysteme innerhalb der §§ 650b und 650c BGB hinauslaufen: Während der Unternehmer zunächst ein Angebot frei und eigenständig unterbreiten kann (§ 650b Abs. 1 S. 2 BGB), müsste er im Falle einer Nichteinigung die Vergütungsregeln der § 650c Abs. 1 bzw. Abs. 2 BGB befolgen. Ein homogenes Vergütungssystem ist nicht erforderlich. Schließlich ist davon auszugehen, dass sich die Vorstellungen der Parteien innerhalb der Verhandlungsphase selbst regulieren. Es besteht kein Bedürfnis, ihnen Angebotsvorgaben aufzuzwingen. Darüber hinaus mag es in der Theorie zwar nachvollziehbar sein, die § 650c Abs. 1 bzw. Abs. 2 BGB als Angebotsleitfaden zu verstehen, die praktische Umsetzung dürfte jedoch kaum gelingen. Obwohl eine kalkulatorische Preisfortschreibung vorab realisierbar ist, lassen sich die tatsächlich erforderlichen Kosten erst nach Erbringung der Änderungsleistung exakt bestimmen. Das unternehmerische Berechnungswahlrecht wäre daher *de facto* beschnitten. Daran ändert auch der Vorschlag von *Gartz* nichts.[490] Seiner Auffassung nach liegt keine Wahlrechtseinschränkung vor, da Kosten, die zum Angebotszeitpunkt nicht vollständig bekannt sind, einfach geschätzt werden können. Eine solche Konstruktion ist jedoch nicht nur dogmatisch fragwürdig. Sie führt auch zur Bevorteilung markterfahrener Großauftragnehmer. Diese haben für gewöhnlich schnelleren und leichteren Zugang zu marktüblichen Schätzungskennwerten als Kleinunternehmer. Darüber hinaus ist eine plausible Schätzung, die einer gerichtlichen Überprüfung standhält, regelmäßig kostenintensiv, da ein Sachverständiger eingeschaltet werden muss. Sie wäre aber gleichwohl wegen § 650c Abs. 3 BGB notwendig, um einer andernfalls drohenden Verzinsung zu entgehen. Gegen ein homogenes Vergütungssystem spricht daher die fehlende Praxistauglichkeit.

---

487 So zutreffend *Abel/Schönfeld*, BauR 2018, 1 (3), *Leinemann/Kues* in: LK, Bauvertragsrecht, BGB § 650b 116, 118. A. A. sind *Oberhauser* in: DLOPS, § 2, Rn. 80; *W. Langen* in: LBD, BGB § 650b Rn. 62 ff.; *Franz/Göpner*, BauR 2018, 557 (572 f.); *Gartz*, BauR 2019, 1021 (1023 ff.).

488 *W. Langen* in: LBD, BGB § 650b Rn. 62 ff. *Franz/Göpner*, BauR 2018, 557 (572 f.); *Gartz*, BauR 2019, 1021 (1023 ff.).

489 *W. Langen* in: LBD, BGB § 650b Rn. 62 ff.

490 *Gartz*, BauR 2019, 1021 (1024).

Dieses Ergebnis wird von der systematischen Stellung der Norm unterstrichen. Das BGB ist strukturell nach der sog. Klammertechnik konzipiert worden. Gemeint ist damit ein Voranstellen von Regelungen, die umfassend für die nachfolgenden Normen gelten sollen. § 650b BGB regelt die Angebotsabgabe. § 650c Abs. 1 bzw. Abs. 2 BGB regelt die zwei alternativ zueinanderstehenden Berechnungsmethoden der Nachtragsvergütung. Müsste sich nun bei der Angebotserstellung an der nachfolgenden Norm des § 650c Abs. 1 bzw. 2 BGB orientiert werden, widerspräche dies der Regelungstechnik. Auch dies spricht als Indiz für ein „freies" Angebot.

(b) Gesetzeswortlaut

Ebenso streitet die grammatische Auslegung für eine freie Angebotserstellung. § 650b Abs. 1 S. 2 BGB enthält keine inhaltlichen Vorgaben. Auf die Norm des § 650c BGB wird gerade nicht verwiesen.

Allerdings verwendet § 650b Abs. 1 S. 1 und S. 2 BGB den Terminus der „Mehr- oder Mindervergütung". Dies deutet – so jedenfalls *Gartz* – auf den geregelten Mechanismus einer Vergütungsanpassung hin. Denn warum sollte der Gesetzgeber die Formulierung einer „Mehr- oder Mindervergütung" verwenden, wenn es doch für die freie Kalkulation vollkommen genügt hätte, von einem Angebot über die „geforderte Vergütung" zu sprechen.[491]

Indes sollte dem Wortlaut der einzelnen Satzteile des neuen Bauvertragsrechts keine derart gewichtige Bedeutung beigemessen werden. Schon die Fülle grammatischer Unklarheiten – allein in § 650c BGB – belegt den etwas unbedachten gesetzgeberischen Normenguss. Der Rückschluss von *Gartz* hinkt zudem an anderer Stelle. Der Gesetzgeber zog in § 650b BGB und § 650c BGB zwei unterschiedliche Termini heran. Während er in § 650b BGB die Begriffe der „Mehr- oder Mindervergütung" verwendet, benutzt er in § 650c Abs. 1 bzw. Abs. 2 BGB die des „vermehrten oder verminderten Aufwands". Diese explizite grammatische Differenzierung spricht gegen die Auffassung von *Gartz* und vielmehr für zwei unterschiedliche Vergütungssysteme.

Dafür spricht auch folgende Überlegung. Die amtliche Überschrift des § 650c BGB lautet: „*Vergütungsanpassungen bei Anordnungen nach § 650b Absatz 2*". Danach soll das Vergütungskorsett der § 650c Abs. 1 und Abs. 2 BGB gerade nur bei einer Änderungsanordnung des Bestellers gelten.[492] Im vorgelagerten Stadium – beginnend ab Zugang des Änderungsbegehrens – können die Parteien hingegen frei agieren.

---

491 *Gartz*, BauR 2019, 1021 (1024).

492 Das gleiche Ergebnis ergibt sich aus dem Wortlaut des § 650c Abs. 1 S. 1 BGB. Die Vergütungsregelung greift nur infolge der Änderungsanordnung des Bestellers. Vorherige Angebote erfasst sie nicht.

Ein Rückschluss auf die Erkenntnisse zu den parallel gelagerten VOB/B-Vorschriften (§ 1 Abs. 3 und Abs. 4 und § 2 Abs. 5 und Abs. 6 VOB/B) verbietet sich angesichts der unterschiedlichen Regelungen hinsichtlich des Verfahrens und der Ermittlung der Änderungsvergütung.[493]

Franz/Göpner nehmen das Angebot aus § 650b Abs. 1 S. 2 BGB als Initialangebot wahr, das nach der Konstruktion der §§ 650b und 650c BGB nicht nur vorläufigen Charakter haben, sondern dem gesamten Anpassungsmechanismus dienen soll.[494] Gestützt wird ihre These auf den Wortlaut des § 650c Abs. 1 S. 1 BGB, der nur von der Berechnung der Höhe des Vergütungsanspruchs, nicht aber von einem weiteren Angebot spricht. Dies überzeugt jedoch nicht. Zum einen ist für die Nachtragsvergütungsermittlung dem Wortlaut nach einzig die Änderungsanordnung des Bestellers von Belang. Zum anderen ist deren Vorschlag wenig brauchbar, wenn der Unternehmer seiner Kooperationspflicht nicht nachkommt, weil er das Angebot nach § 650b Abs. 1 S. 2 BGB zum Beispiel nicht rechtzeitig erstellt. Es fehlt dann nämlich an einem sog. Initialangebot, das als Referenzpunkt herangezogen werden kann.

(c) Gesetzeszweck

Auch der Gesetzeszweck spricht gegen ein einheitliches Vergütungssystem.

Ziel des neuen Bauvertragsrechts ist die Konfliktvermeidung, um den Baufortgang zu gewährleisten. Dafür bedarf es jedoch keines homogenen Vergütungsgebildes. Ganz im Gegenteil: Eine Orientierung an den § 650c Abs. 1 bzw. Abs. 2 BGB hätte vielmehr zur Folge, dass eine danach ausgerichtete Nachtragsvergütung als Maximalbetrag zu verstehen wäre. Dem Unternehmer verbliebe lediglich die Option, den Preis zu senken.[495] Ein solches Interesse wird jedenfalls in Fällen, in denen das Änderungsbegehren des Bestellers nicht dem unternehmerischen Interesse entspricht, kaum gegeben sein.

Darüber hinaus wird der eigentliche Gesetzeszweck *ad absurdum*[496] geführt. Eine Angebotserstellung, die sich an den § 650c Abs. 1 bzw. Abs. 2 BGB orientiert, wird der Intention, schnell Klarheit in Sachen Nachtragsvergütung herbeizuführen, nicht gerecht. Orientiert sich der Unternehmer an § 650c Abs. 1 S. 1 BGB, muss er neben dem enormen Verwaltungsaufwand auch mit erheblichen

493 *Manteufel*, BauR 2019, 334. Das neue Bauvertragsrecht wurde in Kenntnis der VOB/B geschaffen, um dort identifizierte Schwachstellen zu bereinigen.

494 *Franz/Göpner*, BauR 2018, 557 (573).

495 *Leinemann/Kues* in: LK, Bauvertragsrecht, BGB § 650b Rn. 120. A. A. ist *Gartz*, der auch bei einem an § 650c Abs. 1 bzw. Abs. 2 BGB orientierten Angebot ausreichend Verhandlungs- und Einigungspotenzial – etwa über Pauschalierungen und/oder die Angemessenheit von Zuschlägen für allgemeine Geschäftskosten, Wagnis oder Gewinn – sieht (*Gartz*, BauR 2019, 1021 [1026]). Dieses Potenzial ist allerdings dürftig.

496 Lateinisch; Deutsch: zum Sinnlosen.

Angebotserstellungskosten rechnen.[497] Der Grund hierfür liegt darin, dass die tatsächlich erforderlichen Kosten im Zeitpunkt der Angebotsunterbreitung noch nicht exakt ermittelbar sind. Daher müsste für nahezu jeden Kostenpunkt ein Sachverständiger zurate gezogen werden. Auf den ersten Blick erscheint es daher sinnvoller, sich an § 650c Abs. 2 BGB zu orientieren. Doch auch die Angebotserstellung nach diesem Leitbild birgt Konfliktpotenzial.[498]

Im Übrigen fehlt es an der Schutzbedürftigkeit des Bestellers. Schließlich ist er es, der mit seinem Änderungsbegehren die unternehmerische Verpflichtung zur Angebotsabgabe auslöst. Der Besteller ist nicht gezwungen, das unterbreitete Angebot anzunehmen. Er kann vielmehr die 30-tägige Verhandlungsfrist bei fehlendem Zuspruch verstreichen lassen. Gleichwohl verkommt die gesetzliche Verhandlungsphase aus § 650b Abs. 2 BGB dadurch auch nicht zur „Farce".[499] Vielmehr wird ein Besteller innerhalb des 30-tägigen Zeitfensters typischerweise zu größeren, finanziellen Belastungen bereit sein, als nach Abschluss der Bauarbeiten. Denn dessen oberste Prämisse liegt darin, drohendem Baustillstand vorzubeugen. Da Änderungswünsche für gewöhnlich während des Baus auftreten, erfordern sie eine zügige Umsetzung – vor allem dann, wenn andere Leistungen auf ihnen aufbauen. Der Besteller wird daher im Wege einer Günstigerprüfung einen Kostenvergleich vornehmen. Dabei werden die Preise, die ein übliches Angebot übersteigen, mit den Kosten, die ein 30-tägiger Zeitverlust verursacht, ins Verhältnis gesetzt.

Wiederum Einwände erheben *Franz/Göpner*.[500] Ihrer Auffassung nach entspräche allein ein Angebot mit Erklärungsinhalt dem gesetzgeberischen Willen. Von einem solchen könne nur dann gesprochen werden, wenn es der Besteller nachvollziehen und in Hinblick auf etwaige Vergütungsfolgen bewerten kann. Eine Orientierung an den § 650c Abs. 1 bzw. Abs. 2 BGB sei für die Bewertung – vor allem in Bezug auf Struktur und Inhalt – zwingend.

Diese Auffassung ist nachvollziehbar, dennoch aber abzulehnen. Andernfalls wäre der Unternehmer gezwungen, aufwendige Nachtragsberechnungen anzustellen. Vornehmlich bei Großbauvorhaben erreichen diese beträchtliche Höhen. Der Unternehmer kann die Nachtragsbearbeitungskosten im Grundsatz jedoch – wie oben[501] bereits umfassend erläutert – nicht vom Besteller ersetzt verlangen. Je detaillierter er sein Angebot aufgliedern muss, desto stärker würde er ohne finanzielle Entschädigung belastet werden. Auch nach diesem Kontext muss es sich bei § 650b Abs. 1 S. 2 BGB um ein „freies" Angebot handeln.[502]

---

497 Siehe dazu bereits *Abschnitt B. I. 2. c) cc)*.

498 Siehe dazu bereits die exemplarisch unter *Abschnitt B. II. 2. b)* aufgeworfenen Sonderprobleme.

499 So aber *Gartz*, BauR 2019, 1021 (1026).

500 *Franz/Göpner*, BauR 2018, 557 (573).

501 *Abschnitt B. I. 2. c) cc)*.

502 Darüber hinaus ist der Verfasser der Auffassung, dass eine derartige unternehmerische Belastung auch verfassungsrechtlichen Anforderungen nicht genügen

(d) Historie

Auch die historische Auslegung deutet auf eine freie Angebotsentwicklung hin.[503] So heißt es in der Gesetzesbegründung zum Regierungsentwurf:

> *„Kommt die vorläufige Berechnung der Abschläge nach der 80-Prozent-Regelung zur Anwendung, erfolgt die genaue Berechnung der Mehrvergütung erst in der Schlussrechnung. Der Anspruch des Unternehmers auf die nach den Absätzen 1 und 2 berechnete Mehrvergütung wird dann erst nach der Abnahme des Werkes fällig (Satz 2). Für den Fall, dass sich nunmehr eine Überzahlung durch den Besteller ergibt, sieht Satz 3 einen Rückgewähranspruch vor.“*[504]

Der Gesetzgeber geht offensichtlich davon aus, dass es nach der exakten Berechnung der Nachtragsvergütung durchaus zu Überzahlungen kommen kann. Um solchen vorzubeugen, wurden die Verzinsungsvorschriften der § 650c Abs. 3 S. 3 und S. 4 BGB in das Gesetz aufgenommen.

Ginge man nun – wie Teile der Literatur – davon aus, dass sich das für § 650c Abs. 3 S. 1 BGB maßgebliche Angebot an der Nachtragsvergütungsberechnung der § 650c Abs. 1 bzw. Abs. 2 BGB orientieren soll, wäre eine Überzahlung jedoch die absolute Ausnahme.[505] Vor diesem Hintergrund wäre die explizite Normierung einer Verzinsungsvorschrift nicht notwendig gewesen. Gleichwohl zeigt die Existenz der Norm, dass der Gesetzgeber einer Angebotserstellung nach § 650b Abs. 1 S. 2 BGB kein Vergütungsleitbild aufzwingen wollte. Andernfalls bestünde *de facto* eine unternehmerische Haftung für die Richtigkeit der Kostenermittlung.[506] Da der Unternehmer für seine Angebotserstellung auch keine adäquate Gegenleistung erhalten würde, wäre zudem die Vereinbarkeit mit Art. 12 Abs. 1 GG fraglich.

(e) Fazit

Das führt zu folgendem Ergebnis: Das Angebot in § 650b Abs. 1 S. 2 BGB ist frei etwaiger Vorgaben zu erstellen. Eine Orientierung an den Regelungen zur

---

würde. Zu dieser Frage haben sich die Autoren *Franz/Göpner* in ihrem Aufsatz jedoch gar nicht erst geäußert.

503 A. A. ist *Gartz*, der sich – sehr vereinfacht – darauf stützt, dass der Gesetzgeber in seiner Begründung zum Regierungsentwurf nicht dezidiert genug abweichende Vergütungssysteme aufzeigte (*Gartz*, BauR 2019, 1021 [1025 f.]).

504 Vgl. BT-Drucks. 18/8486, S. 57.

505 Sie käme vermutlich nur im Rahmen des § 650c Abs. 1 BGB in Betracht, wenn ein herangezogener Sachverständiger die Schätzung noch unbekannter Kostenposten falsch bewerten würde.

506 *Abel/Schönfeld*, BauR 2018, 1 (3).

Nachtragsvergütungsberechnung (§ 650c Abs. 1 bzw. Abs. 2 BGB) hat nicht zu erfolgen. Bei diesen handelt es sich vielmehr um „Auffangregelungen“,[507] die greifen, sobald sich die Parteien nicht einigen können.

(3) Form und Frist

§ 650b Abs. 1 S. 2 BGB enthält keine Formvorgaben. Ein Angebot kann daher auch mündlich erfolgen. Schon aus Beweisgründen wird jedoch ein umsichtiger Unternehmer die Text- oder Schriftform wählen, zumal der Zweck einer Nachtragsvergütungseinigung regelmäßig nur dann zu erreichen sein wird, wenn dem Besteller die Möglichkeit einer Angebotsüberprüfung zusteht.

Ebenso wenig existieren Fristvorgaben. Reglementierte Zeitfenster – wie sie *Langen* für die Vorlage eines unternehmerischen Angebots vorsieht – sind zwar sinnvoll und wünschenswert.[508] Angesichts des insoweit eindeutigen Gesetzeswortlauts können sie momentan jedoch allenfalls als Orientierungshilfe herangezogen werden. Um Unklarheiten zu vermeiden, sollten die Parteien daher schon vorab – bei Auftragsvergabe – eine Vorlagefrist für Unternehmerangebote festlegen, die im Einzelfall einer Verlängerung zugänglich ist.

---

507 Dieser symbolisch passende Ausdruck stammt von *Leinemann/Kues* in: LK, Bauvertragsrecht, BGB § 650b **Rn. 116.**

508 Mit Blick auf § 650b Abs. 1 S. 1 BGB, der als Ausprägung einer gesetzlich verankerten Kooperationspflicht beider Parteien verstanden wird, wird zu Recht die Auffassung vertreten, dass der Unternehmer verpflichtet ist, das Angebot grundsätzlich so rechtzeitig vorzulegen, dass es vom Besteller innerhalb der 30-Tages-Frist geprüft und zweckentsprechend verhandelt werden kann. *W. Langen* entnimmt dies – durchaus plausibel – dem Rechtsgedanken der Regelung des § 271 Abs. 1 BGB (*W. Langen* in: LBD, BGB § 650b Rn. 37). Darüber hinaus differenziert er bzgl. der Vorlagefrist je nach Planungsverantwortung. Bedarf die Änderungsanordnung nur einer neuen unternehmerischen Kostenkalkulation, soll eine 7-Tagesfrist genügen. Bei geteilter Planungsverantwortung werden dem Unternehmer hingegen bis zu 14 Tage zur Angebotsvorlage zugebilligt. Wiederum ein weiteres Mal ist bei alleiniger Planungsverantwortung des Unternehmers zu differenzieren. Liegt ein Fall des § 650b Abs. 1 S. 1 Nr. 2 BGB vor, steht dem Unternehmer kein Mehrvergütungsanspruch zu, da er den Planungsmangel selbst zu vertreten hat. Liegt hingegen ein Fall des § 650b Abs. 1 S. 1 Nr. 1 BGB und damit eine Änderung des Werkerfolgs vor, werden dem Unternehmer ebenso bis zu 14 Tage zur Vorlage eingeräumt (*W. Langen* in: LBD, BGB § 650b Rn. 38 f.). Diese Fristen bieten jedoch nur grobe Anhaltspunkte und können sich je nach Einzelfall und Eilbedürftigkeit ändern. Es empfiehlt sich daher aus Gründen der Rechtssicherheit schon vorab – bei Auftragsvergabe – eine Vorlagefrist für Unternehmerangebote festzulegen, die im Einzelfall einer Verlängerung zugänglich ist. Angesichts der oben angesprochenen zeitlichen Divergenzen erscheint hierfür eine Ausgangsfrist von sieben Tagen angemessen.

(4) Sonderfälle

(a) Überhöhtes Angebot

Bei überhöhten Angeboten wird § 242 BGB als Korrektiv herangezogen. Unangemessen hohe Angebote stellen einen Verstoß gegen die gesetzliche Verhandlungspflicht dar. Von einem unangemessen hohen Angebot spricht man, wenn ein redlicher Unternehmer bei diesem – gemessen an den Maßstäben der tatsächlichen Kosten oder der Üblichkeit – nicht erwarten kann, dass ein verständiger und wirtschaftlich denkender Besteller es annehmen würde.[509]

Wo hierfür ein abstrakter prozentualer Grenzwert anzusiedeln wäre, ist umstritten. Nach Überzeugung des Verfassers ist der Grenzwert für ein unangemessen hohes Angebot dort zu ziehen, wo 150 % der üblichen oder überschlägig nach § 650c Abs. 1 S. 1 BGB ermittelten Vergütung überstiegen werden. Denn dann erhält der Unternehmer im Wege der Abschlagszahlung mit 200 % das Doppelte.[510]

Wie eben erörtert, enthält das Gesetz keine Vorgaben für den Inhalt des unternehmerischen Angebots. Der Unternehmer könnte nun nach Gutdünken Preise – auf die sich der Besteller naturgemäß nicht einlässt – in seinem Mehrvergütungsanspruch ansetzen, die weit über der berechtigten Mehrvergütung gemäß § 650c Abs. 1 und Abs. 2 BGB liegen, um so vorläufig 80 % des Nachtragsangebots einzukassieren. Verweigert der Besteller die Bezahlung, begeht er unabhängig von dem Höhenstreit um die richtige Nachtragsbepreisung eine Pflichtverletzung.[511] Infolge dieser könnte der Unternehmer – wiederum berechtigt – die Leistung gemäß § 320 BGB verweigern, um Druck auf den Besteller auszuüben.[512] Ein hierdurch verursachter Baustillstand würde den Besteller auch nicht zur vorzeitigen Kündigung aus wichtigem Grunde berechtigen. Im Übrigen würde auch ein Ausweichen auf andere leistungsbereite Drittunternehmer oftmals aufgrund der Nachteile in Hinblick auf Gewährleistungsschnittstellen und Mehrkosten wegen Synergieverlusten als nicht sinnvoll erscheinen.[513] Vielmehr droht dem Besteller aufgrund der Zahlungsverweigerung als Vertragspflichtverletzung die Übernahme der zusätzlichen Stillstandskosten.[514] Letztlich könnte sogar der Unternehmer den Vertrag nach Fristsetzung aus wichtigem Grund gemäß § 648a BGB kündigen oder von ihm zurücktreten.[515]

---

509 BeckOK BauvertrR/*Althaus/Kattenbusch*, BGB § 650c Rn. 144.

510 80 % (Abschlagszahlung) von 250 % (überhöhtes Angebot) = 200 % (Grenze). Dafür spricht die Übereinstimmung mit der Sittenwidrigkeitsgrenze, die ebenfalls bei dem Doppelten gezogen wird.

511 *Retzlaff*, BauR 2017, 1781 (1808).

512 *Sacher* in: Kompendium des Baurechts, 12. Teil, Rn. 143.

513 Siehe bereits oben *Abschnitt B. I. 3. b) bb) (2).*

514 BeckOK BauvertrR/*Althaus/Kattenbusch*, BGB § 650c Rn. 145.

515 *Retzlaff*, BauR 2017, 1781 (1808). *Von Rintelen* weist daraufhin, dass eine unternehmerische Kündigung, die mit dem Zahlungsverzug des Bestellers begründet wird,

Überspitzt dargestellt, könnte der Unternehmer viel zu hohe Preise[516] in seinen Nachtragsangeboten aufrufen, um eine Zahlungsverweigerung zu provozieren und sich wegen der einhergehenden Pflichtverletzung des Bestellers durch Kündigung gemäß § 648a BGB vom Vertrag zu lösen. „Sinnvoll" wäre dies, wenn für denselben Zeitraum, in dem die den Nachtrag begründende Änderungsanordnung des Bestellers auszuführen wäre, ein lukrativerer Auftrag vollzogen werden könnte. Riskant wäre ein solches Unterfangen nicht. Denn alternativ winkt die überhöhte Abschlagszahlung. Selbst wenn sich der Besteller der Forderung aus § 650c Abs. 3 S. 1 BGB mittels einstweiliger Verfügung erwehrt, droht vor Gericht das Risiko eines Misserfolgs.[517] Die Missbrauchsgefahr bei Abschlagszahlungen eines überhöht bepreisten Angebots kann daher ein Ungleichgewicht schaffen.

(aa) § 138 BGB

Als Korrektiv käme zunächst die allgemeine Regelung des § 138 BGB in Betracht.

§ 138 BGB erfordert jedoch das Vorliegen eines Rechtsgeschäfts. Unter einem Rechtsgeschäft versteht man jeden durch Willenserklärung begründeten Rechtsakt, der eine Rechtsfolge herbeiführt.[518] Das bloße Angebot des Unternehmers stellt kein solches dar.

Auch eine analoge Anwendung des § 138 BGB scheidet aus. Voraussetzung einer Analogie ist neben dem Vorliegen einer planwidrigen Regelungslücke eine vergleichbare Interessenlage. Der Gesetzgeber erkannte jedoch die vorstehende Problematik überhöhter Nachtragsangebote. Deutlich wird dies an § 650c Abs. 3 S. 3 BGB. Die Norm sieht als Sanktion für überhöhte Abschlagszahlungen einen Rückzahlungsanspruch nebst Verzinsung vor. Der Gesetzgeber traf damit bewusst keine weitergehende Regelung. Es fehlt damit an der Planwidrigkeit.

(bb) § 242 BGB

Abhilfe verschafft indes ein Rückgriff auf § 242 BGB.

§ 650b Abs. 1 S. 2 BGB statuiert eine Rechtspflicht zur Erstellung eines Angebots über die infolge eines Änderungsbegehrens des Bestellers nach § 650b Abs. 1

---

das Risiko des Fehlens der Unzumutbarkeit der Vertragsfortsetzung birgt, da der Unternehmer den Kündigungsgrund mit seinem überhöhten Angebot zumindest teilweise mit herbeigeführt hat (*Von Rintelen* in: Kniffka, Bauvertragsrecht, BGB § 650c Rn. 136).

516 Keine verfassungsrechtliche Relevanz entfalten zu niedrige Nachtragsangebote. Denn fordert der Unternehmer in seinem Mehrvergütungsangebot zu wenig, wird der Besteller dieses Angebot regelmäßig wahrnehmen.

517 Es gilt die aus dem römischen Recht stammende Binsenweisheit: Auf hoher See und vor Gericht ist man in Gottes Hand.

518 *Ellenberger* in: Palandt, BGB Überbl v § 104 Rn. 2; *Schmidt/Müller* in: Erman BGB, BGB Einl. § 104 Rn. 1 ff.

S. 1 anfallende Mehr- oder Mindervergütung. Verstößt der Unternehmer gegen diese gesetzliche Verhandlungspflicht, handelt er Treu und Glauben zuwider. Er darf sich im Rahmen des § 650c Abs. 3 S. 1 BGB dann wegen § 242 BGB nicht mehr auf sein Angebot zur Forderung einer Abschlagszahlung berufen.[519] Maßgeblicher Bezugspunkt für das Einhalten der gesetzlichen Verhandlungspflicht ist das vorgelegte Angebot über die Mehr- oder Mindervergütung des Unternehmers, mit welchem Einvernehmen über die Leistungsänderung und Vergütungsanpassung herbeigeführt werden soll.

Unangemessen hohe Angebote stellen von vornherein keine taugliche Grundlage für die Erzielung eines Einvernehmens über die Leistungsänderung samt Vergütungsanpassung dar. Sie begründen einen Verstoß gegen die gesetzliche Verhandlungspflicht. Von einem unangemessen hohen Angebot ist dann auszugehen, wenn die Offerte gemessen an den Maßstäben der tatsächlichen Mehrkosten oder Üblichkeit so weit überhöht ist, dass ein redlicher Unternehmer nicht erwarten kann, dass ein verständiger und wirtschaftlich denkender Besteller dieses Angebot jemals annehmen werde.[520] Indes genügt nicht, dass das Mehrvergütungsangebot am Maßstab der § 650c Abs. 1 und Abs. 2 BGB überhöht war. Denn der Unternehmer ist in seiner Angebotserstellung frei.[521] Orientiert er sich bei dieser an einer üblichen Mehrvergütung für die gewünschte Leistungsänderung und legt ein diesem Rahmen entsprechendes Angebot[522] vor, kommt er seiner gesetzlichen Verhandlungspflicht nach.[523] Für den Maßstab der Üblichkeit sind alle Umstände des Einzelfalls zu berücksichtigen.[524] Zwar ergeben sich anhand dieser Richtlinien grobe Anhaltspunkte. Es fehlt jedoch an klaren Kriterien für die Bestimmung eines unangemessen hohen Angebots. Zur notwendigen verfassungsrechtlichen Wahrung der Bestellerinteressen bedarf es einer zweckmäßigen Orientierungshilfe.

Nach *Mundt* liegt ein unangemessen hohes Angebot dann vor, wenn dessen Höhe den doppelten bis dreifachen Betrag sowohl einer ermittelbaren üblichen als auch einer überschlägig nach § 650c Abs. 1 BGB ermittelten Vergütung übersteige.[525] Bei der Abwägung sei neben der Nachtragshöhe auch der Umstand

519 BeckOK BauvertrR/*Althaus/Kattenbusch,* BGB § 650c Rn. 144. Ein weiterer Fall, in dem § 242 BGB der Nachtragsberechnung des Unternehmers auf Grundlage seines Angebots entgegensteht, ist derjenige, in dem absehbar ist, dass sich der Rückzahlungsanspruch nach endgültiger Berechnung der Nachtragshöhe gemäß § 650c Abs. 1 und Abs. 2 BGB nebst Verzinsung aus wirtschaftlichen Gründen nicht mehr beim Unternehmer realisieren lassen wird (BeckOGK/*Mundt*, BGB § 650c Rn. 128).

520 BeckOK BauvertrR/*Althaus/Kattenbusch,* BGB § 650c Rn. 144.

521 BeckOK BauvertrR/*Althaus/Kattenbusch,* BGB § 650c Rn. 143.

522 Siehe dazu unten *Abschnitt B. III. 1. a) cc).*

523 BeckOK BauvertrR/*Althaus/Kattenbusch,* BGB § 650c Rn. 144.

524 BeckOK BauvertrR/*Althaus/Kattenbusch,* BGB § 650c Rn. 144.

525 BeckOGK/*Mundt*, BGB § 650c Rn. 129.

zu berücksichtigen, dass der Unternehmer nach § 650c Abs. 3 S. 1 BGB nur eine Abschlagszahlung i. H. v. 80 % – und eben nicht 100 % – seines Angebots erhalte.[526] Bei einem 100 % überhöhten Angebot zahle der Besteller daher nicht das Doppelte, sondern 160 %.[527]

Diese Sichtweise überzeugt. Gleichwohl sollte aus Gründen der Rechtssicherheit ein fester Grenzwert anstelle der vorgeschlagenen Spanne festgelegt werden. Nach Ansicht des Verfassers ist ein Angebot unangemessen hoch, wenn es 150 % über der ermittelbaren üblichen oder überschlägig nach § 650c Abs. 1 S. 1 BGB ermittelten Vergütung liegt. Denn dann erhält der Unternehmer im Wege der Abschlagszahlung mit 200 % das Doppelte.[528] Für diesen Grenzwert spricht, dass er in Einklang mit der Sittenwidrigkeitsgrenze, die ebenfalls bei dem Doppelten gezogen wird, steht.[529] Legt ein Unternehmer daher ein um 150 % erhöhtes Angebot vor, verstößt er gegen die gesetzliche Verhandlungspflicht. Die Liquidität zur Kompensation seines Vorleistungsrisikos ist dann nicht mehr schützenswert. Es fehlt – mangels wirksamen Angebots – an einer tauglichen Bemessungsgrundlage, sodass ein Abschlagszahlungsanspruch gem. § 650c Abs. 3 S. 1 BGB ausscheidet.

(b) Nachträgliches Angebot

Nach § 650b Abs. 1 S. 2 BGB ist der Unternehmer verpflichtet, ein Nachtragsvergütungsangebot innerhalb der 30-tägigen Verhandlungsphase zu erstellen. Auslöser dieser Verpflichtung ist das Änderungsbegehren des Bestellers (§ 650b Abs. 1 S. 1 und Abs. 2 BGB). Nachträgliche Angebote, die – beispielshalber erst zeitgleich mit der Forderung nach Abschlagszahlung unterbreitet werden – scheiden daher grundsätzlich als Bezugspunkt für § 650c Abs. 3 S. 1 BGB aus.

Dieser Grundsatz ist jedoch in bestimmten Konstellationen zu korrigieren.[530] Etwa dann, wenn ein qualitatives, unternehmerisches Angebot nicht erbracht werden kann, weil der Besteller seiner Mitwirkungsobliegenheit bei der Angebotserstellung – z. B. durch Vorlage einer unzureichenden Planung – nicht gerecht wird.[531] Das neue Bauvertragsrecht ist von ineinandergreifenden

526 BeckOGK/*Mundt*, BGB § 650c Rn. 129.

527 BeckOGK/*Mundt*, BGB § 650c Rn. 129.

528 80 % (Abschlagszahlung) von 250 % (überhöhtes Angebot) = 200 % (Grenze).

529 BeckOGK/*Jakl*, BGB § 138 Rn. 165; BGH 14.01.2014 – V ZR 249/12 in: NJW 2014, 1652 f. (Rz. 5).

530 So auch *W. Langen* in: LBD, BGB § 650c Rn. 100; A. A. BeckOGK/*Mundt*, BGB § 650c Rn. 123.

531 Zwar besteht dann keine Verpflichtung zur Angebotsabgabe. Die 30-tägige Einigungsfrist beginnt gar nicht erst, zu laufen. Der Unternehmer ist – nach einer Bedenken- und Behinderungsanzeige – auch nicht zur Ausführung der Änderungsleistung verpflichtet. Die rechtliche Sachverhaltsbewertung kann jedoch Zweifel aufwerfen, mit der Folge, dass sich der Unternehmer aus Angst vor drohenden Schadensposten den Wünschen des Bestellers beugt. Würde

Risikoerwägungen geprägt. Ausnahmesituationen, die der Gesetzgeber nicht bedacht hat, können nicht einfach mit dem standardisierten Ausgangsfall gleichgesetzt werden, sondern bedürfen einer gesonderten Betrachtung. Zwar steht der Wortlaut des § 650c Abs. 3 S. 1 BGB – wie *Mundt* zutreffend feststellt[532] – einer nachträglichen Angebotsunterbreitung entgegen. Eine direkte Anwendung scheidet daher aus. In derartigen Fallkonstellationen gilt § 650c Abs. 3 S. 1 BGB aber analog. Neben der planwidrigen Regelungslücke liegt auch eine vergleichbare Interessenlage vor. Der Unternehmer wird zur Vorleistung infolge der Änderungsanordnung verpflichtet und hat ein Bedürfnis diesbezüglicher Kompensation, weil eine Einigung über die Vergütungshöhe nicht möglich war. Ob das Scheitern einer Übereinkunft nun darauf beruht, dass der Besteller ein Angebot ausschlägt oder gar nicht erst die Voraussetzungen für eine Angebotserstellung schafft, darf für die pauschalisierte Abschlagszahlung nicht von Belang sein. Andernfalls wäre es für den Besteller ein Leichtes, § 650c Abs. 3 BGB auszuhebeln.

(c) Mehrere Angebote

§ 650b Abs. 1 S. 2 BGB geht von dem Grundsatz aus, dass der Unternehmer nur ein Angebot erstellt, das er dem Besteller gegenüber vorlegt. Dabei wurde jedoch verkannt, dass sich die Parteien regelmäßig durch Angebotskorrekturen – vor allem bei Großbauvorhaben – im Rahmen der 30-tägigen Verhandlungsphase annähern. Wurden mehrere Angebote unterbreitet, stellt sich daher die Frage, auf welches von ihnen das für § 650c Abs. 3 S. 1 BGB maßgebliche ist.

Von Rintelen ist der Ansicht, dass das letzte vom Besteller abgelehnte Angebot nach der gesetzlichen Regelung maßgeblich sein soll; nicht hingegen zwischenzeitlich überholte Angebote.[533] *Mundt* erscheint diese Auffassung zu eng. Bei mehreren Angeboten will er auf das Angebot abstellen, das hinsichtlich Umfang und Qualität der später tatsächlich angeordneten Leistung am nächsten kommt. Dies sei zwar häufig das zeitlich letzte Angebot. Gleichen sich die Offerten jedoch hinsichtlich Qualität und Leistungsumfang und wurde nur der Preis geändert, solle auf das günstigere Angebot abzustellen sein, wenn es für die Preisänderung keinen nachvollziehbaren Grund gebe.[534]

---

der Unternehmer nun die angeordnete Änderungsleistung ausführen, wäre er schlechtergestellt als bei einem sich richtig verhaltenden Besteller. In diesem Fall muss es daher genügen, dass der Unternehmer das für § 650c Abs. 3 S. 1 BGB maßgebliche Angebot spätestens mit der Abschlagsrechnung, die wiederum 80 % des entsprechenden Angebots beträgt, vorlegt (*Leinemann/Kues* in: LK, Bauvertragsrecht, § 650c, Rn. 106).

532 BeckOGK/*Mundt*, BGB § 650c Rn. 123.

533 *Von Rintelen* in: Kniffka, Bauvertragsrecht, BGB § 650c Rn. 123.

534 BeckOGK/*Mundt*, BGB § 650c Rn. 124.

Mundts Vorschlag ist schon aus Praktikabilitätsgründen abzulehnen. Denn Ziel der Regelung des § 650c Abs. 3 S. 1 BGB ist eine schnelle, rechtssichere Ermittlung der pauschalierten Abschlagszahlung. Die Frage, ob für die Preisänderung ein nachvollziehbarer Grund vorliegt, kann indes ebenso wie die Frage, welches Angebot hinsichtlich Umfang und Qualität der später tatsächlich angeordneten Leistung am nächsten kommt, Streit verursachen und den weiteren Fortgang unnötig in die Länge ziehen. Stringenter ist daher die Auffassung *von Rintelens*. Mit zunehmender Verhandlungsdauer erfolgt in der Regel eine Anpassung und Auslotung der unterbreiteten Angebote an die tatsächlichen, derzeitigen Bedürfnisse der Parteien. Sachgerecht und praxisnäher ist es daher, auf das letzte Angebot abzustellen.[535]

dd) 80 %-Regelung

Gemäß § 650c Abs. 3 S. 1 BGB kann der Unternehmer pauschaliert 80 % der nach § 650b Abs. 1 S. 2 BGB angebotenen Mehrvergütung als Abschlagszahlung fordern. Für die Bewertung des Vortragsumfangs sowie der Darlegungs- und Beweislast ist fraglich, wie die 80 %-Regelung dogmatisch einzuordnen ist. Dabei werden im Wesentlichen drei Ansichten vertreten.

(1) Vorläufiges einseitiges Leistungsbestimmungsrecht

Retzlaff erkennt in § 650c Abs. 3 S. 1 BGB ein vorläufiges, einseitiges Leistungsbestimmungsrecht.[536]

Der Unternehmer könne die Höhe der Abschlagszahlung durch das Preisniveau des zuvor unterbreiteten Angebots bestimmen. Da § 650c Abs. 3 S. 1 BGB jedoch auch normiert, dass eine pauschalierte Abschlagszahlung bei anderslautender gerichtlicher Entscheidung abzuändern ist, könne das unternehmerische Preisbestimmungsrecht allenfalls vorläufiger Natur sein. *Retzlaff* begründet seine rechtliche Bewertung vor allem mit dem Interessenausgleich zwischen Unternehmer und Besteller. Die Erhöhung des unternehmerischen Vorleistungsrisikos bedürfe der Kompensation. Schließlich könne der Unternehmer bei Streit über

535 Einem berechtigten Vorwurf muss sich diese Auffassung dennoch stellen: Der Unternehmer könnte bewusst – aus Angst vor drohender Insolvenz des Bestellers – ein überzogenes letztes Angebot unterbreiten, um die pauschalierte Abschlagszahlung zu erlangen. Denkbar ist eine solches Taktieren, weil der Gesetzgeber keine ausdrücklichen Angebotsvorgaben schuf. Gleichwohl dürfte sich das Risiko eines derartigen Vorgehens in Grenzen halten. Denn zum einen ist § 242 BGB in Hinblick auf die Angebotshöhe zu beachten. Zum anderen darf die abschreckende Wirkung der drohenden Zinsansprüche (§ 650c Abs. 3 S. 3, S. 4 BGB) nicht übersehen werden.

536 *Retzlaff*, BauR 2017, 1781 (1806).

die Vergütungshöhe – anders als bei einer getroffenen Vergütungsvereinbarung – nicht mit einer baldigen Zahlung rechnen.

Dies hat in prozessualer Hinsicht die Konsequenz, dass der Unternehmer – fordert er eine Abschlagszahlung nach § 650c Abs. 3 S. 1 BGB – die ordnungsgemäße Ausübung seines Leistungsbestimmungsrechts auf Grundlage eines vorherigen Angebots und die hierdurch verbindliche Festlegung einer Leistungsänderungsvergütung darzulegen und zu beweisen hat. Ebenso träfe ihn die Darlegungs- und Beweislast bzgl. eines positiven Abschlagszahlungssaldos.[537]

(2) Vorläufige Fiktion

Von Rintelen möchte die Formulierung in § 650c Abs. 3 S. 1 BGB hingegen als vorläufige Fiktion qualifizieren.[538] So würde fingiert, dass dem Unternehmer unter dem Vorbehalt einer anderslautenden gerichtlichen Entscheidung ein Anspruch auf Abschlagszahlung zustünde.

Bei einem prozessualen Leistungsantrag nach § 650c Abs. 3 S. 1 BGB träfe ihn lediglich die Darlegungs- und Beweislast bzgl. des unterbreiteten Angebots, auf dessen Basis er einen achtzigprozentigen Abschlag fordert. Ein positiver Abschlagssaldo müsste er demgegenüber weder darlegen noch beweisen.

(3) Widerlegliche Vermutung

Die dritte Ansicht versteht den § 650c Abs. 3 S. 1 BGB als widerlegbare Vermutung, nach der die geforderte Abschlagszahlung von zutreffender Höhe ist.[539]

Den Unternehmer träfe in diesem Fall die Darlegungs- und Beweislast bzgl. aller Tatbestandsvoraussetzungen. Ebenso müsste er ein positiver Abschlagssaldo darlegen und beweisen. Eine Beseitigung der dann bestehenden Vermutungswirkung wäre nur durch eine anderslautende gerichtliche Entscheidung möglich.

(4) Fazit

Alle drei Sichtweisen stellen unterschiedliche Anforderungen an den Tatsachenvortrag und die Darlegungs- und Beweislast.

Nach Auffassung des Verfassers ist § 650c Abs. 3 S. 1 BGB als widerlegbare Vermutung zu verstehen. Die anderen Sichtweisen können schon in dogmatischer Hinsicht kaum überzeugen.

Ein unternehmerisches Preisbestimmungsrecht wäre von rein vorläufiger Natur. Schließlich führt jede anderslautende gerichtliche Entscheidung zu einer Abänderung der pauschalierten Abschlagszahlung. Zu der dogmatischen

---

537 *Franz/Göpner*, BauR 2018, 557 (570).
538 *Von Rintelen* in: Kniffka, Bauvertragsrecht, BGB § 650c Rn. 132.
539 *Franz/Göpner*, BauR 2018, 557 (570).

Ausgestaltung dieser „Vorläufigkeit“ steuert *Retzlaff* in seiner Publikation jedoch nichts bei. Daher verbleibt einzig der Rückgriff auf die allgemeinen Vorschriften des BGB. Vornehmlich ließe sich an eine auflösende Bedingung nach § 158 Abs. 2 BGB denken:

> *„Wird ein Rechtsgeschäft unter einer auflösenden Bedingung vorgenommen, so endigt mit dem Eintritt der Bedingung die Wirkung des Rechtsgeschäfts; mit diesem Zeitpunkt tritt der frühere Rechtszustand wieder ein.“*

In dogmatischer Hinsicht überzeugt diese Einordnung jedoch nicht. Denn bei einer anderslautenden, gerichtlichen Entscheidung wird kein zuvor bestehender Rechtszustand wiederhergestellt, sondern ein neuer Rechtszustand geschaffen. Das zunächst bestehende unternehmerische Wahlrecht zwischen pauschalierter (§ 650c Abs. 3 S. 1 BGB) und eigentlicher Berechnung (§ 650c Abs. 1 und Abs. 2 BGB) existiert nach gerichtlicher Entscheidung gerade nicht mehr.

Auch der vorläufigen Fiktion des pauschalierten Abschlagszahlungsanspruchs haften dogmatische Defizite an. Dies erkennt selbst deren Fürsprecher *von Rintelen*:

> *„Die grundsätzliche – fiktive – Begründung eines Abschlagszahlungsanspruches auch in den Fällen, in denen der tatsächliche Vergütungsanspruch nach Absatz 1 niedriger ist, ist rechtskonstruktiv eine Herausforderung. Denn über den Vergütungsanspruch hinaus kann es eigentlich auch keinen Abschlagszahlungsanspruch hierauf geben. [...] Damit fingiert das Gesetz einen bloß vorläufigen fiktiven Abschlagszahlungsanspruch (BT-Drucks. 18/8486, S. 57 f.). Der Besteller darf den Einwand einer nichtbestehenden Schuld nicht wie sonst im Wege der schlichten Leistungsverweigerung geltend machen, sondern wird gezwungen, hierfür gerichtlichen Rechtsschutz in Anspruch zu nehmen. Bis dahin ist Bemessungsgrundlage für den Abschlagszahlungsanspruch 80 % des Angebots. Über diese Einzigartigkeit der Konstruktion hat sich der Gesetzgeber ersichtlich keine weiteren Gedanken gemacht.“*[540]

Die dogmatische Schwäche zeigt sich insbesondere dann, wenn man sich vergegenwärtigt, was die Rechtslehre unter einer Fiktion versteht. Sie benennt damit die im Gesetz festgelegte Annahme eines Sachverhalts, der so in Wirklichkeit nicht besteht.[541] Sinn und Zweck einer Fiktion ist es, beispielsweise zum Schutz des Rechtsverkehrs, etwas in Wahrheit nicht Existierendes zu unterstellen. Gerade hierin besteht auch der wesentliche Unterschied zu einer Vermutung,

540 *Von Rintelen* in: Kniffka, Bauvertragsrecht, BGB § 650c Rn. 129, 131.
541 *Croh* in: Creifelds, Rechtswörterbuch, Schlagwort: Fiktion.

bei der – anders als bei der Fiktion – das Vermutete auch tatsächlich gegeben sein kann. Da es bei § 650c Abs. 3 S. 1 BGB aber durchaus möglich sein kann, dass die tatsächlich erbrachte Änderungsleistung dem Ansatz der unternehmerischen Mehrvergütung – der maßgeblich für die achtzigprozentige Abschlagszahlung ist – entspricht, kann der Regelungsinhalt der Norm auch nicht als Fiktion verstanden werden.

Daher muss § 650c Abs. 3 S. 1 BGB als widerlegbare Vermutung qualifiziert werden, auch wenn sich der Gesetzgeber nicht explizit der Formulierung „wird vermutet" bediente.[542] Einer solchen weiteren Klarstellung bedurfte es auch nicht, da der Wortlaut selbst bereits die widerlegliche Vermutung indiziert. Der Besteller kann die Vermutung durch gegenteiligen Beweis angreifen. Hierfür hat er darzulegen und zu beweisen, dass die nach § 650c Abs. 1 bzw. Abs. 2 BGB zu ermittelnde Vergütung im Ergebnis geringer ausfallen wird und demzufolge das für § 650c Abs. 3 S. 1 BGB maßgebliche unternehmerische Angebot (§ 650b Abs. 1 S. 2 BGB) überhöht war.

b) § 650c Abs. 3 S. 2 BGB

Missverständlich formuliert ist auch § 650c Abs. 3 S. 2 BGB.

Unter dem Begriff des „Werks" ist das Gesamtwerk – also die vertraglich beauftragten und einseitig angeordneten Werkleistungen – zu verstehen.[543] Denn auch wenn die angeordnete Leistung gesondert abgenommen werden könnte, setzt die Fälligkeit des Werklohns eine Gesamtabnahme voraus.[544]

Ferner hat es der Gesetzgeber übersehen, dass Fälligkeit der Werklohnforderung gemäß § 650g Abs. 4 S. 1 Nr. 2 BGB erst dann eintritt, wenn der Unternehmer dem Besteller eine prüffähige Schlussrechnung erteilt hat. Allein ein Abstellen auf die „Abnahme des Werks" genügt daher nicht. § 650g Abs. 4 S. 1 BGB erfordert ausdrücklich für die Fälligkeit das kumulative Vorliegen der Voraussetzungen von Nr. 1 und Nr. 2 („und").

Auch der Terminus „Mehrvergütung" kann unterschiedlich interpretiert werden. Einerseits könnte damit der gesamte Betrag der Nachtragsforderung gemeint sein. Andererseits könnte auch nur der Betrag der Nachtragsforderung, der über 80 % liegt, darunter subsumiert werden. Aufschluss gibt die Gesetzesbegründung: Macht der Unternehmer von der 80-%-Regelung des § 650c Abs. 3 S. 1 BGB Gebrauch, so bleibt es ihm bis zur Abnahme und Erteilung einer prüffähigen Schlussrechnung verwehrt, den Betrag seiner Nachtragsforderung, der die 80 % übersteigt, einzufordern.[545] Der Wortlaut des § 650c Abs. 3 S. 2 BGB ist daher richtigerweise so zu lesen:

542 Dieselbe Ansicht teilen *Franz/Göpner*, BauR 2018, 557 (571 f.).
543 *Orlowski*, BauR 2017, 1427 (1434).
544 *Orlowski*, BauR 2017, 1427 (1434).
545 Vgl. BT-Drucks. 18/8486, S. 57.

*„Wählt der Unternehmer diesen Weg und ergeht keine anderslautende gerichtliche Entscheidung, wird die nach den Absätzen 1 und 2 geschuldete Mehrvergütung [,**also der Betrag, der 80 Prozent der Vergütung des in dem nach § 650b Abs. 1 S. 2 BGB genannten Angebots übersteigt,**] erst nach der Abnahme des [**Gesamt-**]Werks [**und Erteilung der prüffähigen Schlussrechnung**] fällig.“*

c) § 650c Abs. 3 S. 3, S. 4 BGB

Nach § 650c Abs. 3 S. 4 BGB gelten die § 288 Abs. 1 S. 2, Abs. 2 und § 289 S. 1 BGB „entsprechend“. Es handelt sich hierbei um eine Rechtsfolgenverweisung. Die Ausgangsnorm – hier § 650c Abs. 3 S. 4 BGB – stellt den zu prüfenden Tatbestand, während die Zielnorm – hier § 288 Abs. 1 S. 2, Abs. 2 und § 289 S. 1 BGB – die Rechtsfolge, die an die Erfüllung dieses Tatbestands zu knüpfen ist, enthält.[546]

Übersteigt die Zahlung nach § 650c Abs. 3 S. 1 BGB die nach den Absätzen 1 bzw. 2 geschuldete Mehrvergütung, hat der Besteller sie zurückzugewähren und zu verzinsen (§ 650c Abs. 3 S. 3 BGB). Ziel dieser Verzinsungspflicht ist, einen Abschreckungseffekt zu schaffen, um bedenkenlos zu hoch angesetzte Mehrvergütungsangebote zu verhindern. Da § 288 Abs. 1 S. 2, Abs. 2 BGB nur „entsprechend“ gilt, bedarf es nicht des für gewöhnlich erforderlichen Verzugs. Auch die nach § 288 Abs. 2 BGB grundsätzlich erforderliche Entgeltforderung muss nicht vorliegen.[547] Gleichwohl wirft die Verzinsung einige Fragen auf. Vor allem der zum Teil ungenau geratene Wortlaut bedarf der Aufklärung.

aa) Überzahlung

§ 650c Abs. 3 S. 3 BGB normiert die Verzinsung pauschalierter Abschlagszahlungen, welche die nach § 650c Abs. 1 bzw. Abs. 2 BGB geschuldete Mehrvergütung „übersteigen“.

Eine Überzahlung liegt vor, wenn der Unternehmer von dem Besteller – unter Berücksichtigung aller Tilgungsleistungen – mehr erhält, als ihm nach dem Bauvertrag und den zu seiner Ausführung und Abrechnung getroffenen

546 *Wörlen/Leinhas*, JA 2006, 22 (23). Dabei ist der Tatbestand der Verweisungsnorm für gewöhnlich ein eigener und deckt sich nicht mit den Voraussetzungen der Zielnorm.

547 Für die Entgeltforderung existiert bislang keine Legaldefinition. Man versteht unter ihr jedoch eine Forderung, die auf die Zahlung eines Entgelts als Gegenleistung, für die vom Gläubiger erbrachte oder erst noch zu erbringende Leistung, gerichtet ist. Dabei muss die Leistung in der Lieferung von Gütern oder in der Erbringung von Dienstleistungen bestehen (siehe dazu m. w. N. BeckOGK/*Dornis*, BGB § 286 Rn. 202). Der Rückforderungsanspruch aus § 650c Abs. 3 S. 3 BGB stellt keine Entgeltforderung dar.

Vereinbarungen zusteht.[548] Dafür ist die Gesamtvergütung mit der Summe aller Zahlungen und Erfüllungssurrogate zu vergleichen.[549] Übersteigt die pauschalierte Abschlagszahlung aus § 650c Abs. 3 S. 1 BGB 80 % der Nachtragsvergütung, wird dadurch nicht bereits die Verzinsungspflicht ausgelöst. Sie gilt erst, wenn die Abschlagszahlung über die vollständige Nachtragsvergütung hinausgeht.[550] *Orlowski* und *von Rintelen* verweisen dabei auf eine Fallkonstellation, die näherer Betrachtung bedarf:[551]

Ein Unternehmer könnte in der Verhandlungsphase stets ein Angebot i. H. v. 125 % der tatsächlichen erforderlichen Kosten vorlegen, auf das sich der Besteller nicht einlässt.[552] Nach Ablauf der Verhandlungsphase (§ 650b Abs. 2 BGB) würde dieser schließlich die Änderung anordnen. Der Unternehmer könnte nun 80 % des Angebotspreises gemäß § 650c Abs. 3 S. 1 BGB verlangen. Dies wären 100 % der tatsächlich erforderlichen Kosten. Damit erhielte er praktisch seine vollständigen Leistungen bezahlt, ohne eine Überzahlung zu produzieren. Rückzahlungs- oder Verzinsungsansprüche wären nicht zu befürchten.

Dieses unternehmerische Privileg erscheint auf den ersten Blick einfach zu erreichen. Eine genauere Studie offenbart Gegenteiliges: Schon die Unterbreitung eines Angebots i. H. v. 125 % der tatsächlich erforderlichen Kosten skizziert die erste Bürde. In der Theorie klingt die tatsächlich erforderliche Kostenberechnung einfach, in der Praxis ist sie es nicht. Selbst wenn der damit einhergehende, bürokratische Aufwand ausgeklammert würde, stünden die exakten Mehrkosten immer erst nach der vollständigen Erbringung der Änderungsleistung fest. Es ist dem Unternehmer daher schlicht unmöglich, zum Zeitpunkt der Angebotserstellung 125 % der tatsächlich erforderlichen Kosten anzusetzen. Allenfalls können hier Schätzungsparameter herangezogen werden. Bei diesen besteht jedoch wieder das Risiko einer Überzahlung und damit der Rückzahlung und Verzinsung.

Darüber hinaus entsteht der Eindruck, als könnte der Unternehmer dem Besteller bei dessen Änderungswünschen seine Konditionen aufzwingen. Dies ist jedoch nicht der Fall. Sicherlich ist das Einigungsverlangen vonseiten des

548 *Manteufel* in: Kleine-Möller/Merl/Glöckner, § 12, Rn. 679. Hat der Besteller dagegen durch Abschlagszahlungen auf einzelne Teilleistungen zu viel entrichtet und kann dieser Überschuss mit anderen Leistungen – die bislang nicht hinreichend vergütet wurden – im Rahmen der Schlussrechnung verrechnet werden, liegt keine Überzahlung vor.

549 BGH, Urt. v. 23.01.1986 – IX ZR 46/85.

550 *Orlowski*, BauR 2017, 1427 (1435); *Orlowski*, ZfBR 2016, 419 (427); *von Rintelen* in: Kniffka, Bauvertragsrecht, BGB § 650c Rn. 138.

551 *Orlowski*, BauR 2017, 1427 (1435); *von Rintelen* in: Kniffka, Bauvertragsrecht, BGB § 650c Rn. 138.

552 Ein solches unternehmerisches Angebot würde auch nicht der gesetzlich normierten Verhandlungspflicht aus § 650b Abs. 2 S. 1 BGB zuwiderlaufen. Denn aus der Kooperationsverpflichtung lässt sich kein spezifiziertes Verhaltensprogramm ableiten (*von Rintelen* in: Kniffka, Bauvertragsrecht, BGB § 650b Rn. 107).

Bestellers bestimmter. Schließlich werden durch das Einschalten von Fremdfirmen Gewährleistungsschnittstellen geschaffen. Diese gilt es – ebenso wie die drohenden Mehrkosten durch den Verlust von Synergieeffekten – zu vermeiden.

Dennoch zielt auch das unternehmerische Interesse auf eine Nachtragseinigung ab. Beide Methoden der Nachtragsvergütungsermittlung (§ 650c Abs. 1 oder Abs. 2 BGB) sind – vor allem bei voluminösen Nachträgen – mit hohem bürokratischen Verwaltungsaufwand verbunden. Für den Unternehmer bedeutet dies, weiter in Vorleistung gehen zu müssen. Die damit einhergehende Übernahme des Insolvenzrisikos wird er möglichst vermeiden wollen.

Zugleich hat auch der Unternehmer ein Interesse daran, Rechtsicherheit herzustellen. Ab dem Zugang des Änderungsbegehrens beginnt die 30-tägige Verhandlungsphase. Nach deren Verstreichen ist jedoch keineswegs sicher, dass der Besteller tatsächlich eine Änderungsleistung anordnet. Nur annahmefähige Angebote verschaffen frühzeitig Klarheit.

Zudem hätte der Unternehmer eine anderslautende gerichtliche Entscheidung im Sinne des § 650c Abs. 3 S. 1 BGB zu befürchten.[553] Denn er hat nicht 100 %, sondern 125 % der tatsächlich erforderlichen Mehrkosten für die pauschalierte Abschlagszahlung herangezogen. Auch wenn nach § 650c Abs. 3 S. 3 und S. 4 BGB keine Rückzahlung bzw. Verzinsung droht, erfolgte gleichwohl eine unzutreffende Berechnung. Billigkeitserwägungen sprechen für eine Korrektur. Andernfalls würde die pauschalierte Abschlagszahlung *ad absurdum*[554] geführt. Zwar vertreten *Orlowski* und *von Rintelen*, dass eine gerichtliche Entscheidung nur dann „anders lauten" wird, wenn die achtzigprozentige Abschlagszahlung aus § 650c Abs. 3 S. 1 BGB 100 % der Nachtragsvergütung übersteigt. Nach Überzeugung des Verfassers muss das Gericht aber schon bei einem Überschreiten von 80 % der Nachtragsvergütung eine „anderslautende" Entscheidung treffen. Denn die Schwelle von 100 % ist ausschließlich als Grenzwert für die Rückzahlung und Verzinsung von Belang. Andernfalls würde die Waffengleichheit zwischen den Parteien in dem fein austarierten System der §§ 650b und 650c BGB ins Wanken gebracht werden. Auch kann eine umfassendere Geltung weder dem Gesetzeswortlaut noch der Gesetzesbegründung entnommen werden.

bb) Nachtragsbezugspunkt

Ferner stellt sich in Hinblick auf die Verzinsungspflicht die Frage nach dem maßgeblichen Bezugspunkt bei mehreren Nachträgen. Dabei ist zu klären, ob eine Überzahlung bereits zu verzinsen ist, wenn – isoliert betrachtet – 100 % der jeweiligen Nachtragsvergütung überstiegen werden oder ob es der Gesamtsaldierung

---

553 A. A. *Orlowski*, BauR 2017, 1427 (1435), *Orlowski*, ZfBR 2016, 419 (427) und *von Rintelen* in: Kniffka, Bauvertragsrecht, BGB § 650c Rn. 138.

554 Lateinisch; Deutsch: Zum Sinnlosen.

bedarf, sodass nur ein Übersteigen der gesamten Nachtragsvergütung zur Verzinsungspflicht führt.

Der Sinngehalt des § 650c Abs. 3 S. 3 BGB liegt darin, einen gewissen Abschreckungseffekt zu erzielen. Die Regelung hat Sanktionscharakter. Daher wäre es durchaus plausibel, als Bezugspunkt den isolierten Nachtrag zu wählen.[555] Dennoch ist richtigerweise eine Überzahlung erst dann zu verzinsen, wenn 100 % der gesamten Nachtragsvergütung überstiegen sind. Denn die Verzinsung ist akzessorisch und hängt von dem Überzahlungsanspruch ab.[556] Hat der Besteller durch Abschlagszahlungen auf einzelne Teilleistungen zu viel entrichtet und kann dieser Überschuss mit anderen Leistungen – die bislang nicht hinreichend vergütet wurden – im Rahmen der Schlussrechnung verrechnet werden, liegt keine Überzahlung vor.[557] Im Ergebnis ist dies gerecht. Denn in tatsächlicher Hinsicht existiert eine finanzielle Belastung des Bestellers erst, wenn die Gesamtnachtragssumme überstiegen wird.

cc) § 288 Abs. 1 S. 2, Abs. 2 BGB

Gemäß §§ 650c Abs. 3 S. 4, 288 Abs. 1 S. 2 BGB beträgt die Verzinsung für Überzahlungen von Verbrauchern fünf Prozentpunkte über dem Basiszinssatz ab Eingang der Abschlagszahlung. Ist kein Verbraucher an dem Rechtsgeschäft beteiligt, wird der Unterschiedsbetrag zwischen vereinnahmter und berechtigter Mehrvergütung ab Eingang der Abschlagszahlung mit neun Prozentpunkten über dem Basiszinssatz verzinst.

Dies bedeutet, dass Überzahlungen bei Verbrauchern einem geringeren Strafzins unterliegen als solche bei Unternehmern. Auf den ersten Blick verwundert das.[558] Schließlich muss doch ein Verbraucher, der typischerweise weniger Fachkunde besitzt, in den Genuss eines höheren Schutzniveaus kommen.[559] Die wohl tragenden Erwägungen für die unterschiedliche Behandlung offenbaren sich aber, wenn man berücksichtigt, dass Bauvorhaben mit einem Verbraucher auf

555 BeckOGK/*Mundt*, BGB § 650c Rn. 145.

556 *Von Rintelen* in: Kniffka, Bauvertragsrecht, BGB § 650c Rn. 139.

557 *Manteufel* in: Kleine-Möller/Merl/Glöckner, § 12, Rn. 679. Die hier vertretene Auffassung steht auch in Einklang mit der Beschlussempfehlung des Ausschusses für Recht und Verbraucherschutz. Dort heißt es: „Falls sich die Zahlung der pauschalen 80-%-Mehrvergütung über mehrere Abschlagszahlungen erstreckt hat, entsteht die Zinspflicht [erst] mit der ersten die tatsächlich geschuldete Mehrvergütung übersteigenden Zahlung" (BT-Drucks. 18/11437, S. 42).

558 Siehe auch BeckOGK/*Mundt*, BGB § 650c Rn. 143. Zumal den Gesetzesmaterialien selbst kein sachlicher Grund für die geringere Verzinsung entnommen werden kann.

559 Einer ähnlichen Auffassung ist *Dornis*. Seiner Ansicht nach muss die Begrenzung des § 288 Abs. 2 BGB durch teleologische Ausdehnung durchbrochen werden (BeckOGK/*Dornis*, BGB § 288 Rn. 44 m. w. N.).

Bestellerseite für gewöhnlich ein geringes Auftragsvolumen haben. Nachtragshöhen erreichen von vornherein keine mit einem Großbauvorhaben vergleichbare Dimension. Es bedarf daher keines gleichwertigen Sanktionsszenarios.

Zudem befindet sich bei der Mehrzahl der Bauverträge auf Bestellerseite kein Verbraucher. Für eine möglichst effektive Abschreckungswirkung müssen daher nicht Verträge mit Verbraucherbeteiligung, sondern die übrigen Fallkonstellationen mit Unternehmerbeteiligung auf beiden Seiten erfasst werden. Vor allem dort muss die drohende Verzinsung Bedeutung erlangen. Dies hat der Gesetzgeber erkannt. Bauverträge ohne Verbraucherbeteiligung sind von der Gefahr einer leichtfertigen Überzahlung weit stärker betroffen. Um die präventive Wirksamkeit zu steigern, wurde die Verzinsungshöhe angehoben.

Schließlich ist zu beachten, dass der Gesetzgeber mit der Neuregelung des § 650c Abs. 3 S. 4 BGB bewusst auf § 288 Abs. 1 S. 2 und Abs. 2 BGB verwies. Der Verweis erfolgte trotz Kenntnis der damit einhergehenden unterschiedlichen Behandlung je nach Vorliegen der Verbrauchereigenschaft. Die gesetzgeberische Bewertung ist daher hinzunehmen.

dd) Verzinsungsbeginn

Gemäß §§ 650c Abs. 3 S. 4, 288 Abs. 1 S. 2 BGB ist die Verzinsung von Überzahlungen ab dem „Eingang" der Abschlagszahlung vorzunehmen. § 187 Abs. 1 BGB gilt analog. Die Verzinsung des Differenzbetrags beginnt von dem Tag an, der dem Eingang der Abschlagszahlung nachfolgt. Der Tag, an dem die Abschlagszahlung eingeht, ist lediglich das die Verzinsung auslösende Ereignis. Der Grund hierfür liegt in den andernfalls auftretenden Beweisproblemen.[560]

ee) Zahlungen nach § 650c Abs. 3 S. 1 BGB

§ 650c Abs. 3 S. 3 BGB legt fest, dass die Verzinsungspflicht nur für „Zahlungen nach Satz 1" gilt. Wird eine vorläufige Abschlagszahlung daher durch eine anderslautende gerichtliche Entscheidung abgeändert – mit der Folge, dass die sich nun ergebende Abschlagszahlung die nach § 650c Abs. 1 und Abs. 2 BGB geschuldete Mehrvergütung übersteigt – löst dies keine Verzinsung aus.[561] Dies ist auch nicht nötig. Denn nach dem gesetzlichen Regelfall wird ein Gericht nur dann eingeschaltet werden, wenn die Höhe der pauschalierten Abschlagszahlungsforderung abgesenkt werden soll. Der Besteller wird eine gerichtliche Entscheidung anstrengen, wenn er der Ansicht ist, dass die pauschalierte Abschlagszahlung nach § 650c Abs. 3 S. 1 BGB auf einem überhöhten Angebot

560 Wäre der Abschlagszahlungseingang selbst maßgeblich, müsste stets dessen genaue Uhrzeit belegt werden. Auch müsste die Frage geklärt werden, ob bei sehr spätem Zahlungseingang – beispielsweise 23:58 Uhr – der gesamte Tag zu verzinsen wäre. Alternativ hierzu käme eine Quotelung in Betracht.

561 Derselben Ansicht ist BeckOK BGB/*Voit*, BGB § 650c Rn. 26.

beruht. Senkt das Gericht die Höhe der Abschlagszahlung, ist das für den Verzinsungsanspruch ohne Belang. Schließlich ist dieser aufgrund des Eingangs der überhöhten Abschlagszahlung bereits entstanden.

Gleichwohl wäre auch der Fall denkbar, dass ein Unternehmer eine Abschlagszahlung nach § 650c Abs. 3 S. 1 BGB fordert und sodann bemerkt, dass sein ursprüngliches, der Abschlagszahlung zugrunde liegendes Angebot nach § 650b Abs. 1 S. 2 BGB weitaus niedriger ist als die tatsächlichen Mehrkosten.[562] In diesem Fall würde der Unternehmer eine anderslautende gerichtliche Entscheidung anstreben. Würde die daraufhin abgeänderte Abschlagszahlung nun die nach § 650c Abs. 1 bzw. Abs. 2 BGB geschuldete Mehrvergütung übersteigen, bestünde keine Verzinsungspflicht. Dies ist gerecht, denn die Überzahlung beruht auf der Entscheidung eines neutralen Dritten, nämlich dem Gericht.

2. Sonderprobleme

a) § 650c Abs. 3 S. 1 BGB

aa) Wirkung der gerichtlichen Entscheidung

An erster Stelle ist auf die Wirkung gerichtlicher Entscheidungen, die zu § 650c Abs. 3 S. 1 BGB getroffen werden, einzugehen. Gerichtliche Entscheidungen können einerseits *ex tunc*,[563] andererseits *ex nunc*[564] wirken. Je nach Einstufung differieren mögliche Folgeszenarien.[565]

So würde beispielshalber eine rückwirkende – *ex tunc* – Entscheidung dazu führen, dass die zunächst berechtigte, unternehmerische Arbeitseinstellung – die Folge unbezahlter Abschlagsrechnungen – unrechtmäßig werden würde.[566] Im Anschluss daran könnte im Extremfall sogar eine außerordentliche Kündigung des Bestellers (§ 648a BGB) drohen.

Anders liegen die Konsequenzen bei der Annahme einer *Ex-nunc*-Wirkung. *Franz/Göpner* befürchten in diesem Fall eine künstliche Verlängerung der berechtigten Arbeitseinstellung. Sie verdeutlichen dies anhand eines Beispielsfalls:

---

562 Diese Fallkonstellation dürfte aber von rein theoretischer Natur sein, denn kaum ein Besteller wird sich eines niedrigen Mehrvergütungsangebots verschließen. Einigen sich die Parteien wiederum über die Nachtragsvergütung, schließt das die Anwendbarkeit des § 650c BGB aus („Vergütungsanpassung bei **Anordnungen** nach § 650b Abs. 2 BGB").

563 Lateinisch; Deutsch: von damals an.

564 Lateinisch; Deutsch: von nun an.

565 Brisant ist diese Thematik vor allem bei Fällen, in denen zunächst eine Entscheidung im einstweiligen Verfügungsverfahren ergeht, die anschließend im späteren Hauptverfahren kassiert wird.

566 *Franz/Göpner*, BauR 2018, 557 (578).

„Der Besteller begehrt eine Änderung i. S. d. § 650b Abs. 1 Nr. 1 BGB. Der Unternehmer reicht ein überhöhtes Angebot ein, eine Einigung über die Vergütungsanpassung kommt nicht zustande. Der Besteller ordnet die Leistungsänderung an, der Unternehmer erbringt die Leistung mangelfrei. Er macht nun die Mehrvergütung im Wege einer Abschlagsrechnung über die ausgeführten Leistungen auf Basis der 80 % Regelung des § 650c Abs. 3 S. 1 BGB geltend.

Der Besteller leistet nur eine verminderte Zahlung auf die Abschlagsrechnung, worauf der Unternehmer die Arbeiten einstellt. Der Besteller begehrt im Wege der einstweiligen Verfügung die Feststellung, dass das Angebot des Unternehmers erhöht ist. Die einstweilige Verfügung wird nach Anberaumung einer mündlichen Verhandlung und schriftlichen Erwiderung auf den Feststellungsantrag durch den Antragsgegner erlassen und dem Unternehmer zugestellt mit der Aufforderung, die Arbeiten unverzüglich wieder aufzunehmen.“[567]

Selbst bei zügiger Verfahrensdauer halten *Franz/Göpner* das Verstreichen eines Monats zwischen Antragsstellung des Bestellers und stattgebendem Urteilserlass für realistisch – mit erheblichen Konsequenzen für die Baustelle.[568] Zugleich befürchten sie die unternehmerische „Bauernschläue“, eine *Ex-nunc*-Entscheidung als probates Mittel zu instrumentalisieren, um über die legitimierte Arbeitseinstellung zu vertretende Bauzeitverlängerungen zu nivellieren.

Dennoch dürfen gerichtliche Entscheidungen zu § 650c Abs. 3 S. 1 BGB erst ab deren Erlass wirken (*ex nunc*).[569]

Gegen eine *Ex-tunc*-Wirkung sprechen schon Erwägungen der Rechtssicherheit. Der Unternehmer befände sich bei rechtlich unklaren Sachverhalten stets in der Schwebe. Trotz unbezahlter Abschlagsrechnungen könnte er sich nie auf die Berechtigung seiner Arbeitseinstellung verlassen. Dies belastet ihn nicht nur über Gebühr, sondern führt auch den eigentlichen Zweck der pauschalierten Abschlagszahlungsforderung *ad absurdum*. Der Unternehmer müsste bei jeder Arbeitseinstellung, die wegen fehlender Entrichtung geschuldeter Abschlagszahlungen erfolgt, anderslautende Gerichtsentscheidungen – und damit drohende Haftungsszenarien – einkalkulieren.

Der Verfasser hält zudem die von *Franz/Göpner* aufgeworfenen Befürchtungen bzgl. einer *ex nunc* wirkenden Entscheidung für nicht gravierend. Denn der Besteller konnte der drohenden Arbeitseinstellung zweifach zuvorkommen. Zum einen wurde das unternehmerische Angebot – trotz Änderungsverlangens – ausgeschlagen. Zum anderen hat er die pauschalierten Abschlagszahlungen nach

567 *Franz/Göpner*, BauR 2018, 557 (578).

568 *Franz/Göpner* wählen hier das sehr plastische Beispiel der Einzelgewerkvergabe. Vor allem bei Schlüsselgewerken würde das Erliegen der Baustelle katastrophale finanzielle Folgen mit sich bringen (*Franz/Göpner*, BauR 2018, 557 [578]).

569 *Von Rintelen* in: Kniffka, Bauvertragsrecht, BGB § 650c Rn. 131; *Franz/Göpner*, BauR 2018, 557 (578 f.); *Manteufel*, BauR 2019, 334 [343]).

§ 650c Abs. 3 S. 1 BGB nicht vorschriftsgemäß entrichtet. Die Forderung einer pauschalierten Abschlagszahlung setzt voraus, dass die unternehmerische Nachtragsleistung mangelfrei erbracht wurde. Zahlt der Besteller gleichwohl nicht den geforderten achtzigprozentigen Abschlag, ist er nicht schutzwürdig. Die fehlenden 20 %, der Rückzahlungs- wie auch der Verzinsungsanspruch, sichern ihn hinreichend ab. Auch das Argument, der Unternehmer wolle mit der legitimierten Arbeitseinstellung die von ihm zu vertretenden Bauzeitverlängerungen „ausgleichen", verfängt nicht. Denn bei Vereinbarung von Fertigstellungsfristen wird deren Einhalten dokumentiert. Holt der Unternehmer daher rückständige Arbeiten nach, ist dies für den weiteren Bauverlauf erfreulich. Gleichwohl ändert sich nichts an der zuvor bereits entstandenen und verschuldeten Bauzeitverzögerung, die für etwaige Folgeansprüche maßgeblich ist.[570]

bb) Anwendbarkeit des § 650c Abs. 3 BGB bei Architekten- und Ingenieurverträgen

Ebenfalls umstritten ist die Frage, ob § 650c Abs. 3 BGB bei Architekten- und Ingenieurverträgen Anwendung findet. Meinungen hierzu lassen sich im Wesentlichen in zwei Lager aufteilen. Entweder man gewährt Architekten und Ingenieuren denselben Schutz vor Liquiditätsengpässen oder man versteht § 650q BGB als abschließende Sonderregelung, sodass ein Rückgriff auf § 650c Abs. 3 BGB ausscheidet. Dies lässt sich durch Auslegung ermitteln.

(1) Wortlaut

Die grammatische Auslegung spricht gegen die Anwendbarkeit des § 650c Abs. 3 BGB. Weder der Wortlaut des § 650q Abs. 1 BGB noch derjenige des § 650q Abs. 2 BGB beziehen sich auf die Norm.

§ 650q Abs. 1 BGB zählt sämtliche Vorschriften, die für Architekten- und Ingenieursverträge gelten, auf. § 650c BGB wird dabei nicht genannt.

Mit § 650q Abs. 2 BGB hat der Gesetzgeber eine Sonderregelung für Architekten- und Ingenieurverträge geschaffen, die die Vergütungsanpassung infolge einer Anordnung nach § 650b Abs. 2 BGB regelt. Befindet man sich im Regelungsbereich des § 650q Abs. 2 S. 1 und S. 2 BGB, fehlt es bereits an einem Verweis auf § 650c BGB. Richtet sich die Vergütungsanpassung dagegen nach § 650q Abs. 2 S. 3 BGB, wird zwar auf § 650c BGB verwiesen. Dabei ist jedoch zu konstatieren, dass § 650c BGB nur hinsichtlich der Vergütungsanpassungsregelungen für entsprechend anwendbar erklärt wird. Denn der gesamte Absatz bezieht sich nur auf die Vergütungsanpassung. Die Reichweite des Anwendungsbereichs von

570 Bauen beispielsweise Drittunternehmerleistungen auf den Unternehmerleistungen auf und können wegen der Bauzeitverzögerung nicht erbracht werden, steht dem Besteller weiterhin wegen der verschuldeten Bauzeitverzögerung gegen den Unternehmer ein Schadensersatzanspruch als Folgeanspruch zu.

§ 650q Abs. 2 BGB wird durch § 650q Abs. 2 S. 1 BGB bestimmt. § 650q Abs. 2 S. 1 BGB rekurriert auf der „Vergütungsanpassung im Fall von Anordnungen nach § 650b Absatz 2". Da sowohl § 650q Abs. 2 S. 2 („Im Übrigen") als auch § 650q Abs. 2 S. 3 BGB („Soweit die Vertragsparteien keine Vereinbarung treffen") an den jeweils vorstehenden Satz anknüpfen, beziehen sie sich ebenfalls nur auf die Vergütungsanpassung.

§ 650c Abs. 3 BGB stellt jedoch keine Vergütungsanpassungsregelung dar. Vielmehr handelt es sich bei dieser Vorschrift um einen Anspruch auf Forderung pauschalierter Abschlagszahlungen i. H. v. 80 % des unterbreiteten Angebots.[571]

(2) Systematik

Auch die systematische Auslegung spricht gegen die Anwendbarkeit des § 650c Abs. 3 BGB.

Die Regelung des § 650q BGB befindet sich im Untertitel 2 „Architektenvertrag und Ingenieurvertrag" des Titels 9 „Werkverträge und ähnliche Verträge". § 650c BGB steht hingegen im Titel 9 unter Kapitel 2 „Bauvertrag" des Untertitels 1 „Werkvertrag". Der Gesetzgeber hat beide Normen aufgrund ihres unterschiedlichen Sinngehalts getrennt. Sie stellen eigene Vertragstypen dar. Während der Bauvertrag eine Modifizierung des Werkvertrags darstellt, ist der Architekten- und Ingenieursvertrag lediglich ein diesem ähnlicher Vertrag. Schon diese Diversität spricht gegen die Anwendbarkeit des § 650c Abs. 3 BGB.[572]

(3) Historie

Dasselbe Resultat ergibt eine Betrachtung der Entstehungsgeschichte beider Normen. Die Gesetzesmaterialien enthalten keine Anzeichen oder Belege dafür, dass der besondere Schutz vor Liquiditätsengpässen aus § 650c Abs. 3 BGB Architekten und Ingenieuren ebenfalls zugutekommen soll.

In der Gesetzesbegründung zu § 650c Abs. 3 BGB werden Architekten und Ingenieure gar nicht erst erwähnt. Demgegenüber zeigen sich die Passagen zu § 650q BGB aussagekräftiger.[573]

---

571 Die gesetzliche Überschrift der Norm („Vergütungsanpassungen bei Anordnungen nach § 650b Absatz 2") ist insoweit etwas unglücklich gewählt.

572 So sehen dies auch BeckOK BauvertrR/*Fuchs*, BGB § 650q Rn. 104 und *Pause*, NZBau 2018, 510 (512).

573 Nimmt man die Gesetzesbegründung zur Hand, wird man zunächst verwundert feststellen, dass es sich bei den zitierten Passagen um Anmerkungen zu § 650p BGB-E handelt. Dabei ist jedoch zu beachten, dass sich die §§ 650d – 650u BGB-E durch den nachträglichen Einschub von § 650d BGB n. F. um eine Nummer nach hinten (§§ 650e – 650v BGB n. F.) verschoben haben. Diese Verschiebung hat jedoch keine inhaltlichen Auswirkungen. Die Erläuterungen zu § 650p BGB-E können daher ohne Unterschied bei der historischen Auslegung zu § 650q BGB n. F. herangezogen werden.

So steht in der Gesetzesbegründung zu § 650q Abs. 1 BGB:

„Das in § 650b BGB-E geregelte Anordnungsrecht des Bestellers soll auch im Rahmen von Architekten- oder Ingenieurverträgen gelten. Gerade im Rahmen dieser Verträge besteht oft ein praktisches Bedürfnis nachträglicher Änderungen. Für die sich an eine solche Anordnung anschließende Vergütungsanpassung ist in Absatz 2 eine spezielle Regelung für Architekten- und Ingenieurverträge vorgesehen.“[574]

Diese Erläuterung macht deutlich, dass der Gesetzgeber gerade keine direkte Anwendung des § 650c BGB erwog. Vielmehr stellt § 650q Abs. 2 BGB – als Pendant zu § 650c BGB – die spezialgesetzliche Vergütungsanpassungsnorm für Architekten und Ingenieure dar.

Zu § 650q Abs. 2 BGB ist Folgendes kommentiert:

„Nur wenn die Parteien keine Vereinbarung treffen, soll – ebenso wie es § 632 Absatz 2 für den Auffangmaßstab der üblichen Vergütung regelt – der Maßstab der tatsächlich erforderlichen Kosten gemäß § 650c BGB-E gelten.“[575]

Auch in dieser Textpassage bezieht sich der Gesetzgeber ausschließlich auf die Vergütungsanpassungsregelung des § 650c Abs. 1 BGB („tatsächlich erforderlichen Kosten“).[576] Weder die Urkalkulation[577] noch die pauschalierte Abschlagszahlung werden erwähnt.

(4) Telos

Einzig die teleologische Auslegung streitet für das Heranziehen von § 650c Abs. 3 BGB bei Architekten- und Ingenieurverträgen.

---

574 BT. Drucks 18/8486, S. 68.

575 BT. Drucks 18/8486, S. 69.

576 Dabei wird von *Kniffka* zu Recht kritisiert, dass diese Art der Nachtragsberechnung Architekten vor enorme Schwierigkeiten stellen wird. Denn es ist vor dem Hintergrund der Gebührenordnung für sie unüblich, tatsächliche Aufwendungen bzgl. Material, Arbeitszeit etc. festzustellen und diese weiterhin mit angemessenen Zuschlägen für allgemeine Geschäftskosten, Wagnis und Gewinn zu versehen (*Kniffka*, BauR 2017, 1846 [1868]). A. A. sind *Digel/Jacobsen*. Ihrer Auffassung nach ist eine Ist-Kosten-Abrechnung leicht zu bewerkstelligen (*Digel/Jacobsen*, BauR 2017, 1587 [1590]).

577 Dies mag an der Erkenntnis des Gesetzgebers liegen, dass beim Architekten- und Ingenieurvertrag regelmäßig keine Urkalkulation hinterlegt wird, die als Bezugspunkt dienen könnte (BT. Drucks 18/8486, S. 69).

Nicht nur bei Bauverträgen, sondern auch bei Architekten- und Ingenieurverträgen können während der Vertragslaufzeit Situationen entstehen, die eine Leistungsänderung erfordern. Zu diesem Zweck hat der Gesetzgeber in § 650q Abs. 1 BGB die Regelung des § 650b BGB für entsprechend anwendbar erklärt. Bauverträge und Architekten- und Ingenieursverträge sollen rechtlich gleichgestellt sein, soweit dies sinnvoll und möglich ist.[578]

Können einseitig Änderungsanordnungen ergehen, bedarf es aber auch entsprechender Vergütungsanpassungsregelungen. Dabei hat der Gesetzgeber erkannt, dass ein schlichter Verweis auf § 650c BGB nicht zielführend ist. Denn Architekten- und Ingenieurleistungen können in den Anwendungsbereich der HOAI fallen. § 650c BGB geht auf die HOAI jedoch nicht ein. Um diese Thematik daher zufriedenstellend zu lösen, wurde die zur Vergütungsermittlung für Architekten- und Ingenieurleistungen speziell zugeschnittene Norm des § 650q Abs. 2 BGB geschaffen.[579]

Weiterhin ungeklärt blieb dagegen die Frage der Anwendbarkeit des § 650c Abs. 3 BGB. Der eigentliche Sinn und Zweck dieser Vorschrift liegt darin, vorleistungspflichtige Unternehmer vor Liquiditätsengpässen zu schützen. Die Gefahr fehlender, liquider Mittel besteht jedoch bei Bauunternehmern wie Architekten und Ingenieuren gleichermaßen.

(5) Fazit

Es bleibt daher festzuhalten, dass grammatische, systematische und historische Auslegung gegen eine Anwendbarkeit des § 650c Abs. 3 BGB auf Architekten- und Ingenieurverträge sprechen. Einzig die teleologische Auslegung spricht für eine Anwendung. Daher stellt sich die Frage, ob zwischen der teleologischen und den übrigen Auslegungsmethoden Rangverhältnisse bestehen, die ein Auslegungsergebnis begründen.

---

578 *Pause*, NZBau 2018, 510 (513).

579 Gleichwohl muss sich der Gesetzgeber auch hier den Vorwurf gefallen lassen, durch seine vage Gesetzesbegründung neue Rechtsprobleme kreiert zu haben. So wird in der Literatur diskutiert, wonach sich die Vergütungsanpassung bei Fallkonstellationen des § 10 HOAI, bei denen – anstelle der dort vorgesehenen Einigung – eine Bestelleranordnung inmitten ist, richtet. Einerseits könnte § 10 HOAI analog, andererseits § 650c BGB herangezogen werden.

Nach Auffassung des Verfassers sollte sich die Vergütung im Anwendungsbereich der HOAI auch nach den dortigen Bestimmungen richten. Denn die HOAI bezweckt mit dem geregelten Honorarrecht einerseits den Schutz der Allgemeinheit, andererseits den Schutz des Architekten. Dieser Zielsetzung widerspräche es aber, wenn sich der Besteller den zwingenden Anpassungsfolgen des § 10 HOAI einfach entziehen könnte, indem er die Einigung verweigert und die Planungsänderung anordnet (so auch *Kniffka*, BauR 2017, 1846 [1868]).

Die teleologische Auslegung wird nicht durch die übrigen Auslegungsmethoden beschränkt.[580] Vielmehr ist das Ergebnis grammatischer, systematischer und historischer Auslegung bei Bedarf anhand dieser zu korrigieren.[581] Eine noch drastischere Auffassung vertritt *Honsell*.[582] Zwar quittiert auch er, dass zwischen den Auslegungsmethoden keine allgemein anerkannte Reihenfolge oder Hierarchie besteht. Nach heutigem Verständnis hat die teleologische Interpretation jedoch Vorrang.[583] Denn es muss das Auslegungsziel einer gesetzlichen Regelung sein, deren zugrunde liegende Gerechtigkeits- und Zweckmäßigkeitsgesichtspunkte – die sog. *Ratio*[584] – zu erfassen.[585] Nur der Sinn und Zweck einer Norm bringt den ihr innewohnenden Gedanken hervor. Die übrigen Auslegungsmethoden können dieser Wertungsermittlung lediglich als Hilfsmittel dienen.[586]

Wie oben ausgeführt, besteht auch bei Architekten und Ingenieuren das Bedürfnis, nach Vorleistung vor Liquiditätsengpässen geschützt zu werden. § 650q Abs. 2 S. 3 BGB ist daher so weit auszulegen, dass nicht nur die eigentliche Vergütungsanpassungsberechnung, sondern auch § 650c Abs. 3 BGB davon erfasst wird.

Für dieses Verständnis spricht auch der Aspekt einer verfassungsrechtlichen Würdigung.[587] Art. 3 Abs. 1 GG regelt den Gleichheitsgrundsatz. Dieser besagt, dass „wesentlich Gleiches gleich und wesentlich Ungleiches ungleich zu behandeln" ist.[588]

Die Prüfung, ob der Gleichheitsgrundsatz eingehalten wurde, erfolgt zweistufig. In einem ersten Schritt ist die Gleich- bzw. Ungleichbehandlung herauszuarbeiten. Dafür sind Vergleichsgruppen zu bilden, die unter einen gemeinsamen

580 *Pause*, NZBau 2018, 510 (513). A. A. sind *Looschelders/Roth*, Juristische Methodik, S. 160 f.

581 *Pause*, NZBau 2018, 510 (513 m. w. N.).

582 *Honsell* in: Staudinger, Einleitung zum BGB, Rn. 153.

583 So auch *Pause*, NZBau 2018, 510 (513).

584 Lateinisch; Deutsch: Berechnung, Erwägung, Vernunft.

585 *Honsell* in: Staudinger, Einleitung zum BGB, Rn. 152.

586 Ein solches Verständnis entspricht zugleich dem herrschenden Meinungsbild in der Anwendungsfrage (*Pause*, NZBau 2018, 510 [512 ff.]; *Digel/Jacobsen*, BauR 2017, 1587 [1591]; *W. Langen* in: LBD, BGB § 650q Rn. 56; BeckOK BauvertrR/*Fuchs*, BGB § 650q Rn. 104, befürwortend, aber dogmatisch ablehnend; *Zahn* in: Kniffka, Bauvertragsrecht, BGB § 650q Rn. 115, der § 650c Abs. 3 BGB jedoch nur im subsidiären Anwendungsbereich für anwendbar erklärt). Die weit überwiegende Kommentarliteratur möchte § 650c Abs. 3 BGB auch bei Architekten- und Ingenieurverträgen anwenden. Einzig die dogmatische Ausgestaltung steht in Streit.

587 Die verfassungsrechtliche Überprüfung betrifft § 650q BGB und nicht § 650c Abs. 3 BGB. Andernfalls wäre eine Abhandlung in *Abschnitt E.* erfolgt.

588 Ständige Rechtsprechung: BVerfG, Urt. v. 09.12.2008 – 2 BvL 1/07; BVerfG, Beschl. v. 21.06.2006 – 2 BvL 2/99; BVerfG, Beschl. v. 16.03.2005 – 2 BvL 7/00; BeckOK GG/*Kischel*, GG Art. 3 Rn. 14 m. w. N.

Oberbegriff fallen. Sodann wird anhand der unterschiedlichen Rechtsfolgen beider Vergleichsgruppen die Ursache – das sog. Differenzierungskriterium – herausgearbeitet. In einem zweiten Schritt wird schließlich geprüft, ob die unterschiedliche Behandlung dieser Vergleichsgruppen gerechtfertigt ist. Dabei lehnt sich die Prüfung der Rechtfertigung an diejenige der Verhältnismäßigkeit an.

§ 650c Abs. 3 BGB bezieht sich auf die Vergütung angeordneter Leistungsänderungen nach § 650b BGB. Vergleichsgruppen im Anwendungsbereich des § 650b BGB sind einerseits die Bauunternehmer, andererseits die Architekten und Ingenieure.[589] Während sich die Bauunternehmer auf § 650c Abs. 3 BGB berufen können, bleibt dies den Architekten- und Ingenieuren – so die Auslegung des § 650q Abs. 1 BGB (ohne Telos) – verwehrt. Wesentlich Gleiches würde daher ungleich behandelt. Diese Diskrepanz bei der Anwendbarkeit des § 650c Abs. 3 BGB bildet das Differenzierungskriterium.

Diese ungleiche Regelung ist nicht gerechtfertigt. Selbst wenn der legitime Zweck[590] und die Geeignetheit der Ungleichbehandlung bejaht werden sollten, fehlt es jedenfalls an der Erforderlichkeit. Bei deren Überprüfung werden zunächst alle zielführenden Mittel miteinander verglichen. Nachfolgend wird – bei gleicher Wirksamkeit – der schonendste Ansatz ausgewählt.[591] Auch wenn der unterschiedliche Vorleistungsumfang als der tragende, gesetzgeberische Beweggrund für die ungleiche Handhabung ausgemacht werden kann, rechtfertigt er keinen vollständigen Ausschluss des § 650c Abs. 3 BGB bei Architekten und Ingenieuren. Dies wäre zu pauschal. Schließlich können auch Architekten und Ingenieure durch Vorleistung Nachtragsvergütungshöhen erreichen, die weit über bauunternehmerischen Nachtragsvergütungsbeträgen liegen.

Doch selbst wenn man an dieser Stelle dem Einwand der gesetzgeberischen Einschätzungsprärogative folgen möchte – somit die Erforderlichkeit bejaht – scheitert die Rechtfertigung jedenfalls an der Angemessenheit. Ausschlaggebend für die Angemessenheit ist die sog. Zweck-Mittel-Relation.[592] Dabei ist abzuwägen, ob das Differenzierungskriterium dem Differenzierungsziel hinreichend gerecht wird.[593] Es ist zu hinterfragen, ob der Anwendbarkeitsausschluss des § 650c Abs. 3 BGB bei Architekten und Ingenieuren den vermeintlich unterschiedlichen Vorleistungsumfang angemessen berücksichtigt. Dies muss verneint werden. Denn

---

589 Für Bauunternehmer gilt § 650b BGB ebenso wie für Architekten und Ingenieure (§ 650q Abs. 1 BGB).

590 Was genau den Gesetzgeber zu dieser unterschiedlichen Handhabung veranlasste, kann nicht beantwortet werden, da die Gesetzesbegründung zu dieser Thematik schweigt. *Pause* spekuliert, dass die Differenzierung womöglich ihren Ursprung in einer umfangreicheren Vorleistung von Bauunternehmern hat. Schließlich umfasst die Vorleistung bei Bauunternehmern neben der eigenen Leistung typischerweise auch den Einsatz von Gerät und Material (*Pause*, NZBau 2018, 510 [515]).

591 *Kirchhof* in: Maunz/Dürig, GG, GG Art. 3 Abs. 1, Rn. 259.

592 *Heun* in: Dreier, GG, GG Art. 3 Rn. 28.

593 BeckOK GG/*Kischel*, GG Art. 3 Rn. 34.

der Schutz vor Liquiditätsengpässen trifft nicht nur Bauunternehmer, sondern Architekten- und Ingenieure gleichermaßen. Es fehlt an sachlichen Gründen für einen Anwendbarkeitsausschluss des § 650c Abs. 3 BGB. Allenfalls würde die Abstufung des pauschalierten Prozentwerts den Anforderungen der Angemessenheit genügen. Ob dieser Wert nun bei 50 %[594] der angebotenen Vergütung liegt oder je nach Vorleistungsumfang zu bestimmen ist, sei dahingestellt. In jedem Fall wäre eine gesetzliche Regelung notwendig, deren Ausgestaltung wiederum dem Gesetzgeber obliegt. Der Ausschluss der Anwendbarkeit des § 650c Abs. 3 BGB bei Architekten- und Ingenieursverträgen ist mit dem allgemeinen Gleichheitsgrundsatz aus Art. 3 Abs. 1 GG daher nicht zu vereinbaren. Die Vorschrift des § 650q BGB ist verfassungskonform auszulegen. Ihre Grenze findet die Auslegung dort, wo sie dem Wortlaut und dem klar erkennbaren Willen des Gesetzgebers widerspricht.[595]

§ 650q Abs. 1 BGB ist einer verfassungskonformen Auslegung in Hinblick auf § 650c Abs. 3 BGB daher nicht zugänglich.[596] Der Wortlaut steht der Heranziehung eindeutig entgegen. Anders verhält es sich hingegen bei § 650q Abs. 2 S. 3 BGB. Dieser verweist auf § 650c BGB. Auch wenn damit – angesichts der Gesetzesbegründung[597] – nur ein Bezug zur Vergütungsanpassungsregelung des § 650c

594 So *Pause*, NZBau 2018, 510 (515).

595 *Rieger*, NVwZ 2003, 17 (21); BVerfGE 90, 263 (275); 54, 277 (299 f.); 71, 81 (105).

596 A. A. ist *Pause*, NZBau 2018, 510 (515). Abgesehen davon, dass einer verfassungskonformen Auslegung des § 650q Abs. 1 BGB schon der insoweit eindeutige Wortlaut entgegensteht, würde eine, damit einhergehende, vollumfängliche Anwendung des § 650c Abs. 3 BGB auch dem erkennbaren Willen des Gesetzgebers entgegenstehen. Werden Änderungsleistungen angeordnet, gilt die für Architekten und Ingenieure spezialgesetzliche Vergütungsanpassungsnorm des § 650q Abs. 2 BGB. § 650q Abs. 2 S. 2 BGB verweist auf die eigens für Architekten und Ingenieure geltende Honorarordnung. Einzig § 15 Abs. 2 HOAI äußert sich dabei zu Abschlagszahlungen. Eine Regelung, die pauschalierte Abschlagszahlungen vorsieht, enthält die HOAI hingegen nicht. Der Gesetzgeber hielt eine solche im Anwendungsbereich der HOAI augenscheinlich für nicht nötig. Eine entsprechende Anwendung des § 650c Abs. 3 BGB würde – von dem Fehlen einer planwidrigen Regelungslücke einmal abgesehen – diese Wertung aushebeln. § 650q Abs. 2 S. 2 BGB besagt, dass die Vergütungsanpassung infolge der Änderungsanordnungen frei vereinbar ist. Nur wenn es an einer Vereinbarung mangelt, greift § 650q Abs. 2 S. 3 BGB und damit § 650c BGB entsprechend. Dies ist stringent. Denn wenn die Vergütungsanpassung durch die Parteien frei ausgehandelt werden kann, obliegt es den Parteien auch eigenständig ihre Interessen einzubringen und durchzusetzen. Wird trotz Vereinbarung keine Regelung zur pauschalierten Abschlagszahlung getroffen, wäre es wenig plausibel gleichwohl die Norm des § 650c Abs. 3 BGB anzuwenden. Der Anwendungsbereich des § 650c Abs. 3 BGB ist daher bei Architekten und Ingenieuren – ebenso wie bei Bauunternehmern – nur dort gegeben, wo weder spezialgesetzliche Regelungen gelten noch Vereinbarungen getroffen wurden.

597 BT-Drucks. 18/8486, S. 69.

Abs. 1 S. 1 BGB hergestellt werden sollte, ist der Verweis anlässlich verfassungskonformer Auslegung umfassend zu verstehen.

Im Übrigen wäre es auch in besonderem Maße fragwürdig, dass der Gesetzgeber ausgerechnet dort, wo er den besonderen Bedarf für Änderungsanordnungen sieht, den Parteien die übrigen Konfliktlösungsmechanismen – wie die pauschalierte Abschlagszahlung – vorenthalten wollte.[598]

cc) Zusammenspiel mit dem Leistungsverweigerungsrecht

Ebenfalls klärungsbedürftig ist das Zusammenspiel des neuen § 650c Abs. 3 BGB mit dem unternehmerischen Leistungsverweigerungsrecht.[599] Das Bestehen eines solchen Rechtes hängt maßgeblich von dem Zeitpunkt der Geltendmachung ab.

Werden Abschlagszahlungen nach § 650c Abs. 3 BGB gefordert, jedoch nicht entrichtet, kann der Unternehmer die Erbringung weiterer Leistungen gemäß § 320 Abs. 1 S. 1 BGB verweigern.[600] Dadurch wird zum einen sichergestellt, dass die eigene Leistung nur gegen Erhalt der Gegenleistung erbracht werden muss. Zum anderen dient die Vorschrift als Druckmittel zur rechtzeitigen Vertragsdurchführung.[601]

Will sich der Unternehmer dagegen zu einem noch früheren Zeitpunkt auf ein Leistungsverweigerungsrecht berufen, fehlt es am praktischen Bedürfnis:[602]

Vor der Reform des Bauvertragsrechts konnte der Besteller keine einseitigen Änderungsanordnungen treffen, da die bisherige Rechtslage kein solches Recht vorsah. Bei strittigen Nachträgen durfte der Unternehmer seine Leistungen bis zum Abschluss einer Vergütungsvereinbarung verweigern. Mit Einführung der §§ 650b und 650c BGB ist jedoch eine Rechtslage entstanden, die eine Neubewertung erfordert.

Dabei richtet sich der Blick zunächst auf die parallel gelagerten Vorschriften der VOB/B.[603] In Hinblick auf das Leistungsverweigerungsrecht wird dort

---

598 *Digel/Jacobsen*, BauR 2017, 1587 (1592).

599 Das Leistungsverweigerungsrecht des Bestellers ist im Unterschied dazu wenig problematisch. Erbringt ein Unternehmer seine Leistung nicht vertragsgemäß, fordert dessen ungeachtet aber Abschlagszahlungen nach § 650c Abs. 3 BGB, kann sich der Besteller auf § 632a Abs. 1 S. 2 BGB berufen (BeckOGK/*Mundt*, BGB § 650c Rn. 133).

600 BeckOGK/*Mundt*, BGB § 632a Rn. 95; *W. Langen* in: LBD, BGB § 650c Rn. 106.

601 BeckOK BGB/*Schmidt*, BGB § 320 Rn. 10.

602 So auch *Pause*, BauR 2018, 882 (890 f.).

603 Ebenso wie nach neuer BGB-Rechtslage gibt es in der VOB/B Vorschriften zum Anordnungsrecht und der Nachtragsvergütung: So kann der Besteller gemäß § 1 Abs. 3 VOB/B Leistungsänderungen und gemäß § 1 Abs. 4 VOB/B zusätzliche Leistungen anordnen. Während sich die Vergütung für Leistungsänderungen nach § 2 Abs. 4 VOB/B richtet, ergibt sie sich bei zusätzlichen Leistungen aus § 2 Abs. 5 VOB/B (wesentlicher Unterschied beider Vorschriften ist der, dass dem Besteller gegenüber der Vergütungsanspruch zusätzlicher Leistungen vor

zwischen Nachträgen, die dem Grunde nach und solchen die der Höhe nach streitig sind, unterschieden.[604]

Bei dem Grunde nach streitigen Nachträgen, bei denen der Besteller von vornherein jegliche Zusatzvergütung ernsthaft und endgültig verweigert, besteht – nach herrschender Auffassung – ein Leistungsverweigerungsrecht des Unternehmers.[605]

Sind die Nachträge hingegen der Höhe nach strittig, herrscht Uneinigkeit.[606] Die Rechtsprechung verneint – soweit ersichtlich – ein Leistungsverweigerungsrecht.[607] Die Auffassungen in der Literatur sind zwiegespalten. Einerseits wird ein Leistungsverweigerungsrecht auch hier abgelehnt,[608] andererseits wird es ab einer Erheblichkeitsgrenze – die in etwa bei 3–5 %[609] anzusiedeln ist – bejaht.[610] Letztlich ist eine genaue Bewertung und Einordnung nicht nötig. Denn die Befunde zur VOB/B können auf die Rechtslage nach dem BGB nicht übertragen werden.[611] Sinn und Zweck des Leistungsverweigerungsrechts ist es, Liquiditätsengpässen des Unternehmers – bedingt durch dessen Vorleistungspflicht – entgegenzuwirken.[612]

Dieses Bedürfnis besteht nur bei VOB/B-Verträgen. Denn in BGB-Verträgen wird ein hinreichender Liquiditätsschutz durch die neu eingeführten Vorschriften der §§ 650c Abs. 3, 650d BGB gewährt. Finanzielle Engpässe sind gerade nicht zu befürchten. Sind Nachträge der Höhe nach strittig, greift § 650c Abs. 3 BGB.

Leistungsausführungsbeginn angekündigt werden muss § [§ 2 Abs. 6 Nr. 1 VOB/B]).

604 Lesenswert dazu *Kimmich*, BauR 2009, 1494 ff.

605 KSM, Band 1, Rn. 976; *Kimmich*, BauR 2009, 1494 (1497); *Vygen*, BauR 2005, 431 (432).

606 *Kimmich*, BauR 2009, 1494 (1498 f.).

607 OLG Düsseldorf, Urt. v. 20.07.2004 – I-21 U 178/03, OLG Brandenburg, Urt. v. 19.10.2005 – 4 U 151/04.

608 *Vygen*, BauR 2005, 431 (432); m. w. N. *Kimmich*, BauR 2009, 1494 (1498 f.).

609 A. A. ist *Virneburg*, der ein Leistungsverweigerungsrecht erst ab einer Differenzgrenze von 25 % annehmen möchte (*Virneburg*, ZfBR 2004, 419 [420]). Er stützt diese Erkenntnis auf ein Urteil des OLG Zweibrücken (OLG Zweibrücken, Urt. 20.09.1994 – 8 U 214/93).

610 *Pause*, BauR 2018, 882 (885); *Leinemann*, NJW 1998, 3672 (3675).

611 Unerheblich sind dabei die folgenden Ausgestaltungsunterschiede, die ein bloßer Vergleich der Nachtragsregelungen von VOB/B und BGB bereits offenbart:
- Unterteilung in Leistungsänderung (§ 1 Abs. 3 VOB/B) und zusätzliche Leistung (§ 1 Abs. 4 VOB/B), die bei einem BGB-Vertrag fehlt;
- keine vorgeschaltete Einigungsphase in der VOB/B, anders beim BGB-Vertrag: § 650b Abs. 2 BGB;
- unterschiedliche Nachtragsvergütungsberechnung.

Denn sie haben allesamt keine direkte Auswirkung auf den Sinn und Zweck des Leistungsverweigerungsrechts – die Vermeidung von Liquiditätsengpässen (so auch *Pause*, BauR 2018, 882 [888 ff.]).

612 *Pause*, BauR 2018, 882 (886).

Die pauschalierte Abschlagszahlung sichert dem Unternehmer vorläufig die Liquidität. Sind Nachträge dem Grunde nach strittig, steht es dem Unternehmer frei, eine einstweilige Verfügung nach § 650d BGB zu beantragen. Mithilfe dieser lässt sich feststellen, ob es sich um eine Änderungsanordnung handelt, die den Besteller zur Zahlung einer Nachtragsvergütung verpflichtet.

b) § 650c Abs. 3 S. 3, S. 4 BGB

aa) Kein Verschulden beim Verzinsungsanspruch

Nach § 650c Abs. 3 S. 3 und S. 4 BGB erfolgt die Verzinsung verschuldensunabhängig. Es ist demnach unerheblich, ob den Unternehmer bei der Überzahlung ein Verschulden trifft.

Das neue Bauvertragsrecht ist geprägt von dem Prinzip der Konfliktvermeidung, um den Baufortgang zu gewährleisten. Diesem Grundsatz würde die zeitintensive, exakte Ermittlung der Verschuldensfrage zuwiderlaufen, zumal unklare Sachlagen den Streit um die Verschuldensquotelung nur mehr befeuern. Im Übrigen schafft die verschuldensunabhängige Verzinsung auch einen Gleichlauf mit dem werkvertraglichen Sphärengedanken gem. § 644 ff. BGB.[613] Das bei § 650c Abs. 3 S. 1 BGB heranzuziehende Angebot entstammt stets der Sphäre des Unternehmers. Damit zusammenhängende Risiken dürfen nicht den Besteller treffen, zumal er regelmäßig keine Kenntnis darüber hat, wie sich die Parameter des Angebots nach § 650b Abs. 1 S. 2 BGB zusammensetzen.

bb) Verjährung des Rückzahlungsanspruchs

Bei einem Bauvertrag entsteht der Vergütungsanspruch mit Abnahme und Vorlage einer prüffähigen Schlussrechnung, vgl. § 650g Abs. 4 BGB. Es gilt die regelmäßige, dreijährige Verjährungsfrist (§ 195 BGB). Sie beginnt mit Schluss des Jahres, in dem der Anspruch entstanden ist und die Voraussetzungen des § 199 Abs. 1 Nr. 2 BGB vorliegen. Dabei ist zu beachten, dass nicht nur die in der Schlussrechnung aufgelisteten Forderungen fällig werden, sondern auch diejenigen Forderungen, die in die Schlussrechnung hätten aufgenommen werden können.[614] Der Sinn und Zweck dessen liegt in der einheitlichen Verjährung. Auf der einen Seite gibt der Unternehmer mit der Schlussrechnungsvorlage zu erkennen, was er für die gesamte, von ihm erbrachte Werkleistung noch fordern kann.[615] Auf der anderen Seite kann sich der Besteller darauf einstellen, dass die

---

613 Zur Sphärentheorie siehe MüKo BGB/*Busche*, BGB § 645 Rn. 14 f.

614 BGH, Urt. v. 12.02.1970 – VII ZR 168/67; OLG Düsseldorf, Urt. v. 13.11.2007 – 21 U 256/06; OLG Hamm, Urt. v. 21.02.2012 – 21 U 93/11, *May/Rosendahl*, NZBau 2019, 687 f., BeckOGK/*Mundt*, BGB § 650c Rn. 166.

615 *May/Rosendahl*, NZBau 2019, 687 (688).

Verjährungsfrist für alle Forderungen zu laufen beginnt und keine sehr viel späteren Nachtragsforderungen drohen.

Es stellt sich daher die Frage, ob die obigen, verjährungsrechtlichen Grundsätze der Vergütungs- bzw. vergütungsgleicher Ansprüche auch bei Rückzahlungsansprüchen des Bestellers aus § 650c Abs. 3 S. 3 BGB gelten.

Vorab ist klarzustellen, dass es sich bei dem Rückzahlungsanspruch aus § 650c Abs. 3 S. 3 BGB um einen vertraglichen und keinen bereicherungsrechtlichen Anspruch handelt. Es gilt daher ebenfalls die dreijährige Verjährungsfrist (§§ 195, 199 Abs. 1 BGB). Andernfalls hätte der Gesetzgeber eine gesonderte Verjährungsregelung normieren müssen.

Ungeklärt ist jedoch der für den Verjährungsbeginn maßgebliche Zeitpunkt der Fälligkeit. Einerseits ließe sich die Schlussrechnungsvorlage als der maßgebliche Fälligkeitszeitpunkt bestimmen. Andererseits käme der Zeitpunkt der Leistungsfertigstellung in Betracht. Denn ab diesem Moment kann die Überzahlung selbst ermittelt, gefordert und eingeklagt werden.[616] Klarheit in dieser Frage verschafft die Beschlussempfehlung des Ausschusses für Recht und Verbraucherschutz zum ursprünglichen Gesetzesentwurf, welcher der Gesetzgeber letzten Endes gefolgt ist:

> *„Falls nämlich die Angebotssumme überhöht angesetzt ist, ist der Besteller aufgrund der 80 Prozent-Regelung gleichwohl zur Zahlung verpflichtet. Ihm entsteht zwar später im Rahmen der Schlussrechnung ein Rückzahlungsanspruch für derartige Überzahlungen (§ 650c Absatz 3 Satz 3 BGB-E). Um diese Risiken für den Besteller zu reduzieren und leichtfertig zu hoch angesetzten Mehrvergütungsangeboten entgegenzuwirken, wird eine Verzinsungspflicht für Überzahlungen vorgesehen.“*[617]

Der Rückzahlungsanspruch wird demnach erst mit Vorlage der Schlussrechnung fällig. Dies ist zweckmäßig. Schließlich schafft der verjährungsrechtliche Gleichlauf mit den Vergütungs- bzw. vergütungsgleichen Ansprüchen Rechtssicherheit.

---

616 So jedenfalls das OLG Düsseldorf, Urt. v. 11.03.2016 – I 22 U 176/14, Rn. 29. Auch nach Ansicht des OLG Saarbrücken ist die Schlussrechnungsvorlage für die Fälligstellung des Rückzahlungsanspruchs nicht erforderlich. Gerichtlicher Anknüpfungspunkt ist vielmehr die Kenntnis bzw. grob fahrlässige Unkenntnis des Bestellers von der Überzahlung (OLG Saarbrücken, Urt. v. 13.07.2010 – 4 U 569/09). Ein Abstellen auf den individuellen Kenntnisstand führt jedoch – je nach Prozess- und Bauerfahrung – zu unbestimmbaren Zufallsergebnissen und ist daher abzulehnen (so auch *May/Rosendahl*, NZBau 2019, 687 [689]).

617 BT-Drucks. 18/11437, S. 42.

C. Wirksamkeit abweichender Vereinbarungen

Von Relevanz ist auch die Frage, inwieweit von dem Regelungsgehalt des § 650c BGB abgewichen werden darf. Zwingende Voraussetzung hierfür ist die Abdingbarkeit einer Norm. In dem Gesetzesentwurf der BReg enthielt § 650c BGB-E noch fünf Absätze. § 650c Abs. 4 S. 1 BGB-E lautete:

> *„Die Parteien können eine andere Vereinbarung für die Vergütungsanpassung treffen."*[618]

Demnach verfolgte der Gesetzgeber eine dispositive Ausgestaltung. Gleichwohl wurde diese Klarstellung nicht gesetzlich verankert. Vielmehr wurden § 650c Abs. 4 BGB-E wie auch § 650c Abs. 5 BGB-E im weiteren Verlauf des Gesetzesvorhabens ersatzlos gestrichen.

§ 650c BGB ist deshalb aber nicht – im Umkehrschluss – zwingendes Recht. Andernfalls hätte § 650b Abs. 1 S. 1 BGB, wonach die Parteien Einvernehmen über die Vertragsänderung und die damit einhergehende Nachtragsvergütung erzielen sollen, keinen Sinn. Dies ist nur bei dispositivem Verständnis des § 650c BGB möglich. Darüber hinaus gilt im deutschen Recht der Grundsatz der Privatautonomie. Hierunter versteht man die Handlungsfreiheit des Einzelnen, seine Rechtsverhältnisse nach eigenem Willen selbst und eigenverantwortlich zu gestalten.[619] Um diesem Leitfaden hinreichend Rechnung zu tragen, sind die gesetzlichen Normen im deutschen Vertragsrecht grundsätzlich dispositiv ausgestaltet. Die Unabdingbarkeit einer Norm ist dagegen die Ausnahme. Dieses Regel-Ausnahme-Verhältnis spricht ebenfalls für die dispositive Ausgestaltung des § 650c BGB.[620] Neben alledem unterstreicht auch ein Blick auf den Verbraucherbauvertrag das dispositive Verständnis des § 650c BGB. § 650o BGB zählt abschließend die Normen auf, von denen bei Abschluss eines Verbraucherbauvertrags nicht abgewichen werden darf. In der Aufzählung wird die Vorschrift des § 650c BGB nicht erwähnt. Wenn aber § 650c BGB nicht einmal bei einem Verbraucher als Vertragspartner zwingendes Recht darstellt, so muss die Norm erst recht bei Nicht-Verbrauchern dispositiver Natur sein.[621] § 650c BGB ist daher im Ergebnis abdingbar.

---

618 BT-Drucks. 18/8486, S. 14.

619 *Di Fabio* in: Maunz/Dürig, GG, GG Art. 2 Abs. 1 Rn. 101.

620 So auch BeckOGK/*Mundt*, BGB § 650c Rn. 146.

621 BeckOGK/*Mundt*, BGB § 650c Rn. 146.

I. Individualvereinbarung

Angesichts der dispositiven Ausgestaltung obliegt es allein den Parteien, inwieweit sie durch individualvertragliche Vereinbarungen von dem gesetzlichen Regelungsgehalt des § 650c BGB abweichen wollen.

So können sie beispielshalber – anstelle der § 650c Abs. 1 und Abs. 2 BGB – eine andere, einfachere Berechnungsmethode für die Nachtragsvergütung festlegen.[622] Ebenso lässt sich die pauschalierte Abschlagszahlung aus § 650c Abs. 3 BGB individualvertraglich ausschließen oder prozentual reduzieren.[623] Einzig die Grenze der Sittenwidrigkeit (§ 138 BGB) sowie den Rechtsgedanken von Treu und Glauben (§ 242 BGB) gilt es, zu beachten.

II. Allgemeine Geschäftsbedingungen

Abweichungen können jedoch nicht nur individualvertraglich, sondern auch durch allgemeine Geschäftsbedingungen getroffen werden. Dabei stellt sich in erster Linie die Frage, ob Nachtragsvergütungsklauseln überhaupt einer AGB-Kontrolle zugänglich sind. Schließlich gilt die Inhaltskontrolle nach § 307 Abs. 3 S. 1 BGB nur für AGB-Regelungen, die von Rechtsvorschriften abweichen oder diese ergänzen.

Demzufolge sind Preisabreden – also Klauseln zu Art und Umfang der vertraglichen Hauptleistungspflicht sowie der dafür zu zahlenden Vergütung[624] – einer AGB-Kontrolle dem Grunde nach entzogen.[625] Denn der Preis einer Leistung wird normalerweise nicht durch eine Rechtsvorschrift vorgegeben, sondern individuell vereinbart. Wäre eine Preisabrede unwirksam, könnte an deren Stelle keine dispositive Gesetzesregelung treten. Ein Konflikt wäre die Folge.

Das Versperren der richterlichen Preisklauselkontrolle ist Konsequenz des Privatautonomiegrundsatzes. Die Vertragsparteien sollen die *essentialia negotii*[626] –

622 In diesem Fall wäre eine vertragliche Fixierung der angemessenen Zuschläge für allgemeine Geschäftskosten, Wagnis und Gewinn zur Vorbeugung evtl. Streitigkeiten sinnvoll (so auch *von Rintelen* in: Kniffka, Bauvertragsrecht, BGB § 650c Rn. 177).

623 Für den Ausschluss wird der Besteller dem Unternehmer jedoch eine gewisse „Kompensation“ bieten müssen.

624 *Kalwa* in: Westphalen/Thüsing, Vertragsrecht, Punkt III. 4. a) Rn. 55.

625 Die Ursache für das Versperren der richterlichen Inhaltskontrolle von Preisklauseln beruht auf dem Grundsatz der Privatautonomie. Die Vertragsparteien sollen die Art und den Umfang ihrer vertraglichen Hauptleistungspflichten samt der dazugehörigen Preishöhe selbst regeln (*Thüsing* in: Westphalen/Thüsing, Vertragsrecht, Teil „Vertragsrecht“, Preis – Preisnebenabrede I. 1. b) Rn. 3).

626 Lateinisch; Deutsch: wesentliche Eigenschaften des Geschäfts.

also die vertraglichen Hauptleistungspflichten (Art, Umfang, Preis) – selbst regeln.[627]

Etwas anderes gilt für Preisnebenabreden. Klauseln, die den Preis bei Vertragsschluss zwar nicht unmittelbar beziffern, jedoch die maßgeblichen Berechnungsfaktoren und das Preisermittlungsverfahren festlegen, sind einer AGB-Kontrolle zugänglich.[628]

Ob es sich bei Nachtragsvergütungsklauseln um Preisabreden oder Preisnebenabreden handelt, lässt sich anhand folgender Kontrollfrage überprüfen: Kann an die Stelle der unwirksamen AGB-Klausel dispositives Gesetzesrecht treten? Bei Verneinen dieser Frage ist die Klausel als Preisabrede zu qualifizieren. Existiert dispositives Gesetzesrecht, liegt eine Preisnebenabrede vor. Nachtragsvergütungsklauseln können vom dispositiven Gesetzesleitbild des § 650c BGB abweichen. Als Preisnebenabreden unterliegen sie daher einer AGB-rechtlichen Inhaltskontrolle. Es stellen sich folgende wesentliche Problemkonstellationen:

1. Abweichen von § 650c Abs. 1 BGB

a) § 650c Abs. 1 S. 1 BGB

Der Kern der neuen, bauvertraglichen Vorschrift zur Nachtragsvergütungsanpassung ist § 650c Abs. 1 S. 1 BGB. § 650c Abs. 1 S. 1 BGB legt das gesetzliche Leitbild der Nachtragsvergütungsberechnung fest.[629] Die Nachtragsvergütung soll den tatsächlich erforderlichen Kosten samt angemessener Zuschläge entsprechen. Dies gilt selbst dann – wie die Vermutung des § 650c Abs. 2 S. 2 BGB belegt[630] – wenn die Nachtragsvergütung mithilfe der kalkulatorischen Preisfortschreibung

---

627 *Thüsing* in: Westphalen/Thüsing, Vertragsrecht, Teil „Vertragsrecht", Preis – Preisnebenabrede I. 1. b) Rn. 3).

628 *Kapellmann* in: Kapellmann/Messerschmidt, VOB A/B, VOB/B § 2, Rn. 82.

629 *W. Langen* in: LBD, BGB § 650c Rn. 116. A. A. ist *von Rintelen* in: Kniffka, Bauvertragsrecht, BGB § 650c Rn. 182. Seiner Ansicht nach gibt es kein gesetzliches Leitbild für eine bestimmte Art der Vergütungsermittlung. § 650c Abs. 1 S. 1 BGB enthält allenfalls den Leitgedanken, dass die Nachtragsvergütung den tatsächlich erforderlichen Kosten samt angemessener Zuschläge entsprechen soll. *Leupertz* differenziert gar nicht erst zwischen den einzelnen Absätzen des § 650c BGB, sondern erklärt sogleich die gesamte Norm zum gesetzlichen Leitbild für Bauverträge im Sinne des § 307 BGB (*Leupertz* in: Messerschmidt/Voit, Privates Baurecht, BGB § 650c Rn. 49). Dies ließe sich zwar mit der Gesetzesbegründung zu § 650c Abs. 4 BGB-E begründen. Denn dort wird vom „gesetzlichen Leitbild des § 650c BGB-E" gesprochen (BT-Drucks 18/8486, S. 57). Allerdings bezieht sich diese Aussage auf die ursprüngliche – nicht umgesetzte – Fassung der Norm. Auch ist die Äußerung zu pauschal. Eine Differenzierung der einzelnen Absätze ist notwendig.

630 Die Vermutung des § 650c Abs. 2 S. 2 BGB besagt, dass die auf Basis der Urkalkulation fortgeschriebene Vergütung derjenigen aus § 650c Abs. 1 S. 1 BGB entspricht und damit kostendeckend ist.

berechnet wird. Der Gesetzgeber möchte damit einerseits eine Verlustmaximierung zulasten des Unternehmers und andererseits eine Gewinnmaximierung zulasten des Bestellers verhindern.[631]

aa) Begrenzung auf Berechnungsmodell des § 650c Abs. 2 BGB

Um diesem gesetzlichen Leitbild zu genügen, müssen sämtliche Kosten, die dem Unternehmer durch die vom Besteller initiierte, nachträgliche Änderungsanordnung tatsächlich entstanden sind, von der Nachtragsvergütung abgedeckt sein.[632] Andernfalls ist die Klausel mit § 307 Abs. 1 S. 1, Abs. 2 Nr. 1 BGB nicht in Einklang zu bringen. Denn die uneingeschränkte Bindung an die Kalkulationsansätze bei nicht auskömmlicher Kalkulation gewährleistet keine Kostendeckung. Vielmehr wäre ein Unternehmer gezwungen, auch angeordnete Änderungs- oder Zusatzleistungen zu den von ihm nur für die Vertragsleistung kalkulierten und zugesagten „schlechten" Preisen zu erbringen. Eine Klausel, die für die Nachtragsvergütungsberechnung ausschließlich die kalkulatorische Preisfortschreibung vorsieht, ist daher unwirksam.

Hingegen ist das Regeln einer alternativen Vergütungsermittlungsmethode möglich, sofern der belasteten Partei die Möglichkeit einer kostendeckenden Vergütung gewährt wird.

bb) Begrenzung/Erhöhung der Zuschläge

Ebenso wenig darf die Zuschlagserhebung des Unternehmers beschränkt werden.[633] Eine Klausel, die nur Zuschläge für allgemeine Geschäftskosten vorsieht, hingegen solche für Wagnis und Gewinn ausklammert, ist mit § 307 Abs. 1 S. 1 und Abs. 2 Nr. 1 BGB nicht zu vereinbaren. Dies gilt selbstverständlich auch „umgekehrt" für Klauseln des Unternehmers. AGB-Klauseln, die weit überhöhte Zuschläge veranschlagen, sind unwirksam.

Zur Konfliktvermeidung ist beiden Parteien zu empfehlen, vorab individualvertraglich die Prozentsätze für angemessene Zuschläge gemeinsam festzulegen.[634]

cc) Fortschreiben des Gesamtvertragspreisniveaus

Von Rintelen hält eine Fortschreibung des Gesamtvertragspreisniveaus durch AGB für zulässig. Wer sich bei Vertragsschluss auf ein erhöhtes Preisniveau einlasse, könne bei Nachträgen nicht plötzlich eine Senkung einfordern.[635]

---

631 *W. Langen* in: LBD, BGB § 650c Rn. 116; BeckOGK/*Mundt*, BGB § 650c Rn. 152.

632 *Von Rintelen* in: Kniffka, Bauvertragsrecht, BGB § 650c Rn. 182; BeckOK BauvertrR/*Althaus/Kattenbusch*, BGB § 650c Rn. 160.

633 *W. Langen* in: LBD, BGB § 650c Rn. 116. A. A. *Leinemann/Kues* in: LK, Bauvertragsrecht, BGB § 650c Rn. 188.

634 *Von Rintelen* in: Kniffka, Bauvertragsrecht, BGB § 650c Rn. 183; *Leinemann/Kues* in: LK, Bauvertragsrecht, BGB § 650c Rn. 189.

635 *Von Rintelen* zieht an dieser Stelle einen passenden Vergleich (*von Rintelen* in: Kniffka, Bauvertragsrecht, BGB § 650c Rn. 184): „Wer in einem Luxushotel

Indessen lässt sich eine Fortschreibungsklausel des Preisniveaus mit dem wesentlichen Grundgedanken des § 650c Abs. 1 S. 1 BGB nicht vereinbaren (§ 307 Abs. 2 Nr. 1 BGB). Andernfalls würde jeder Unternehmer seine AGB standardmäßig mit einer derartigen Klausel versehen, um nach der Kostenberechnung gemäß § 650c Abs. 1 S. 1 BGB den Vertragspreisniveaufaktor heranziehen und die ursprünglich einkalkulierten Gewinne weiter zu erzielen. Genau eine solche Vervielfachung des Gewinns wollte der Gesetzgeber jedoch mit Einführung der neuen bauvertraglichen Nachtragsvergütungsregelungen unterbinden.[636] Das gesetzliche Hauptziel – Spekulationen einzudämmen und dem Erzielen ungerechtfertigter Preisvorteile entgegenzutreten – darf durch eine AGB-Klausel nicht unterlaufen werden. Vielmehr muss das Fehlen einer methodischen Vorgabe zur Vertragspreisniveauanpassung in § 650c Abs. 1 S. 1 BGB angesichts des gesetzgeberischen Willens als wesentlicher Grundgedanke dieser Norm verstanden werden.

b) § 650c Abs. 1 S. 2 BGB

Wie bereits oben[637] ausführlich dargelegt, ist der Wortlaut des § 650c Abs. 1 S. 2 BGB zu weit geraten und deshalb teleologisch zu korrigieren. Die richtige Lesart ist daher:

*Umfasst die Leistungspflicht des Unternehmers auch die [**ausschließliche**] Planung[**sverantwortung**] des [**funktional beschriebenen**] Bauwerks oder der [**funktional beschriebenen**] Außenanlage, steht diesem im Fall des § 650b Absatz 1 Satz 1 Nummer 2 kein Anspruch auf Vergütung für vermehrten Aufwand zu.*

Sollte eine Partei daher Klauseln verwenden, die der Klarstellung dieses Auslegungsergebnisses dienen, halten diese der Prüfung nach den §§ 305 ff. BGB stand. Weichen Formularklauseln hingegen von dem Auslegungsergebnis ab, sind sie mit § 307 Abs. 2 Nr. 1 BGB nicht vereinbar. Andernfalls würde der Verlust des Mehrvergütungsanspruchs sogar ohne Planungsfehler drohen. § 650c Abs. 1 S. 2 BGB ist gesetzliches Leitbild.[638]

---

ein Zimmer bucht, kann nicht erwarten, dass die Preise der Minibar denen einer Kantine einer Jugendherberge entsprechen."

636 BT-Drucks. 18/8486, S. 56.

637 Siehe *Abschnitt B. I. 1. d).*

638 Die besondere Bedeutung der Vorschrift wird auch durch den ähnlich formulierten § 650b Abs. 1 S. 4 BGB – trotz der differierenden Begrifflichkeiten (§ 650b Abs. 1 S. 4 BGB spricht von der „Verantwortung für die Planung", während es in § 650c Abs. 1 S. 2 BGB um „die Leistungspflicht", die auch „die Planung umfasst" geht) – unterstrichen. Näher dazu *Oberhauser* in: DLOPS, § 2, Rn. 70 ff. und *W. Langen* in: LBD, BGB § 650c Rn. 61.

2. Abweichen von § 650c Abs. 2 BGB

a) Gänzliche Abbedingung

Auch bei § 650c Abs. 2 BGB ist zu klären, inwieweit hiervon abweichende Regelungen in AGB wirksam sind. Dabei stellt sich auch hier zunächst die Frage, ob eine vollständige Abbedingung durch AGB-Klausel zulässig ist.

Gemäß § 650c Abs. 2 S. 1 BGB kann der Unternehmer zur Berechnung der Nachtragsvergütung auf die Ansätze einer vereinbarungsgemäß hinterlegten Urkalkulation zurückgreifen. Von tragender Bedeutung ist dabei die Formulierung „vereinbarungsgemäß". Lässt sich der Besteller auf keine Vereinbarung ein, scheidet eine Vergütungsberechnung nach § 650c Abs. 2 BGB grundsätzlich aus.

Von Rintelen schlussfolgert daraus, dass eine gänzliche Abbedingung des § 650c Abs. 2 BGB möglich sein müsse. Sie sei zugleich aber auch überflüssig. Denn eine Einlassungspflicht des Bestellers bestehe nicht.[639]

Dem ist zuzustimmen. Eine vollständige Abbedingung ist daher möglich. Gesetzliches Leitbild der Nachtragsvergütungsberechnung ist § 650c Abs. 1 S. 1 BGB.[640] Die vorkalkulatorische Preisfortschreibung aus § 650c Abs. 2 BGB dient allein der praktikableren Abrechnungserleichterung.[641] Ein Anspruch auf Wahrnehmung dieses Berechnungswegs besteht nicht. Die Alternativberechnung kann daher durch Klausel ausgeschlossen werden.

b) Abbedingung des § 650c Abs. 2 S. 2 BGB

Hält die gänzliche Abbedingung des § 650c Abs. 2 BGB einer Inhaltskontrolle stand, ließe sich *a maiore ad minus*[642] auch vertreten, dass ein Anwendungsausschluss des § 650c Abs. 2 S. 2 BGB ebenfalls zulässig sein muss.

Gleichwohl ist dies zu kurz gegriffen. Ein ersatzloses Abbedingen des § 650c Abs. 2 S. 2 BGB ist nicht möglich. Andernfalls ginge die ausdrücklich geregelte Rückbindung (§ 650c Abs. 2 S. 1 BGB) an die Preisermittlung nach § 650c Abs. 1 S. 1 BGB verloren.[643] Nur wenn die kalkulatorisch ermittelte Vergütung derjenigen aus § 650c Abs. 1 S. 1 BGB entspricht, wird das gesetzliche Leitbild hinreichend berücksichtigt. Schließlich muss die Nachtragsvergütung kostendeckend sein. Allein die vorkalkulatorische Preisfortschreibung bietet demgegenüber – ohne Bezugnahme auf § 650c Abs. 1 S. 1 BGB – keine ausreichende Gewähr.

---

639 *Von Rintelen* in: Kniffka, Bauvertragsrecht, BGB § 650c Rn. 186.

640 Eingehend dazu *Abschnitt C. II. 1 a)*.

641 So ausdrücklich die Gesetzesbegründung: BT-Drucks. 18/8486, S. 56.

642 Man versteht unter dieser Formulierung den Schluss vom Größeren auf das Kleinere (*Schmidt*, JuS 2003, 649 [652]).

643 Ebenso BeckOGK/*Mundt*, BGB § 650c Rn. 156.

c) *Wahlrecht*

Nach § 650c Abs. 2 S. 1 BGB steht dem Unternehmer ein Wahlrecht bzgl. der Nachtragsberechnung zu. Er kann die Nachtragsvergütung anhand tatsächlich erforderlicher Kosten samt angemessener Zuschläge (§ 650c Abs. 1 S. 1 BGB) ermitteln oder sie im Wege der kalkulatorischen Preisfortschreibung (§ 650c Abs. 2 BGB) berechnen. Beansprucht der Besteller dieses Wahlrecht für sich, stellt sich die Frage nach der Wirksamkeit einer solchen AGB-Klausel.

Zwar kann der Besteller nur bedingt vorhersagen, welche Berechnungsmethode die für ihn günstigste darstellt, da er für gewöhnlich die „Buchhaltung“ des Unternehmers nicht kennt. Nichtsdestotrotz lassen sich anhand von Angebotskalkulation[644] und Marktrecherche gewisse Vergleichsparameter feststellen. Erkennt ein Besteller daher, dass sich die für Nachtragsvergütung heranzuziehenden kalkulierten Preise unter dem Marktpreisniveau – demnach hinter den tatsächlich erforderlichen Kosten samt Bezuschlagung – befinden, wählt er die Nachtragsvergütungsberechnung nach § 650c Abs. 2 BGB. Die vom gesetzlichen Leitbild bezweckte Kostendeckung wäre an sich nicht mehr gewährleistet.

Zu beachten ist jedoch, dass der Unternehmer zum einen nicht gezwungen ist, sein Einverständnis zur Berechnungsermittlung nach § 650c Abs. 2 BGB zu erteilen. Zum anderen bleibt ihm die Möglichkeit offen, einen Gegenbeweis zu führen und die Vermutungswirkung zu widerlegen. Eine Klausel, die das Wahlrecht der Berechnungsmethode zugunsten des Bestellers abändert, ist daher wirksam.[645]

d) *Kalkulationsaufschlüsselung*

Zu den genauen Anforderungen, die an die Aufschlüsselung einer Urkalkulation gestellt werden, schweigt § 650c Abs. 2 BGB. Es stellt sich daher die Frage, ob diesbezügliche Regelungen einer Partei AGB-konform wären.

Von Rintelen ist der Ansicht, dass überspannte Anforderungen an die Urkalkulation das Wahlrecht des Unternehmers leerlaufen lassen.[646] Sie seien deshalb unwirksam.

---

644 Die Urkalkulation folgt aus der Angebotskalkulation. Die Angebotskalkulation ist mit einem Kostenvoranschlag vergleichbar. Die Urkalkulation stellt die tatsächlich dem Bauvertrag zugrunde liegende Preisermittlung dar (*Kniffka* in: Kompendium des Baurechts, 4. Teil, Rn. 313). Da sie für gewöhnlich verschlossen beim Besteller hinterlegt wird, kennt dieser meist die genauen Berechnungsparameter nicht. Gleichwohl kann er die relevanten Richtgrößen der Angebotskalkulation entnehmen.

645 A. A. *Leinemann/Kues* in: LK, Bauvertragsrecht, BGB § 650c Rn. 187.

646 *Von Rintelen* in: Kniffka, Bauvertragsrecht, BGB § 650c Rn. 187. Dabei stellt er klar, dass eine Überspannung der Anforderungen sehr restriktiv gehandhabt werden muss.

Diese Auffassung kann nicht geteilt werden. Der Besteller kann den Berechnungsweg nach § 650c Abs. 2 BGB schon gänzlich durch AGB-Klausel ausschließen. Als Minus hierzu muss es ihm daher erst recht gestattet sein, strenge Aufschlüsselungsvorgaben festzulegen. Schließlich gilt: Je detaillierter die Vorgaben an die Urkalkulation sind, desto geringer sind die Möglichkeiten spekulativer Kostenverschiebungen. Mittelbar dienen daher etwaige höhere Anforderungen den gesetzgeberischen Zielvorstellungen.

3. Abweichen von § 650c Abs. 3 BGB

Auch bei § 650c Abs. 3 BGB stellt sich die Frage, inwieweit das unternehmerische Recht auf pauschalierte Abschlagszahlungen ausgeschlossen bzw. beschränkt werden kann.

Maßgeblich dafür ist die Frage, ob § 650c Abs. 3 BGB – ebenfalls wie § 650c Abs. 1 S. 1 BGB – als gesetzliches Leitbild zu qualifizieren ist. Dies ist zu bejahen. Schon die Gesetzeshistorie macht dies deutlich: Ursprünglich sah § 650c Abs. 4 BGB-E eine Einzelprivilegierung der VOB/B-Vorschriften zum Anordnungsrecht und der Vergütungsanpassung vor.[647] Diese Besserstellung wurde im Ergebnis jedoch gestrichen. Der Gesetzgeber befürchtete eine Umgehung der 80-%-Regelung, da in der Praxis – vor allem bei öffentlich-rechtlichen Auftraggebern – die Bestimmungen der VOB/B vereinbart werden. Dies allein belegt, welch große Bedeutung § 650c Abs. 3 BGB beigemessen wird. Auch die gesetzgeberischen Zweckerwägungen unterstreichen den Leitbildcharakter: § 650c Abs. 3 S. 1 BGB sichert dem vorleistenden Unternehmer bei BGB-Bauverträgen die benötigte Liquidität. Wäre der Normabsatz nicht als gesetzliches Leitbild zu qualifizieren, könnte der Besteller problemlos das auf Gerechtigkeitserwägungen beruhende Regelungssystem des neuen Bauvertragsrechts aushebeln. Dies stünde im Widerspruch zu den eigentlichen Zielvorstellungen des Gesetzgebers.[648] § 650c Abs. 3 S. 1 BGB ist daher gesetzliches Leitbild. Gleiches gilt – aus Gründen der Parität – auch für die § 650c Abs. 3 S. 2–4 BGB.

a) Gänzliche Abbedingung

Demzufolge ist eine gänzliche Abbedingung des § 650c Abs. 3 BGB mit § 307 Abs. 1 und Abs. 2 Nr. 1 BGB unvereinbar.[649]

An diesem Ergebnis ändert auch die reguläre Abschlagsregelung des § 632a BGB nichts. Denn sie verschafft dem Unternehmer bei streitiger Nachtragshöhe gerade keinen abrechenbaren Abschlagszahlungsanspruch.[650]

---

647 BT-Drucks. 18/8486, S. 14.

648 So auch *Retzlaff*, BauR 2017, 1781 (1812).

649 BeckOGK/*Mundt*, BGB § 650c Rn. 158; *von Rintelen* in: Kniffka, Bauvertragsrecht, BGB § 650c Rn. 190.

650 *W. Langen* in: LBD, BGB § 650c Rn. 118; *von Rintelen* in: Kniffka, Bauvertragsrecht, BGB § 650c Rn. 190.

Orlowski und *Mundt* sind zwar der Auffassung, dass sich bei § 632a Abs. 1 S. 1 BGB die Höhe der Abschlagszahlungen nach dem Wert der für die entsprechenden Leistungen **vereinbarten** Vergütung richte.[651] Bei Nachträgen, die auf einer Änderungsanordnung nach § 650b Abs. 2 BGB beruhen, scheide eine Abschlagszahlung daher aus. Denn es fehle an einer **vereinbarten** Vergütung. Der Unternehmer schulde zwar die geänderten Leistungen, die Mehrkosten haben sich mangels Einigung jedoch noch nicht im vereinbarten Werklohn niedergeschlagen, sodass § 632a BGB schon gar nicht anwendbar sei.[652]

Diese Schlussfolgerungen basieren jedoch auf der Annahme, dass sich der Wert der erbrachten Leistung nach dem vereinbarten Werklohn bemisst. Während *Mundt* lediglich auf *Orlowski* verweist, zieht dieser seine Erkenntnis aus der Gesetzesbegründung zum Regierungsentwurf[653]. Will man sich an dortiger Stelle vergewissern, findet man jedoch keine derartige Aussage. Vielmehr soll der Wert der erbrachten Leistung nach dem Wertzuwachs beim Besteller bemessen werden.[654] Nach diesem – zutreffenden – Verständnis stellt daher auch eine infolge einer Änderungsanordnung erbrachte Leistung einen Wertzuwachs dar und löst damit eine Abschlagszahlung nach § 632a BGB aus.

Dennoch verschafft § 632a BGB dem Unternehmer keinen abrechenbaren Abschlagszahlungsanspruch. Denn die Nachtragshöhe ist streitig, was schon die fehlende Einigung nach § 650b Abs. 2 BGB belegt. Ohne die Pauschalierung nach § 650c Abs. 3 BGB verbleibt es daher bei den Liquiditätsproblemen des Unternehmers.

b) Abbedingung des § 650c Abs. 3 S. 2 BGB

§ 650c Abs. 3 S. 2 BGB normiert, dass der Restbetrag der tatsächlichen Nachtragsvergütung, der nicht schon durch die pauschalierte Abschlagszahlung abgegolten wurde, erst nach der Abnahme des Werks fällig wird. Entspräche das im Rahmen des § 650c Abs. 3 S. 1 BGB heranzuziehende Angebot exakt der nach § 650c Abs. 1 oder Abs. 2 BGB geschuldeten Nachtragsvergütung, beliefe sich der noch ausstehende Betrag auf 20 %.[655]

Auftragnehmerklauseln, die diesen Differenzbetrag noch vor Abnahme für sich beanspruchen, sind mit § 307 Abs. 1 und Abs. 2 Nr. 1 BGB nicht in Einklang

651 BeckOGK/*Mundt*, BGB § 650c Rn. 116; *Orlowski*, BauR 2017, 1427 (1434). In diese Richtung tendiert auch *Messerschmidt* (Messerschmidt in: Messerschmidt/Voit, Privates Baurecht, BGB § 632a Rn. 41).

652 A. A. ist der Verfasser, siehe dazu bereits Fn. 480.

653 BT-Drucks. 18/8486, S. 46 f.

654 BT-Drucks. 18/8486, S. 46 f.

655 Dies wird nahezu nie der Fall sein. Denn ein Unternehmer wird – nachvollziehbarerweise – in der Verhandlungsphase stets höherpreisige Angebote unterbreiten.

zu bringen. Denn die Fälligkeit der gesamten Nachtragsvergütung vor Abnahme würde die Bestellerinteressen zu wenig berücksichtigen. Der Besteller müsste nicht nur das Insolvenzrisiko des Unternehmers bzgl. des Restnachtragsvergütungsanspruches tragen. Ihm würde auch – bei Bezahlung der gesamten Nachtragsvergütung – die Aufrechnungsmöglichkeit mit etwaigen Mängelansprüchen genommen werden. Dies benachteiligt ihn unangemessen.

c) Abbedingung des § 650c Abs. 3 S. 3, S. 4 BGB

Auch Klauseln, die den Rückzahlungsanspruch bzw. die Pflicht zur Verzinsung ausschließen oder wesentlich beeinträchtigen, halten einer Inhaltskontrolle nicht stand. Denn die § 650c Abs. 3 S. 3 und S. 4 BGB sind – ebenso wie § 650c Abs. 3 S. 1 BGB – gesetzliches Leitbild. Bei überhöhten Angeboten verdient der Unternehmer keinen Liquiditätsschutz. Der unberechtigte Geldentzug bedarf einer Sanktion. Eine Ausschlussklausel würde ihn aber schlicht tolerieren. Dadurch würde der Besteller über Gebühr belastet. Von den § 650c Abs. 3 S. 3, S. 4 BGB kann daher in AGB nicht abgewichen werden.

Gleiches gilt für Klauseln, die die Verzinsungsmodalitäten des Bestellers wesentlich zu dessen Nachteil abändern.[656]

d) Angebotsbezugnahme

Umstritten ist die AGB-Konformität einer Klausel, die als Bezugspunkt der Abschlagszahlungen das „Mittel“ aus Besteller- und Unternehmerangebot wählt.

Von Rintelen hält eine solche Regelung für angemessen.[657] Schließlich ist die Bemessungsgrundlage auf vorläufiger Basis der Angebote beider Parteien wesentlich belastbarer als das alleinige Heranziehen des auftragnehmerseitigen „Wunschpreises“.

Dem ist im Grundsatz zwar zuzustimmen. Gleichwohl bezieht sich die Abschlagszahlung in § 650c Abs. 3 S. 1 BGB eindeutig nur auf das „Angebot nach § 650b Absatz 1 Satz 2“ BGB. Eine Klausel, die stattdessen das „Angebotsmittel“ als Bezugspunkt bestimmt, hält einer Inhaltskontrolle nicht stand. Sie missachtet den insoweit klaren Gesetzeswortlaut und bringt zugleich ein erhebliches Manipulationspotenzial mit sich.[658] So könnte ein Besteller, für den von vornherein

---

656 Ein Beispiel hierfür wäre die Festsetzung eines niedrigeren, als des gesetzlich vorhergesehenen Zinssatzes oder die zeitlichen Verschiebung des Verzinsungsbeginns auf einen späteren Zeitpunkt.

657 *Von Rintelen* in: Kniffka, Bauvertragsrecht, BGB § 650c Rn. 190. Für das „Mittel“ ist – seiner Ansicht nach – das letzte Angebot der jeweiligen Vertragspartei maßgeblich. Ebenfalls ließe sich darüber nachdenken, ob nicht dem Mittel auch selbst, die Mittel sämtlicher, in der Verhandlungsphase unterbreiteter Angebote der jeweiligen Vertragsparteien zugrunde gelegt werden müssten.

658 So auch *Leinemann/Kues* in: LK, Bauvertragsrecht, BGB § 650c Rn. 193.

keine Änderungseinigung in Betracht kommt, bewusst niedrige Angebote unterbreiten, um so die Bemessungsgrundlage möglichst gering zu halten. Das mit der Abschlagszahlung bezweckte Sicherungsinteresse des Unternehmers ließe sich einfach unterlaufen.

e) *Änderung der Modalitäten aus § 650c Abs. 3 BGB*

Im Grundsatz benachteiligt jede Bestimmung, die die Modalitäten aus § 650c Abs. 3 BGB erschwert oder vereinfacht, jene Partei, zu deren Lasten sie geht (§ 307 Abs. 1 S. 1 und Abs. 2 Nr. 1 BGB). Angesichts der Vielzahl denkbarer Variationen scheidet eine umfassende Begutachtung sämtlicher Änderungsregelungen aus. Gleichwohl erfolgt eine exemplarische Abhandlung der zentralen Fallkonstellationen.

Zunächst soll die Modifizierung des Prozentsatzes aus § 650c Abs. 3 S. 1 BGB behandelt werden. Dabei ist eine Klausel, die als Richtwert für die Abschlagszahlung 79 % oder 82 % des Auftragnehmerangebots vorsieht, nicht direkt unwirksam. Erst ein wesentliches Abweichen der gesetzlich vorgesehenen 80 % löst die Unwirksamkeit aus. Dies lässt sich dem Wortlaut des § 307 Abs. 2 Nr. 1 BGB entnehmen („wesentlichen Grundgedanken"). Wo eine solche Wesentlichkeitsgrenze jedoch anzusiedeln wäre, ist unklar. Nach Überzeugung des Verfassers sollte man sie bei einer prozentualen Abweichung von 5 % ziehen. Dafür spricht ein Systemvergleich. Denn auch beim Leistungsverweigerungsrecht – das ebenfalls der Liquiditätssicherung des Unternehmers dient – ist dies der maßgebliche Grenzwert.[659]

Ebenfalls der näheren Begutachtung bedarf eine Klausel, wonach der Besteller die Fälligkeit des Zahlungsanspruches an die Stellung einer weiteren Sicherheit – zum Beispiel einer Bürgschaft – knüpft. *Retzlaff* hält eine solche Klausel für zulässig, da der Kerninhalt des § 650c Abs. 3 BGB nicht angegriffen wird.[660] *Mundt* pflichtet dem bei, da er darin die einzige Möglichkeit sieht, sich bei einem

---

659 Siehe dazu oben bereits *Abschnitt B. III. 2. a) cc)*. Zwar ist die Erheblichkeitsgrenze für Leistungsverweigerungsrechte bei 3 % bis 5 % anzusiedeln. Aus Gründen der Rechtssicherheit sollte bei § 650c Abs. 3 S. 1 BGB aber von vornherein ein fester Wert von 5 % veranschlagt werden.

660 *Retzlaff*, BauR 2017, 1781 (1813). Gleichwohl gibt er zu bedenken, dass man in der zusätzlichen Sicherheit eine Erfüllungssicherheit sehen könnte, weshalb die Rechtsprechung des BGH, wonach ein Besteller in seinen AGB auftragnehmerseitige Erfüllungssicherheiten i. H. v. maximal 10 % der Vergütung verlangen darf, zu beachten wäre (BGH, Urt. v. 07.04.2016 – VII ZR 56/15).
Diese zehnprozentige Sicherheitsgrenze wäre vorliegend jedoch nicht überschritten, da sie nur unbedingte Sicherheiten betrifft. Die in Streit stehende Sicherheit ist jedoch darauf bedingt, dass der Unternehmer seine Rechte aus § 650c Abs. 3 BGB geltend macht.

überhöhten Angebot gegen einen auftragnehmerseitigen Zahlungsausfall abzusichern.[661] Allerdings liegt der elementare Leitgedanke des § 650c Abs. 3 S. 1 BGB in der erleichterten Liquiditätssicherung des Unternehmers. Jedenfalls war dies die wesentliche gesetzgeberische Zweckerwägung.[662] Das Aufstellen zusätzlicher Fälligkeitsvoraussetzungen steht dieser Zielsetzung entgegen. Es ist daher nicht AGB-konform.[663]

f) „Alternativ"-Sicherheit

Der Besteller könnte auch eine Regelung treffen, die anstelle des pauschalierten Abschlagszahlungsanspruchs das Erbringen einer reinen Sicherheitsleistung vorsieht. Die Wandlung von einem Liquiditäts- zu einem Besicherungsanspruch hätte den Vorteil, etwaige Rückforderungsansprüche zu unterbinden. Auch wäre das unternehmerische Insolvenzrisiko dann nicht mehr zu tragen.

Dennoch lässt sich eine solche „Alternativ"-Sicherheitsklausel mit § 307 Abs. 1 S. 1 und Abs. 2 Nr. 1 BGB nicht vereinbaren.[664] Speziell bei Großbauvorhaben genügt die Sicherheitsleistung[665] allein nicht. Andernfalls hätte sie der Gesetzgeber als milderes Mittel normiert. Bei der Ausführung der vom Besteller gewünschten Änderungsanordnung geht der Unternehmer in Vorleistung. Dieses finanzielle Vorleistungsrisiko wird durch die vorläufige Liquiditätsbeschaffung aus § 650c Abs. 3 BGB kompensiert. Die bloße Sicherheitsleistung verschafft keinen äquivalenten Ausgleich, denn sie drängt den Unternehmer in potenzielle Gerichtsstreitigkeiten um die Sicherheitsleistung selbst.[666]

---

661 BeckOGK/*Mundt*, BGB § 650c Rn. 161. Dabei übersieht er allerdings, dass sich der Gesetzgeber der Möglichkeit einer Überzahlungen durchaus bewusst war. Schließlich wurde nur deshalb die Verzinsungspflicht aus § 650c Abs. 3 S. 3, S. 4 BGB eingeführt. Ein weitergehender Schutz des Bestellers wurde hingegen als nicht notwendig erachtet.

662 BT-Drucks 18/8486, S. 57.

663 So auch BeckOK BauvertrR/*Althaus/Kattenbusch*, BGB § 650c Rn. 161.

664 Derselben Auffassung sind BeckOK BauvertrR/*Althaus/Kattenbusch*, BGB § 650c Rn. 161 und *von Rintelen* in: Kniffka, Bauvertragsrecht, BGB § 650c Rn. 190. A. A. ist *Retzlaff*, BauR 2017, 1781 (1813). Seines Erachtens sind die unternehmerischen Interessen hinreichend gewahrt, wenn die Besteller-AGB dem Unternehmer als Surrogat für den Abschlagszahlungsanspruch ein einseitiges Recht für die Bestimmung der Sicherungshöhe zubilligen.

665 Als Sicherheitsleistung käme beispielshalber eine Bankbürgschaft in Betracht.

666 An diesem Ergebnis ändert auch die Tatsache nichts, dass der Besteller mit alternativer Sicherheitsleistung auch einen möglichen Verzinsungsanspruch verlieren würde und damit seine Position schwächt.

Nichts anderes ergibt sich, wenn anstelle einer selbstständigen Sicherheitsleistung ausdrücklich auf § 650 f BGB Bezug genommen wird.[667] Zwar führt diese Bezugnahme auf den ersten Blick zu einer Besserstellung des Unternehmers: Denn die Sicherheitsleistung gemäß § 650 f Abs. 1 S. 3 BGB kann – anders als bei § 650c Abs. 3 BGB – auch nach Abnahme verlangt werden. Zudem könnte sich der Besteller wegen § 650 f Abs. 1 S. 4 BGB nicht mehr auf den Einwand umstrittener Bauleistungsmängel berufen, während bei einem Abschlagszahlungsanspruch ein Einbehalt in Betracht käme.[668] § 650 f Abs. 1 BGB ist seinem Wortlaut nach aber schon nicht anwendbar. Denn es geht dort um einen Anspruch auf Sicherheitsleistung für die „vereinbarte" Vergütung (§ 650 f Abs. 1 S. 1 BGB). Bei § 650c BGB wird die Vergütung jedoch nicht „vereinbart". Die Vergütungsanpassungsvorschrift gilt gerade nur im Falle einer Änderungsanordnung. Der surrogative Verweis auf § 650 f BGB wäre daher mit den §§ 305 ff. BGB unvereinbar.

4. Abweichen durch sonstige Regelungen

Die Parteien können aber auch durch allgemeine Bestimmungen von der gesetzlichen Nachtragsvergütungsregelung des § 650c BGB abweichen.

a) Genereller Nachtragsvergütungsausschluss

Zu denken wäre etwa an eine Klausel, die den generellen Ausschluss der Nachtragsvergütung vorsieht. Der Unternehmer wäre dann zur Nachtragsleistung verpflichtet, ohne eine entsprechende Vergütung zu erhalten. Dass er hierdurch typischerweise unangemessen benachteiligt (§ 307 Abs. 1 S. 1, Abs. 2 Nr. 1 BGB) wird, liegt auf der Hand.[669]

---

667 Ebenso BeckOGK/*Mundt*, BGB § 650c Rn. 159.1. A. A. *Retzlaff*, BauR 2017, 1781 (1813 f.).

668 *Retzlaff*, BauR 2017, 1781 (1813 f.).

669 BeckOGK/*Mundt*, BGB § 650c Rn. 164. Dasselbe gilt bei Detail-Pauschalverträgen für sog. Vollständigkeits- bzw. Komplettheitsklauseln. Bei diesen hat der Unternehmer – unabhängig der vom Besteller geforderten Details – eine komplette und „funktionsfähige" Leistung ohne zusätzliche Vergütung zu erbringen. Obwohl die den Preisabsprachen zugrunde liegende, detaillierte Leistungsbeschreibung von dem Besteller stammt, soll die Verantwortung dafür allein den Unternehmer treffen. Damit entzieht sich der Besteller einerseits der eigenen Planungsverantwortung. Andererseits wälzt er die einer fehlerhaften Leistungsbeschreibung zugrunde liegenden Risiken auf den Unternehmer ab. Dies hält einer AGB-rechtlichen Überprüfung nicht stand (*Leupertz* in: Messerschmidt/Voit, Privates Baurecht, I. Teil K, III. 3 b) Rn. 21). Etwas anderes kann nur dann gelten, wenn der Unternehmer die Leistung selbst definiert (BeckOGK/*Mundt*, BGB § 632 Rn. 98).

Einzig in Fällen einer Global-Pauschalvertragsvereinbarung kann eine Ausnahme gelten.[670] Wobei auch in solchen Fällen strenge Anforderungen an die AGB-Konformität eines Nachtragsausschlusses zu stellen sind.[671]

b) Nachlass

Der Besteller könnte auch eine Regelung treffen, wonach der bei Vertragsschluss gewährte Nachlass auch im Rahmen der Nachtragsvergütungsberechnung zu berücksichtigen ist. Dafür spräche der Äquivalenzgedanke. Schließlich wären die Nachtragsänderungen – wären sie bereits bei Vertragsschluss bekannt gewesen – mutmaßlich ebenso von der Preisreduzierung umfasst worden.

Dennoch verstößt eine solche Klausel gegen § 307 Abs. 1 S. 1 und Abs. 2 Nr. 1 BGB.[672] Sie benachteiligt den Unternehmer unangemessen, weil er durch die Nachtragsgewährung (möglicherweise) eine der Höhe nach unbegrenzte – und damit unvorhersehbare – Verlustfortschreibung aufgezwungen bekäme.[673] Dies lässt sie sich mit dem gesetzlichen Leitbild des § 650c Abs. 1 S. 1 BGB nicht vereinbaren. Eine kostendeckende Nachtragsvergütung wäre nicht sichergestellt.

c) Verjährung

Nachtragsforderungen verjähren wie Werklohnforderungen innerhalb der Regelverjährung.[674] Gemäß § 199 Abs. 1 BGB beginnt die regelmäßige Verjährungsfrist von drei Jahren (§ 195 BGB) mit dem Schluss des Jahres, in dem der Anspruch entstanden ist und der Gläubiger Kenntnis von ihm erlangt.[675] Die Verjährung beginnt für alle Ansprüche einheitlich. Sie erfasst auch Nachträge, die in der Schlussrechnung fehlen – dort jedoch bereits hätten enthalten sein müssen.[676]

---

670 Ein solcher, sog. Global-Pauschalvertrag umfasst in aller Regel das Versprechen des Unternehmers, alle zur Verwirklichung des funktionalen Werkerfolgs erforderlichen Leistungen zum (Pauschal-)Vertragspreis zu erbringen (*Leupertz* in: Messerschmidt/Voit, Privates Baurecht, § 650c, Rn. 23).

671 Zu den grundsätzlichen Erwägungen siehe BGH, Urt. v. 13.03.2008 – VII ZR 194/06 in: NZBau 2008, 437 ff., Rn. 34. OLG Brandenburg, Urt. v. 21.11.2018 – 4 U 19/18 in: NZBau 2019, 101 ff., Rn. 41.

672 Ebenso BeckOGK/*Mundt*, BGB § 650c Rn. 165.

673 BeckOGK/*Mundt*, BGB § 650c Rn. 165.

674 BeckOGK/*Mundt*, BGB § 650c Rn. 166.

675 Dies ist bei Vergütungsansprüchen das Jahr, in dem die Abnahme erfolgt ist und eine prüffähige Schlussrechnung gestellt wurde (§ 650g Abs. 4 BGB).

676 OLG Hamm, Urt. v. 21.02.2012 – I 21 U 93/11 in: BauR 2012, 1948 ff.; BGH, Urt. v. 12.02.1970 – VII ZR 168/67 in: NJW 1970, 938 ff.; *Schulze-Hagen*, BauR 2016, 384 (394); BeckOGK/*Mundt*, BGB § 650c Rn. 166 m. w. N.

Klauseln, die die Verjährung des Werklohnanspruchs des Unternehmers auf eine kürzere Zeit als die drei Jahre verkürzen, sind mit dem gesetzlichen Leitbild des § 195 BGB nicht in Einklang zu bringen und daher unwirksam. Eine Ausnahme besteht nur dann, wenn der Besteller ein besonderes Interesse an der Verkürzung der Frist hat.[677] Im Übrigen gelten die allgemeinen Grundsätze zu Verjährungserleichterungen und -erschwerungen.[678] § 202 BGB ist zu beachten.

d) Mengenänderungen

Reine Mengenänderungen werden von § 650c BGB nicht erfasst, es sei denn sie sind auf eine Besteller-Anordnung (§ 650b BGB) zurückzuführen.[679]

Es stellt sich daher die Frage, ob eine Klausel, die für jede Mengenänderung eine Vergütungsanpassung vorsieht, AGB-konform ist. Nach Ansicht des Verfassers ist dies der Fall. Denn keine Partei wird benachteiligt. Bezahlt würde nur die tatsächlich benötigte Menge. Die auftragnehmerseitige Kostendeckung wäre weiterhin gewährleistet. Allein das Fehlen einer Regelung zur mengenmäßigen Preisangleichung im neuen Bauvertragsrecht berechtigt nicht zur Schlussfolgerung, dass eine derartige Bestimmung generell ausgeschlossen ist. Der Gesetzgeber wollte die Nachtragsvergütungsberechnung möglichst einfach und praktikabel gestalten.[680] Der Grund für das Fehlen einer solchen Regelung dürfte daher eher in der Vorstellung zu sehen sein, wonach der Verwaltungsaufwand auf ein notwendiges Minimum reduziert werden sollte.

III. VOB/B-Regelungen

Viele Baubeteiligte stehen dem neuen Bauvertragsrecht angesichts der zahlreichen Unsicherheiten ablehnend gegenüber. Sie favorisieren daher weiterhin den Rückgriff auf die bewährte VOB/B. Schließlich ist es der 1926 geschaffenen „Vergabe- und Vertragsordnung für Bauleistungen" (VOB)[681] gelungen, alle Widrigkeiten über einen Zeitraum von 95 Jahren zu überstehen.[682] Mit den § 2 Abs. 5 und Abs. 6 VOB/B enthält auch die VOB/B Nachtragsvergütungsbestimmungen. Diese sind dann, wenn sie von einer Seite gestellt werden, ebenfalls AGB.[683]

677 BGH, Urt. v. 06.12.2012 – VII ZR 15/12 in: NZBau 2013, 104, Rn. 12.

678 Bei Verjährungserleichterungen dürften vor allem die Klauselverbote der § 309 Nr. 7a, Nr. 7b und Nr. 8a BGB von Relevanz sein. Bei Verjährungserschwerungen greift § 307 BGB als Kontrollmaßstab.

679 Siehe dazu schon ausführlich *Abschnitt B. I. 3. a) cc) (2)*.

680 BT-Drucks. 18/8486, S. 56.

681 Früher: Verdingungsordnung für Bauleistungen.

682 *Koenen* in: BauR 2018, 1033 (1034).

683 BGH, Urt. v. 24.07.2008 – VII ZR 55/07 in: NZBau 2008, 640 (Rz. 10).

Ursprünglich enthielt der Vorläufer des aktuellen § 650c BGB noch einen vierten Absatz:

> *„Die Parteien können eine andere Vereinbarung für die Vergütungsanpassung treffen. Wird die Vertragsordnung für Bauleistungen Teil B (VOB/B) in der jeweils zum Zeitpunkt des Vertragsschlusses geltenden Fassung gegenüber einem Unternehmer, einer juristischen Person des öffentlichen Rechts oder einem öffentlich-rechtlichen Sondervermögen als Allgemeine Geschäftsbedingungen verwendet, findet § 307 Absatz 1 und 2 in Bezug auf eine Inhaltskontrolle von Bestimmungen zur Berechnung der Vergütungsanpassung abweichend von § 310 Absatz 1 Satz 3 auch dann keine Anwendung, wenn nur die Bestimmungen der VOB/B zum Anordnungsrecht und zur Vergütungsanpassung ohne inhaltliche Abweichungen insgesamt in den Vertrag einbezogen sind.“*[684]

Im weiteren Gesetzgebungsverlauf wurde diese Teilprivilegierung jedoch aufgegeben und ersatzlos gestrichen. Ein Grund dafür waren vermutlich die ausgemachten verfassungsrechtlichen Bedenken.[685] So konnte der dynamischen Verweisung auf „die Bestimmungen der VOB/B zum Anordnungsrecht und zur Vergütungsanpassung ohne inhaltliche Abweichungen“ nicht entnommen werden, welche Vorschriften sie genau umfasst.[686] Eine Vereinbarkeit mit dem verfassungsrechtlichen Bestimmtheitsgebot aus Art. 20 Abs. 3 GG war daher fraglich.[687] Auch begegnete der undifferenzierte Ausschluss der AGB-Kontrolle gegenüber allen Unternehmern wegen des Gleichheitssatzes aus Art. 3 Abs. 1 GG verfassungsrechtlichen Bedenken.[688] Zudem wollte der Gesetzgeber

---

684 BT-Drucks. 18/8486, S. 14.

685 *Orlowski*, BauR 2017, 1427 (1436).

686 Eindeutig konnte dieser Formulierung nur eine Bezugnahme auf die § 1 Abs. 3 und Abs. 4 VOB/B sowie die § 2 Abs. 5 und Abs. 6 VOB/B entnommen werden. Unklar war sie in Hinblick auf das Anordnungsrecht aus § 4 Abs. 1 Nr. 3 VOB/B oder die in den § 2 VOB/B vorhergesehenen Bestimmungen zu Mengenänderungen und deren Vergütung. *Battis/Deppner* konstatierten daher zu Recht: „Wenn der Gesetzentwurf schon zur aktuellen Fassung der VOB/B nicht klar und unmissverständlich regelt, welche Bestimmungen künftig AGB-rechtlich privilegiert sein sollen, ist eine ‚dynamische‘ Verweisung auf künftige Änderungen erst recht unzulässig“ (*Battis/Deppner*, Gutachten zum Bauvertragsrecht, S. 26).

687 *Battis/Deppner*, Gutachten zum Bauvertragsrecht, S. 25.

688 Aufgrund der unterschiedlichen Markt- und Verhandlungsmacht müsste die Gleichbehandlung eines Schreiners mit einem börsennotierten Bauunternehmen strengen Verhältnismäßigkeitsanforderungen genügen, die wohl hier – bereits wegen fehlender Berücksichtigung des Untermaßverbots – nicht vorliegen (*Battis/Deppner*, Gutachten zum Bauvertragsrecht, S. 26 f.).

ein „Rosinenpicken“ verhandlungsstarker Besteller verhindern.[689] Er beließ es daher bei der Fassung ohne Teilprivilegierung.

Daher stellt sich – ebenso wie bei den „allgemeinen“ AGB-Regelungen die Frage – ob die zu § 650c Abs. 1 und Abs. 2 BGB korrespondierenden Nachtragsvergütungsbestimmungen der § 2 Abs. 5 und Abs. 6 VOB/B einer Inhaltskontrolle standhalten. Relevanz hat dies vor allem in Fällen, in denen die VOB/B gegenüber einem Verbraucher oder nicht als Ganzes einbezogen wird.

1. AGB-Kontrolle von § 2 Abs. 5 und Abs. 6 VOB/B

Bislang standen der Rechtsprechung als gesetzliches Korrektiv VOB/B-rechtlicher Preisvergütungsbestimmungen lediglich die gesetzlichen Verbote sowie die Inhaltskontrolle der Vertragsklauseln zur Verfügung. Daran ändert auch die Reform des Bauvertragsrechts nichts. Gleichwohl existieren jetzt gesetzliche Leitbilder in den zentralen Teilbereichen des Bauvertragsrechts. Diese verhindern den Fortgang baurechtlichen Richterrechts.[690] Ein Paradigmenwechsel bei der Ermittlung der Nachtragsvergütung ist die Folge.

a) Bedeutungsgehalt

Bei einem VOB/B-Vertrag ergibt sich die Preisanpassung für Änderungen der vertraglich, vorhergesehenen Leistungen aus § 2 Abs. 5 VOB/B. Sind zusätzliche Leistungen gewünscht, erfolgt die Nachtragsvergütung nach § 2 Abs. 6 VOB/B. Beide Vorschriften finden eine Vielzahl denkbarer Interpretationen. Dies offenbart schon ein Blick auf die zahlreichen – hier nur auszugsweise dargestellten – Ansätze zur Nachtragsvergütungsberechnung:

Nach traditionellem Verständnis erfolgt die Nachtragsvergütungsermittlung in § 2 Abs. 5 und Abs. 6 VOB/B anhand vorkalkulatorischer Preisfortschreibung.[691] Diese Auffassung wird jedoch zum Teil für zu eng befunden. Plädiert wird für einen Mittelweg – nämlich die Zulassung der Schätzung einzelner Kalkulationsbestandteile oder gar der gesamten Vergütung auf Grundlage ortsüblicher Vergleichswerte nach § 287 Abs. 2 ZPO.[692] Noch weiter geht die Ansicht, die die Preisanpassungsregelungen der VOB/B nur als Rahmenbedingungen versteht.[693]

---

689 BT-Drucks. 18/11437, S. 42. So ließe sich beispielsweise die vorläufige Abschlagszahlungsregelung des § 650c Abs. 3 BGB-E vermeiden.

690 *Koenen* in: BauR 2018, 1033 (1036).

691 *Althaus*, BauR 2012, 359; BeckOK BauvertrR/*Althaus/Kattenbusch*, BGB § 650c Rn. 159.

692 So zum Beispiel: OLG Saarbrücken, Urt. v. 29.03.2011 – 4 U 242/10; OLG Jena, Urt. v. 25.06.2009 – 1 U 1359/00.

693 *Von Rintelen*, NZBau 2017, 315 ff.

Schon diese zahlreichen Auslegungsvarianten belegen, wie unklar die Preisanpassungsregelungen der VOB/B in sprachlicher wie inhaltlicher Hinsicht sind.[694] Um den eigentlichen Bedeutungsgehalt beider Vorschriften zu ergründen, bedarf es daher der Auslegung.

b) Auslegung

Dabei sind jedoch gewisse Besonderheiten zu beachten. Allgemeine Geschäftsbedingungen sind objektiv-generalisierend auszulegen.[695] Das bedeutet, dass sie nach ihrem objektiven Inhalt und typischen Sinn einheitlich so auszulegen sind, wie sie von einem verständigen und redlichen Vertragspartner unter Interessenabwägung der normalerweise beteiligten Verkehrskreise verstanden werden.[696]

Die Umstände des Einzelfalls werden nicht berücksichtigt.[697] Das Verständnis des konkreten Vertragspartners ist unerheblich. Schließlich werden AGBs für eine Vielzahl von Fallgestaltungen vorformuliert, unabhängig des individuellen Einzelfalls.

aa) Wortlaut

Ausgangspunkt jeder Auslegung ist der Wortlaut der Bestimmungen.[698] Dabei ist der allgemeine Sprachgebrauch der VOB/B zu beachten.[699] Einer fachspezifischen Bezeichnung ist die in Fachkreisen geläufige Bedeutung zugrunde zu legen.[700]

---

694 *Kniffka* in: Kompendium des Baurechts, Teil 4, Rn. 183; *Franz*, BauR 2012, 380 ff. Auch die sonstigen tatbestandlichen Voraussetzungen sind sehr vage formuliert. Deutlich wird dies am Paradebeispiel der Ankündigungspflicht in § 2 Abs. 6 Nr. 1 VOB/B (*Kniffka*, BauR 2012, 411 [417 f.)]). Bei Zusatzleistungen hat der Auftragnehmer seine Mehrkosten vorab anzukündigen. Geschieht dies nicht, stellt sich die Frage, ob der Auftraggeber die von ihm geforderte Leistung dann unbezahlt erhält. Der Wortlaut „jedoch" suggeriert das. Ein solches Ergebnis wird jedoch kaum in allen Fallkonstellationen gewollt sein. Auch die Formulierungen „Änderung des Bauentwurfs" sowie „andere Anordnungen des Auftraggebers" sind sprachlich wie inhaltlich missglückt. Dies belegen die zahlreich hierzu vertretenen Positionen (*Jansen* in: Beck'scher VOB-Kommentar, Teil B, VOB/B § 2 Abs. 5 Rn. 2).

695 So die ständige Rechtsprechung (u. a. BGH, Urt. v. 19.04.2018 – III ZR 255/17 Rn. 18; BGH, Teilurt. v. 29.4.2008 – KZR 2/07 Rn. 19) und herrschende Literatur (BeckOGK/*Bonin*, BGB § 305c Rn. 89 m. w. N.).

696 BGH, Urt. v. 17.12.1987 – VII ZR 307/86.

697 BeckOGK/*Bonin*, BGB § 305c Rn. 89.

698 BeckOK BGB/*Schmidt*, BGB § 305c Rn. 46; BeckOGK/*Bonin*, BGB § 305c Rn. 89.

699 BeckOK BGB/*Schmidt*, BGB § 305c Rn. 46.

700 Beispielhaft für die Begriffe „Grundsätze der Prospekthaftung" – BGH, Urt. v. 08.05.2013 – IV ZR 84/12 (Rz. 14 ff.) und „Mietleistungen" – BGH, Urt. 14.06.2017 – IV ZR 161/16 (Rz. 15 ff).

(1) § 2 Abs. 5 VOB/B

Der Wortlaut des § 2 Abs. 5 S. 1 VOB/B besagt zunächst allgemein, dass jede nachträgliche Änderung der vertraglich vorgesehenen Leistung auch auf Vergütungsseite Berücksichtigung finden muss. Eine Wesentlichkeitsschwelle in Hinblick auf die Vergütungsanpassung existiert nicht. Das Äquivalenzinteresse von Leistung und Gegenleistung ist zu wahren.

Untersucht man nun die einzelnen Satzteile des § 2 Abs. 5 VOB/B, fällt vor allem ihr unklarer Wortlaut auf.

Der neue Preis ist „zu vereinbaren" (§ 2 Abs. 5 S. 1 VOB/B). Schon diese Formulierung ist sprachlich missglückt. Ihre Bedeutsamkeit ist daher gering, denn der vermeintlich suggerierte Spielraum bei der Vergütungsanpassung existiert nicht.[701] Die Nachtragsvergütung lässt sich rechnerisch exakt unter „Berücksichtigung der Mehr- und Minderkosten" ermitteln.[702]

Die Preisvereinbarung soll zudem „vor der Ausführung" getroffen werden (§ 2 Abs. 5 S. 2 VOB/B). Zwar deutet das Wort „vor" auf eine Kostenermittlung anhand vorkalkulatorischer Preisfortschreibung hin. Schließlich lassen sich die tatsächlich angefallenen Kosten erst im Nachhinein exakt beziffern. Gleichwohl beschränkt sich die Aussagekraft dieser Formulierung auf einen „Fingerzeig".

Ferner ist der neue Preis „unter Berücksichtigung der Mehr- und Minderkosten" zu vereinbaren (§ 2 Abs. 5 S. 1 VOB/B). Eine belastbare Aussage zur Art des Preises fehlt. Dies ist besonders misslich, da sich die Nachtragsvergütung bei nahezu allen Preisarten kalkulatorisch[703] vorermitteln lässt. Sie kann bei Einheitspreisverträgen beispielshalber anhand der benötigten Leistungsmengen aufgrund der sich im LV befindlichen Angaben errechnet werden. Auch übliche Preise lassen sich kalkulatorisch ermitteln. Dies belegen schon die abstrakten Schadensermittlungen bei Sachversicherungsleistungen. Sogar Selbstkosten lassen sich kalkulieren. Dies ermöglichen sog. Selbstkostenfest- bzw. Selbstkostenrichtpreise, § 6 VO PR Nr. 30/53.[704]

Auch aus der Formulierung „Änderung der Grundlagen des Preises für eine im Vertrag vorgesehene Leistung" (§ 2 Abs. 5 S. 1 VOB/B) lässt sich nichts ableiten.

---

701 Eine gänzlich neue Preisermittlung wäre nicht nur praxisuntauglich. Sie würde zugleich einen zusätzlichen Nährboden für Konflikte bis hin zum Baustillstand schaffen.

702 So die nahezu einhellige Auffassung (*Jansen* in: Beck'scher VOB-Kommentar, Teil B, VOB/B § 2 Abs. 5 Rn. 2 sowie § 2 Abs. 3, Rn. 14 m. w. N.).

703 Eine kalkulatorische Ermittlung wird – wie eben geprüft – zumindest durch die Formulierung „vor" (§ 2 Abs. 5 S. 2 VOB/B) angedeutet.

704 Trotz ihres beachtlichen Alters gilt die Preisverordnung nach wie vor und wird vom bundesgesetzgeberischen Gestaltungswillen umfasst. Dies belegen die zuletzt 2010 durch Bundesgesetz erfolgten Verordnungsanpassungen von § 2 Abs. 5 und § 12 Abs. 3 und Abs. 4 VO PR Nr. 30/53 (BGBl. Teil I 2010 Nr. 63 vom 14.12.2010 S. 1875).

Angesichts der fehlenden Verweisung auf externe Bezugsgrößen wird mit dem Ausdruck „Grundlagen des Preises“ wohl der Vertragspreis gemeint sein.[705] *Von Rintelen* entnimmt dieser Erkenntnis die Schlussfolgerung, dass auch die Preisanpassung auf Basis der den Vertragspreisen zugrunde liegenden Kostenansätzen zu erfolgen hat. Er begründet dies mit der Wechselbezüglichkeit von Tatbestand und Rechtsfolge.[706] Dies erscheint jedoch zu resolut, zumal schon eine Rechtsfolgenverweisung belegt, dass dem nicht immer so sein muss.

(2) § 2 Abs. 6 VOB/B

§ 2 Abs. 6 VOB/B zeichnet ein ähnliches, jedoch deutlicheres Bild.

Auch hier fordert der Wortlaut zunächst allgemein, das Äquivalenzverhältnis der Parteien zu wahren. Jede Zusatzleistung soll sich in der Nachtragsvergütung widerspiegeln. Toleranzgrenzen in Hinblick auf die Vergütungsanpassung existieren nicht.

Die besondere Vergütung einer im Vertrag nicht vorhergesehenen Leistung „ist möglichst vor Beginn der Ausführung zu vereinbaren“ (§ 2 Abs. 6 Nr. 2 VOB/B). Das Wort „vor“ deutet dabei – ebenso wie in § 2 Abs. 5 VOB/B – auf den Berechnungsweg der vorkalkulatorischen Preisfortschreibung hin.

§ 2 Abs. 6 Nr. 2 S. 1 VOB/B äußert sich aber auch zur Art des Preises: Die besondere Vergütung für die Zusatzleistung bestimmt sich „nach den Grundlagen der Preisermittlung für die vertragliche Leistung und den besonderen Kosten der geforderten Leistung“. Entsprechend der Legaldefinition des § 15 Abs. 1 Nr. 1 VOB/A versteht man unter „der Preisermittlung“ – nach allgemeinem Sprachgebrauch der VOB – die Urkalkulation. Bei der Frage nach den „Preisermittlungsgrundlagen“ hilft wiederum § 9d VOB/A. Die Norm greift die Formulierung auf. Umfasst werden alle Ansätze und Kostenelemente, die der Urkalkulation zugrunde liegen, beispielsweise Material- und Lohnkosten, Gebühren, Abgaben und Steuern, Zinsen usw.[707] Beachtlich ist, dass sich § 2 Abs. 6 Nr. 2 VOB/B nur zur besonderen Vergütung für die Zusatzleistung äußert. Dies bedeutet im Umkehrschluss, dass der Preis sämtlicher, nicht geänderter Vertragsleistungen unberührt bleibt. Nur die besondere Vergütung der Zusatzleistung richtet sich nach den „Grundlagen der Preisermittlung für die vertragliche Leistung“. Ihre Kostengrundlage sind die Ansätze der dem Bauvertrag zugrunde liegenden Urkalkulation.[708] Das Heranziehen der üblichen Preise oder der Ist-Kosten scheidet hingegen aus. Andernfalls liefe der erste Halbsatz von § 2 Abs. 6 Nr. 2 S. 1 VOB/B ins Leere.

---

705 So zumindest *Jansen* in: Beck'scher VOB-Kommentar, Teil B, VOB/B § 2 Abs. 5 Rn. 2. Ebenso *von Rintelen*, NZBau 2017, 315 (321).

706 *Von Rintelen*, NZBau 2017, 315 (321).

707 *Schneider* in: Kapellmann/Messerschmidt, VOB A/B, VOB/A § 9d Rn. 5.

708 So auch *von Rintelen*, NZBau 2017, 315 (320).

(3) Zwischenergebnis

Es bleibt festzuhalten: Bei § 2 Abs. 5 VOB/B fördert die grammatische Auslegung nahezu nichts Aussagekräftiges zutage. Bei § 2 Abs. 6 VOB/B ergibt die Auslegung des Wortlauts eine Nachtragsvergütung anhand vorkalkulatorischer Preisfortschreibung der Urkalkulationsansätze.

So eingängig diese Aussage erscheint, so beschränkt ist sie doch. Denn sie lässt weder einen Rückschluss auf die heranzuziehende Bezugsposition zu. Noch kann ihr entnommen werden, dass sich der geeignete Bewertungsansatz für das Leistungselement der Zusatzleistung unter Umständen auch aus mehreren, verschiedenen Bezugspositionen ergeben kann.[709] Die besondere Vergütung richtet sich allein nach den Grundlagen der Preisermittlung – nicht der Preisermittlung selbst. Konkretere Ermittlungsregeln lassen sich der Wortlautauslegung nicht entnehmen. Sie können allenfalls das Ergebnis einer ergänzenden Vertragsauslegung (§ 157 BGB) sein.

bb) Telos

Für die Auslegung ist der für einen durchschnittlichen, vertragstypischen Verwendungsgegner erkennbare Sinn und Zweck der Klausel ebenfalls maßgeblich.[710]

Dieser besteht bei den Preisanpassungsregelungen der VOB/B darin, dem Auftragnehmer – bei einseitigen Änderungsanordnungen des Auftraggebers (§ 1 Abs. 3 und Abs. 4 VOB/B) – eine äquivalente Vergütung zuzusprechen. Leistung und Gegenleistung sollen in einem ausgewogenen Verhältnis zueinanderstehen.[711] Dabei soll das bisherige Preisgefüge beibehalten werden.[712] Der ursprünglich eingeplante Gewinn darf bei der neuen Preisfestsetzung weder geschmälert noch verbessert werden.[713] Der Verwendungsgegner soll Rechtsklarheit haben, dass sämtliche, nachträgliche Leistungsmodifikationen Vergütungsberücksichtigung finden.

Zwar lässt sich daraus keine konkrete Preisermittlungsmethode ableiten. Gleichwohl spricht die Zielsetzung gegen eine generalisierende Anwendung der vorkalkulatorischen Preisfortschreibung, denn sie ermöglicht dem Auftragnehmer bei Fortschreibung einzelner Einheitspreise eine spekulative Gewinnpotenzierung. Allenfalls dürfte das Fortschreiben des Vertragspreisniveaus mit dem

---

709 *Althaus/Bartsch* in: Althaus/Heindl, Der öffentliche Bauauftrag, 6. Teil 4, Rn. 175/5.

710 BeckOK BGB/*Schmidt*, BGB § 305c Rn. 46.

711 *Von Rintelen*, NZBau 2017, 315 (323) m. w. N.

712 *Von Rintelen*, NZBau 2017, 315 (323) m. w. N.

713 *Von Rintelen*, NZBau 2017, 315 (323) m. w. N.

Telos in Einklang stehen, denn es verbliebe dann bei dem Preisgefüge, auf das sich die Parteien ursprünglich eingelassen haben.[714]

cc) Systematik

Auch der Standort einer Regelung kann bei der Auslegung herangezogen werden.[715] Dabei ist jedoch zu erwähnen, dass dem systematischen Auslegungsergebnis einer AGB-Klausel von vornherein keine außerordentliche Bedeutung beizumessen ist.[716]

Die systematische Auslegung stützt die obigen Ergebnisse. Wenn schon der Preis einer vertraglich nicht vorgesehenen Zusatzleistung anhand vorkalkulatorischer Preisfortschreibung der Urkalkulationsansätze ermittelt werden soll, kann für eine bloße Änderungsleistung, die anhand der Ermittlung von Mehr- oder Minderkosten erfolgen soll, nichts anderes gelten.[717]

Darüber hinaus liefert § 2 Abs. 7 Nr. 2 VOB/B – die Regelung für Pauschalverträge – eine weitere Erkenntnis. Hiernach gelten die Regelungen des § 2 Abs. 5 und Abs. 6 VOB/B auch bei Vereinbarung einer Pauschalsumme. Pauschalverträge haben die Besonderheit, dass für die gesamte Bauleistung eine Gesamtvergütungssumme vereinbart wird. Dementsprechend bestimmt nur ein Preis das Vertragspreisniveau. Dieser ist als Ausgangspunkt für die Fortschreibung nachträglicher Leistungsänderungen heranzuziehen.

dd) Historie

Da der Vertragspartner typischerweise in die Entstehungsgeschichte allgemeiner Geschäftsbedingungen keinen Einblick hat, ist diese bei der Auslegung nicht heranzuziehen.[718] Dies gilt selbst dann, wenn Allgemeine Geschäftsbedingungen – wie die VOB – öffentlich zugänglich sind und mit der Zeit Änderungen erfahren haben.[719] Zur Auslegung der neuen Fassung kann daher nicht auf eine alte Fassung zurückgegriffen werden.[720]

---

714 Wenngleich auch anzumerken ist, dass sich die Vertragsparteien grundsätzlich auf ein bestimmtes Vertragspreisniveau nur für ganz bestimmte Leistungen einlassen.

715 BeckOK BGB/*Schmidt*, BGB § 305c Rn. 50.

716 A. A. ist *Basedow* (MüKo BGB/*Basedow*, BGB § 305c Rn. 45). Seiner Auffassung nach hat die systematische Auslegung gänzlich außer Betracht zu bleiben. Auch das LG Hamburg, Urt. v. 07.06.1994 – 309 S 135/93 vertritt diese Auffassung, da die systematische Argumentationsweise dem juristischen Laien nicht ohne Weiteres geläufig ist. Gleichwohl ist der Gedankengang des Umkehrschlusses – als Regel allgemeiner Logik – zu beachten.

717 *Von Rintelen*, NZBau 2017, 315 (321).

718 BeckOK BGB/*Schmidt*, BGB § 305c Rn. 50; MüKo BGB/*Basedow*, BGB § 305c Rn. 45; ebenfalls BGH, Urt. v. 06.03.1996 – IV ZR 275/95 – allerdings zu allgemeinen Bedingungen für die Kraftfahrtversicherung.

719 Vgl. BeckOK BGB/*Schmidt*, BGB § 305c Rn. 50.

720 BeckOK BGB/*Schmidt*, BGB § 305c Rn. 50.

ee) *Ergebnis*

Als Auslegungsergebnis der § 2 Abs. 5 und Abs. 6 VOB/B bleibt festzuhalten:

Die Nachtragsvergütung ist durch vorkalkulatorische Preisfortschreibung anhand des Vertragspreisniveaus zu ermitteln.

Nur dort, wo eine solche Ermittlung nicht möglich ist, bedarf es der ergänzenden Vertragsauslegung (§ 157 BGB). Zu denken sind etwa an kleinere Bauvorhaben oder Aufträge ohne öffentliche Beteiligung. In diesen Fällen existiert häufig keine Urkalkulation.[721] Obige Berechnungsmethode passt dann nicht. Alternative Berechnungswege geben die Preisanpassungsvorschriften nicht vor. Liegt der „Schulbuchfall“ einer ordnungsgemäßen Urkalkulation daher nicht vor, sind die § 2 Abs. 5 und Abs. 6 VOB/B nur als Rahmenbedingungen zur Vergütungsanpassung zu verstehen.[722] Erst die ergänzende Vertragsauslegung ermöglicht dann die genaue Nachtragsvergütungsberechnung.

c) *Wirksamkeit*

Nachdem nun der Bedeutungsgehalt der § 2 Abs. 5 und Abs. 6 VOB/B geklärt wurde, stellt sich die Frage, ob die Preisanpassungsvorschriften einer isolierten AGB-rechtlichen Inhaltskontrolle standhalten.

Dies ist nicht der Fall. Zum einen fehlt es an der Vereinbarkeit mit § 307 Abs. 1 S. 1 und Abs. 2 Nr. 1 BGB. Zum anderen ist die Unwirksamkeit der VOB/B-Preisanpassungsregelungen das zwingende Resultat der untrennbaren Verknüpfung mit den Anordnungsvorschriften der § 1 Abs. 3 und Abs. 4 VOB/B. Im Einzelnen:

aa) *§ 307 Abs. 1 S. 1 und Abs. 2 Nr. 1 BGB*

(1) Berechnungsmethode

Schon die oben herausgearbeitete Berechnungsmethode der Preisanpassungsregelungen (vorkalkulatorische Preisfortschreibung anhand des Vertragspreisniveaus) verstößt gegen § 307 Abs. 1 S. 1 und Abs. 2 Nr. 1 BGB.

Nach dem gesetzlichen Leitbild des § 650c BGB ist die Nachtragsvergütung anhand der tatsächlich erforderlichen Kosten samt angemessener Zuschläge für allgemeine Geschäftskosten, Wagnis und Gewinn zu errechnen. Die vorkalkulatorische Preisfortschreibung ist lediglich „Berechnungshilfsmittel“. Sie dient vor allem der praktikableren Abrechnungserleichterung.[723] Belegt wird die fehlende Eigenständigkeit von § 650c Abs. 2 S. 2 BGB. Hiernach wird vermutet, dass die kalkulatorisch fortgeschriebene Vergütung der Vergütung aus § 650c Abs. 1 S. 1

---

721 BeckOGK/*Mundt*, BGB § 650c Rn. 179.

722 So sieht dies auch *Kniffka* in: Kompendium des Baurechts, Teil 4, D. II. 3a) Rn. 184 und *von Rintelen*, NZBau 2017, 315 ff.

723 So ausdrücklich die Gesetzesbegründung: BT-Drucks. 18/8486, S. 56.

BGB entspricht. Wird diese Vermutung widerlegt, verbleibt allein die Berechnungsmethode nach § 650c Abs. 1 S. 1 BGB.

Zieht man die vorstehenden Erwägungen heran, muss man den Preisanpassungsregelungen der VOB/B – auch wenn sie nicht auf die einzelnen Kalkulationsansätze, sondern das Gesamtvertragspreisniveau abstellen – ein erhebliches Abweichen vom gesetzlichen Leitbild attestieren. Dies belegen die gänzlich anderen Vergütungsergebnisse, die im Vergleich mit der tatsächlichen Kostenberechnung entstehen. Verdeutlicht wird dies anhand der nachfolgenden Mehrkosten- bzw. Minderkostenbeispiele:

Mehrkostenbeispiel:
Die Parteien schließen einen Bauvertrag, in dem eine kalkulierte Vergütung von EUR 60.000,– vereinbart wird. Die tatsächlichen Kosten belaufen sich auf EUR 50.000,–. Aufgrund nachträglicher Leistungsänderung (tatsächlicher Wert EUR 5.000,–) wird eine Nachtragsvergütung fällig.

Während der tatsächliche Nachtragswert EUR 5.000,– beträgt, stünde dem Auftragnehmer bei vorkalkulatorischer Preisfortschreibung anhand des Vertragspreisniveaus ein Betrag von EUR 6.000,– zu.[724] Jeder Nachtrag hätte damit eine Gewinnmaximierung zur Folge.

Minderkostenbeispiel:
Die Parteien schließen einen Bauvertrag, in dem eine kalkulierte Vergütung von EUR 40.000,– vereinbart wird. Die tatsächlichen Kosten belaufen sich auf EUR 50.000,–. Aufgrund nachträglicher Leistungsänderung (tatsächlicher Wert EUR 5.000,–) wird eine Nachtragsvergütung fällig.

Auch hier liegt der tatsächliche Wert bei EUR 5.000,–. Nach vorkalkulatorischer Preisfortschreibung anhand des Vertragspreisniveaus stünden dem Auftragnehmer hingegen nur EUR 4.000,– zu.[725] Der ohnehin schon bestehende Verlust

724 Die EUR 6.000,– ergeben sich aus der Multiplikation des tatsächlichen Werts (EUR 5.000,–) mit dem Vertragspreisniveaufaktor von 1,2.

725 Die EUR 4.000,– ergeben sich aus der Multiplikation des tatsächlichen Werts (EUR 5.000,–) mit dem Vertragspreisniveaufaktor von 0,8. Sicherlich dürfte es den Ausnahmefall darstellen, dass ein Auftragnehmer einen Bauvertrag mit nicht auskömmlicher Vergütung abschließt. Gleichwohl kann eine solche Fallkonstellation durchaus auftreten. So ließe sich beispielshalber ein solcher Abschluss in Hinblick auf Folgeverträge innerhalb einer langjährigen, vertraglichen Beziehung rechtfertigen.

würde sich durch jeden Nachtrag vergrößern. Dies lässt sich mit dem gesetzlichen Leitbild einer kostendeckenden Vergütung nicht in Einklang bringen.

Die vorkalkulatorische Preisfortschreibung anhand des Vertragspreisniveaus hat zur Konsequenz, dass jegliche Mehrkosten zu einer Gewinnmaximierung und jegliche Minderkosten zu einer Verlustmaximierung führen. Dies weicht unangemessen von dem wesentlichen Grundgedanken des § 650c Abs. 1 S. 1 BGB ab und ist mit § 307 Abs. 2 Nr. 1 BGB nicht in Einklang zu bringen. Darüber hinaus ist die mögliche Verlustmaximierung des Auftragnehmers auch mit § 307 Abs. 1 S. 1 BGB nicht zu vereinbaren. Als Vertragspartner des Klauselverwenders wird der Auftragnehmer unangemessen benachteiligt.

Während sich die Unwirksamkeit bei § 2 Abs. 5 VOB/B – mangels sinnvoller Trennbarkeit – zwangsläufig auf den ganzen Normabsatz bezieht, ließe sich bei § 2 Abs. 6 VOB/B über eine Spaltung nachdenken. So vertritt *Kandel* die Auffassung, dass § 2 Abs. 6 Nr. 1 S. 2 VOB/B nur bei auftraggeberseitiger Verwendung und § 2 Abs. 6 Nr. 2 VOB/B unabhängig von der Person des Verwenders unwirksam sei.[726] Die Regelung des § 2 Abs. 6 Nr. 1 S. 1 VOB/B bestünde dagegen unberührt fort, besage sie doch lediglich, dass dem Auftragnehmer ein Vergütungsanspruch bei zusätzlicher Leistung zustehe.[727] Das ist abzulehnen. Denn vorstehende Sichtweise ignoriert die Beziehung beider Ziffern. § 2 Abs. 6 Nr. 2 S. 1 VOB/B knüpft an die „Vergütung" des § 2 Abs. 6 Nr. 1 S. 1 VOB/B an. Wenn aber der Vergütungsanspruch die vorherige Anspruchsankündigung voraussetzt, kann er bei Unwirksamkeit dieser nicht bestehen.

(a) Standpunkt in der Rechtsprechung

Etwas anderes ergibt sich auch nicht anlässlich der jüngst ergangenen Rechtsprechung.[728] Dabei sieht der Verfasser davon ab, jede einzelne Entscheidung nachfolgend im Detail zu besprechen. Er bezieht sich vielmehr auf die in den Urteilen getroffenen Kernaussagen.

(aa) § 2 Abs. 5 VOB/B

Der Norminhalt des § 2 Abs. 5 VOB/B sollte sich erneut ins Gedächtnis gerufen werden:

---

726 BeckOK VOB/B/*Kandel*, VOB/B § 2 Abs. 6 Rn. 13b.

727 Problematisch wäre dann jedoch, dass § 2 Abs. 6 Nr. 1 S. 1 VOB/B keine Aussage zur Ermittlung des Vergütungsanspruchs trifft.

728 Zum Teil wurde die Rechtsprechung schon unter *Abschnitt B. I. 2 c) bb) (2)* angedeutet.
Zu § 2 Abs. 5 VOB/B: OLG Düsseldorf, Urt. v. 19.12.2019 – 5 U 52/19.
Zu § 2 Abs. 6 VOB/B: OLG Brandenburg, Urt. v. 22.04.2020 – 11 U 153/18.
Zu § 2 Abs. 5 und Abs. 6 VOB/B: KG, Urt. v. 10.07.2018 – 21 U 30/17 und KG, Urt. v. 27.08.2019 – 21 U 160/18.

„Werden durch Änderung des Bauentwurfs oder andere Anordnungen des Auftraggebers die Grundlagen des Preises für eine im Vertrag vorgesehene Leistung geändert, so ist ein neuer Preis unter Berücksichtigung der Mehr- oder Minderkosten zu vereinbaren. Die Vereinbarung soll vor Ausführung getroffen werden."

Nach Auffassung des BGH[729] regelt der Absatz lediglich, dass die Parteien einen neuen Preis unter Berücksichtigung der Mehr- oder Minderkosten zu vereinbaren haben. Eine Aussage zu der Frage, wie der neue Preis zu bestimmen sei, wenn eine solche Vereinbarung fehlt, ist dort nicht enthalten. Können sich die Parteien daher nicht auf eine Preisbildung verständigen, existiert eine Lücke im Vertrag. Auch allgemeine Geschäftsbedingungen – zu denen die Bestimmungen der VOB/B gehören – können eine planwidrige Regelungslücke enthalten.[730] Diese ist dann im Wege der ergänzenden Vertragsauslegung zu schließen. Entscheidend ist, was die Vertragsparteien als redliche Vertragspartner[731] bei angemessener Abwägung ihrer Interessen nach Treu und Glauben vertraglich zugrunde gelegt hätten, wenn sie den nicht geregelten Fall – hier die fehlende Einigung – bedacht hätten.[732]

Danach ist der neue Preis nach § 2 Abs. 5 VOB/B anhand der tatsächlich erforderlichen Kosten zuzüglich angemessener Zuschläge zu ermitteln. Dafür sprechen – laut BGH – im Wesentlichen drei Gründe:[733] Erstens sind die tatsächlich erforderlichen Kosten ohne Weiteres ermittelbar und gewährleisten eine realistische Bewertung, da die Kostenwirklichkeit am sichersten abgebildet wird. Andere Kostenermittlungsmethoden – wie ein Rückgriff auf die üblichen Preise (§ 632 Abs. 2 BGB) oder die gerichtliche Schätzung (§ 287 ZPO) – scheiden aus. Denn sie sind zu allgemein und bilden den konkreten Einzelfall nicht hinreichend ab. Zweitens wird durch diesen Berechnungsweg keine der Parteien benachteiligt bzw. bevorteilt. Den wirtschaftlichen Interessen beider Parteien wird angemessen Rechnung getragen. Drittens entspricht ein derartiges Verständnis dem

---

729 BGH, Urt. v. 08.08.2019 – VII ZR 34/18. Das Urteil betrifft zwar Mengenänderungen nach § 2 Abs. 3 Nr. 2 VOB/B. Der Wortlaut von § 2 Abs. 3 Nr. 2 VOB/B ist mit dem des § 2 Abs. 5 VOB/B aber nahezu identisch. Bei beiden Vorschriften ist ein „neuer Preis unter Berücksichtigung der Mehr- oder Minderkosten zu vereinbaren". Die dort festgestellten Befunde können übertragen werden (so auch OLG Düsseldorf, Urt. v. 19.12.2019 – 5 U 52/19).

730 BGH, Urt. v. 20.04.2017 – VII ZR 194/13, Rn. 25; BGH, Urt. v. 18.07.2007 – VIII ZR 227/06; BGH, Urt. v. 08.02.1988 – II ZR 210/87.

731 Das Merkmal der Redlichkeit sichert dabei den wechselseitigen Interessenausgleich. Keine Partei soll Profit aus dem Nachtrag schlagen. Es gilt, die Besser- oder Schlechterstellung einer Partei zu vermeiden.

732 BGH, Urt. v. 08.08.2019 – VII ZR 34/18 Rn. 28.

733 BGH, Urt. v. 08.08.2019 – VII ZR 34/18 Rn. 32 ff.

gesetzlichen Leitbild (§ 650c Abs. 1 S. 1 BGB). Das damit verfolgte Ziel der Spekulationsvermeidung kommt dann auch in der VOB/B zum Tragen.

(bb) § 2 Abs. 6 VOB/B

Obwohl § 2 Abs. 6 VOB/B ein gänzlich anderer Wortlaut als dem des § 2 Abs. 5 VOB/B zugrunde liegt, nimmt die Rechtsprechung[734] auch dort – konkret bei § 2 Abs. 6 Nr. 2 VOB/B – das Vorliegen einer Regelungslücke an. Ihrer Ansicht nach fehlt es ohne eine Einigung über den neuen Einheitspreis an konkreten Vorgaben zur Preisbildung. Denn im Rahmen des § 2 Abs. 6 VOB/B ist nicht ausschließlich auf die Urkalkulationsansätze – „die Grundlagen der Preisermittlung" – abzustellen. Auch die „besonderen Kosten" sind zu berücksichtigen. Was unter diesen aber genau zu verstehen ist, bleibt ebenso vage, wie deren Berechnung. Die exakte Kostenermittlung bedarf daher einer ergänzenden Vertragsauslegung, § 157 BGB. Dabei ist das Äquivalenzprinzip zu beachten. Unvorhergesehene Zusatzleistungen sollen keine Vertragspartei besser oder schlechter stellen. Um dem zu entsprechen, muss sich der Preis der zusätzlichen Vergütung auch hier danach richten, was die Vertragsparteien bei angemessener Abwägung ihrer Interessen nach Treu und Glauben als redliche Vertragspartner vereinbart hätten, wenn sie den nicht geregelten Fall bedacht hätten:

Dies wären die tatsächlich erforderlichen Kosten samt angemessener Zuschläge für allgemeine Geschäftskosten, Wagnis und Gewinn.

(b) Stellungnahme

Die Rechtsprechung hält demgemäß § 2 Abs. 5 VOB/B wie § 2 Abs. 6 VOB/B für AGB-konform. Können sich die Vertragsparteien nicht auf einen neuen Nachtragspreis einigen, findet eine ergänzende Vertragsauslegung statt, deren Ergebnis die Vergütungsberechnung nach § 650c Abs. 1 S. 1 BGB ist.

Diese Sichtweise überzeugt nicht. Allgemeine Geschäftsbedingungen sind im Rahmen der Inhaltskontrolle an ihrer kundenfeindlichsten Auslegung zu messen.[735] Bei verschiedenen Auslegungsalternativen ist diejenige maßgeblich, die zur Unwirksamkeit der Klausel führt.[736] Damit wird § 305c Abs. 2 BGB Rechnung getragen. Denn es entspricht der kundenfreundlichsten Auslegung, wenn aus der kundenfeindlichsten Auslegung die Unwirksamkeit einer Klausel folgt.

Berücksichtigt man nun diese Erkenntnis bei der oben herausgearbeiteten Auslegung von § 2 Abs. 5 und Abs. 6 VOB/B, ist deren Unvereinbarkeit mit § 307 Abs. 1 S. 1 und Abs. 2 Nr. 1 BGB zwangsläufige Konsequenz. Denn obige Auslegung ergibt, dass der Nachtragsvergütungspreis durch vorkalkulatorische

---

734 OLG Brandenburg, Urt. v. 22.04.2020 – 11 U 153/18, Rn. 16.

735 U. a. BGH, Urt. v. 05.10.2016 – VIII ZR 225/15, Rn. 39; OLG München, Urt. v. 22.01.1997 – 7 U 4756–96; MüKo BGB/*Basedow*, BGB § 305c Rn. 50.

736 MüKo BGB/*Basedow*, BGB § 305c Rn. 51.

Preisfortschreibung anhand des Vertragspreisniveaus zu ermitteln ist. Alternativdeutungen bleiben nach kundenfeindlichster Auslegung außen vor.

Die Rechtsprechung ist offenbar bemüht, die altbekannten Regelungen der VOB/B zu „retten“. Dennoch ist es nicht Aufgabe der Gerichte, die VOB/B zu sanieren. Es gilt das Prinzip der Gewaltenteilung. Das sich über Jahrzehnte gefestigte Verständnis der Preisermittlung mit einer fragwürdigen Argumentation infrage zu stellen, ist inkonsequent. Schafft es der Deutsche Vergabe- und Vertragsausschuss für Bauleistungen (DVA) aus unerfindlichen Gründen nicht, seiner Aufgabe – die VOB/B an die aktuellen Gegebenheiten anzupassen – gerecht zu werden, muss dies hingenommen werden. Ein „Glätten“ unliebsamer Passagen ist zur Problemlösung ungeeignet, zumal die Rechtsfolgen – wie noch gezeigt wird – weitaus weniger Tragweite besitzen, als es die thematische Beitragsfülle suggeriert.

(2) Ankündigungserfordernis

Auch das in § 2 Abs. 6 Nr. 1 S. 2 VOB/B vorgesehene Ankündigungserfordernis ist mit § 307 Abs. 1 S. 1 BGB nicht zu vereinbaren.

Umstritten ist dabei, ob es sich bei dem Ankündigungserfordernis um eine Tatbestandsvoraussetzung für die Entstehung des Vergütungsanspruchs handelt. Dafür spricht der Wortlaut („muss“).[737] Der Zusatz „jedoch“ unterstreicht dieses Verständnis.[738] Dem folgt auch prinzipiell die Rechtsprechung.[739] Die Ankündigung dient dem Schutz des Auftraggebers, der häufig die drohenden Kostenerhöhungen nicht überblicken kann.[740] Sie ist grundsätzlich notwendige

---

737 Teilweise wird die Ankündigungspflicht auch als reine Nebenpflicht eingeordnet. Eine Verletzung käme dann keinem Anspruchsverlust gleich. Letztlich ist die Streitfrage für die AGB-rechtliche Wirksamkeitsbeurteilung ohne Relevanz. Denn § 2 Abs. 6 Nr. 1 S. 2 VOB/B ist selbst, wenn die Ankündigung keine Anspruchsvoraussetzung darstellt, AGB-widrig. Es liegt dann ein Verstoß gegen das in § 307 Abs. 1 S. 2 BGB geregelte Transparenzgebot vor. Der Klausel fehlt es – legt man sie entgegen ihres Wortlauts aus – an der nötigen Klarheit (so auch BeckOK VOB/B/*Kandel,* VOB/B § 2 Abs. 6 Rn. 12; *Jansen* in: Beck'scher VOB-Kommentar, Teil B, VOB/B § 2 Abs. 6, Rn. 62).

738 *Kapellmann* ersetzt dabei „jedoch“ sinngleich mit „nur dann, wenn“ (*Kapellmann* in: Kapellmann/Messerschmidt, VOB A/B, VOB/B § 2 Rn. 354).

739 BGH, Urt. v. 23.05.1996 – VII ZR 245/94; OLG Düsseldorf, Urt. v. 21.11.2014 – I-22 U 37/14. Dabei geht die Rechtsprechung – konträr zur Auffassung des Verfassers – sogar von der AGB-Konformität des § 2 Abs. 6 Nr. 1 S. 2 VOB/B aus. Sie stützt dies auf die Auslegung, nach der ein Anspruchsverlust wegen Ankündigungsversäumung nur dann vorliegt, wenn die Ankündigung berechtigten Schutzinteressen des Auftraggebers dient und ihre Versäumung unentschuldigt ist. Ein solches Auslegungsergebnis ist zwar wünschenswert. Es kann dem Wortlaut der Norm jedoch nicht entnommen werden.

740 Zu Recht lässt sich auch über den Sinn dieser Sichtweise streiten. So sollte doch ein Auftraggeber, der einen „Leistungszusatz“ begehrt, mit einem „Vergütungszusatz“

Anspruchsvoraussetzung. Bei konsequenter Anwendung hat dies zur Folge, dass ein Auftragnehmer, der die Ankündigung – selbst in unverschuldetem Fall[741] – versäumt, finanziell nichts erhielte. Dies würde ihn unangemessen benachteiligen. Eine einheitliche Betrachtung aller Fallgestaltungen ist mit § 307 Abs. 1 S. 1 BGB nicht in Einklang zu bringen.

bb) Unwirksamkeit wegen § 1 Abs. 3 und Abs. 4 S. 1 VOB/B

Auch die enge Relation zu den Anordnungsvorschriften der § 1 Abs. 3 und Abs. 4 S. 1 VOB/B begründet die Unwirksamkeit der VOB/B-Preisanpassungsregelungen.[742]

Beide Regelungskomplexe – das Anordnungsrecht wie die Vergütungsfolge – sind untrennbar miteinander verknüpft.[743] Während die Vergütungsanpassung nur dann zweckdienlich ist, wenn zuvor eine sie auslösende Änderungsanordnung erging, empfiehlt sich eine Änderungsanordnung wiederum nur, wenn die nachfolgenden Vergütungsfolgen geregelt sind. Diese Wechselwirkung und gegenseitige Abhängigkeit begründet die Unwirksamkeit der VOB/B-Preisanpassungsregelungen. Denn die Anordnungsrechte aus § 1 Abs. 3 und Abs. 4 S. 1 VOB/B sind mit § 307 Abs. 1 und Abs. 2 Nr. 1 BGB unvereinbar.

Zwar wird hiergegen eingewendet, dass schon nach bisheriger Rechtslage kein Verstoß der § 1 Abs. 3 und Abs. 4 S. 1 VOB/B gegen wesentliche Grundgedanken der gesetzlichen Regelung vorgelegen habe.[744] Seit Inkrafttreten des § 650b BGB könne dies erst recht nicht der Fall sein. Denn das Gesetz habe sich gewissermaßen der VOB/B angenähert. Der zuvor bestehende, unbefriedigende Zustand

---

rechnen. Viel sinnvoller wäre eine Ankündigungspflicht bei Leistungsänderungen nach § 2 Abs. 5 VOB/B, da deren Vergütungsfolgen für den Auftraggeber wesentlich schwieriger zu überblicken sind (so auch *Jansen* in: Beck'scher VOB-Kommentar, Teil B, VOB/B § 2 Abs. 6 Rn. 46).

741 Die Rechtsprechung behilft sich – anlässlich der Untätigkeit des DVA – mit einem Katalog an Ausnahmevorschriften, die nahezu alle in der Praxis vorkommenden Streitfälle abdecken (näher dazu *Jansen* in: Beck'scher VOB-Kommentar, Teil B, VOB/B § 2 Abs. 6 Rn. 58). Die gleichwohl bestehende AGB-Widrigkeit überwinden diese dogmatisch fragwürdigen Konstruktionen nicht.

742 Sicherlich lässt sich auch die Ansicht vertreten, die Regelungen gänzlich isoliert voneinander auf ihre AGB-Wirksamkeit zu überprüfen. Dann verbliebe den Preisanpassungsvorschriften – bei AGB-Widrigkeit der Anordnungsregelungen – zwar kein eigener Anwendungsbereich. Unanwendbare Regelungen benachteiligen den Klausel-Verwendungsgegner jedoch nicht unangemessen. Gleichwohl bestünden weiterhin die in *Abschnitt C. III. 1. c) aa)* festgestellten Unwirksamkeitsgründe.

743 So auch *Popescu*, BauR 2019, 317 (323); *Langen*, NZBau 2019, 10 (12). Für eine einheitliche Begutachtung plädiert auch *Orlowski*, BauR 2017, 1427 (1436).

744 *Retzlaff*, BauR 2017, 1781 (1794 ff.); *Kapellmann*, NZBau 2017, 635 (637 f.); *von Rintelen* in: Kniffka, Bauvertragsrecht, BGB § 650b Rn. 253 ff.

einer nicht vorhandenen, gesetzlichen Regelung sei zugunsten eines bauvertraglichen Leistungsänderungsrechts beendet worden.

Dies überzeugt jedoch nicht. Mit Inkrafttreten des neuen Bauvertragsrechts zum 01.01.2018 existieren neue gesetzliche Leitbilder, die fortan die maßgeblichen Orientierungspunkte in der AGB-rechtlichen Kontrollprüfung sind. Rückschlüsse aus ehemaliger Gesetzeslage verbieten sich. Ebenso unpassend wäre es, die zum alten Recht ergangene Rechtsprechung in dieser Frage heranzuziehen.[745] Eine gänzliche Neubewertung ist unabdingbar. Sie erfordert das Gegenüberstellen der Parallelvorschriften. Dabei ist ein grundlegendes Abweichen der § 1 Abs. 3 und Abs. 4 S. 1 VOB/B von dem gesetzlichen Leitbild des § 650b BGB festzustellen.[746] Der Auftragnehmer wird bei Leistungsanordnungen nach der VOB/B wesentlich stärker in die Pflicht genommen, als es nach dem neuen gesetzlichen Bauvertragsrecht der Fall ist. Teilweise begründen die dabei festzustellenden Abweichungen schon isoliert die Unwirksamkeit. In der Summe stellen sie jedenfalls eine unangemessene Benachteiligung im Sinne des § 307 Abs. 1, Abs. 2 Nr. 1 BGB dar. Folgende Erwägungen liegen dem zugrunde:

(1) Zumutbarkeitskriterium

Zieht man § 1 Abs. 3 VOB/B heran, fehlt dort die Möglichkeit, etwaigen Leistungsforderungen die Unzumutbarkeit entgegenhalten zu können, während § 650b Abs. 2 S. 2 BGB eine solche Gestaltungsoption regelt. Das Aufweichen des Grundprinzips der einvernehmlichen Vertragsänderung durch einseitige Vertragsänderung muss – schon allein wegen des Grundsatzes der Privatautonomie – der absolute Ausnahmefall bleiben. Um verfassungsrechtlichen Anforderungen zu genügen, enthält die Änderungsanordnung (§ 650b BGB) daher ein Billigkeitskorrektiv („Zumutbarkeit").[747] Bei § 1 Abs. 3 VOB/B fehlt ein solches Korrektiv. Daher möchte ein Teil der Literatur seither die Vorschrift des § 315 BGB heranziehen.[748] Dadurch bestünde ein akzeptabler Gleichlauf zu § 650b BGB, da eine Billigkeitsgrenze definiert wäre. Dieser Ansatz missachtet jedoch die kundenfeindlichste Auslegung, die bei der AGB-Auslegung alleiniger Maßstab ist. Auf eine bestimmte oder vorherrschende Auslegungsart kommt es nicht an.[749] Bei verschiedenen Auslegungsalternativen ist allein diejenige maßgeblich, die zur Unwirksamkeit der Klausel führt.[750] § 1 Abs. 3 VOB/B weicht daher erheblich

---

745 *Popescu*, BauR 2019, 317 (319).

746 *Koenen*, BauR 2018, 1033 (1037) m. w. N.

747 Siehe *Abschnitt B. IV. 3. c) aa)*.

748 *W. Langen* in: LBD, BGB § 650b Rn. 123; BeckOK VOB/B/*Wieseler*, VOB/B § 1 Abs. 3 Rn. 34, 45.

749 *Leinemann/Kues* in: LK, Bauvertragsrecht, BGB § 650b Rn. 272.

750 MüKo BGB/*Basedow*, BGB § 305c Rn. 51.

von dem gesetzlichen, durch die Zumutbarkeit begrenzten Leitbild des § 650b BGB ab.[751] Die AGB-Widrigkeit folgt aus § 307 Abs. 2 Nr. 1 BGB.

Bei § 1 Abs. 4 VOB/B verhält es sich etwas anders. Dort muss der Auftragnehmer – bei auftraggeberseitigem Verlangen – etwaige nicht vereinbarte Leistungen, die zur Ausführung der vertraglichen Leistung erforderlich sind, mit ausführen. Ein Einwand kommt lediglich in Betracht, wenn der Betrieb des Auftragnehmers nicht auf derartige Leistungen eingerichtet ist (§ 1 Abs. 4 S. 2 VOB/B). Damit ist zwar auch hier eine Abweichung festzustellen, diese ist jedoch marginal. Denn § 650b BGB können die zwei einschränkenden Kriterien des § 1 Abs. 4 VOB/B (Erforderlichkeit, Betriebsausrichtung) gegenübergestellt werden. § 1 Abs. 4 VOB/B hält daher einer isolierten Inhaltskontrolle – anders als § 1 Abs. 3 VOB/B mit seiner unbeschränkten Änderungsbefugnis – stand.[752]

(2) Änderungsgegenstand

Auch bzgl. des Änderungsgegenstands lässt sich eine Widersprüchlichkeit ausmachen. So deckt sich die Bezeichnung des „Bauentwurfs" in § 1 Abs. 3 VOB/B nicht mit der Leitlinie des § 650b BGB. Denn sie umfasst – bei kundenfeindlichster Auslegung – nicht nur Leistungspositionen, sondern auch Ausführungsmodalitäten.[753] Dem Besteller wäre es damit gestattet, Anordnungen nicht nur zu Bauabläufen, sondern der gesamten Baustellenorganisation zu treffen.

§ 1 Abs. 3 VOB/B weist daher einen erheblich weiteren Wirkungsbereich auf, als dies bei § 650b BGB – dort geht es allein um Änderungen des vereinbarten Werkerfolgs – der Fall ist. Auch deshalb ist das VOB/B-Anordnungsrecht unwirksam (§ 307 Abs. 1 S. 1, Abs. 2 Nr. 1 BGB).

(3) Anordnungsform

Ein weiterer Unterschied liegt in der Anordnungsform.

Scheitert die Einigung, normiert § 650b BGB, dass die Besteller-Anordnung in Textform (§ 126b BGB) zu erfolgen hat. Andernfalls ist sie gem. § 125 BGB nichtig. Dieses Formerfordernis dient vor allem Dokumentationszwecken. Gleichermaßen soll der Besteller aber auf seine durch die Anordnung entstehende Kostenlast aufmerksam gemacht werden (Warnfunktion). Es handelt sich um eine das gesetzliche Leitbild prägende Erwägung.[754]

---

751 *Abel/Schönfeld*, BauR 2018, 1 (10); *Leinemann/Kues* in: LK, Bauvertragsrecht, BGB § 650b Rn. 272 ff.

752 Ebenso *Leinemann/Kues* in: LK, Bauvertragsrecht, BGB § 650b Rn. 266 ff.

753 Der Umstand, dass um die Bedeutung des „Bauentwurf[s]" in der Rechtslehre gestritten wird, ist ohne Belang. Denn aufgrund der kundenfeindlichsten Auslegung besteht gezwungenermaßen ein weites Begriffsverständnis (*Leinemann/Kues* in: LK, Bauvertragsrecht, BGB § 650b Rn. 277 ff.; *Popescu*, BauR 2019, 317 [329 f.]).

754 So ist auch die Gesetzesbegründung zu interpretieren (BT-Drucks. 18/11437, S. 41). A. A. sind *Leinemann/Kues* in: LK, Bauvertragsrecht, BGB § 650b Rn. 263 ff.). Sie

Nach der VOB/B ist die formfreie Anordnung von zusätzlicher und geänderter Leistung möglich. Dies lässt sich mit der Warnfunktion des gesetzlichen Leitbilds (§ 650b BGB) jedoch nicht vereinbaren. § 1 Abs. 3 und Abs. 4 VOB/B sind auch hiernach AGB-widrig.

(4) Vorgelagerte Verhandlungsphase

Auch die Verhandlungsphase gestaltet sich bei § 650b BGB anders als bei § 1 Abs. 3 und Abs. 4 VOB/B.

Während bei § 650b BGB der Kooperationsgedanke im Vordergrund steht, sind die Anordnungsrechte der VOB/B deutlich strenger. § 1 Abs. 3 und Abs. 4 VOB/B erfordern – anders als § 650b Abs. 2 S. 1 BGB – kein fruchtloses Verstreichen einer gesonderten Einigungsfrist. Eine einseitige Änderung kann dort vielmehr sofort angeordnet werden. Damit liegt eine Abweichung vor. Diese ist auch erheblich. Maßgeblich dafür ist die Frage, ob die vorgelagerte Verhandlungsphase Teil des gesetzlichen Leitbilds ist.[755]

Dies ist zu bejahen.[756] Konflikte, die den Baufortgang unnötig belasten, sollen im Wege eines vorgelagerten Dialogs vermieden werden.[757] Den Parteien soll die Möglichkeit eines Zeitfensters zum konstruktiven Austausch verschafft werden.[758] Dabei ist der Einigungsversuch über den Änderungsinhalt und die Vergütung wesentliches Ziel des neuen § 650b BGB. Als gesetzliches Leitbild diktiert die Norm den Grundsatz, dass vor einer Änderungsanordnung wenigstens obligatorisch verhandelt werden soll. Diese Leitlinie erfüllen die Anordnungsrechte

sind der Auffassung, dass einem Besteller die drohenden Mehrkosten bereits in der 30-tägigen Zeitspanne durch Verhandlung und Angebotsprüfung hinreichend vergegenwärtigt werden. Dabei wird jedoch übersehen, dass die sofortigen Anordnungsrechte aus § 1 Abs. 3 und Abs. 4 VOB/B keine solche 30-tägige Verhandlungsphase enthalten. Der Warnfunktion wird daher nicht entsprochen.

755 Bislang existiert hierzu keine höchstrichterliche Rechtsprechung. Den Parteien wird daher folgende Vorgehensweise nahegelegt: Dem Unternehmer ist zu empfehlen, einem Leistungsverlangen des Bestellers möglichst ohne Verzögerung zu entsprechen, um potenziellen Verzugsschadensersatzansprüchen zuvorzukommen. Der Besteller sollte vorsorglich – nach Ablauf der 30-tägigen Frist – die Anordnung wiederholen, um den gesetzlichen Anforderungen für den Fall zu genügen, dass ein Gericht das sofortige Anordnungsrecht für AGB-widrig befindet (genauer *Putzier*, NZBau 2018, 131 [133]).

756 Die Länge der Frist ist demgegenüber kein Teil des gesetzlichen Leitbilds. Dies wäre vor allem bei Verträgen mit einer Laufzeit von weniger als 30 Tagen oder einer notwendigen (eiligen) Änderungsanordnung (§ 650b Abs. 1 S. 1 Nr. 2 BGB) unsinnig. Dem Gesetzgeber ging es ersichtlich nicht um ein starres Festhalten an der Tageszahl 30, sondern um das Verschaffen einer Einigungsmöglichkeit.

757 BT-Drucks. 18/8486, S. 53.

758 So auch *Leinemann/Kues* in: LK, Bauvertragsrecht, BGB § 650b Rn. 250.

der § 1 Abs. 3 und Abs. 4 VOB/B nicht.[759] Sie halten einer isolierten Inhaltskontrolle daher nicht stand.[760]

2. AGB-Kontrolle der gesamten VOB/B

Neben der Vereinbarung einzelner VOB/B-Regelungen kann das Regelwerk aber auch in seiner derzeit gültigen Fassung – der VOB/B 2016 – als Ganzes dem Vertrag zugrunde gelegt werden. Erfolgt dies „ohne inhaltliche Abweichungen", findet keine Inhaltskontrolle einzelner Bestimmungen statt (§ 310 Abs. 1 S. 3 BGB). Der Grund dafür liegt in der Ausarbeitung des paritätisch mit Auftragnehmer- und Auftraggebervertretern besetzten DVA. Die gesamte VOB/B ist als billiger und ausgewogener Interessenausgleich zu verstehen. Essenz dieser Äquivalenz ist das Zusammenwirken aller Vorschriften. Das Überprüfen einzelner Vorschriften auf ihre Wirksamkeit würde diesem Zusammenspiel zuwiderlaufen.

Es verwundert daher nicht, dass sich öffentliche Auftraggeber – angesichts der Unsicherheiten bzgl. der VOB/B-Anordnungs- und Vergütungsanpassungsregelungen – zunehmend des reinen VOB/B-Vertrags bedienen.[761] Schließlich lässt sich so die risikobehaftete Prüfung einbezogener Einzelvorschriften umgehen. So einfach diese Vermeidungsstrategie jedoch erscheint, so schwer ist deren Umsetzung. Denn privilegierungsschädigende Abweichungen können schnell und ungewollt verursacht werden.[762]

Gelingt trotz alledem die Vermeidung von Abweichungen, verbleibt die AGB-Kontrolle der gesamten VOB/B am Maßstab des § 307 BGB. Vor der Bauvertragsrechtsreform war man sich über das Prüfungsresultat – die Wirksamkeit – weitgehend einig. Das Gegenteil ist nun der Fall. Es scheint fast so, als ob sich niemand dieser Thematik vertieft annehmen möchte, um dem praxiserprobten Regelwerk, das in der Bauwirtschaft hohes Ansehen genießt, nicht den „Todesstoß" zu versetzen.[763] *Kniffka* umschreibt das Dilemma recht eingängig: Einerseits sollte das Ergebnis des paritätisch besetzten DVA nicht mit zu penibler Gerichtsdogmatik torpediert werden. Andererseits muss die Rechtsprechung dafür

---

759 An diesem Ergebnis ändern auch die Bestimmungen der § 2 Abs. 5 S. 2 VOB/B und § 2 Abs. 6 Nr. 2 S. 2 VOB/B nichts (so aber *W. Langen* in: LBD, BGB § 650b Rn. 120). Denn beide Soll-Vorschriften sind Empfehlungen, die keine Rechtspflicht begründen.

760 Ebenfalls *Leinemann/Kues* in: LK, Bauvertragsrecht, BGB § 650b Rn. 261 f. A. A. *Kapellmann*, NZBau 2017, 635 (638).

761 Gemeint werden damit öffentliche Auftraggeber, die nicht schon nach § 8a (EU) VOB/A zur grundsätzlichen, unveränderten Vertragseinbeziehung der VOB/B angehalten sind.

762 Abweichungsbeispiele sind etwa Änderungen der Verjährungsfristen oder das Regeln eines Aufrechnungs- oder Abtretungsverbots (instruktiv zu dieser Problematik auch *Ryll*, NZBau 2018, 187 [190 f.]).

763 Eine sehr vage Bewertung zum Beispiel: *Langen*, NZBau 2019, 10 (11).

sorgen, dass die gesetzlichen Vorgaben einer AGB-Kontrollprüfung eingehalten werden.[764]

Aus folgenden Erwägungen heraus kann das Regelwerk der VOB/B in seiner derzeitigen Fassung nach der Bauvertragsrechtsreform nicht mehr für ausgewogen befunden werden. Es hält einer AGB-Kontrolle auch insgesamt nicht stand:

a) Keine bedarfsgerechte Interessenwahrung

Der Gesetzgeber hat mit den §§ 650i ff. BGB – veranlasst durch die EU-Verbraucherrichtlinie vom 25.10.2011 – Sonderregelungen geschaffen, die die allgemeinen bauvertraglichen Regelungen bei Verbraucherbeteiligung konkretisieren. Damit soll der erhöhten Schutzbedürftigkeit des Verbrauchers entsprochen werden. Dessen finanzielle Leistungsfähigkeit ist – anders als bei Unternehmern – regelmäßig begrenzt. Zum überwiegenden Teil betreffen Verbraucherbauverträge den Hausbau und ziehen – angesichts der typischerweise notwendigen Kreditfinanzierung – jahrelange Vertragsbindungen nach sich. Dies ist gefährlich. Eine überhastete Einschätzung kann den privaten Ruin nach sich ziehen. Dies unterbinden die § 650i ff. BGB, indem sie mit umfassenden, unternehmerischen Informationspflichten den Verbraucher vor Übereilung schützen. Eine bedarfsgerechte Interessenberücksichtigung ist sichergestellt.

Dagegen fehlt es in der VOB/B an einer gesonderten Betrachtung. Es wird nicht zwischen Verbraucher- und Unternehmerverträgen unterschieden.[765] Ein abgestuftes Schutzniveau existiert nicht. Sämtliche Vertragskonstellationen werden „über einen Kamm geschert". Dies wird dem Leitbild der §§ 650i ff. nicht gerecht. Eine Vereinbarkeit mit § 307 Abs. 1 BGB scheidet aus.[766]

b) Ungleiche Risikoverteilung

Auch die ungleiche Risikoverteilung spricht gegen die Ausgewogenheit der VOB/B.

---

764 *Kniffka* in: Kniffka, Bauvertragsrecht, BGB vor § 631 Rn. 107. Nach Ansicht des Verfassers steht der Vorzug „detailverliebter" Gerichte – schon aus rechtsstaatlichen Erwägungen – gar nicht erst zur Diskussion, zumal der DVA (möglicherweise) unwirksame VOB/B-Vorschriften jederzeit nachjustieren kann.

765 Erschwerend kommt dabei hinzu, dass dem DVA die Vernachlässigung von Verbraucherbelangen durchaus bewusst ist. Anders lässt sich die im Bundesanzeiger Nr. 155 vom 15.10.2009, S. 3349 veröffentlichte Fußnote zum Anwendungsbereich der VOB/B 2009 nicht interpretieren, in der der DVA die Anwendung der VOB/B explizit nur gegenüber Unternehmern, juristische Personen des öffentlichen Rechts und öffentlich-rechtlichen Sondervermögens empfiehlt (so auch *Sacher* in: Beck'scher VOB-Kommentar, Teil B, Einl. Rn. 31).

766 Derselben Ansicht *Ganten*, BauR Aktuell, Sonderausgabe 2018, 12 f.

Elementares Kernstück des neuen Bauvertragsrechts sind die Vorschriften der §§ 650b, 650c BGB. Schon der Wortlaut beider Regelungen belegt deren enge Verknüpfung. Die Verflechtung der Vorschriften zeigt sich aber auch in deren fein austariertem Zusammenspiel. Besteller-Zugeständnisse auf Anordnungsseite werden durch Unternehmer-Zugeständnisse auf Vergütungsfolgenseite kompensiert. Nur das Kompositum beider Normen schafft einen äquivalenten Interessenausgleich. Ein Exkurs über das Vorleistungsrisiko veranschaulicht dies eingängig:

Das Konfliktpotenzial bei Nachträgen ist groß. Häufig streiten sich die Vertragsparteien über die Höhe der Vergütungsanpassung. Dieser Konflikt mündet oft in einer deutlich geringeren als der postulierten Teilzahlung oder dem endgültigen Ausbleiben einer Nachtragsvergütung. Leidtragender ist der Unternehmer, der üblicherweise die Änderungsleistung bereits erbracht oder vorfinanziert hat. Dieses Vorleistungsrisiko erkannte der Gesetzgeber und schuf zur Kompensation den unternehmerischen Abschlagszahlungsanspruch i. H. v. 80 % des zuvor unterbreiteten Mehrvergütungsangebots (§ 650c Abs. 3 BGB). Dieser Abschlagszahlungsanspruch besteht selbst dann, wenn der Besteller an der geforderten Nachtragshöhe zweifelt. Dadurch verlagert sich das Risikopendel aber keineswegs aufseiten des Bestellers, denn stellt sich die Mehrvergütungsforderung tatsächlich als erhöht dar, ist der Mehrbetrag – als Sanktion – zu verzinsen.

Die VOB/B muss diese Feinabstimmung der neuen bauvertraglichen Leitbilder nicht unterschiedslos adaptieren. Denn gesetzliche Leitbilder sind bloße Orientierungsrichtlinien. Gleichwohl hat sie den bauvertraglichen Kerngehalt der neuen Gesetzesleitbilder abzubilden. Andernfalls kann sie mit § 307 Abs. 1 BGB nicht in Einklang gebracht werden. Sucht man jedoch in der VOB/B nach einer Vorschrift, die das eben aufgezeigte, unternehmerische Vorleistungsrisiko bei Nachträgen kompensiert, wird man nicht fündig. Nach § 1 Abs. 3 und Abs. 4 VOB/B können Änderungsanordnungen sofort getroffen werden. In diesem Fall existiert kein unternehmerisches Angebot, an das die achtzigprozentige Abschlagszahlung anknüpfen kann. Denn es fehlt an einer vorgelagerten Verhandlungsphase mit zwingender Nachtragsangebotserstellung. Bei Bauverträgen, denen die gesamte VOB/B zugrunde gelegt wird, läuft § 650c Abs. 3 BGB daher leer.[767] Es verbleibt die ungleiche Risikoverlagerung. Diese ist mit § 307 Abs. 1 BGB nicht zu vereinbaren.

767 So auch BeckOK BauvertrR/*Althaus/Kattenbusch*, BGB § 650c Rn. 158; *Kniffka* in: Kompendium des Baurechts, Teil 4, Rn. 324. A. A. ist *Langen* in: LBD, BGB § 650c Rn. 126. Seiner Auffassung nach ist das VOB/B-System nicht in sich abgeschlossen und daher die Tür für die Anwendung des § 650c Abs. 3 BGB auf VOB/B-Verträge offen. Zu dem entgegenstehenden Wortlaut äußert er sich nicht.

3. Fazit

Die Preisanpassungsregelungen der VOB/B halten einer Inhaltskontrolle nach §§ 307 ff. BGB nicht stand:

§ 2 Abs. 5 und Abs. 6 VOB/B lassen sich aufgrund ihrer Berechnungsmethode mit § 307 Abs. 1 S. 1 und Abs. 2 Nr. 1 BGB nicht vereinbaren. Das in § 2 Abs. 6 Nr. 1 S. 2 VOB/B vorgesehene Ankündigungserfordernis benachteiligt den Vertragspartner des Verwenders unangemessen, § 307 Abs. 1 S. 1 BGB. Die Unwirksamkeit von § 2 Abs. 5 und Abs. 6 VOB/B wird zudem durch die Wechselwirkung der ebenfalls AGB-widrigen VOB/B-Anordnungsrechte indiziert.

Auch die Gesamtüberprüfung der VOB/B führt zur AGB-Widrigkeit (Unvereinbarkeit mit § 307 Abs. 1 BGB). Angesichts der aufgezeigten Schwächen bei Verbraucherbauverträgen sowie der ungleichen Risikoverteilung fehlt es an einem ausgewogenen Regelwerk.

a) Tragweite

Auf den ersten Blick konsterniert dieses Ergebnis, steht es doch für den Untergang jahrzehntelanger Rechtspraxis. Betrachtet man den Befund jedoch genauer, offenbart sich die überschaubare Tragweite. Die hierzu erforderliche AGB-Kontrolle erfolgt schematisch stets gleich: Zunächst sind Anwendbarkeit und Prüfungsmaßstab zu klären. Anschließend ist die oben erarbeitete Unwirksamkeit der VOB/B-Regelung(en) festzustellen. Zuletzt gilt es, die Rechtsfolgen zu beleuchten.

Die Frage der Anwendbarkeit richtet sich nach der Person, die die VOB/B-Regelungen in den Bauvertrag miteinbeziehen will und stellt. Denn eine Inhaltskontrolle findet nur zulasten des Verwenders allgemeiner Geschäftsbedingungen statt. Das Gesetz möchte den Vertragspartner schützen. Stellt der Verwender daher – unbeabsichtigt – für sich nachteilige AGB, bleiben sie trotz alledem ihm gegenüber anwendbar.

Für den Prüfungsmaßstab ist zum einen die oben aufgeworfene Unterscheidung – ob die VOB/B „ohne inhaltliche Abweichungen insgesamt" (Folge: Gesamtprivilegierung, § 310 Abs. 1 S. 3 BGB) oder nur zum Teil bzw. mit Abweichungen (Folge: isolierte Inhaltskontrolle der Einzelvorschriften) in den Bauvertrag miteinbezogen wird – relevant. Zum anderen ist die Frage der Verbrauchereigenschaft des Vertragspartners zu klären. Sind Verwender nebst Vertragspartner Unternehmer (§ 14 BGB), gelten die eben dargestellten Grundsätze. Ist der Vertragspartner dagegen Verbraucher (§ 13 BGB), greift die Gesamtprivilegierung – selbst bei reinem VOB/B-Vertrag ohne Abweichung – nicht. In diesem Fall erfolgt stets eine isolierte Inhaltskontrolle der Einzelvorschriften. Der Grund liegt im Verbraucherschutz.

Wie ausführlich erörtert, sind die VOB/B-Regelungen zur Vergütungsanpassung – gleich ob einer Einzel- oder Gesamtkontrolle unterliegend – AGB-widrig. Die Wirksamkeit des übrigen Vertrags bleibt unberührt (§ 306 Abs. 1 BGB).

Nach § 306 Abs. 2 BGB müsste diese Lücke durch § 650c BGB geschlossen werden.

Jedoch ist die oben bereits erwähnte AGB-Maxime zu vergegenwärtigen: Die §§ 307 ff. dienen dem Schutz des Vertragspartners. Nur er soll vor benachteiligenden Klauseln des Verwenders geschützt werden. Dagegen soll der Verwender selbst an die unwirksamen Klauseln – soweit sie für den Vertragspartner günstiger als das dispositive Gesetzesrecht sind – gebunden bleiben.[768] Er darf aus der Unwirksamkeit keine Vorteile ziehen. Für die Nachtragsvergütung ergeben sich daher folgende Konsequenzen:

Ist der Besteller Verwender der VOB/B-Nachtragsvergütungsbestimmungen, stehen dem Unternehmer als Vertragspartner bei unwirksamen Nachtragsvergütungsbestimmungen zwei Optionen zu:[769] Entweder er ermittelt die Nachtragsvergütung nach § 650c Abs. 1 bzw. Abs. 2 BGB, oder er zieht zur Berechnung der Mehrvergütung § 2 Abs. 5 VOB/B bzw. § 2 Abs. 6 VOB/B – entsprechend der Einordnung nach geänderter oder zusätzlicher Änderungsleistung – heran. Die Wahl dieser Alternativen hängt maßgeblich von den kalkulierten Preisansätzen ab. Bei erträglicher Kalkulation wird ein Auftragnehmer die unwirksamen VOB/B-Regelungen zur Vergütungsfolge heranziehen. Hingegen wird er bei verlustreichen Kalkulationsansätzen den Berechnungsweg nach § 650c Abs. 1 BGB wählen.[770]

Ist der Unternehmer Verwender der VOB/B-Nachtragsvergütungsbestimmungen, steht dagegen dem Besteller eben dargestelltes Wahlrecht zu. Hat der Auftragnehmer realitätsabweichende, gewinnbringendere Preisansätze für die Nachtragspositionen kalkuliert, muss er sich auf eine Berechnung nach § 650c Abs. 1 S. 1 BGB verweisen lassen. Enthält die Kalkulation hingegen verluststarke Preisansätze, wird der Besteller auf eine vorkalkulatorische Preisfortschreibung nach der VOB/B bestehen.

b) Stellungnahme

Die sich aus der Unwirksamkeit ergebenden Folgen sind demnach weniger gravierend als befürchtet. Sie besiegeln nicht den – vielfach prophezeiten – Untergang der VOB/B. Die unwirksamen Nachtragsvergütungsbestimmungen initiieren vielmehr eine starke Bevorteilung des Vertragspartners. Dies ist typischerweise

768 *Langen*, NZBau 2019, 10 (12) m. w. N. So zum Beispiel: BGH, Urt. v. 25.02.2016 – VII ZR 49/15, Rn. 42; BGH, Beschl. v. 08.05.2018 – VIII ZR 200/17, Rn. 18. Instruktiv auch *Kau*, BauR 2019, 420 ff.; BeckOK BGB/*Schmidt*, BGB § 307 Rn. 26.

769 *Langen*, NZBau 2019, 10 (14). Von diesem Wahlrecht bleiben die generellen Grenzen der Preiskorrektur (§§ 138, 313 BGB) unberührt.

770 Die Berechnungsermittlung nach § 650c Abs. 2 BGB dürfte hingegen von Bestellerseite kaum gewählt werden. Denn warum sollte sich ein Besteller freiwillig auf eine mögliche Vermutungswiderlegung einlassen, wenn er das gleiche Ergebnis risikolos anhand der § 2 Abs. 5 und Abs. 6 VOB/B erzielt.

der Unternehmer. Denn in der Praxis ist es meist der Besteller, der dem Bauvertrag die VOB/B-Vorschriften zugrunde legt. Bei nachträglichen Änderungsanordnungen kann der Unternehmer daher die für ihn auskömmlichste Mehrvergütungsermittlung wählen. Wird ertragreich kalkuliert, werden die Preisansätze nach VOB/B-Grundsätzen vorkalkulatorisch fortgeschrieben. Die Mehrkostenermittlung erfolgt „bekannt und bewährt“ wie in der Vergangenheit. Die Baurechtsreform führt in diesem Fall zu keiner Veränderung. Nur wenn die Nachtragsleistungen verluststarke Kalkulationsansätze beträfen, würde § 650c Abs. 1 S. 1 BGB herangezogen. Eine Berechnung erfolgt dann nach dem neuen gesetzlichen Leitbild.

Daher dürften sich zukünftig Besteller von der VOB/B abwenden, um das für sie ungünstigere „Rosinenpicken“ des Unternehmers zu beschneiden. Kautelarjuristisch ist mit einem Zuwachs gesetzeskonformer Abweichungsvereinbarungen von den §§ 650b, c BGB zu rechnen. In jedem Fall wird der Handlungsdruck des DVA steigen. Denn die VOB/B ist in ihrer momentanen Fassung überarbeitungsbedürftig. Die derzeitige Haltung des Abwartens und Reagierens ist angesichts der bestehenden Rechtsunsicherheit nicht nachvollziehbar. Schließlich muss der DVA „das Rad nicht neu erfinden“. Schon vereinzelte Anpassungen wären hilfreich, zumal sich die AGB-Festigkeit der VOB/B-Bestimmungen zur Nachtragsvergütung mit vertretbarem Aufwand erzielen ließe. Folgende Denkanstöße belegen dies:

Damit die § 2 Abs. 5 und Abs. 6 VOB/B zukünftig einer isolierten Inhaltskontrolle standhalten, wären nach Auffassung des Verfassers drei Änderungen vorzunehmen:

Zunächst sollte die Berechnungsmethode der unklar formulierten § 2 Abs. 5 und Abs. 6 VOB/B an die Ermittlungsart des § 650c Abs. 1 S. 1 BGB angepasst werden.[771] Dabei sollte die vorkalkulatorische Preisfortschreibung in Anlehnung an § 650c Abs. 2 BGB mit Vermutungswiderlegung als weitere Ermittlungsart fortbestehen. Denn deren immense Bedeutung in der Vergangenheit rechtfertigt ihren Verbleib – zumindest für eine Übergangszeit. Des Weiteren sollte der DVA das Ankündigungserfordernis aus § 2 Abs. 6 Nr. 1 S. 2 VOB/B in eine Soll-Vorschrift aufweichen, da ein wörtliches Verständnis zu unbilligen Resultaten führt. Zuletzt sollten die Anordnungsrechte aus § 1 Abs. 3 und Abs. 4 VOB/B dem gesetzlichen Leitbild des § 650b BGB angeglichen werden. Dafür wäre vor allem nötig, ein Zumutbarkeitskriterium sowie eine dem Anordnungsrecht vorgelagerte Einigungsphase zu regeln.

Für den Fall, dass das gesamte Regelwerk der VOB/B – wegen der Gesamtprivilegierung aus § 310 Abs. 1 S. 3 BGB – einer AGB-Kontrolle unterliegt, bedarf es lediglich zweier Anpassungen:

---

771 Im Zuge dessen wäre auch über eine Zusammenfassung beider Anordnungsrechte zu sinnieren, denn es fehlt an einem rationellen Grund für die fortbestehende Unterscheidung (Übereinstimmend: KSM, Band 1, Rn. 937).

Zum einen sind die Verbraucherinteressen stärker zu berücksichtigen. Dies ließe sich entweder durch VOB/B-Regelungen, die die §§ 650i BGB ff. in angemessener Form adaptieren, oder aber durch die Einführung eines gesonderten Verbraucherabschnitts in der VOB/B erreichen.[772]

Zum anderen müsste eine Vorschrift aufgenommen werden, die das unternehmerische Vorleistungsrisiko – ähnlich dem § 650c Abs. 3 BGB – kompensiert.

772 Ähnlich *Ganten* in: BauR Aktuell, Sonderausgabe 2018 (13).

D. Prozessuales

Auch in prozessualer Hinsicht wirft die Einführung des § 650c BGB einige Fragen auf. Bisher wurden Nachtragsstreitigkeiten in langwierigen Prozessen über mehrere Instanzen hinweg ausgetragen. Eine vorläufige Klärung im Wege des einstweiligen Rechtsschutzes schied meist aus, da die nach den §§ 916 ff. ZPO erforderliche Eilbedürftigkeit regelmäßig nicht glaubhaft gemacht werden konnte. Diesem Prozedere wollte der Gesetzgeber nun entgegenwirken. Abhilfe soll die Einführung des § 650d BGB schaffen. Die Entwicklung der Vorschrift im Gesetzgebungsprozess zeigt die gesetzgeberische Zerrissenheit in prozessualen Fragen anschaulich auf. In seiner ursprünglichen Fassung sah der Regierungsentwurf noch Sonderregelungen zum einstweiligen Rechtsschutz in den – insoweit identischen – §§ 650b Abs. 3 und 650c Abs. 5 BGB-E vor, die da lauteten:

> *„Zum Erlass einer einstweiligen Verfügung ist es nach Beginn der Bauausführung nicht erforderlich, dass der Verfügungsgrund glaubhaft gemacht wird, wenn zuvor unter Beiziehung eines Sachverständigen versucht worden ist, die Streitigkeit einvernehmlich beizulegen. Die Kosten des Sachverständigen sind von beiden Vertragsparteien je zur Hälfte zu tragen."*[773]

Dies brachte zu Recht kritische Literaturstimmen hervor,[774] mit der neben Kostenaspekten auch auf zu erwartende Verzögerungen des Bauablaufs hingewiesen wurde. Denn es fehlte im Rahmen des obligatorischen Einigungsversuches an einem zeitlichen Rahmen für die einvernehmliche Streitbeilegung mithilfe eines Sachverständigen. Ebenfalls offen blieb, nach welchen Kriterien der Sachverständige auszuwählen, ab wann ein Einigungsversuch als gescheitert anzusehen und auf welcher genauen Grundlage der Sachverständige zu vergüten wäre.[775]

Aufgrund dieser Einwände nahm der Gesetzgeber schließlich von der Einführung der Sonderreglungen Abstand und beließ es bei der allgemein gehaltenen Regelung des § 650d BGB. Zwar ist begrüßenswert, dass der Gesetzgeber überhaupt speziell baurechtliche Rechtsbehelfe vorsieht. denn damit einher geht die Erkenntnis, dass die bisherige Verfahrensausgestaltung der Anforderungen der Baupraxis nicht genügte. Gleichwohl stellt die Einführung des § 650d BGB nur ein Zwischenziel dar. Dies belegen zumindest die nachfolgend näher erörterten, prozessualen Folgefragen, die sich nach Einführung des neuen Bauvertragsrechts stellen.

773 BT-Drucks. 18/8486, S. 14.
774 *Althaus*, BauR 2017, 412 (420); *Schramke/Keilmann*, NZBau 2016, 333 (339).
775 BT-Drucks. 18/8486, S. 90.

I. Einstweiliger Rechtsschutz

Der Antragsteller kann im einstweiligen Rechtsschutz zwischen drei Arten der einstweiligen Verfügung wählen. In Betracht kommen dabei – je nach verfolgtem Rechtsschutzziel – die Sicherungs-, die Regelungs-[776] und die Leistungsverfügung.[777] Diese drei Ausgestaltungen stellen dabei nicht unterschiedliche Anforderungen an den Erlass einer einstweiligen Verfügung auf, sondern differieren in rein inhaltlicher Hinsicht.[778] Im neuen Bauvertragsrecht finden alle drei Ausprägungsformen Anwendung.

Mit der Sicherungsverfügung begehrt der Antragsteller eine Sicherung des momentanen Zustands, um einer für ihn nachteiligen Veränderung vorzubeugen.[779]

Mit der Regelungsverfügung (§ 940 ZPO) verfolgt der Antragsteller das Ziel, einen Zustand in Bezug auf ein streitiges Rechtsverhältnis vorläufig zu regeln und damit abzuändern.[780]

Die Leistungsverfügung stellt einen Ausnahmefall dar. Denn sie richtet sich – wie der Name bereits vorgibt – auf Leistung und damit auf Forderungsdurchsetzung. Demzufolge wird meist nicht nur ein Rechtsverhältnis vorübergehend geregelt, sondern sogar über den Anspruch selbst vorläufig entschieden. Die damit einhergehende Vorwegnahme der Hauptsache ist im einstweiligen Rechtsschutz – der geprägt wird durch den Grundsatz der Vorläufigkeit – grundsätzlich zu vermeiden.[781] Deshalb gelingt die Durchsetzung der Leistungsverfügung auch selten. In Bausachen hat die Leistungsverfügung bislang kaum eine Rolle gespielt. Trotzdem gebührt ihr der Prüfungsfokus, denn das primäre Ziel bei der Normierung des § 650d BGB lag in der temporären Liquiditätssicherung des Unternehmers. So ist es zumindest der gesetzgeberischen Begründung zum Regierungsentwurf zu entnehmen:

---

776 Eine besondere Ausgestaltung der Regelungsverfügung als Befriedigungsverfügung ist die im Einzelfall aufgrund der besonderen Interessenlage in Betracht zu ziehende Feststellungsverfügung (*Sacher* in: Kompendium des Baurechts, 12. Teil, Rn. 130).

777 Dogmatisch wird die Leistungsverfügung teils als Unterart der Regelungsverfügung, teils als Unterart der Sicherungsverfügung, teils aber auch als gerichtlich, herausgebildete dritte Gestaltungsart der einstweiligen Verfügung neben der Regelungs- und Sicherungsverfügung eingestuft. Da für die gemäß § 650d BGB überwiegend relevante Leistungsverfügung jedoch auch die gewöhnlichen Verfügungsvoraussetzungen gelten, kann hier eine dogmatisch genauere Einstufung dahinstehen (*W. Langen* in: LBD, BGB § 650d Rn. 40).

778 MüKo ZPO/*Drescher*, ZPO § 935 Rn. 3.

779 MüKo ZPO/*Mayer*, ZPO § 935 Rn. 3.

780 MüKo ZPO/*Mayer*, ZPO § 935 Rn. 4.

781 *Franz/Göpner*, BauR 2018, 557 (563).

„Zudem sind die grundsätzlich vorleistungspflichtigen Unternehmer in besonderem Maße auf Liquidität – etwa durch an den neuen Leistungsumfang angepasste Abschlagszahlungen – angewiesen. Dies gilt vor allem dann, wenn es aufgrund der Änderungsanordnung zu erheblichen Kostensteigerungen kommt. Daher soll den Unternehmern ermöglicht werden, im einstweiligen Verfügungsverfahren schnell einen Titel über den geänderten Abschlagszahlungsanspruch oder die nunmehr zu gewährende Sicherheit zu erlangen.“[782]

Zwar bezieht sich die Äußerung auf die damals noch geplante Einführung der §§ 650b Abs. 3, 650c Abs. 5 BGB-E. Es handelt sich dabei jedoch um die einzige Erklärung, bei der gesetzgeberische Absichten zu Inhalt und Umfang des einstweiligen Rechtsschutzes offengelegt wurden.[783] Denn die baurechtliche Kritik am Regierungsentwurf hatte lediglich das Streichen des Streitbeilegungsprozesses mithilfe eines Sachverständigen zur Folge. Im Übrigen verblieb es bei der – nunmehr in § 650d BGB geregelten – Erleichterung von dem in der Zivilprozessordnung bereits verankerten einstweiligen Verfügungsverfahren.

Daher legt der Verfasser seinen Schwerpunkt auf eine genaue Aufbereitung speziell der Leistungsverfügung. Allgemeine Erwägungen, die für alle Verfügungen gelten, werden daher vorgezogen an entsprechender Stelle behandelt.

1. Leistungsverfügung

a) Zuständiges Gericht

Im einstweiligen Rechtsschutz ist grundsätzlich – aus verfahrensökonomischen Gründen – das Gericht der Hauptsache zuständig (§ 937 Abs. 1 ZPO).[784] Bei der Ermittlung sind die Anpassungen zum 01.01.2018, die das Gerichtsverfassungsgesetz (GVG) im Zuge der Einführung des neuen Bauvertragsrechts erfahren hat, zu beachten. Diese betreffen die Zuständigkeit nicht nur in funktionaler, sondern auch in sachlicher und örtlicher Hinsicht.

---

782 BT-Drucks. 18/8486, S. 58.

783 *Franz/Göpner*, BauR 2018, 557 (561).

784 In besonders dringenden Ausnahmefällen kommt auch die wahlweise Zuständigkeit des Amtsgerichts der belegenen Sache in Betracht, § 942 Abs. 1 ZPO (sog. Notzuständigkeit). Die besondere Dringlichkeit ist ein „Mehr“ als die Dringlichkeit, derer es bereits für den Verfügungsgrund bedarf. Notwendig ist die Glaubhaftmachung einer nachteiligen Verzögerung, die nur in sehr engen Ausnahmesituationen gegeben ist und für die Baupraxis ohne Relevanz sein dürfte (BeckOK ZPO/*Mayer*, ZPO § 942 Rn. 2).

aa) Funktional

Gemäß § 72a S. 1 Nr. 2 GVG und § 119a S. 1 Nr. 2 GVG sind seit dem 01.01.2018 bei den Land- sowie den Oberlandesgerichten Spezialkammern bzw. -senate für Bausachen eingerichtet. Damit soll der Kenntnis- und Erfahrungsstand der zur Entscheidung berufenen Richter konzentriert werden, um sachgemäße Entscheidungen in Eilfällen ohne Einarbeitungszeit in die baurechtliche Spezialmaterie zu garantieren.

Wie § 348 Abs. 1 S. 2 Nr. 2 c) ZPO normiert, scheidet die originäre Zuständigkeit des Einzelrichters aus. Dies führt spiegelbildlich zu einer Erweiterung der originären Zuständigkeit der jeweiligen Landesspezialkammer und soll der Qualitätssicherung und -steigerung dienen.[785] Der Gesetzgeber versucht mit gezielter Richterfortbildung in den Kammern und einer gesteigerten Besetzungskontinuität zu gewährleisten, dass Deutschland – auch im Wettbewerb mit außergerichtlichen Streitbeilegungsmechanismen – weiterhin seiner Attraktivität als Justizstandort gerecht wird.[786] Inwieweit diesem Anspruch entsprochen werden kann, wird sich zeigen.

bb) Sachlich

Gemäß § 71 Abs. 2 Nr. 5 GVG sind die Landgerichte sachlich ausschließlich – unabhängig vom Wert des Streitgegenstands – für Streitigkeiten über das Anordnungsrecht des Bestellers (§ 650b BGB) und die Höhe des Vergütungsanspruchs infolge einer Anordnung des Bestellers (§ 650c BGB) zuständig.

Werden mehrere Streitigkeiten verfolgt, die nicht alle unter § 71 Abs. 2 Nr. 5 GVG fallen, ist zu differenzieren. Ist für die übrigen Streitigkeiten ebenfalls der Zuständigkeitsbereich der Landgerichte gegeben, ergeben sich keine Probleme. Streiten sich die Parteien aber beispielsweise im Wege einer einstweiligen Verfügung nicht nur um die Nachtragsvergütung (Zuständigkeit der Landgerichte, § 937 Abs. 1 ZPO i. V. m. § 1 ZPO i. V. m. § 71 Abs. 2 Nr. 5 GVG), sondern auch um einen Kündigungsausspruch (Zuständigkeit der Amtsgerichte, § 937 Abs. 1 ZPO i. V. m. § 1 ZPO i. V. m. § 23 Nr. 1 GVG), stellt sich die Frage nach der sachlichen Gerichtszuständigkeit.[787]

Nach *Manteufel* soll sich die sachliche Zuständigkeit nach dem Schwerpunkt der Streitigkeit richten. Nur wenn er in einer Streitigkeit nach § 71 Abs. 2 Nr. 5 GVG liege, sei die ausschließliche sachliche Zuständigkeit der Landgerichte anzunehmen.[788] Im Übrigen verbleibe es bei der üblichen Zuständigkeitsermittlung nach § 1 ZPO i. V. m. §§ 23, 71 GVG.

---

785 BeckOK ZPO/*Fischer*, ZPO § 348 Rn. 64.

786 BeckOK ZPO/*Fischer*, ZPO § 348 Rn. 64.

787 Diese vermeintlich problematische Frage aufwerfend, *Manteufel*, BauR 2019, 334 (337).

788 So *Manteufel*, BauR 2019, 334 (337). Andernfalls könnte man auf die Idee kommen, die nicht unter § 71 Abs. 2 Nr. 5 GVG fallenden Streitigkeiten, abzutrennen (§ 145

Ebenfalls ließe sich vertreten, dass die ausschließliche Zuständigkeit bereits begründet wird, sobald ein Antrag der einstweiligen Verfügung eine Streitigkeit des § 71 Abs. 2 Nr. 5 GVG darstellt. Alle übrigen Anträge wären dann konsequenterweise von der ausschließlichen Zuständigkeit der Landgerichte „infiziert".

Für diese Lösung spricht, dass nur sie in Einklang mit der zivilprozessualen Gesetzessystematik steht. Liegt eine ausschließliche Gerichtszuständigkeit vor, bezieht sich diese stets auf alle Streitigkeiten, die in der einstweiligen Verfügung verfolgt werden.[789] Eine schwerpunktmäßige Zuständigkeitsbestimmung wäre zudem schon deshalb misslich, weil eine solche auch zu Rechtsunsicherheiten führen würde.

cc) Örtlich

In örtlicher Hinsicht ermächtigt § 71 Abs. 4 GVG die Bundesländer, durch Rechtsverordnung die eben genannten Streitigkeiten bezirksübergreifend zu bündeln. Von dieser Konzentration hat jedoch bisher – nach immerhin knapp **drei** Jahren – kein Bundesland Gebrauch gemacht.

Grund hierfür ist wohl der fehlende Bedarf. Das einstweilige Verfügungsverfahren ist derzeit – angesichts seiner Praxisuntauglichkeit – als gescheitert zu betrachten. *Jansen* formuliert überspitzt, „dass man allein die Einleitung eines solchen Verfügungsverfahrens derzeit schon fast als Regressfall betrachten muss."[790] Diese drastische Aussage beruht auf der Vielzahl theoretischer Problemfragen, die sich bei Anstrengung eines einstweiligen Verfügungsverfahrens zwangsläufig stellen würden. Letztlich unterstreicht dieser Aspekt erneut die oben bereits dargelegte Auffassung des Verfassers, das jetzige Bauvertragsrecht nur als Übergangslösung zu betrachten.

Abs. 1 ZPO), da möglicherweise der „sachliche Grund" – Prozessökonomie – dies rechtfertigt. Ebenfalls ließe sich über die Heranziehung des Rechtsgedankens aus § 506 ZPO nachdenken. Jedoch wäre dann kein Fall vorstellbar, in dem – trotz Schwerpunkt der Amtsgerichtszuständigkeit – die Amtsgerichte zuständig wären, sodass die Schwerpunktabgrenzung *per se* sinnlos wäre.

789 Diese Annahme kann nur dann keine Geltung beanspruchen, wenn neben der ausschließlichen sachlichen Zuständigkeit der Landgerichte auch eine ausschließliche Zuständigkeit der Amtsgerichte vorliegt. Dies wäre beispielsweise der Fall, wenn der Antragssteller in der einstweiligen Verfügung neben der Nachtragsvergütung auch um einen Anspruch aus einem Mietverhältnis über Wohnraum streitet. Eine derartige Fallkonstellation ist aber wohl rein theoretischer Natur. Ob hier auf den Rechtsgedanken des § 506 ZPO zurückgegriffen werden müsste oder eine Abtrennung notwendig ist, § 145 Abs. 1 S. 1 ZPO, bedarf – mangels Praxisrelevanz – keiner weiter Erörterung.

790 *Jansen*, NZBau 2019, 753.

b) Verfügungsgrund

Der Verfügungsgrund wird meist mit dem Begriff der „Dringlichkeit" umschrieben.[791] „Dringlichkeit" ist gegeben, wenn die Verwirklichung und Durchsetzung im Hauptverfahren zu spät erfolgten würde, sodass der Antragsteller Nachteile erleiden würde. Grundsätzlich ist es Aufgabe des Antragstellers, den Verfügungsgrund darzulegen und glaubhaft zu machen, §§ 935, 940 ZPO. Bislang fehlte es an Möglichkeiten, aufkommende Streitigkeiten während der Bauausführung zeitnah im Wege der einstweiligen Verfügung klären zu lassen.[792] Abgesehen von wenigen Ausnahmefällen konnte meist der Verfügungsgrund nicht glaubhaft gemacht werden.

aa) Vermutungswirkung

Der Gesetzgeber erkannte diesen Missstand:

> *„Bereits nach geltender Rechtslage lässt die Rechtsprechung eine auf Zahlung von Geld – und damit auf vorläufige Befriedigung – gerichtete einstweilige (Leistungs-) Verfügung zu. An das Bestehen eines Verfügungsgrundes stellt sie jedoch insoweit erhöhte Anforderungen: Der Antragsteller bedarf dringend der sofortigen Erfüllung seines Anspruchs; die geschuldete Handlung muss, soll sie nicht ihren Sinn verlieren, so kurzfristig zu erbringen sein, dass die Erwirkung eines Titels im ordentlichen Verfahren nicht mehr möglich erscheint; dem Antragsteller müssen aus der Nichtleistung Nachteile drohen, die schwer wiegen und außer Verhältnis zu dem Schaden stehen, der dem Antragsgegner droht (vgl. Musielak/Voit/Huber, ZPO, 12. Auflage 2015, § 940 Rn. 14; Zöller/Vollkommer, ZPO, 31. Auflage 2016, § 940 Rn. 6). Diese insbesondere im Unterhaltsrecht entwickelten Voraussetzungen dürften trotz ihrer großen Bedeutung für die Liquidität von Bauunternehmern nach geltendem Recht in Bezug auf Abschlagsforderungen zumeist nicht gegeben sein. Hier knüpft der vorgeschlagene Absatz 5 an, indem er die Voraussetzungen, unter denen der Unternehmer eine auf Zahlung gerichtete einstweilige Verfügung erlangen kann, nach Beginn der Bauausführung absenkt."*[793]

Aus diesem Grund enthält der neu eingeführte § 650d BGB eine Dringlichkeitsvermutung. Diese regelt, dass eine Glaubhaftmachung des Verfügungsgrundes – bei Streitigkeiten über das Anordnungsrecht oder die Vergütungsanpassung nach Beginn der Bauausführung – nicht erforderlich ist. Weiterhin notwendig ist aber das Darlegen des Verfügungsgrundes selbst.

---

791 BeckOK ZPO/*Mayer*, ZPO § 935 Rn. 11.

792 *Jansen* in: Kniffka, Bauvertragsrecht, BGB § 650d Rn. 2.

793 BT-Drucks. 18/8486, S. 58.

Fraglich ist insoweit, ob es sich bei § 650d BGB um eine widerlegliche oder unwiderlegliche Vermutung handelt. § 292 S. 1 ZPO besagt, dass gesetzliche Vermutungen stets widerlegbar sind, es sei denn, das Gesetz regelt ausdrücklich etwas anderes. Da § 650d BGB nichts anderes normiert, handelt es sich um eine widerlegliche Vermutung. Untermauert wird dieses Ergebnis auch durch die Gesetzesbegründung im Regierungsentwurf. So heißt es darin zu § 650b Abs. 3 BGB-E:

> *„Absatz 3 lehnt sich an die vergleichbaren Regelungen in § 885 Absatz 1 Satz 2 und § 899 Absatz 2 Satz 2 an. Die Vorschrift enthält die Vermutung des Vorliegens eines Verfügungsgrundes im Rahmen eines Verfahrens auf Erlass einer einstweiligen Verfügung bei Streitigkeiten der Vertragsparteien im Zusammenhang mit Anordnungen nach § 650b Absatz 1 BGB-E. Nach Beginn der Bauausführung wird danach widerleglich vermutet, dass ein Verfügungsgrund im Sinne der §§ 935, 940 der Zivilprozessordnung (ZPO) gegeben ist, und damit eine Entscheidung im Wege der einstweiligen Verfügung zur Abwendung wesentlicher Nachteile notwendig ist. Diese Vermutung ist im Hinblick auf die sich ständig ändernde Sachlage am Bau und die drohende Schaffung vollendeter Tatsachen, wenn ohne vorherige gerichtliche Entscheidung über die Rechtmäßigkeit der Anordnung weitergebaut wird, gerechtfertigt und vereinfacht die Erlangung einstweiligen Rechtsschutzes.“*[794]

Auch bei § 650c Abs. 5 BGB-E findet sich eine für die Vermutungswirkung relevante Passage:

> *„Auch insoweit wird danach widerleglich vermutet, dass ein Verfügungsgrund im Sinne der §§ 935, 940 ZPO nach Beginn der Bauausführung gegeben ist, und damit eine Entscheidung im Wege der einstweiligen Verfügung zur Abwendung wesentlicher Nachteile notwendig ist.“*[795]

Abgesehen davon, dass der Gesetzgeber die Vermutung bei beiden Textstellen ausdrücklich als „widerlegbar“ bezeichnet, lässt sich dieses Ergebnis auch auf andere Weise herleiten. So verweist die Gesetzesbegründung explizit auf die §§ 885 Abs. 1 S. 2, 899 Abs. 2 S. 2 BGB und spricht gar von „vergleichbaren Regelungen“.[796] Beide Normen werden von Rechtsprechung und Literatur als widerlegbare Vermutung verstanden.[797]

---

794 BT-Drucks. 18/8486, S. 54.
795 BT-Drucks. 18/8486, S. 57 f.
796 BT-Drucks. 18/8486, S. 54.
797 M. w. N. *Franz/Göpner*, BauR 2018, 557 (565).

bb) Vermutungsinhalt

Unklar ist zudem, worauf sich der Vermutungsinhalt bei einer Leistungsverfügung genau bezieht. Dies ist für die Frage der Vermutungswiderlegung jedoch von erheblicher Relevanz. In der Gesetzesbegründung zum Regierungsentwurf findet sich zu dieser Problematik folgende Passage:

> *„Zudem sind die grundsätzlich vorleistungspflichtigen Unternehmer in besonderem Maße auf Liquidität – etwa durch an den neuen Leistungsumfang angepasste Abschlagszahlungen – angewiesen. Dies gilt vor allem dann, wenn es aufgrund der Änderungsanordnung zu erheblichen Kostensteigerungen kommt. Daher soll den Unternehmern ermöglicht werden, im einstweiligen Verfügungsverfahren schnell einen Titel über den geänderten Abschlagszahlungsanspruch oder die nunmehr zu gewährende Sicherheit zu erlangen.“*[798]

Dies lässt die Schlussfolgerung zu, dass sich die Vermutungswirkung auf eine kurzfristige Befriedigung und Liquiditätsverschaffung des Antragsstellers – um einer Existenzgefährdung desselben zuvorzukommen – erstreckt. Dann aber würde für die Widerlegung des Verfügungsgrunds bereits das Vorbringen genügen, dass der Antragssteller nicht auf die sofortige Liquiditätsverschaffung angewiesen ist.[799] Vor allem bei geringen Abschlagsforderungen dürfte dies dem Besteller als Antragsgegner leicht gelingen, indem er eine provisorische Schutzschrift hinterlegt, mit der dargelegt und glaubhaft gemacht wird, dass es an der Existenzgefährdung des Unternehmers bei Zahlungsverzögerung fehlt.[800]

Ein solches Zusammenspiel kann jedoch kaum bezweckt worden sein. Denn es provoziert als Reaktion des Antragsstellers die Offenbarung der noch vorhandenen liquiden Mittel und damit ein Exponieren der eigenen Leistungsfähigkeit. Ist diese vorhanden, hat die Leistungsverfügung keine Aussicht auf Erfolg. Fehlt sie, birgt dies die Gefahr einer Kündigung des Bestellers aus wichtigem Grund.[801]

Als Bezugspunkt der Eilbedürftigkeit ist daher nicht die Liquiditätsverschaffung, sondern der Zeitpunkt der eigentlichen Antragsstellung, heranzuziehen.[802] Maßgeblich sind die Grundsätze der sog. Selbstwiderlegung. An einem Verfügungsgrund fehlt es dann, wenn der Antragssteller nach Eintritt der Gefährdung seines Rechts zu lange mit seinem Antrag gewartet oder das Verfügungsverfahren nicht zügig genug betrieben hat.[803] Hierfür spricht auch die gesetzgeberische

798 BT-Drucks. 18/8486, S. 58.

799 So auch BeckOK BauvertrR/*Althaus/Kattenbusch*, BGB § 650d Rn. 29 f.; *Althaus*, BauR 2017 412, (419).

800 BeckOK BauvertrR/*Althaus/Kattenbusch*, BGB § 650d Rn. 29.

801 *Franz/Göpner*, BauR 2018, 557 (567).

802 Ebenso sehen dies *Franz/Göpner*, BauR 2018, 557 (567).

803 BeckOK ZPO/*Mayer*, ZPO § 935 Rn. 16.

Bezugnahme auf die Normen der §§ 885 Abs. 1 S. 2, 899 Abs. 2 S. 2 BGB. Dort wird dies ebenso gehandhabt.

Dennoch wäre es verfehlt, den Zweck des § 650d BGB – nämlich das Verhindern existenzgefährdender Liquiditätsengpässe bei Nachtragsstreitigkeiten – gänzlich außen vor zu lassen.[804] Dies widerspräche dem eben angeführten, gesetzgeberischen Gedanken.

Pause plädiert für eine Erheblichkeitsgrenze von 3–5 %.[805] Weiche die vom Antragsteller geforderte zu der vom Antragsgegner angebotenen Nachtragsvergütung nur um 3–5 % ab, fehle es seiner Ansicht nach an einem berechtigten Anlass für die einstweilige Verfügung. Liquiditätsengpässe oder gar die Bedrohung der wirtschaftlichen Existenz bestünden in diesem Fall nicht. Dies sei auch sachgerecht, weil sowohl das Leistungsverweigerungsrecht als auch § 650d BGB, dem Zweck, Liquiditätsengpässe zu vermeiden, dienen.

Dieser Ansatz ist aber nicht praktikabel. Denn die Spanne von 3–5 % führt zu Rechtsunsicherheit. Ein Antragssteller wird regelmäßig bei einem Übersteigen von 3 % bereits eine einstweilige Verfügung anstrengen wollen, während der Antragsgegner erst ab Erreichen der 5 % einen berechtigten Anlass dafür sieht. Streit ist die Folge. Sinnvollerweise sollte daher eine konkrete, prozentuale Grenze festgelegt werden, die Transparenz schafft. Ein solcher Grenzwert kann dem Rechtsgedanken des § 648 S. 3 BGB entnommen werden. Kündigt der Besteller, so wird vermutet, dass dem Unternehmer 5 % der vereinbarten Vergütung für die noch nicht erbrachten Werkleistungen zustehen. Der Gesetzgeber ist demnach der Ansicht, dass die Höhe dieses Betrags (nicht ersparte) allgemeine Geschäftskosten, Wagnis und Gewinn abdeckt.[806] Dies wiederum lässt den Umkehrschluss zu, dass Liquiditätsengpässe oder existenzielle Gefährdungen des Unternehmers erst ab einem Überschreiten der Fünf-Prozent-Grenze anzunehmen sind.

Überträgt man diesen Befund nun auf den einstweiligen Rechtsschutz, lässt sich Folgendes festhalten: Ein berechtigter Anlass für die Durchführung einer Leistungsverfügung kann erst ab einem Überschreiten der Erheblichkeitsgrenze von 5 % der Nachtragsvergütung angenommen werden. Bei niedrigeren Beträgen sowie bei zu langem Zuwarten bis zur Antragstellung kann der Verfügungsgrund durch den Antragsgegner widerlegt werden.

---

804 Dieser Auffassung sind aber *Franz/Göpner*. Sie vertreten eine teleologische Reduktion der Widerlegungsmöglichkeiten. Die Widerlegungsmöglichkeit soll bei der Leistungsverfügung einzig auf den Fall beschränkt sein, dass der Unternehmer mit der Antragsstellung zu lange wartet (*Franz/Göpner*, BauR 2018, 557 [568]).

805 *Pause*, NZBau 2019, 755 ff.

806 BeckOK BauvertrR/*Kiedrowski*, BGB § 648 Rn. 192.

c) *Verfügungsanspruch*

§ 650d BGB normiert eine widerlegbare, gesetzliche Vermutung in Hinblick auf die Glaubhaftmachung des Verfügungsgrunds. Davon unberührt bleibt der Verfügungsanspruch über Streitigkeiten des Anordnungsrechts oder der Vergütungsanpassung nach Beginn der Bauausführung. Dieser muss weiterhin in vollem Umfang dargelegt und glaubhaft gemacht werden. Allerdings genügt zur Glaubhaftmachung ein geringerer Überzeugungswert des Beweises.[807]

Dennoch stellen sich im Zusammenspiel mit § 650d BGB sowohl in zeitlicher als auch sachlicher Hinsicht Folgefragen, die ein genaues Abgrenzen des Anwendungsbereichs erfordern.

aa) Zeitlicher Umfang

In zeitlicher Hinsicht ist dabei zwischen drei Zeitabschnitten zu differenzieren.

(1) Ab Beginn der Bauausführung

Will sich der Antragsteller der Erleichterung des § 650d BGB bedienen, muss es sich – ausweislich des Wortlauts – um eine Streitigkeit „nach Beginn der Bauausführung" handeln. Sind Vertragsvereinbarungen hierzu getroffen, lässt sich dieser Zeitpunkt einfach und klar bestimmen.

Wann der „Beginn der Bauausführung" jedoch vorliegt, wenn es an solchen Bestimmungen fehlt, konkretisiert jedoch weder das Gesetz noch die Gesetzesbegründung. Grundsätzlich ist die tatsächliche Arbeitsaufnahme auf der Baustelle – genauer: das Einrichten samt anschließender Leistungserbringung – maßgeblich.[808] Besonderheiten ergeben sich allerdings in Fällen, in denen die Arbeitsleistung außerhalb der Baustelle erbracht wird. Handelt es sich dabei um Fertigungsleistungen im unternehmerischen Betrieb, die vor der Baustellenmontage notwendig sind, zählen sie zum Beginn der Bauausführung.[809] Handelt es sich um bloße, innerbetriebliche Arbeitsvorbereitungen (z. B. Materialbestellungen, vorbereitende Planungsleistungen sowie Nachunternehmerbeauftragungen), liegt kein Bauausführungsbeginn vor.[810]

Unter Umständen bedürfen auch typengemischte Verträge einer Einzelfalluntersuchung. Enthält ein Bauvertrag beispielsweise in geringem Umfang Planungsleistungen – wie etwa die vorherige, statische Berechnung eines

---

807 Mittel der Glaubhaftmachung sind neben eidesstattlichen Versicherungen der Partei oder Dritter, die Bezugnahme auf bereits im Hauptverfahren ergangene Urteile, der Vollbeweis durch präsente Beweismittel wie die Vorlage von Urkunden oder Gutachten oder die Vernehmung präsenter Sachverständiger oder Zeugen in der mündlichen Verhandlung (*Orlowski*, BauR 2017, 1427 [1438]).

808 *Sacher* in: Kompendium des Baurechts, 12. Teil, Rn. 110.

809 *Sacher* in: Kompendium des Baurechts, 12. Teil, Rn. 110.

810 *Sacher* in: Kompendium des Baurechts, 12. Teil, Rn. 110.

Treppengeländes – so wirft dies die Frage auf, ob darin bereits der Bauausführungsbeginn zu sehen ist. Zieht man den Wortlaut heran, ist das Ergebnis eindeutig. Planungsleistungen sind keine Bauleistungen. Dies deckt sich auch mit dem Verständnis der VOB/B-Bestimmungen, auf die nach Ansicht *Sachers*[811] für die Begriffsbestimmung des Bauausführungsbeginns zurückzugreifen ist.[812] Auch die Systematik spricht gegen ein zeitliches Vorverlagern. Denn § 650d BGB bezieht sich auf Streitigkeiten der §§ 650b und 650c BGB. Sämtliche Vorschriften befinden sich im Bürgerlichen Gesetzbuch in „Kapitel 2 – Bauvertrag". Hingegen handelt es sich bei Planungsleistungen typischerweise um vertragliche Pflichten aus Architekten- oder Ingenieurverträgen, die in „Kapitel 4, Untertitel 2 – Architekten- und Ingenieurvertrag" geregelt werden. Andererseits bedingt auch das Vollziehen von Planungsleistungen ein zu berücksichtigendes Interesse an vorrangiger Liquiditätssicherung. Letztlich lässt sich der Beginn der Ausführung nicht generell auf einen Zeitpunkt festlegen, sondern ist im Einzelfall durch Vertragsauslegung zu ermitteln.

(2) Vor Beginn der Bauausführung

Für die Zeit vor Beginn der Bauausführung gelten weiterhin die allgemeinen Vorschriften des einstweiligen Rechtsschutzes. Bei einer einstweiligen Verfügung wäre daher sowohl der Verfügungsgrund wie auch Verfügungsanspruch darzulegen und glaubhaft zu machen.

(3) Nach Abschluss der Bauarbeiten

Sind die Bauarbeiten abgeschlossen, fehlt der Norm wiederum ein klarer Aussagegehalt. Nach strenger Wortlautauslegung gilt die Erleichterung des § 650d BGB auch bei einstweiligen Verfügungen nach Abschluss der Bauarbeiten. Denn § 650d BGB legt nur den Beginn, nicht jedoch ein Ende für die Vermutungswirkung fest.

Anderer Ansicht sind – zutreffend – *Sacher/Jansen.*[813] Nach Abschluss der Bauarbeiten sind Vergütungsstreitigkeiten im Rahmen der Schlussrechnung oder dem Klageverfahren zu klären. Es besteht kein Bedarf für die Erleichterung des § 650d BGB. Denn das Telos der Norm besteht neben der Liquiditätssicherung des Unternehmers auch darin, einen durch Streitigkeiten hervorgerufenen Baustopp zu verhindern. Sind allerdings sämtliche Bauarbeiten verrichtet, ist dieses Ansinnen nicht gefährdet.

---

811 *Sacher/Jansen*, NZBau 2019, 20.

812 *Althaus* in: Ganten/Jansen/Voit, VOB/B, VOB/B Vorb. § 5 Rn. 45.

813 *Sacher/Jansen*, NZBau 2019, 20; *Sacher* in: Kompendium des Baurechts, 12. Teil, Rn. 109.

bb) Sachlicher Umfang

Auch in sachlicher Hinsicht bedarf es einer Abgrenzung. Nur wenn eine Streitigkeit über das Anordnungsrecht (§ 650b BGB) oder die Vergütungsanpassung (§ 650c BGB) vorliegt, ist der Anwendungsbereich des § 650d eröffnet. Die Einordnung erfordert die Aufarbeitung zweier Konfliktfelder.

(1) Vertragstypus

Zunächst bedarf es einer grundsätzlichen Klärung, welche weiteren Vertragstypen neben dem Bauvertrag (§ 650a BGB) von § 650d BGB umfasst werden. Keine Zweifel ergeben sich für den Verbraucherbauvertrag und den Bauträgervertrag. Während der Verbrauchbauvertrag in den Anwendungsbereich des § 650d BGB fällt (§ 650i Abs. 3 BGB), ist der Bauträgervertrag diesem entzogen (§ 650q Abs. 2 BGB).

(a) Architekten- und Ingenieursvertrag

Umstritten ist die Frage der Anwendbarkeit des § 650d BGB jedoch bei Architekten- und Ingenieursverträgen. So klammern *Oppler* und *Voit* derartige Verträge vom Anwendungsbereich des § 650d BGB aus.[814] Anderer Auffassung sind *Fuchs*, *Langen* und *Manteufel*.[815] Sie bejahen die Anwendbarkeit des § 650d BGB auch bei Architekten- und Ingenieursverträgen.

(aa) Systematik

Die systematische Auslegung spricht gegen die Anwendbarkeit des § 650d BGB. Schon nach dem grundsätzlichen Aufbau ist im neu eingeführten Regelungssystem eine Trennung zwischen Werkverträgen (9. Titel, 1. Untertitel) sowie Architekten- und Ingenieursverträgen (9. Titel, 2. Untertitel) vorgesehen. Dem steht auch nicht die Ausnahmevorschrift des § 650q BGB entgegen. In § 650q Abs. 1 BGB wird für Architekten- und Ingenieursverträge ausdrücklich geregelt, welche bauvertraglichen Vorschriften – neben dem allgemeinen Werkvertragsrecht – entsprechende Anwendung finden. Ein Verweis auf § 650d BGB fehlt. Auch § 650q Abs. 2 BGB ändert an diesem Ergebnis nichts. Denn die Norm lässt die Regelung zur einstweiligen Verfügung ebenfalls außen vor.

(bb) Wortlaut

Auch der Wortlaut des § 650d BGB deutet darauf hin, dass Architekten- und Ingenieursverträge vom Anwendungsbereich ausgenommen sind. Denn es muss sich um eine Streitigkeit „nach Beginn der Bauausführung“ handeln, unter die

---

814 *Oppler*, NZBau 2018, 67 f.; *Voit*, BauR 2018, 366 (375).

815 BeckOK BauvertrR/*Fuchs*, BGB § 650q Rn. 50, 62; *W. Langen* in: LBD, BGB § 650q Rn. 64; *Manteufel*, BauR 2019, 334 (337).

der typischerweise vorgelagerte Planungsbereich nicht fällt. Allerdings können Planungsleistungen auch nach Bauausführungsbeginn geleistet werden. Ein prinzipieller Ausschluss lässt sich dem Wortlaut daher nicht entnehmen, wenngleich auch zugegeben werden muss, dass Streitigkeiten aus Architekten- und Ingenieursverträgen für gewöhnlich den Zeitraum vor Bauausführungsbeginn betreffen. Teilweise wird die Formulierung „nach Beginn der Bauausführung" daher als „nach Leistungsbeginn bzw. Planungsbeginn" verstanden.[816] Tragfähige Gründe für ein derartiges Verständnis fehlen jedoch. Generell sollte dem insoweit unscharf geratenen Gesetzeswortlaut des § 650d BGB an dieser Stelle keine allzu große Bedeutung beigemessen werden.

(cc) Historie

Für eine Anwendbarkeit des § 650d BGB auf Architekten- und Ingenieursverträge spricht dagegen die historische Auslegung. Ursprünglich enthielt der Regierungsentwurf mit den §§ 650b Abs. 3, 650c Abs. 5 BGB-E Sonderregelungen zur einstweiligen Verfügung.[817] Auf diese wurde seinerzeit in dem § 650p BGB-E – welcher dem jetzigen § 650q BGB entspricht – verwiesen.[818] Nach baurechtlicher Kritik am Regierungsentwurf vereinte der Gesetzgeber die ohnehin identischen Sonderregelungen zur einstweiligen Verfügung und verschob sie im Zuge der Bauvertragsrechtsreform kurzfristig in § 650d BGB. Eine Anpassung des § 650q BGB erfolgte nicht. Angesichts dieser Hintergründe spricht daher viel dafür, dass die fehlende Verweisung auf einem schlichten redaktionellen Versehen beruht. Zwar kann einem Redaktionsversehen der Verweis auf die HOAI (§ 650q Abs. 2 BGB) entgegengehalten werden, denn diese soll geradezu dem Regelungssystem der §§ 650b, 650c BGB vorgehen.[819] Zwingend ist dieser Rückschluss jedoch nicht. Denn ebenso lässt sich argumentieren, dass der Gesetzgeber bei Architekten und Ingenieuren schlicht einen eigenen Honoraranpassungsanspruch, der – parallel zu § 650c BGB – ebenso unabhängig vom Willen des Bestellers sein sollte, bildete. Es besteht dann aber – gleichermaßen wie bei Streitigkeiten aus §§ 650b, 650c BGB – das Bedürfnis, § 650d BGB zu beanspruchen.

(dd) Telos

Auch Sinn und Zweck sprechen für ein Heranziehen des § 650d BGB. § 650q Abs. 1 BGB erklärt das Anordnungsrecht des § 650b BGB explizit im Rahmen von Architekten- und Ingenieursverträgen für entsprechend anwendbar. Denn häufig entsteht bei dieser Art von Verträgen ein praktisches Bedürfnis nachträglicher Änderungen.[820] Es ist daher schwer vorstellbar, dass der Gesetzgeber den

---

816 So beispielsweise *Neumann*, BauR 2019, 1047 (1049).
817 BT-Drucks. 18/8486, S. 14.
818 BT-Drucks. 18/8486, S. 19.
819 BeckOGK/*Mundt*, BGB § 650d Rn. 23.
820 BT-Drucks. 18/8486, S. 68.

Beteiligten ausgerechnet dort, wo er einen erhöhten Bedarf für Anordnungen sieht, den zeitgleich im Gesetz eingeführten Konfliktmechanismus vorenthalten möchte.[821]

(ee) Stellungnahme

Als Zwischenergebnis lässt sich daher Folgendes festhalten: Während nach der Gesetzessystematik ein Heranziehen des § 650d BGB bei Architekten- und Ingenieursverträgen ausscheidet, steht dem die historische und telelogische Auslegung entgegen. Der offene Wortlaut des § 650d BGB bleibt unergiebig.

Fest steht, dass diese für Architekten und Ingenieure unsichere Rechtssituation nur durch Judikativ-Rechtsprechung oder dem Nachjustieren der Legislative beseitigt werden kann. Gleichwohl sollte sich dieser Problematik schnellstens – vor allem aus rechtspolitischen Erwägungen – angenommen werden. Denn ein methodisch sauberer Befund setzt nicht nur Handlungsimpulse, sondern bietet auch Orientierungshilfe.

Nach Auffassung des Verfassers fallen Architekten- und Ingenieursverträge zwingend in den Anwendungsbereich des § 650d BGB. Denn das dreijährige Resümee einstweiliger Verfügung im Bauvertragsrecht fällt dürftig aus. Die Ursachen dafür sind vielfältig. Ein Grund dafür ist sicherlich der zu eng gefasste Anwendungsbereich. Doch auch die fehlende Rechtsklarheit schreckt ab. Will man die einstweilige Verfügung in Bausachen daher nicht vollständig abschreiben, ist dem Trend der Bedeutungslosigkeit durch praxisorientierte Auslegung – und damit der Anwendbarkeit des § 650d BGB auf Architekten- und Ingenieursverträge – entgegenzuwirken. Dies sollte zumindest solange praktiziert werden, bis es der Gesetzgeber schafft, Regelungen festzusetzen, die die Attraktivität der einstweiligen Verfügung im Bauvertragsrecht steigern.

Für die Anwendbarkeit spricht ferner das sehr ähnliche Bild in Hinblick auf drohende Schadensszenarien, vergleicht man die Situation von Architekten und Ingenieuren mit der des Bauunternehmers. Wird dem (General-)Planer wegen festgefahrener Verhandlungen über Mehrvergütungsansprüche das Auftragsverhältnis gekündigt oder stellt dieser seine Leistung ein, führt dies zum Stillstand der Baustelle. Bis eine Alternative gefunden ist, vergeht oft eine längere Zeitspanne. Vor allem bei Großprojekten ist die Bereitschaft, die Verantwortung über das unfertige Werk zu übernehmen, angesichts drohender Risiken meist gering. Der Stillstand des Bauprojekts aufgrund eines Planerwegfalls kann unter Umständen daher noch gefährlicher sein als der Ausfall eines Bauunternehmers.[822]

Wie oben[823] bereits ausgeführt, zielt § 650d BGB darauf ab, Liquiditätsengpässe zu vermeiden. Finanzielle Schwierigkeiten treffen Bauunternehmer jedoch

---

821 So auch *Digel/Jacobsen*, BauR 2017, 1587 (1592).
822 *Neumann*, BauR 2019, 1047 (1050).
823 *Abschnitt D. I. 1. b) bb).*

in gleicher Weise wie Architekten und Ingenieure. Das Argument, dass Unternehmer aufgrund von Material- und Personaleinsatz regelmäßig einem höheren Vorleistungsrisiko als Architekten und Ingenieure ausgesetzt sind, überzeugt nur bedingt.[824] Denn auch wenn sich der Vorleistungseinsatz von Architekten und Ingenieuren regelmäßig auf den reinen Personaleinsatz beschränkt, ist es unangebracht, diesen als vernachlässigbar gering anzusehen. Vor allem umfangreiche Planungsänderungen führen schnell zu einer Projektbindung mehrerer Personen. Die Kapazitäten mittelständischer Planungsbüros sind dann schnell ausgereizt. Notwendige Vorleistungen erreichen schnell existenzgefährdende Betragshöhen.[825]

Schließlich ist die Verknüpfung zwischen Leistungsverweigerungsrecht und § 650d BGB zu beachten. Beide Rechtsinstitute bezwecken eine hinreichende Liquiditätssicherung. Der in dieser Frage herrschende Literaturkonsens billigt Bauunternehmern bei Nachtragsstreitigkeiten infolge angeordneter Leistungsänderungen nach dem neuen Bauvertragsrecht kein Leistungsverweigerungsrecht zu.[826] Begründet wird dies mit der fehlenden Notwendigkeit. Jeder Bauunternehmer kann sich durch das Anfordern einer Abschlagszahlung schnell ein Leistungsverweigerungsrecht verschaffen. Für ein noch früheres Leistungsverweigerungsrecht fehlt es am praktischen Bedürfnis, zumal § 650d BGB für eine hinreichende Liquiditätssicherung – bislang zumindest theoretisch – sorgt. Daraus lässt sich wiederum folgender Umkehrschluss ziehen: Würde die Anwendbarkeit des § 650d BGB bei Architekten- und Ingenieursverträgen abgelehnt, fehlte es nach dem neuen Bauvertragsrecht an einer hinreichenden Liquiditätssicherung. Dies hätte zur Konsequenz, dass Architekten und Ingenieure bei Nachtragsstreitigkeiten – da nunmehr ja ein praktischer Bedarf besteht – Leistungsverweigerungsrechte geltend machen, mit denen die Bauabwicklung und Planung verzögert wird.[827] Dies widerspräche aber gerade dem eigentlichen Sinn und Zweck der Bauvertragsrechtsreform, nämlich der Beschleunigung des Bauprozesses.

(b) VOB/B-Vertrag

Weiterhin stellt sich die Frage, ob einstweilige Verfügungen auch dann nach § 650d BGB privilegiert sind, wenn sie anstelle der Anordnungs- und Vergütungsansprüche aus §§ 650b und 650c BGB solche aus § 1 Abs. 3 und Abs. 4 VOB/B bzw. § 2 Abs. 5 und Abs. 6 VOB/B zum Gegenstand haben.

---

824 Mit diesem Argument lehnt *Mundt* jedoch eine Vergleichbarkeit ab (BeckOGK/*Mundt*, BGB § 650c Rn. 6).

825 Vgl. dazu auch *Pause*, NZBau 2019, 755.

826 BeckOGK/*Mundt*, BGB § 650b Rn. 223 m. w. N.; *Pause*, BauR 2018, 882 (890 f.). Anders ist dies bei VOB/B-Verträgen. Dort wird den Auftragnehmern bei strittigen Nachträgen ein Leistungsverweigerungsrecht zugebilligt (*Pause*, NZBau 2019, 755 [757]).

827 *Pause*, NZBau 2019, 755 (757).

Während die Gesetzesbegründung zu dieser Thematik schweigt, spricht der Gesetzeswortlaut des § 650d BGB dagegen. Denn die Norm enthält keine generelle Bezugnahme auf Streitigkeiten über Änderungsanordnungen und deren Folgen für den Werklohn. Sie bezieht sich vielmehr allein auf das Anordnungsrecht des § 650b BGB und die Vergütungsanpassung des § 650c BGB. Zudem weichen die neuen gesetzlichen Regelungen hinsichtlich des Verfahrens und der Ermittlung der Änderungsvergütung erheblich von den parallel gelagerten Vorschriften der VOB/B ab.[828] Der Gesetzgeber hat das neue Bauvertragsrecht in Kenntnis der VOB/B geschaffen, um dort identifizierte Schwachstellen zu bereinigen.[829]

Trotzdem muss der Anwendungsbereich des § 650d BGB auch Anordnungs- und Vergütungsansprüche der VOB/B umschließen.[830] Die § 1 Abs. 3 und Abs. 4 VOB/B bzw. § 2 Abs. 5 und Abs. 6 VOB/B sind nicht als gleich gelagertes Regelungssystem zu den gesetzlichen Regelungen zu verstehen, sondern stellen Ausprägungen bzw. Modifizierungen dieser Vorschriften dar.[831] Für die Erfassung von Nachtragsstreitigkeiten in VOB/B-Verträgen muss daher der BGB-Normbezug genügen.[832] Darüber hinaus spricht auch das im VOB/B-Vertrag in gleicher Weise bestehende Interesse nach frühzeitiger Rechtsicherheit über die Berechtigung einer einseitigen Anordnung samt deren unternehmerischer Vergütungsfolge für einen Einbezug.[833] Das Ansinnen des Gesetzgebers lässt sich uneingeschränkt auf Situationen bei Bauverträgen übertragen, denen die Bestimmungen der VOB/B zugrunde liegen.[834]

---

828 *Manteufel*, BauR 2019, 334.

829 Die vermutlich größte Schwachstelle der alten Rechtslage bestand bei der vorläufigen Klärung von Nachtragsstreitigkeiten darin, dass die geforderte Eilbedürftigkeit regelmäßig nicht glaubhaft gemacht werden konnte.

830 A. A. mit eben genannten Argumenten *Orlowski*, BauR 2017, 1427 (1439); ebenso *Popescu*, BauR 2019, 317 (328).

831 So sehen dies auch *Retzlaff*, BauR 2017, 1781 (1821); *Laudi* in: LK, Bauvertragsrecht, BGB § 650d Rn. 50; *Sacher/Jansen*, NZBau 2019, 20. Dem steht auch nicht der Umstand entgegen, dass die Vorschriften im BGB den Regelungen der VOB/B zeitlich nachfolgen. Denn die Vorschriften der VOB/B enthalten keinen Hinweis darauf, dass sie eine einstweilige Verfügung ausschließen. Zumal auch nach bisherigem Recht bei Streitigkeiten aus einem Bauvertrag mit der einstweiligen Verfügung vorgegangen werden konnte (*Manteufel*, BauR 2019, 334 [336 f.]).

832 Auch enthält die VOB/B in ihrer jetzigen Fassung notgedrungen keinen entgegenstehenden Regelungswillen (*Retzlaff*, BauR 2017, 1781 [1821]).

833 *Manteufel*, BauR 2019, 334 (336).

834 *W. Langen* in: LBD, BGB § 650d Rn. 63.

(2) Streitigkeit über das Anordnungsrecht (§ 650b BGB) und die Vergütungsanpassung (§ 650c BGB)

Darüber hinaus ist zu prüfen, welche Streitigkeiten § 650d BGB genau umfasst. Hierbei ist zunächst die abstrakte Frage zu klären, ob sich § 650d BGB nur auf die Kernfragen des Anordnungsrechts und der Vergütungsanpassung beschränkt oder auch Vorfragen, die nur indirekt die §§ 650b, 650c BGB betreffen, wie beispielsweise einen Streit um die Urkalkulationshinterlegung, miteinschließt.

Der Wortlaut selbst ist wenig hilfreich. Er spricht – wenn überhaupt – für eine Beschränkung auf die Zentralfragen. In § 650d BGB werden das „Anordnungsrecht gemäß 650b BGB" wie auch die „Vergütungsanpassung gemäß § 650c BGB" zwar ausdrücklich erwähnt. Allerdings dient dies wohl allein der Konkretisierung der Begrifflichkeiten. Andernfalls wäre umfassend auf die Regelungen der §§ 650b, 650c BGB verwiesen worden. Vor diesem Hintergrund lässt sich eine Tendenz hin zur Beschränkung auf die Kernfragen ausmachen.[835]

Zu demselben Ergebnis führt die teleologische Auslegung. Der Gesetzgeber bezweckte mit der Einführung des § 650d BGB die schnelle Klärung von Streitfragen, um Bauprojekte nicht unnötig durch Stillstand zu verzögern. Diesem Telos widerspräche eine Ausdehnung des Anwendungsbereichs. Denn mit Zunahme der Streitigkeiten, die in den Genuss der Vermutungserleichterung des § 650d BGB kommen, vergrößert sich auch das Risiko der Durchführung einstweiliger Verfügungen und damit verbundener Bauverzögerungen.

Auch die historische Auslegung spricht für eine Begrenzung des Anwendungsbereichs. Die heutige Fassung des § 650d BGB ging aus den ursprünglichen Regelungen der §§ 650b Abs. 3 und 650c Abs. 5 BGB-E hervor. Im Rahmen der historischen Auslegung sind Vorstellungen, verfolgte Motive sowie die Diskussion für die Bedeutungsfindung des jeweiligen Rechtssatzes von Belang. In der Gesetzesbegründung zum Regierungsentwurf heißt es zu § 650b Abs. 3 BGB-E:

> *„Absatz 3 lehnt sich an die vergleichbaren Regelungen in § 885 Absatz 1 Satz 2 und § 899 Absatz 2 Satz 2 an. Die Vorschrift enthält die Vermutung des Vorliegens eines Verfügungsgrundes im Rahmen eines Verfahrens auf Erlass einer einstweiligen Verfügung bei Streitigkeiten der Vertragsparteien im Zusammenhang mit Anordnungen nach § 650b Absatz 1 BGB-E."*[836]

Dabei muss die Diktion „Streitigkeiten der Vertragsparteien im Zusammenhang mit Anordnungen" zunächst so interpretiert werden, dass auch Vorfragen

835 Ähnlicher Auffassung sind *Franz/Göpner*, BauR 2018, 557 (562). Sie kommen ebenfalls zu der Schlussfolgerung, dass die Wortlautauslegung kein eindeutiges Ergebnis zum Vorschein bringt.

836 BT-Drucks. 18/8486, S. 54.

zum Anordnungsrecht in den Genuss der Vermutungserleichterung des § 650d BGB kommen sollten. Dieses Ergebnis wird jedoch durch den Zusatz „nach § 650b Absatz 1 BGB-E“ relativiert. Denn die Begrenzung auf § 650b Abs. 1 BGB schmälert den Anwendungsbereich. Zwar ließe sich argumentieren, dass das Anordnungsrecht eben nur in § 650b Abs. 1 BGB geregelt sei und deshalb denknotwendig nur auf diesen Absatz Bezug genommen werden konnte. Dieser Ansatz übersieht jedoch folgendes Problem: Streiten sich die Parteien, weil der Besteller die Leistungsänderung nicht in Textform angeordnet hat, betrifft die Streitigkeit – obwohl sie in Zusammenhang mit dem Anordnungsrecht steht – § 650b Abs. 2 BGB. Die Vermutungserleichterung des § 650d BGB würde in diesem Fall nicht greifen. Der Zusatz „nach § 650b Absatz 1 BGB-E“ stellt daher sehr wohl eine Begrenzung des Anwendungsbereichs dar.

Auch die systematische Stellung spricht eher für einen limitierten Anwendungsbereich. Während die Stellung der Vermutungserleichterung in §§ 650b Abs. 3, 650c Abs. 5 BGB-E – als jeweils letzter Absatz der Norm – für einen umfassenden Einbezug sämtlicher Fragen des Anordnungsrechts und der Vergütungsanpassung spricht, streitet die geltende Gesetzeslage mit § 650d BGB für das genaue Gegenteil. Das Bürgerliche Gesetzbuch ist strukturell nach der sog. Klammertechnik konzipiert worden.[837] Bei § 650d BGB wurde diese Klammertechnik jedoch nicht angewandt. Die wortlautidentischen §§ 650b Abs. 3, 650c Abs. 5 BGB-E wurden in einen Paragrafen hinter das Anordnungsrecht und die Vergütungsanpassung geschoben, obgleich es möglich gewesen wäre, den Regelungsinhalt auch als allgemeine Norm vorzuschalten. Dieser Umstand lässt auf einen reduzierten Anwendungsbereich schließen.

Im Ergebnis lässt sich festhalten, dass sämtliche Auslegungsmethoden zu einer Begrenzung des Anwendungsbereichs tendieren.

Von der Vermutungserleichterung des § 650d BGB werden daher nur die Kernfragen des Anordnungsrechts sowie der Vergütungsanpassung umfasst.[838] Dieses Verständnis deckt sich auch mit dem Umstand, dass es sich um ein Eilverfahren handelt. Denn bei einem solchen sind – anders als bei einem Hauptverfahren – nicht nur die Rechtsschutzmöglichkeiten, sondern auch der Anspruch auf rechtliches Gehör (Art. 103 Abs. 1 GG) eingeschränkt.[839] Dies rechtfertigt die restriktive Handhabung. Darüber hinaus besteht keine Notwendigkeit für einen derart weiten Anwendungsbereich. Denn ohnehin werden bei Streitigkeiten über das Anordnungsrecht oder die Vergütungsanpassung die meisten Vorfragen

---

837 Zur Klammertechnik bzw. dem Vor-die-Klammer-Ziehen siehe bereits *Abschnitt B. III. 1. a) cc) (2) (a).*

838 Derselben Auffassung sind *Manteufel*, BauR 2019, 334 [340]) und *Franz/Göpner*, BauR 2018, 557 (562). Auch *Leupertz* plädiert angesichts des weiter formulierten § 650d BGB für einen Anwendungsbereich mit Augenmaß (*Leupertz* in: Messerschmidt/Voit, Privates Baurecht, BGB § 650d Rn. 9).

839 *Franz/Göpner*, BauR 2018, 557 (562).

inzident mit abgehandelt.[840] Weiterhin zu erläutern ist, was konkret unter Streitigkeiten über das Anordnungsrecht (§ 650b BGB) und die Vergütungsanpassung (§ 650c BGB) zu verstehen ist.

(a) Anordnungsrecht

Wie oben[841] bereits erörtert, umfasst das Anordnungsrecht des § 650b Abs. 1 BGB weder reine Mengenänderungen noch Änderungsanordnungen zu Art oder Fristen der Bauausführung. Im einstweiligen Rechtsschutz lassen sich Streitigkeiten über das Anordnungsrecht daher im Wesentlichen auf drei Szenarien reduzieren.

Zum einen können sich die Parteien über den Vertragsumfang streiten. Dies umfasst die Frage, ob überhaupt eine Änderungsanordnung bzw. ein Änderungsbegehren vorliegt, oder nicht die geforderte Leistung bereits vom ursprünglichen Vertrag erfasst ist.[842]

Zum anderen werden Konflikte über die Wirksamkeit und damit das Bestehen des Anordnungsrechts – dann allerdings im Wege einer Feststellungsverfügung – erfasst.[843] Während sich bei § 650b Abs. 1 S. 1 Nr. 1 BGB die Frage stellt, ob die Änderungsanordnung zumutbar ist, muss bei § 650b Abs. 1 S. 1 Nr. 2 BGB geprüft werden, ob tatsächlich eine notwendige Änderung zur Erreichung des Werkerfolgs vorliegt.

Der dritte – sehr umstrittene – Bereich bezieht sich auf die Befolgung bzw. Vollziehung wirksam erteilter Anordnungen.[844] Hierbei stellt sich vor allem die Frage, ob eine Leistungsverfügung überhaupt möglich ist.

Ein Großteil der Literatur geht davon aus, dass die Ausführung der geänderten Leistung im Wege einer Leistungsverfügung durchgesetzt werden kann.[845] Begründet wird dies vor allem mit der Gesetzesbegründung zum Regierungsentwurf.[846] Dies ist jedoch zu pauschal, denn die Formulierungen des Regierungsentwurfs sind bei Weitem nicht so klar und eindeutig wie von den Autoren dargestellt. Sie widmen sich größtenteils der Vermutungserleichterung des Verfügungsgrundes oder gehen auf das fehlende Bedürfnis der ursprünglich einmal

---

840 *Franz/Göpner*, BauR 2018, 557 (562 f.). Instruktiv LG Berlin, Beschl. v. 20.04.2020 – 19 O 34/20. Dort ging es um die streitige Vorfrage, ob die Bestellermitteilung eines späteren Baubeginns als Änderungsanordnung nach § 650b BGB zu bewerten ist, da dann der geforderte Anspruch auf pauschalierte Abschlagszahlung (§ 650c Abs. 3 BGB) bestünde.

841 *Abschnitt C. II. 4. d)*, dazu auch *Abschnitt E. I. 3. a) cc) (2)*.

842 BeckOK BauvertrR/*Leupertz/Althaus*, BGB § 650d Rn. 10; *Sacher* in: Kompendium des Baurechts, 12. Teil, Rn. 104.

843 *Sacher* in: Kompendium des Baurechts, 12. Teil, Rn. 104.

844 BeckOK BauvertrR/*Leupertz/Althaus*, BGB § 650d Rn. 21.

845 Beispielshalber *W. Langen* in: LBD, BGB § 650d Rn. 28 und *Oberhauser* in: DLOPS, § 2, Rn. 134.

846 BT-Drucks. 18/8486, S. 55.

geplanten Bauverfügung ein. Über eine Leistungsverfügung verliert der Gesetzgeber kein Wort – im Gegenteil: Im Rahmen des § 650b Abs. 3 BGB-E spricht er lediglich von einer einstweiligen Verfügung, mit deren Hilfe über die Rechtmäßigkeit der Anordnung entschieden werden soll. Dies deutet aber eher auf eine Feststellungsverfügung hin.[847] Welcher Passage die Literaturstimmen ihren scheinbar so klaren Befund entnehmen, bleibt daher offen.

Aber auch weitere gewichtige Argumente stehen der Durchsetzung erteilter Anordnungen im Wege einer Leistungsverfügung entgegen. Bei einem gewöhnlichen Werkvertrag steht es dem Unternehmer im Rahmen des Vereinbarten frei, auf welche Weise und mit welcher Zeiteinteilung er den Anspruch des Bestellers auf ein mangelfreies Werk verwirklicht.[848] Gemäß § 631 Abs. 1 BGB ist allein die Herstellung des versprochenen Werks geschuldet. Dieses allgemeine Verständnis über die Rechtsnatur des Erfüllungsanspruchs muss aber auch bei Leistungsänderungen des ursprünglichen Vertrags gelten. Es widerspräche daher den Grundsätzen des Werkvertragsrechts, wenn mittels einer Leistungsverfügung einzelne Teilleistungen herausgelöst und durchgesetzt werden können.[849] Dieser Konflikt zeigt sich vor allem dann, wenn die begehrte Anordnung die Durchführung einer vorherigen Teilleistung des Unternehmers erfordert, die dieser – etwa aus finanziellen Gründen – erst später realisieren wollte. Der Zwang zur Durchführung von Arbeitsabläufen ist mit der unternehmerischen Freiheit aus Art. 12 Abs. 1 GG nicht in Einklang zu bringen.

Die Zulassung einer Leistungsverfügung würde aber auch Vollstreckungsprobleme aufwerfen. Bei der Erbringung der Werkleistung handelt es sich dem Grunde nach um vertretbare Handlungen. Eine Handlung ist vertretbar, wenn sie anstelle des Schuldners und ohne dessen Mitwirkung auch von Dritten vorgenommen werden kann.[850] Eine Vollstreckung erfolgt daher im Wege der Ersatzvornahme. Dies hätte aber zur Konsequenz, dass sich auf der Baustelle neben dem Unternehmer – der nach wie vor den einheitlichen Erfolg schuldet – weitere Fremdfirmen einschalten. Eine solche Intervention kann jedoch zur Gefährdung des koordinierten und reibungslosen Baufortgangs führen. Aus diesem Grund fordern vereinzelte Stimmen[851] – entgegen den Abgrenzungsgrundsätzen nach vertretbarer und unvertretbarer Handlung – von vornherein stets § 888 ZPO, die Zwangsvollstreckungsnorm für nicht vertretbare Handlungen heranzuziehen. Getragen wird diese Forderung von der These, dass nur der beauftragte Unternehmer die im Rahmen des bestehenden Bauvertrags anstehende Leistung ausführen kann.[852] Aus vertragsrechtlichen Gründen liege daher stets eine nicht vertretbare Handlung gemäß § 888 ZPO vor.

---

847 So auch *Sacher/Jansen*, NZBau 2019, 20 (21).
848 *Sacher/Jansen*, NZBau 2019, 20 (21 f.).
849 *Sacher/Jansen*, NZBau 2019, 20 (22).
850 BeckOK ZPO/*Stürner*, ZPO § 887 Rn. 7.
851 So etwa *W. Langen* in: LBD, BGB § 650d Rn. 52.
852 *W. Langen* in: LBD, BGB § 650d Rn. 52.

Diese Auffassung hat nur bei komplexen, technischen Bauvorhaben ihre Berechtigung. Denn unter § 888 ZPO fallen geradezu solche Handlungen, für die es auf bestimmte Fachkenntnisse des Schuldners ankommt.[853] Sind jedoch einfach gelagerte Teilleistungen geschuldet, lässt sich das Hinwegsetzen über den Gesetzeswortlaut nicht schlüssig erklären; zumal der generellen Anwendbarkeit des § 888 ZPO auch der eigentliche Sinn und Zweck der Leistungsverfügung entgegensteht. Denn die Zwangsvollstreckung bei § 888 ZPO sieht primär das Verhängen von Zwangsgeld vor. Der einstweilige Rechtsschutz nach § 650d BGB – dessen Ziel die temporäre Liquiditätssicherung des Unternehmers ist – würde dieses Ziel *ad absurdum* führen, da er umgekehrt die schon bestehenden Liquiditätsprobleme nur mehr verschärft.

Als Fazit ist daher Folgendes festzuhalten: Die Befolgung bzw. Vollziehung wirksam erteilter Anordnungen kann nicht mit einer Leistungsverfügung durchgesetzt werden. Einzig möglich ist eine auf Feststellung gerichtete einstweilige Verfügung.

(b) Vergütungsanpassung

Streit kann auch über die Vergütungsfolgen der Änderungsanordnung entstehen. Relevant sind folgende Konstellationen:

Der erste Bereich erstreckt sich auf die Ermittlung der Nachtragsvergütung. Ihm unterliegen Streitigkeiten, die die Berechnung der tatsächlich erforderlichen Kosten samt Bezuschlagung betreffen, ebenso wie solche, die die vorkalkulatorische Preisfortschreibung umfassen.

Das zweite Konfliktfeld erfasst die Frage der Planungsverantwortung (§ 650c Abs. 1 S. 2 BGB). Denn dem Unternehmer steht dann keine Mehrvergütung zu, wenn er für die notwendige Leistungsänderung die ausschließliche Planungsverantwortung zu tragen hatte.[854]

Der dritte Komplex betrifft alle Streitigkeiten, die sich mit der Thematik „Abschlagszahlungen" befassen. Er ist deshalb von besonderer Relevanz, weil der Gesetzgeber bei der Konzeption des Gesetzes – wie die Gesetzesbegründung zum Regierungsentwurf zeigt – vor allem diesen Bereich vor Augen hatte.[855] Dies erfordert die Auseinandersetzung mit einer Fülle an Folgefragen.

1. Isolierte Geltendmachung

Es darf schon in Abrede gestellt werden, ob ein Zahlungsanspruch überhaupt mit einer isolierten Leistungsverfügung geltend gemacht und durchgesetzt werden kann. Denn die vom Gesetzgeber für möglich befundene verfahrensrechtliche

---

853 MüKo ZPO/*Gruber*, ZPO § 888 Rn. 2.

854 Bzgl. der Frage, wie § 650c Abs. 1 S. 2 BGB genau zu verstehen ist, siehe bereits *Abschnitt B. I. 1.d)*.

855 Dieser Rückschluss ergibt sich zumindest aus BT-Drucks. 18/8486, S. 57 f.

Trennung von Streitigkeiten über die Wirksamkeit einer Anordnung und Streitigkeiten über die daraus resultierende Nachtragsvergütungshöhe zeigt geradezu die symptomatische Schwäche des neuen bauvertraglichen Regelungssystems der §§ 650b bis 650d BGB. Es wird künstlich getrennt, was faktisch zusammengehört.[856] Mutmaßlich wurde der Gesetzgeber zu der Möglichkeit einer gesonderten Geltendmachung allein durch das zeitliche Zusammenspiel verleitet, ohne dass er dabei die inhaltliche Verknüpfung entsprechend würdigte.[857]

Die inhaltliche Relation von Anordnung und Nachtragsvergütung ist jedoch so stark, dass sich eine isolierte Durchsetzung allein auf theoretische Gedankenspiele reduziert. Zum einen wird sich schon kein Unternehmer einer Anordnung verschließen, wenn der Mehraufwand mit einer angemessenen Vergütung entschädigt wird.[858] Schon deshalb macht die gesonderte Durchsetzung wenig Sinn. Zum anderen muss berücksichtigt werden, dass § 650c BGB keine eigenständige Anspruchsgrundlage darstellt. Es handelt sich vielmehr – wie die amtliche Überschrift bereits signalisiert – um eine Vergütungsanpassung, die einen unselbstständigen Rechnungsposten der Gesamtwerklohnforderung darstellt. Diese Zwischensaldierung erfordert jedoch unter anderem die Abrechnung erbrachter Leistungen. Es ist daher stets zu prüfen, inwiefern die angeordneten Änderungsleistungen mangelfrei erbracht wurden, da sie nur dann in Ansatz gebracht werden können.[859]

Diese praktischen Schwächen belegen, wie müßig die Durchsetzung des Zahlungsanspruchs anhand einer gesonderten Leistungsverfügung ist. Sinnvoller wäre es daher, dem Unternehmer die Möglichkeit einer isolierten Klärung des Mehrvergütungsanspruchs mittels (positiver) Feststellungsverfügung

---

856 BeckOK BauvertrR/*Leupertz/Althaus,* BGB § 650d Rn. 4.

857 Würde man exklusiv auf das zeitliche Zusammenspiel von § 650b und § 650c BGB abstellen, wäre die gesetzgeberische Entscheidung nachvollziehbar. Voraussetzung für den Erlass einer Leistungsverfügung ist die Fälligkeit der Abschlagsforderung, die jedoch erst nach Erbringung der sie auslösenden Leistungen eintritt (*Sacher/Jansen,* NZBau 2019, 20 [22]). Streitigkeiten über das Anordnungsrecht sind daher vor Ausführung der betreffenden Leistungen beizulegen. Streitigkeiten über die Nachtragsvergütung können erst nach Ausführung der Leistungen ausgetragen werden (BeckOK BauvertrR/*Leupertz/Althaus,* BGB § 650d Rn. 4). Die ausschließlich gleichzeitige Geltendmachung würde daher dem eigentlichen Ziel einer zeitnahen baubegleitenden Konfliktlösung zuwiderlaufen. Wie oben genauer erörtert, muss jedoch auch die inhaltliche Verflechtung angemessen berücksichtigt werden.

858 So auch BeckOK BauvertrR/*Leupertz/Althaus,* BGB § 650d Rn. 4.

859 Das Gericht kann eine einstweilige Verpflichtung zum Mehrvergütungsanspruch nur dann aussprechen, wenn der Leistungsstand nach dem Vertrag so zu bewerten ist, dass er den unternehmerisch begehrten Zahlungsstand erreicht. Zur Verdeutlichung ist auf den Beispielsfall *Retzlaffs* zu verweisen (*Retzlaff,* BauR 2017, 1781 [1816 f.]).

zuzubilligen.[860] Zwar erhält er dadurch keinen vollstreckbaren Zahlungstitel, jedoch bestünde der Vorteil darin, dass nicht die gesamte Abschlagszahlung in Streit stünde, sondern nur der Vergütungsanspruch aus § 650c BGB als Rechnungsposten. Durch diese Begrenzung wäre eine Streitbeilegung schon vor Ausführung der geänderten Leistung möglich. Denn auf die Leistungsverwirklichung, die für die Fälligkeitsauslösung der Abschlagszahlung verantwortlich ist, käme es geradezu nicht an. Konflikte über Anordnung und Vergütungsanpassung könnten in einem „Aufwasch" befriedet werden.[861]

2. Titulierung

In der Gesetzesbegründung zum neuen Bauvertragsrecht heißt es:

> *„Daher soll den Unternehmern ermöglicht werden, im einstweiligen Verfügungsverfahren schnell einen Titel über den geänderten Abschlagszahlungsanspruch oder die nunmehr zu gewährende Sicherheit zu erlangen. Macht der Unternehmer von seiner vorläufigen Pauschalisierungsmöglichkeit der Mehrvergütung nach Absatz 3 Satz 1 Gebrauch, dient die erleichterte einstweilige Verfügung auch den Interessen des Bestellers. Er kann so überhöhten Ansprüchen schnell entgegentreten."*[862]

Demnach geht der Gesetzgeber ohne Weiteres von der Titulierung eines Abschlagszahlungsanspruches aus, die im Wege einer unternehmerischen Leistungsverfügung herbeigeführt werden kann. Dieser Optimismus ist bewundernswert, setzt doch die Titulierung eines Abschlagszahlungsanspruchs die Bewertung aller erbrachten Leistungen voraus.[863] Im Gesetzeswortlaut selbst findet sich hierzu nichts. § 650d BGB betrifft allein die erleichterte Glaubhaftmachung in Hinblick auf den Verfügungsgrund. Auch an dieser Stelle darf bezweifelt werden, dass sich der Gesetzgeber der Wirkung seiner Aussagen vollends bewusst war, zumal die Titulierung und die damit einhergehende Befriedung im Widerspruch zu den Grundsätzen des einstweiligen Rechtsschutzes (keine

---

860 Ebenso *Sacher/Jansen*, NZBau 2019, 20 (24).

861 So auch *Sacher/Jansen*, die jedoch am Erlass einer dahin gehenden Feststellungsverfügung zweifeln (*Sacher/Jansen*, NZBau 2019, 20 [24]). Diese Bedenken stützen sich auf die Gesetzesbegründung zum Regierungsentwurf, in der gerade die Liquiditätsverschaffung des Unternehmers als maßgeblicher Zweck hervorgehoben wird, während die Feststellungsverfügung als Alternative unerwähnt bleibt. Gleichwohl käme eine solche dem ebenfalls angestrebten, gesetzgeberischen Anliegen einer schnellen Streitbelegung zugute.

862 BT-Drucks. 18/8486, S. 58.

863 Darüber hinaus müssten auch Aufrechnungs- und Mängelansprüche mitberücksichtigt werden (*Rodemann*, NZBau 2018, 257 [258]).

Vorwegnahme der Hauptsache) steht.[864] Zwar ist sie danach nicht gänzlich ausgeschlossen, kann aber nur unter sehr engen Voraussetzungen ergehen.[865] Allein die fehlende Begleichung einer nach § 650c BGB errechneten Abschlagsforderung oder die Verweigerung der Befolgung einer Änderungsanordnung kann eine solche Ausnahme noch nicht rechtfertigen.[866]

3. Ansprüche auf Sicherheiten

In die Abschlagszahlungsthematik sind auch die unternehmerischen Ansprüche auf Sicherheiten in die Überlegungen miteinzustellen. Zwar bezieht sich die Norm des § 650c BGB nicht ausdrücklich auf die Ansprüche der zu gewährenden Sicherheiten (§§ 650e, 650 f BGB). Es ist aber der Gesetzesbegründung des Regierungsentwurfs zu § 650c Abs. 5 BGB-E zu entnehmen, dass über den Wortlaut hinaus auch Auseinandersetzungen über die „zu gewährenden Sicherheit[en]" erfasst werden.[867]

4. Vortragsumfang der 80-%-Regelung

Im Rahmen des § 650c Abs. 3 BGB ist ebenfalls die Frage des Vortragsumfangs und damit die der Darlegungs- und Glaubhaftmachungslast zu klären. Maßgeblich hierfür ist die rechtstechnische und dogmatische Einordnung der Passage in § 650c Abs. 3 S. 1 BGB „kann [...] 80 % [...] ansetzen". Diese Formulierung wird in der Literatur unterschiedlich verstanden. Wie bereits eingehend dargestellt, ist § 650c Abs. 3 S. 1 BGB nicht als vorläufiges einseitiges Leistungsbestimmungsrecht oder vorläufige Fiktion, sondern als widerlegliche Vermutung zu verstehen.[868] Dies hat zur Folge, dass auch hier die Vermutung – ebenso wie bei § 650d BGB – durch Glaubhaftmachung des Gegenteils im Verfahren angegriffen werden kann. Kann der Besteller darlegen und glaubhaft machen, dass das Nachtragsvergütungsangebot als überhöht anzusehen ist, kann die Vermutungswirkung durch die anderslautende gerichtliche Entscheidung beseitigt werden.[869]

---

864 So auch BeckOK BGB/*Voit*, BGB § 650d Rn. 8 f.

865 Das Bedürfnis des Antragstellers nach Befriedung muss geradezu so groß sein, dass das Abwarten eines ordentlichen Hauptsacheverfahrens ohne Eintritt eines unverhältnismäßig großen, irreparablen Schadens nicht zumutbar ist (*Kemper* in: Saenger, ZPO, ZPO § 940 Rn. 9).

866 So auch BeckOK BGB/*Voit*, BGB § 650d Rn. 8 ff.

867 BT-Drucks. 18/8486, S. 58.

868 Siehe bereits *Abschnitt B. III. 1. a) dd).*

869 *Franz/Göpner*, BauR 2018, 557 (571 f). Eine Widerlegung der unternehmerischen Pauschale kann der Besteller beispielsweise durch das Darlegen von Alternativangeboten oder niedrigeren üblichen Preisen erreichen (*Manteufel*, BauR 2019, 334 [343]).

5. Unterschreiten der HOAI-Mindestsätze

Wie eben[870] dargelegt, können sich auch Architekten und Ingenieure auf §§ 650c Abs. 3 BGB berufen. Bei fehlender Vergütungsvereinbarung haben sie das Recht, eine Abschlagszahlung i. H. v. 80 % des für die Änderungsleistung erbrachten Angebots zu verlangen. Dieses Recht unterscheidet nicht zwischen preisgebundenen Leistungen und solchen, die nicht preisgebunden sind. Allerdings stellt sich die Frage, ob eine automatische Anhebung der Abschlagszahlung auf die achtzigprozentige Untergrenze erfolgen muss, wenn mit der 80-%-Regelung die von der HOAI vorgegebenen Mindestsätze unterschritten werden.[871]

Dagegen spricht, dass Architekten und Ingenieure auch vor Einführung des neuen Bauvertragsrechts nicht dazu verpflichtet waren, für erbrachte Leistungen Abschlagszahlungen in Höhe der dafür vorhergesehenen HOAI-Mindestsätze aufzurufen. Es fehlt an einem tragfähigen Grund, warum dies nun anders sein sollte. Darüber hinaus ist zu beachten, dass die Höhe der Abschlagszahlung lediglich auf einer vorläufigen Berechnung fußt. Ein Unterschreiten der HOAI-Mindestsätze ist daher unerheblich.[872]

2. Sicherungsverfügung

Neben der Leistungsverfügung existiert im einstweiligen Rechtsschutz als weitere Gestaltungsart die Sicherungsverfügung. Obwohl ihr Zweck in der bloßen Sicherung liegt, kommt ihr vor allem bei Streitigkeiten über die Vergütungsanpassung beträchtliche Relevanz zu. Denn diese umfassen – wie eben dargestellt – auch Sicherungsansprüche.

Dabei ist vor allem das enge Zusammenspiel mit den § 650e BGB und § 650 f BGB zu beachten. § 650e BGB ermöglicht es dem Unternehmer, für erbrachte Leistungen – bei Mehrvergütungsansprüchen infolge einer Änderungsanordnung – die Einräumung einer Sicherungshypothek an dem Baugrundstück des Bestellers

870 *Abschnitt D. I. 1. c) bb) (1) (a).*

871 Der EuGH (4. Kammer) erließ am 04.07.2019 – C – 377/17 ein Aufsehen erregendes Urteil, in dem er konstatierte, dass die Mindest- und Höchstsätze der HOAI gegen Unionsrecht – genauer Art. 15 der Dienstleistungsrichtlinie 2006/123/EG – verstoßen. Diese Auffassung bestätigte er in seinem Beschluss vom 06.02.2020 – RS. C – 137/18. Schon deshalb stellt sich die Frage, ob ein Unterschreiten der HOAI-Mindestsätze überhaupt Auswirkungen nach sich zieht. Da jedoch weiterhin ungeklärt ist, ob die Bestimmungen der RL 2006/123/EG auch in Rechtsstreitigkeiten, die Privatpersonen gegeneinander führen, Anwendung finden, verbleibt es – jedenfalls bis zur Klärung dieser Frage – bei der Relevanz der Ausgangsthematik.

872 So auch *Digel/Jacobsen*, BauR 2017, 1587 (1591). Ebenso BeckOGK/*Mundt*, BGB § 650c Rn. 135.

zu verlangen.[873] Verweigert der Besteller die dafür erforderlichen Erklärungen, kann der Unternehmer durch rechtskräftiges Urteil die Fiktion der Abgabe einer Willenserklärung nach § 894 ZPO herbeiführen. Dabei ist allerdings der regelmäßig langwierige Klageweg misslich, da bis zur endgültigen Entscheidung weitere Belastungen am Grundstück des Bestellers eingetragen werden können. Ein aufgeweckter Unternehmer wird daher die Eintragung einer Rang wahrenden Vormerkung mittels einstweiliger Verfügung verfolgen. Da bei dieser die Glaubhaftmachung des Verfügungsgrunds bereits gemäß § 885 Abs. 1 S. 2 BGB entbehrlich ist, hat § 650d BGB in dieser Konstellation keine Auswirkungen.

Alternativ besteht die Möglichkeit des Unternehmers, eine Bauhandwerkersicherheit nach § 650 f BGB zu verlangen. Auch in diesem Fall muss er als Antragsteller den Verfügungsgrund nicht glaubhaft machen. Zwar nimmt § 650d BGB keinen Bezug auf § 650 f BGB. In der Gesetzesbegründung zum Regierungsentwurf heißt es jedoch:

> *„Daher soll den Unternehmern ermöglicht werden, im einstweiligen Verfügungsverfahren schnell einen Titel über den geänderten Abschlagszahlungsanspruch oder die nunmehr zu gewährende Sicherheit zu erlangen.“*[874]

Der Anspruch auf Abschlagszahlung wird neben der Gewährung einer Sicherheit aufgeführt. Die Modalitätenäquivalenz gebietet eine einheitliche Linie in Bezug auf § 650d BGB. Daher ist die Glaubhaftmachung des Verfügungsgrundes auch bei einem Sicherungsverlangen nach § 650 f Abs. 1 BGB entbehrlich,[875] und zwar unabhängig von der Frage, ob es sich nun um eine Leistungs- oder Sicherungsverfügung handelt.[876] Der Anspruch aus § 650 f Abs. 1 BGB hängt zudem – anders als bei der auf Abschlagszahlung gerichteten Leistungsverfügung – nicht

---

873 Dabei muss das Verhältnis zur Bauhandwerkersicherheit berücksichtigt werden. Hat der Unternehmer bereits eine Bauhandwerkersicherheit erlangt, entfällt der Anspruch auf Einräumung einer Sicherungshypothek, § 650 f Abs. 4 BGB.

874 BT-Drucks. 18/8486, S. 58.

875 Ähnlich sehen dies *Sacher/Jansen*, NZBau 2019, 20 (22 f.). *W. Langen* begründet die Geltung der widerlegbaren Vermutung des Verfügungsgrundes auch für den unternehmerischen Sicherungsanspruch damit, dass der Sicherungsanspruch aus § 650 f Abs. 1 BGB nach Grund und Höhe dem Vergütungsanspruch aus § 650c BGB folgt (*W. Langen* in: LBD, § 650d, Rn. 25).

876 Eine einstweilige Verfügung, mit der ein Sicherungsverlangen nach § 650 f Abs. 1 S. 1 BGB geltend gemacht wird, ist in gewisser Weise von hybrider Natur. Einerseits wird mit ihr ein Anspruch erfüllt (Leistungsverfügung), andererseits eine Sicherheit geschaffen (Sicherungsverfügung). Da die Sicherheit erst durch Anspruchserfüllung geschaffen wird – gewissermaßen mittelbare Folge ist – ist das Sicherungsverlangen nach § 650 f Abs. 1 S. 1 BGB eher als Leistungsverfügung einzustufen.

von der Mangelfreiheit und dem Umfang der erbrachten Leistungen ab. Der Verfügungsanspruch ist daher wesentlich einfacher zu begründen.[877]

3. Regelungsverfügung

Eine weitere Option, die sich dem Antragsteller im Verfahren des einstweiligen Rechtsschutzes bietet, ist die Regelungsverfügung in Form einer Feststellungsverfügung. Sie kann negativ[878] wie positiv[879] ausgestaltet sein und bedarf eines entsprechenden Feststellungsinteresses.

Gleichwohl zeigt sich das Schrifttum in der Frage, ob Feststellungsverfügungen auch im Rahmen von Streitigkeiten über das Anordnungsrecht oder die Vergütungsanpassung ergehen dürfen, zwiegespalten.[880]

Eine Feststellungsverfügung entfaltet im Gegensatz zur Regelungs- oder Leistungsverfügung geringere Wirkungen, denn sie hat keinen vollstreckungsfähigen Inhalt.[881] Zudem ermöglicht sie keine verlässliche Klärung des Rechtsverhältnisses, sondern befriedet nur vorläufig, da erst das in Rechtskraft erwachsende Feststellungsurteil im Hauptsacheverfahren die endgültige Klarheit verschaffen wird.

Dennoch kann den ablehnenden Stimmen, die vor allem aus dem allgemeinen prozessrechtlichen Schrifttum – und gerade nicht der Bauliteratur – stammen, nicht gefolgt werden. Die Gesetzesbegründung zum Regierungsentwurf, in der beispielhaft mögliche Fallkonstellationen des einstweiligen Rechtsschutzes erwähnt wurden, ist insoweit eindeutig.[882] Schon bei der Frage, ob eine Änderungsanordnung zumutbar und damit rechtmäßig ist, deutet der Gesetzgeber an, die Feststellungsverfügung zu befürworten. Denn wie sonst, wenn nicht durch

---

877 *Sacher/Jansen*, NZBau 2019, 20 (23).

878 Negativ ist die Feststellungsverfügung beispielsweise, wenn der Besteller einstweilen feststellen lassen will, dass die vom Unternehmer verlangte, vorläufig pauschalierte Mehrvergütung nach § 650c Abs. 3 S. 1 BGB überhöht ist.

879 Positiv ist die Feststellungsverfügung beispielsweise, wenn der Unternehmer einstweilen feststellen lassen will, in welcher Höhe eine Vergütungsanpassung gemäß § 650c BGB berechtigt ist.

880 M. w. N. *Sacher/Jansen*, NZBau 2019, 20 (24); *Sacher/Jansen* in: FS Messerschmidt (300); *Sacher* in: Kompendium des Baurechts, 12. Teil, Rn. 123.

881 Die Vollstreckung der einstweiligen Verfügung wird Vollziehung genannt. In den Fällen, in denen eine Vollziehung nicht infrage kommt – so bei der Feststellungsverfügung, ist zumindest erforderlich, dass die einstweilige Verfügung im Parteibetrieb zugestellt wird. Die Zustellung des Titels, also der einstweiligen Verfügung selbst, muss dabei spätestens innerhalb eines Monats nach der Anordnung bewirkt werden (§ 929 Abs. 3 ZPO). Sie obliegt der Partei. Wird sie versäumt, ist die Vollziehung unzulässig (§§ 936, 929 Abs. 2 ZPO), mit der Folge, dass die einstweilige Verfügung auf gegnerischen Antrag wieder aufgehoben wird (*Manteufel*, BauR 2019, 334 [345]).

882 BT-Drucks. 18/8486, S. 54.

eine klärende Feststellung, wäre die Rechtmäßigkeit auszumachen. Dass der Erlass einer Feststellungsverfügung nach Auffassung des Gesetzgebers zulässig sein soll, zeigt aber auch folgende eindeutige Formulierung:

> *„Macht der Unternehmer von seiner vorläufigen Pauschalisierungsmöglichkeit der Mehrvergütung nach Absatz 3 Satz 1 Gebrauch, dient die erleichterte einstweilige Verfügung auch den Interessen des Bestellers. Er kann so überhöhten Ansprüchen schnell entgegentreten.“*[883]

Der Besteller kann dem unternehmerischen Mehrvergütungsanspruch aus § 650c Abs. 3 S. 1 BGB nur durch eine (Feststellungs-)Verfügung entgegentreten, in der festgestellt wird, dass der Mehrvergütungsanspruch gar nicht besteht oder wesentlich geringer ist.

Doch selbst wenn man – wie der Verfasser – von einer generellen Zulässigkeit der Feststellungsverfügung ausgeht, werden nicht alle einhergehenden Fragen, wie etwa die Wirkweise und das Zusammenspiel mit § 945 ZPO, beantwortet. Es bedarf vielmehr einer weiteren Präzisierung.

Die einstweilige Feststellungsverfügung gilt nur vorläufig. Eine Streitbeilegung in diesem begrenzten Zeitraum ist daher nur dann gewährleistet, wenn ihr eine Regelungswirkung zugesprochen wird, die das Rechtsverhältnis zwischen den Parteien umfassend regelt.[884] Ein Verhalten, das nicht im Einklang mit der vollzogenen Feststellungsverfügung steht, muss deshalb kraft dieser Regelungswirkung – insoweit endgültig – vertragswidrig bleiben, auch wenn sich die Feststellung im Hauptsacheverfahren als unrichtig erweist.[885] Diese umfassende Regelungswirkung gewährleistet Rechtsicherheit. Darüber hinaus steht sie in Einklang mit § 945 ZPO. Denn die Partei, die ihr Verhalten nach der Feststellungsverfügung ausrichtet, ist berechtigt – sollte sich diese später in einem Hauptverfahren als unrichtig erweisen – Schadensersatz gemäß § 945

---

883 BT-Drucks. 18/8486, S. 58.

884 M. w. N. *Sacher/Jansen*, NZBau 2019, 20 (23).

885 Derselben Auffassung sind *Sacher/Jansen*, NZBau 2019, 20 (23); *Sacher* in: Kompendium des Baurechts, 12. Teil, Rn. 125; *Bardarsky*, BauR 2020, 1054 (1064). *Sacher/Jansen* verdeutlichen ihren Standpunkt dabei anhand eines Beispielfalls: Ein Besteller lässt durch einstweilige, negative Feststellungsverfügung gerichtlich festhalten, dass dem Unternehmer kein Mehrvergütungsanspruch im Sinne des § 650c Abs. 3 S. 1 BGB zusteht, weil die begehrte Leistung bereits von der vereinbarten Vergütung umfasst ist. Daraufhin stellt der Unternehmer seine Leistungen unter Berufung auf ein Leistungsverweigerungsrecht ein. Die Berufung auf das Leistungsverweigerungsrecht bleibt nun selbst dann unzulässig, wenn in einem späteren Hauptsacheverfahren festgestellt wird, dass dem Unternehmer ein Mehrvergütungsanspruch zusteht. Die seinerzeitige Leistungseinstellung wird dementsprechend auch im Folgeverfahren als vertragswidrig angesehen.

ZPO geltend zu machen. Die unmittelbare Regelungswirkung führt dazu, dass der entstandene Schaden als Vollziehungsschaden qualifiziert werden kann.

Die Feststellungsverfügung hat vor allem bei Streitigkeiten über das Anordnungsrecht Relevanz. Konflikte über den Vertragsumfang oder die Wirksamkeit bzw. das Bestehen eines Anordnungsrechts sind mit ihr zu lösen. Doch auch die Befolgung bzw. Vollziehung wirksam erteilter Anordnungen sollte angesichts der zahlreichen, eben dargelegten Kontroversen nicht mit einer Leistungsverfügung durchgesetzt, sondern mit einer Feststellungsverfügung klargestellt werden.

Etwas schwieriger ist die Lage bei Streitigkeiten über die Vergütungsanpassung zu beurteilen. Während der negative Feststellungsantrag allgemein für zulässig erachtet wird, da dem Besteller keine andere Möglichkeit – sich gegen aus seiner Sicht unberechtigte, unternehmerische Zahlungsansprüche zur Wehr zu setzen – zusteht, ist die generelle Zulässigkeit des positiven Feststellungsantrags bei § 650c BGB umstritten. Der immense Vorteil bestünde in der Begrenzung der Streitigkeiten auf die maßgeblichen Fragen des § 650c BGB, weil nur der Rechnungsposten und nicht die Abschlagszahlung in ihrer Gesamtheit geklärt werden müsste.[886]

4. Reaktionsmöglichkeiten

Je nach Zeitabschnitt – also vor oder nach Erlass einer einstweiligen Verfügung – bestehen unterschiedliche Möglichkeiten, auf diese zu reagieren. Droht der Erlass einer einstweiligen Verfügung, sollte über das Anfertigen einer Schutzschrift nachgedacht werden (§ 945a ZPO). Ist bereits eine Entscheidung im Wege des einstweiligen Rechtsschutzes ergangen, können die Parteien aus einer Vielzahl prozessualer Möglichkeiten schöpfen.[887]

a) Vor Erlass einer einstweiligen Verfügung: Schutzschrift oder Gegenverfügungsantrag?

Wie bereits eingehend dargestellt, greift § 650d BGB – wonach der Verfügungsgrund und damit die „Dringlichkeit" vermutet wird – wenn ein Antragsteller seinen Anspruch auf Vergütungsanpassung im einstweiligen Rechtsschutz verfolgt. Dies kann zur Folge haben, dass die Verfügung ohne mündliche Verhandlung – sei es auf Grundlage des § 937 Abs. 2 ZPO oder gemäß § 944 ZPO durch Entscheidung des Vorsitzenden allein – erlassen wird. Maßgeblich dafür ist die gesteigerte Gefährdung der Rechte des Antragstellers dahin gehend, dass die Gewährung rechtlichen Gehörs oder die Anberaumung einer mündlichen Verhandlung den Zweck der einstweiligen Verfügung gefährden würde.[888] Dem Gericht obliegt

---

886 Siehe dazu bereits *Abschnitt D. I. 1. c) bb) (2) (b) 1; Sacher/Jansen*, NZBau 2019, 20 (24).
887 Vergleiche dazu auch BeckOGK/*Mundt*, BGB § 650d Rn. 86 ff. m. w. N.
888 BeckOK ZPO/*Mayer*, ZPO § 937 Rn. 5.

dabei ein Ermessensspielraum. Es hat den Konflikt zweier verfassungsrechtlich verbürgter Rechte im Wege einer Abwägung zu lösen. Einerseits muss es dem Anspruch auf Gewährung effektiven Rechtsschutzes (sog. Justizgewährungsanspruch), andererseits dem Anspruch auf rechtliches Gehör (Art. 103 Abs. 1 GG)[889] gerecht werden. Dabei wird man wohl sagen können, dass Leistungsverfügungen angesichts ihrer erheblichen Auswirkung stets eine mündliche Verhandlung erfordern, während bei Feststellungs- oder Sicherungsverfügungen ein Verzicht zumindest möglich erscheint.[890]

Der Besteller sollte in Zweifelssituationen daher vorsorglich eine Schutzschrift hinterlegen, in der er sich präventiv gegen die erwartete einstweilige Verfügung verteidigt. Bei inhaltlichen Differenzen über die Leistungsänderung sollte diese nach Angebotszugang (§ 650b Abs. 1 S. 2 BGB) – spätestens jedoch nach dem Zugang der Abschlagsrechnung – angefertigt und an die Landesjustizverwaltung Hessen versandt werden.[891] Denn diese führt für die Bundesländer ein zentrales, länderübergreifendes elektronisches Register für Schutzschriften, das sog. Schutzschriftenregister (§ 945a Abs. 1 S. 1 ZPO). Sobald eine Schutzschrift im Schutzschriftenregister eingestellt ist, gilt sie bei allen ordentlichen Gerichten der Länder als eingereicht gem. § 945a Abs. 2 S. 1 ZPO.

In Ausnahmefällen kann als Reaktion auch ein Gegenverfügungsantrag nach Art einer Widerklage in Betracht kommen.[892]

b) Nach Erlass einer einstweiligen Verfügung: Rechtsbehelfsüberblick

Ist eine Entscheidung im einstweiligen Verfahren bereits ergangen, richten sich die Reaktionsmöglichkeiten des Antragsstellers nach der Art der Entscheidung.

Wird eine einstweilige Verfügung ohne mündliche Verhandlung durch Beschluss gemäß § 937 Abs. 2 ZPO zurückgewiesen, kann dieser Beschluss mittels sofortiger Beschwerde gemäß § 567 Abs. 1 Nr. 2 ZPO angegriffen werden. Erfolgt eine Zurückweisung nach mündlicher Verhandlung durch Urteil, kann Berufung eingelegt werden gem. § 511 ZPO.

Wird eine einstweilige Verfügung durch Beschluss erlassen, kann gegen diesen Beschluss ein Widerspruch gemäß §§ 924, 936 ZPO eingelegt werden. Über den Widerspruch wird dann wiederum durch Endurteil gemäß § 925 Abs. 1 ZPO – gegen das eine Berufung nach § 511 Abs. 1 ZPO statthaft ist – entschieden. Wird

---

889 Der Anspruch auf rechtliches Gehör besteht im Wesentlichen aus drei Ausformungen: das Recht auf Information, das Äußerungsrecht und das Recht auf Berücksichtigung des Vorgebrachten (BeckOK GG/*Radtke*, GG Art. 103 Rn. 7 ff.).

890 Ähnlich sehen dies *Franz/Göpner*, BauR 2018, 557 (576). Angesicht der kürzlich ergangenen Urteile des BVerfGE, Beschl. v. 17.06.2020 – 1 BvR 1380/20; Beschl. v. 30.09.2018 – 1 BvR 1783/17 dürfte eine einstweilige Verfügung ohne mündliche Verhandlung jedoch die absolute Ausnahme sein.

891 *Oppler*, NZBau 2018, 67 (71).

892 *W. Langen* in: LBD, BGB § 650d Rn. 32.

im Wege der einstweiligen Verfügung ein Endurteil nach mündlicher Verhandlung erlassen, kann sich der Antragsgegner dagegen mittels Berufung gemäß § 511 Abs. 1 ZPO zur Wehr setzen. Das Einlegen einer Revision ist nicht möglich gem. § 542 Abs. 2 S. 1 ZPO.[893] Alternativ besteht die Möglichkeit – sofern ein Hauptsacheverfahren noch nicht anhängig ist – dem Antragsteller eine gerichtliche Frist zur Erhebung der Hauptsache aufgeben zu lassen, vgl. §§ 926 Abs. 1, 936 ZPO. Wird diese wahrgenommen, können die Parteien auf die gewohnten zivilprozessualen Rechtsmittel zurückgreifen. Lässt der Antragsteller die Frist verstreichen, wird auf Antrag die einstweilige Verfügung durch Endurteil aufgehoben gem. § 926 Abs. 2 ZPO.

Beide Parteien sollten darüber hinaus auch stets die Gefahr einer Schadensersatzpflicht nach § 945 ZPO im Auge behalten. Sollte sich eine einstweilige Verfügung im Nachhinein als rechtswidrig erweisen bzw. gemäß §§ 926 Abs. 2, 943 Abs. 3 ZPO aufgehoben werden, kann gegen den Antragssteller ein Schadensersatzbegehren geltend gemacht werden. § 945 ZPO normiert, dass der Schaden zu ersetzen ist, der dem Antragsgegner unmittelbar aus der Vollziehung der angeordneten Maßregel oder mittelbar durch Leistung einer Sicherheit – sei es, um die Vollziehung abzuwenden, sei es, um die Aufhebung der Maßregel zu bewirken – entsteht. Gerade bei großen Bauvorhaben kann die Schadenssumme beträchtliche Höhen erreichen, zumal sich das Schadensersatzbegehren vor allem deshalb als besonders „scharfes Schwert" erweist, weil es verschuldensunabhängig ist.[894]

5. Wirksamkeit abweichender Vereinbarungen

Aufseiten einer der Vertragsparteien kann zudem das Interesse bestehen, den einstweiligen Rechtsschutz oder zumindest die widerlegbare Vermutungswirkung des § 650d BGB abzubedingen. Dafür ist zwischen Individualvereinbarungen und AGB zu differenzieren.

a) Individualvereinbarung

Die Frage eines Ausschlusses durch Individualvereinbarung ist umstritten.

Voit hält einen individualvertraglichen Ausschluss des § 650d BGB nicht für möglich, da er als Teil der Effektivität der Rechtsschutzgewährung nicht zur

893 Ebenso scheidet das Einlegen einer Rechtsbeschwerde gegen Beschlüsse im einstweiligen Rechtsschutz als unzulässig aus, §§ 574 Abs. 1 S. 2, 524 Abs. 2 ZPO. Zwar wäre die Rechtsbeschwerde – zumindest dem Wortlaut nach – bei Beschlüssen statthaft, mit denen eine Berufung als unzulässig verworfen wird, vgl. § 522 Abs. 1 S. 4 ZPO. Dies gilt jedoch nicht für Beschlüsse im Verfahren des einstweiligen Rechtsschutzes (*Sacher* in: Kompendium des Baurechts, 12. Teil, Rn. 64).

894 Für Beispiele einer Schadensersatzanspruchskonstellation sowohl auf Unternehmer- wie auch Bestellerseite siehe *W. Langen* in: LBD, BGB § 650d Rn. 58 f.

Disposition der Parteien steht.[895] Schließlich kann – so zumindest der herrschende Konsens in der Literatur – nicht einmal der einstweilige Rechtsschutz, selbst durch Schiedsvereinbarung, ausgeschlossen werden.[896]

Dem ist nur in Teilen zuzustimmen. Ein genereller Ausschluss des einstweiligen Rechtsschutzes durch Individualvereinbarung ist nicht möglich. Dennoch wird die Bedeutung des § 650d BGB von *Voit* überinterpretiert. Denn der Regelungsgehalt bezieht sich lediglich auf die ohnehin widerlegbare Vermutung des Verfügungsgrundes. Von einem vollständigen Ausschluss einstweiligen Rechtsschutzes kann bei individualvertraglicher Abbedingung des § 650d BGB daher keinesfalls gesprochen werden.[897] Vielmehr wird lediglich die allgemeine Rechtslage bei einstweiligen Verfügungen außerhalb des Anwendungsbereichs vereinzelter Spezialvorschriften – wie beispielsweise dem § 885 Abs. 1 S. 2 BGB oder § 899 Abs. 2 S. 2 BGB – wiederhergestellt. Für die Möglichkeit, § 650d BGB individualvertraglich auszuschließen, spricht auch die Systematik des neuen Bauvertragsrechts. In § 650o BGB wird ausdrücklich festgelegt, welche Vorschriften der parteilichen Disposition entzogen sind und damit als unabdingbar gelten. Auf § 650d BGB wird dabei gerade nicht verwiesen.

b) Allgemeine Geschäftsbedingungen

Verwendet eine Vertragspartei hingegen vorformulierte Klauseln, in denen der einstweilige Rechtsschutz ausgeschlossen werden soll bzw. die widerlegbare Vermutungswirkung des § 650d BGB nicht zur Anwendung gelangen darf, sind diese unwirksam. Denn in beiden Fällen wird der Vertragspartner des Klauselverwenders unangemessen benachteiligt, § 307 Abs. 2 Nr. 1 BGB. § 650d BGB wurde speziell für das bauvertragsspezifische Eilverfahren zum Nutzen beider Vertragsparteien geschaffen. Eine formularvertragliche Ausklammerung würde den Vertragspartner des Verwenders stets unangemessen benachteiligen.[898]

Etwas anderes gilt auch dann nicht, wenn der Verwender in seinen AGB als Alternative für die Abbedingung des § 650d BGB ein außergerichtliches Eilverfahren – wie zum Beispiel die Adjudikation[899] – einseitig festlegt. Zwar sind die

895 BeckOK BGB/*Voit*, BGB § 650d BGB Rn. 12. Nur wenn weiterhin „unzweifelhaft in ausreichendem Maße“ außergerichtlicher Eilrechtsschutzes gewährleistet ist, kann nach Ansicht *Voits* anders entschieden werden.

896 BeckOK BGB/*Voit*, BGB § 650d Rn. 12 m. V. a. *Voit* in: Musielak/Voit, ZPO, ZPO § 1033 Rn. 3. A. A. sind *Schwenker/Rodemann* in: Erman BGB, BGB § 650d Rn. 8. Ihrer Auffassung nach kann individualvertraglich vereinbart werden, dass von einer Verfahrensart keinen Gebrauch zu machen ist. Als prozessuale Regelung ist § 650d BGB daher abdingbar. Lediglich in AGB ist der (vollständige) Ausschluss der einstweiligen Verfügung nicht möglich.

897 So auch BeckOGK/*Mundt*, BGB § 650d Rn. 97.

898 So sehen dies auch *Franz/Göpner*, BauR 2018, 557 (579).

899 Unter dem Begriff „Adjudikation“ wird ein summarisches Verfahren zur außergerichtlichen Streitbeilegung verstanden, in dem ein oder mehrere von den Parteien

Wesenszüge beider Verfahren weitestgehend identisch. So soll der Baufortgang nicht gefährdet werden, indem baubegleitend über die Streitigkeiten vorläufig entschieden wird. Auch darf nach dem Rechtsgutachten von *Papier*[900] von der verfassungsrechtlichen Zulässigkeit der Adjudikation in Bausachen ausgegangen werden. Dennoch steht einer solchen Verfahrensweise die Vorschrift des § 309 Nr. 14 BGB entgegen. Gemäß § 309 Nr. 14 BGB ist eine AGB-Bestimmung dann unwirksam, wenn der andere Vertragsteil seine Ansprüche gegen den Verwender gerichtlich nur geltend machen darf, nachdem er eine gütliche Einigung in einem Verfahren zur außergerichtlichen Streitbeilegung versucht hat. § 650d BGB bildet diesen Fall zwar selbst nicht eindeutig ab. *De facto* führt aber das Abbedingen dieser Vorschrift mit alternativer Adjudikation zu einem vorübergehenden Klageverzicht. § 309 Nr. 14 BGB ist daher einschlägig.

Einzig in Fällen, in denen beide Vertragsparteien Unternehmer sind, dürfte etwas anderes gelten.[901] Wegen § 310 Abs. 1 S. 1 BGB findet § 309 Nr. 14 BGB keine Anwendung. Dennoch werden die Wertungen der Klauselverbote im Rahmen des § 307 Abs. 1 S. 1 BGB herangezogen. Eine Klauselunwirksamkeit kommt jedoch nicht in Betracht. Zum einen ist ein Unternehmer weniger schutzbedürftig als ein Verbraucher. Zum anderen bezweckte der Gesetzgeber die Stärkung außergerichtlicher Einigungen. Das „Aus" baubegleitender Streitbeilegungsmechanismen würde diesem Ziel zuwiderlaufen.[902]

6. Fazit

Das Resümee zum einstweiligen Rechtsschutz bei bauvertraglichen Streitigkeiten fällt eindeutig aus. Angesichts der kaum vorhandenen Praxisrelevanz könnte die Vorschrift des § 650d BGB momentan auch gestrichen werden. Beträchtliche Auswirkungen hätte dies nicht.[903] Keinesfalls ist deshalb zu resignieren.

---

benannte neutrale Dritte Entscheidungen treffen, die für die Parteien zunächst bindend sind (*Stubbe/Schramke*, BauR 2011, 1715).

900 *Papier*, Rechtsgutachten zur verfassungsrechtlichen Zulässigkeit der Adjudikation in Bausachen, abrufbar am 17.11.2020 unter: https://www.google.de/url?sa=t&rct=j&q=&esrc=s&source=web&cd=&ved=2ahUKEwiB867L9ontAhXbSRUIHbA6BosQFjAAegQIBxAC&url=https%3A%2F%2Fwww.dsb-iqbau.de%2Fapp%2Fdownload%2F5800287139%2FGutachten_Adjudikation_Prof.Papier.pdf&usg=AOvVaw3fEib_L27QIe7o3lk82YZI. Gleichwohl hegte das BMJV weiterhin verfassungsrechtliche Zweifel über die Vereinbarkeit einer Adjudikationsregelung mit dem Justizgewährleistungsanspruch. Letztlich entschied sich die Behörde – angesichts der drohenden, jahrelangen rechtlichen Unsicherheit über diese Frage – bis zu einer abschließenden, verfassungsgerichtlichen Klärung gegen eine Normierung (Abschlussbericht der AG Bauvertragsrecht beim BMJV v. 18.06.2013, S. 29 f.).

901 So auch *Boldt* in: Messerschmidt/Voit, Privates Baurecht, I. Teil T., Rn. 114.

902 *Boldt* in: Messerschmidt/Voit, Privates Baurecht, I. Teil T., Rn. 114.

903 Dem Verfasser sind trotz eingehender Recherche nur die veröffentlichten Entscheidungen des LG Berlin, Beschl. v. 04.10.2019 – 28 O 209/19, des KG, Kostenbeschl.

Denn es wäre ärgerlich, wenn sich der Gesetzgeber in seiner sonderbaren Position – wegen der bereits die Einführung eines speziellen Bauverfügungsverfahrens abgelehnt wurde – bestätigt fühlt. So vertrat er im Regierungsentwurf die Sichtweise, dass für baubegleitende, gerichtliche Verfahren zur Klärung aufkommender Streitigkeiten kein praktisches Bedürfnis besteht, da die Parteien ihre Konflikte für gewöhnlich im Zusammenhang mit der Schlussrechnung klären.[904] Diese kurzsichtige Haltung verkennt die Bedürfnisse der Praxis. Das Recht ist stetig im Fluss und die prinzipiellen, gesetzgeberischen Ziele – Liquiditätssicherung und Verhinderung des Baustillstands – die mit der Einbettung des Bauvertragsrechts in den einstweiligen Rechtsschutz verfolgt wurden, verdienen im Grundsatz Zustimmung. Der bislang wirkungslose § 650d BGB darf daher nicht in der Versenkung verschwinden, sondern muss als „Pilotprojekt" verstanden werden, das es weiter zu entwickeln gilt. Um dies zu erreichen, bedarf es kontinuierlicher Anpassungen oder der Einführung von Alternativen. Dabei stehen dem Gesetzgeber gegenwärtig drei Wege zur Verfügung:

a) Bauverfügung

Eine Option stellt die ursprünglich bereits geplante Bauverfügung dar, mit der ein sog. beschleunigtes Erkenntnisverfahren geschaffen werden sollte. Die Bauverfügung geht auf den DBGT 2012 und die beim BMJ geschaffene Arbeitsgruppe Bauvertragsrecht zurück.[905] Ihr Verfahren orientiert sich überwiegend an den Vorschriften der einstweiligen Verfügung (§§ 935 ff. ZPO). Es erfährt jedoch – um den bauspezifischen Besonderheiten gerecht zu werden – an einzelnen Stellen Ergänzungen. Diese sehen wie folgt aus: Über jeden Antrag ist in einem Termin, der spätestens zwei Wochen nach Antragstellung anzuberaumen ist, zu verhandeln. Als Beweismaß genügt die Glaubhaftmachung. Zulässig ist der Freibeweis. Eine Bindung an das „Korsett" der zivilprozessualen Strengbeweismitteln besteht daher nicht.[906] Darüber hinaus kann bereits zum ersten Termin ein Sachverständiger hinzugezogen werden, um anhand klärender Expertise den Streit schneller beizulegen. Den Parteien wird auferlegt, bereits in ihren Schriftsätzen die streitigen Fragen hervorzuheben und Vorschläge für die Fachgebiete zu unterbreiten,

---

v. 06.04.2020 – 7 W 32/19, des LG Berlin, Beschl. v. 20.04.2020 – 19 O 34/20 und des LG Berlin 07.11.2019 – 32 O 244/19 nebst Kostenbeschluss v. 04.12.2019 – 32 O 244/19 bekannt.

904 BT-Drucks. 18/8486, S. 55.

905 Empfehlung des 1. AK I des 4. DBGT in: BauR 2012, 1471 (1473); Abschlussbericht der AG Bauvertragsrecht beim BMJV v. 18.06.2013, S. 28 ff.

906 Diese Freibeweis-Ausnahme des ansonsten im Zivilprozessrecht geltenden Strengbeweises (der Sachverhalt wird anhand eines formalisierten Beweisverfahrens mit begrenzten Beweismitteln (*numerus clausus*) festgestellt) stützt sich auf die Prämisse, dass die Schnelligkeit des Verfahrens im Vordergrund steht.

in denen sie die Hinzuziehung eines Sachverständigen für notwendig halten.[907] Rechtsmittel gegen die Bauverfügung gibt es nicht.[908] Diese würden den Entscheidungsprozess unnötig verlangsamen. Die Erhöhung des gerichtlichen Sachverstands wird durch Zuständigkeitskonzentration der Bauverfügung bei wenigen Landgerichten oder dem Oberlandesgericht erreicht.[909]

Obwohl die Bauverfügung auf die Bedürfnisse der Baupraxis – wie diese zahlreichen Spezifikationen belegen – präzise abgestimmt wurde, konnte sie sich nicht durchsetzen. Der Gesetzgeber attestierte einen fehlenden Bedarf und entschied sich deswegen gegen die Einführung. Er stützte sich dabei auf eine Mitgliederbefragung der AG Bauvertragsrecht, in der Auskunft über die Art und den Umfang entstehender Streitigkeiten zu dem bereits bestehenden Anordnungsrecht nach § 1 Abs. 3 und Abs. 4 VOB/B gegeben wurde.[910]

Dieser Rückschluss ist sonderbar. Zwar ähneln die VOB/B-Regelungen den neu eingeführten bauvertraglichen Regelungen, sie sind aber eben nicht mit ihnen identisch. Schon deshalb ist eine Folgerung wenig aussagekräftig. Das neue Bauvertragsrecht wurde im Gegenteil gerade deshalb anders strukturiert, weil die VOB/B-Regelungen in Teilen nicht mehr für praxisgerecht befunden wurden. Dies bestätigen im Übrigen auch die jüngst ergangenen Urteile zur vorkalkulatorischen Preisfortschreibung. Darüber hinaus zeigt bereits die Durchführung der Mitgliederbefragung die zwiespältige Betrachtung der Thematik. Der Gesetzgeber sollte daher seine Zaghaftigkeit ablegen und sich auf die ursprüngliche Diagnose zurückbesinnen: Über die Bauverfügung wurde nur deshalb nachgedacht, weil sie für erforderlich gehalten wurde.

b) Adjudikation

Die zweite Verfahrensform, die als Lösungsansatz dienen könnte und bereits während der Entstehungsgeschichte des neuen Bauvertragsrechts diskutiert wurde, war die Einführung eines Adjudikationsverfahrens. Eine Adjudikation ist durchaus zweckmäßig. Schnelle gerichtliche Entscheidungen während der Bauphase mit geringeren Kosten, die vorläufig bindend, aber dennoch überprüfbar sind, sind praktikabel. Die Parteien können spezialisierte Adjudikationsteams heranziehen, die angesichts ihres Know-hows eine zügige Schlichtung gewährleisten können. Insbesondere eine fachübergreifende Besetzung von Juristen und

907 Abschlussbericht der AG Bauvertragsrecht beim BMJV v. 18.06.2013, S. 30.

908 Abschlussbericht der AG Bauvertragsrecht beim BMJV v. 18.06.2013, S. 29.

909 Abschlussbericht der AG Bauvertragsrecht beim BMJV v. 18.06.2013, S. 31 f. Der maßgebliche Grund hierfür ist, dass die Komplexität des Bauprozesses oftmals eine zeitnahe und effektive Erledigung von Bausachen bei den Gerichten erschwert. Vor allem bei in Bausachen unerfahrenen Richter kann dies zu überlangen Bauprozessen und vermeidbaren wirtschaftlichen Belastungen der Prozessparteien führen.

910 BT-Drucks. 18/8486, S. 55.

Sachverständigen wäre für die typischen Bedürfnisse von Eilentscheidungen auf Baustellen ideal. Es sollten daher in jedem Fall die Entwicklungsergebnisse der vom Gesetzgeber angekündigten, adjudikativen Pilotprojekte abgewartet werden, die der Gesetzgeber in seiner Begründung zum Regierungsentwurf ankündigte:

> *„Die Bundesregierung wird darüber hinaus unter anderem unter Durchführung von Pilotprojekten prüfen, inwieweit außergerichtliche Streitbeilegungsverfahren (Mediation, Schlichtung und Adjudikation) eine schnelle Streitbeilegung fördern können."*[911]

Anhand dieser wird zum einen fundiert Aufschluss darüber gegeben werden können, wie sinnvoll das Alternativverfahren der Adjudikation tatsächlich ist. Zum anderen kommen die unterschiedlichen Nuancen gegenüber den anderen beiden Optionen noch deutlicher zum Vorschein und ermöglichen eine entsprechende Anpassung des § 650d BGB.

c) *Weiterentwicklung*

Die dritte Option besteht in der Weiterentwicklung des Eilrechtsschutzes. Dem Gesetzgeber hat der Mut zu einer umfassenderen Regelung gefehlt. Er wird die unzureichende Bestandsaufnahme daher nützen müssen, um jedenfalls – sollte er sich zu keiner Einführung eines Alternativverfahrens überwinden können – Anpassungen durch eine Überarbeitung des § 650d BGB vorzunehmen. Dies kann – bleibt der Gesetzgeber seiner zurückhaltenden Linie treu – in einem zeitlichen Turnus durch schrittweise Anpassungen erfolgen. Wünschenswerter wäre jedoch eine Neuüberarbeitung des Eilrechtsschutzkonzepts, bei der vor allem die derzeit bestehenden, rechtlichen Unsicherheiten durch Klarstellungen beseitigt werden. Im Wesentlichen handelt es sich dabei um folgende Punkte:[912]

Zunächst wäre es zwingend notwendig, den genauen Anwendungsbereich des § 650d BGB zu konkretisieren, um die derzeitige rechtliche Unsicherheit zu beseitigen. Dabei sollte zum einen klargestellt werden, dass § 650d BGB Architekten- und Ingenieursverträge umfasst, zum anderen, dass die Norm auch bei VOB/B-Verträgen gilt. Als Ergänzung hierzu sollte außerdem die Art und Durchsetzbarkeit der jeweiligen einstweiligen Anordnung näher präzisiert werden. Denn gerade bei Mehrvergütungsansprüchen ist das Verhältnis von

---

911 BT-Drucks. 18/8486, S. 55.

912 Ähnlich sieht das auch *Jansen*, der allerdings darüber hinaus für eine deutliche Ausdehnung des Regelungsbereichs (z. B. auf Streitigkeiten über die Bestimmung der einzuhaltenden Fristen/Termine sowie die Stellung von Sicherheiten oder Streitigkeiten über offene Schlussrechnungsforderungen) plädiert (*Jansen*, NZBau 2019, 753 f.).

Leistungsverfügung und Feststellungsverfügung unklar. Nach Überzeugung des Verfassers wäre auch eine Beschränkung der Rechtsmittelmöglichkeiten geboten. Denn jede weitere Instanz bzw. Anfechtungsmöglichkeit läuft dem eigentlichen Regelungszweck diametral entgegen.

II. Hauptsacheverfahren

Neben dem einstweiligen Rechtsschutz können die Parteien ihre Nachtragsstreitigkeiten auch nach den übrigen, von der ZPO zur Verfügung gestellten Verfahren ausfechten. Dies gilt sowohl für Streitigkeiten, die die Vergütungsanpassung betreffen, als auch für solche, die sich auf Anordnungen nach § 650b BGB beziehen. Zwar beurteilte dies der DBGT e. V. in seiner Stellungnahme vom 19.04.2016 anders, denn er verstand den Passus des Regierungsentwurfs, dass „Streitigkeiten über Anordnungen nach § 650b Absatz 2 BGB-E [können] entweder durch Verhandlungen der Parteien oder durch einstweilige Verfügungen beigelegt werden", dergestalt, dass dem Besteller in diesem Punkt die Möglichkeit einer gerichtlichen Klärung im Hauptsacheverfahren verwehrt sei.[913] Eine solche Interpretation lässt sich jedoch weder aus dem Gesetzeswortlaut ableiten, noch kann ohne triftigen Grund nachvollzogen werden, warum unterschiedliche Maßstäbe in Hinblick auf Anordnungs- und Vergütungsanpassungsstreitigkeiten angesichts deren enger Verknüpfung angelegt werden sollten.[914]

---

913 Stellungnahme des DBGT e. V. zum Regierungsentwurf eines Gesetzes zur Reform des Bauvertragsrechts und zur Änderung der kaufrechtlichen Mängelhaftung v. 19.4.2016, S. 6, abrufbar am 04.02.2021 unter: https://www.bundesgerichtshof.de/SharedDocs/Downloads/DE/Bibliothek/Gesetzesmaterialien/18_wp/Bauvertragsrecht/stellung_dbgt_rege.pdf?__blob=publicationFile&v=1.

914 BeckOGK/*Mundt*, BGB § 650d Rn. 19.1.

E. Verfassungsrechtliche Vereinbarkeit des § 650c BGB

Schließlich stellt sich die Frage, ob § 650c BGB verfassungsrechtlichen Vorgaben entspricht. Betroffen sind das Grundrecht der Berufsfreiheit (Art. 12 Abs. 1 GG), das Recht auf informationelle Selbstbestimmung (Art. 1 Abs. 1 i. V. m. Art. 2 Abs. 1 GG) und das Eigentumsrecht (Art. 14 Abs. 1 GG).

I. Art. 12 Abs. 1 GG

1. Schutzbereich

a) Persönlich

Nach Art. 12 Abs. 1 S. 1 GG haben alle Deutschen i. S. d. Art. 116 GG das Recht, ihren Beruf, ihren Arbeitsplatz und ihre Ausbildungsstätte frei zu wählen.[915] Auch für juristische, inländische Personen des Privatrechts gilt das Grundrecht der Berufsfreiheit (Art. 19 Abs. 3 GG), wobei unter dem grundrechtlichen Begriff der juristischen Person auch nicht rechtsfähige Vereinigungen, die offene Handelsgesellschaft (oHG) und die Kommanditgesellschaft (KG) fallen.[916]

Zwar streitet der Wortlaut des Art. 1 Abs. 3 GG dafür, dass die Grundrechte (unmittelbar) allein die Träger öffentlicher Gewalt verpflichten.[917] Schließlich sind Grundrechte Abwehrrechte gegen den Staat.[918] Gleichwohl ist seit dem Lüth-Urteil[919] allgemein anerkannt, dass Grundrechte auch unter Personen des Privatrechts mittelbare Drittwirkung entfalten. Als objektive Werteordnung strahlen sie in alle Bereiche des Rechts aus.[920] Dabei zielen sie nicht auf eine möglichst konsequente Minimierung freiheitsbeschränkender Eingriffe, sondern sind als

915 Ausländer sowie Staatenlose werden von Art. 116 GG nicht umfasst. Gleichwohl genießen sie – dessen ungeachtet – aus der Berufsfreiheit, jedenfalls aber aus dem subsidiären Auffanggrundrecht des Art. 2 Abs. 1 GG einen vergleichbaren grundrechtlichen Schutz (*Stern*, Staatsrecht, § 111 [1828 f.]).

916 *Scholz* in: Maunz/Dürig, GG, GG Art. 12 Rn. 106; BVerfGE 6, 273 (277); 13, 174 (175); 83, 341 (351); 23, 208 (223); 53, 1 (13); 65, 196 (210); 97, 228 (253).

917 *Jarass* in: Jarass/Pieroth, Art. 1, Rn. 48.

918 *Müller-Franken* in: Schmidt-Bleibtreu/Hofmann/Hennecke, GG, GG Vorb. V. Art. 1 Rn. 6.

919 BVerfGE 7, 198 (205 ff.).

920 *Müller-Franken* in: Schmidt-Bleibtreu/Hofmann/Hennecke, GG, GG Vorb. V. Art. 1 Rn. 20 f.

Grundsatzentscheidungen im Ausgleich gleichberechtigter Freiheit zu entfalten.[921]

Sämtliche am Bau beteiligte private Personen – ob sie nun natürlicher oder „juristischer" Art sind – werden daher vom persönlichen Anwendungsbereich des Art. 12 Abs. 1 GG erfasst.

b) Sachlich

Art. 12 Abs. 1 GG schützt bei Privatpersonen in sachlicher Hinsicht die Berufsfreiheit. Sie gewährleistet dem Einzelnen das Recht, einen Beruf – also jede auf Dauer angelegte Tätigkeit, die zur Schaffung und Erhaltung einer Lebensgrundlage dient[922] – frei zu wählen und auszuüben.[923] Die Berufsausübungsfreiheit[924] umfasst neben der Vertragsfreiheit,[925] zu der auch die Preisfreiheit[926] zählt, ebenso den Schutz sämtlicher Betriebs- und Geschäftsgeheimnisse[927].

aa) Vertragsfreiheit mitsamt dem Unterfall der Preisfreiheit

Die Vertragsfreiheit stellt einen grundlegenden Eckpfeiler, wenn nicht sogar die wesentliche Grundlage und zugleich Bedingung, freiheitlichen Wirtschaftens dar.[928] Sie wird zwar grundsätzlich durch das Grundrecht der allgemeinen Handlungsfreiheit gemäß Art. 2 Abs. 1 GG geschützt.[929] Die allgemeine Handlungsfreiheit tritt jedoch dann zurück, wenn eine gesetzliche Regelung die Vertragsfreiheit im Bereich beruflicher Betätigung betrifft. Denn in diesem Fall greift der speziellere Schutz über Art. 12 Abs. 1 GG.[930]

---

921 BVerfGE 148, 267 (280).

922 *Manssen* in: vMKS, GG, GG Art. 12 Rn. 37; BVerfGE 7, 377 (397); 54, 301 (313); BVerwGE 1, 54 (54); 1, 92 (93); 22, 286 (287).

923 BVerfGE 7, 377 (397). Da Berufswahl und -ausübungsfreiheit schon begrifflich nicht sinnvoll voneinander getrennt werden können, bilden sie ein einheitliches Grundrecht – die Berufsfreiheit (BeckOK GG/*Ruffert*, GG Art. 12 Rn. 18).

924 Eine besondere Ausprägung der Berufsausübungsfreiheit ist die Unternehmerfreiheit (Recht der freien Gründung und Führung von Unternehmen). Als bloße, deskriptive Konkretisierung des Schutzbereichs der Berufsausübungsfreiheit fehlt es ihr jedoch an einem eigenen materiellen Gehalt (BVerfGE 50, 290 [363]; *Manssen* in: vMKS, GG, GG Art. 12 Rn. 69).

925 BVerfGE 123, 186 (238). Zu Zeiten der Weimarer Reichsverfassung wurde die Vertragsfreiheit sogar noch explizit geschützt (Art. 152 WRV: „Im Wirtschaftsverkehr gilt Vertragsfreiheit nach Maßgabe der Gesetze.").

926 BVerfGE 134, 204 (222).

927 BVerfGE 115, 205 (229); 128, 1 (56); 137, 185 (255 f.); *Manssen* in: vMKS, GG, GG Art. 12 Rn. 69.

928 *Brenner* in: Merten/Papier, Grundrechte Band V, § 115, Rn. 28.

929 BVerfGE 134, 204 (222); 65, 196 (210); 74, 129 (151 f.).

930 BVerfGE 134, 204 (223); 68, 193 (223 f.), 77, 84 (118), 95, 173 (188); 116, 202 (221).

Die Vertragsfreiheit gewährleistet das Recht, rechtsverbindliche Vereinbarungen über einen bestimmten Gegenstand oder eine bestimmte Leistung – jedoch nicht zulasten Dritter – zu treffen.[931] Einerseits sichert sie als Abschlussfreiheit die Freiheit, Verträge zu schließen oder aber diese zu unterlassen.[932] Andererseits wird von ihr, neben der selbstbestimmten Rechtsgestaltung, auch die freie Gestaltung von Vertragsinhalten – und damit die Preisfreiheit – umfasst.[933] Die Preisfreiheit wiederum gewährleistet das Recht, die Vergütung für die beruflichen Leistungen frei auszuhandeln.[934]

„Vergütungsregeln und hierauf gründende Entscheidungen, die auf die Einnahmen, welche durch eine berufliche Tätigkeit erzielt werden können, und damit für die Existenzerhaltung von nicht unerheblichem Einfluss sind, beschränken die Freiheit der Berufsausübung bzw. des Unternehmens."[935] Der Gesetzgeber darf die durch Art. 12 Abs. 1 GG geschützte Freiheit, das Entgelt für berufliche bzw. unternehmerische Leistungen individualvertraglich zu vereinbaren, durch zwingendes Gesetzesrecht jedoch begrenzen, um sozialen oder wirtschaftlichen Ungleichgewichten entgegenzuwirken.[936] Wie auch bei sonstigen privatrechtlichen Regelungen, die der freien Vertragsgestaltung Grenzen setzen, geht es bei privatrechtlichen Preisregelungen um den Ausgleich widerstreitender Interessen.[937] Insoweit handelt es sich nicht um einseitige Eingriffe des Staates in die Freiheitsausübung Privater, sondern um einen Ausgleich, bei dem beide Freiheiten miteinander in Einklang zu bringen sind.[938] Dabei kollidierende Grundrechtspositionen sind hierfür in ihrer Wechselwirkung zu erfassen und – unter Berücksichtigung des sozialstaatlichen Auftrags – nach dem Grundsatz der praktischen Konkordanz so in Ausgleich zu bringen, dass sie für alle Beteiligten möglichst weitgehend wirksam werden.[939] Sieht der Gesetzgeber daher Handlungsbedarf, obliegt es ihm, durch den Erlass von Rechtsnormen einzugreifen.

Da die Regelung des § 650c BGB den Parteien Vorgaben zur Vergütungsermittlung aufzwängt und diesen damit die Dispositionsbefugnis über die Preisbestimmung entzieht, ist der von Art. 12 Abs. 1 GG geschützte Schutzbereich der Preisfreiheit eröffnet.

---

931 *Brenner* in: Merten/Papier, Grundrechte Band V, § 115, Rn. 28.
932 *Brenner* in: Merten/Papier, Grundrechte Band V, § 115, Rn. 28.
933 *Brenner* in: Merten/Papier, Grundrechte Band V, § 115, Rn. 28.
934 BVerfGE 134, 204 (222)
935 BVerfGE 134, 204 (222); vgl. auch BVerfGE 101, 331 (347).
936 BVerfGE 134, 204, (223); vgl. auch BVerfGE 81, 242 (255).
937 BVerfGE 134, 204 (223); vgl. auch BVerfGE 97, 169 (176).
938 BVerfGE 134, 204 (223).
939 BVerfGE 134, 204 (223); 89, 214 (232); 97, 169 (176); 129, 78 (101 f.).

bb) Betriebs- und Geschäftsgeheimnisse

Unter Betriebs- und Geschäftsgeheimnissen versteht man alle auf ein Unternehmen bezogenen Tatsachen, Umstände und Vorgänge, die nicht offenkundig, sondern nur einem begrenzten Personenkreis zugänglich sind und an deren Nichtverbreitung der Rechtsträger ein berechtigtes Interesse hat.[940] Während Betriebsgeheimnisse im Wesentlichen technisches Wissen umfassen, betreffen Geschäftsgeheimnisse vornehmlich kaufmännisches Wissen.[941] Geschäftsgeheimnissen unterfallen insbesondere die Details der vertraglichen Vereinbarungen wie etwa Lieferzeiten und -orte, Preise und Preisbestandteile, Zahlungsbedingungen und Angaben zu den beteiligten Zulieferunternehmen.

Bei § 650c BGB geht es nicht um die Preisgabe von technischem Wissen. Der Schutzbereich des Betriebsgeheimnisses ist nicht eröffnet. Allerdings erfordert die Ermittlung der tatsächlich erforderlichen Kosten im Rahmen des § 650c Abs. 1 S. 1 BGB die Offenlegung kaufmännischer Informationen. Denn nur bei genauer Aufschlüsselung und Darlegung der einzelnen Kostenpunkte[942] gelingt es, präzise den tatsächlich erforderlichen Preis zu bestimmen. Es fehlt jedoch am notwendigen Vorliegen eines berechtigten Geheimhaltungsinteresses. Nach ständiger Rechtsprechung des Bundesverwaltungsgerichts[943] ist ein berechtigtes Interesse an der Nichtverbreitung der zugrunde liegenden Information gegeben, wenn deren Offenlegung geeignet ist, exklusives technisches oder kaufmännisches Wissen den Marktkonkurrenten zugänglich zu machen und so die unternehmerische Wettbewerbsposition nachteilig zu beeinflussen.[944] Hingegen entfällt es, wenn die Offenlegung bei objektiver Betrachtung keine konkreten nachteiligen Folgen für das Unternehmen nach sich zieht.[945] Das Geheimhaltungsinteresse kann daher nur bei solchen Tatsachen angenommen werden, deren Offenbarung geeignet ist, die Position der oder zumindest eines Konkurrenten im Wettbewerb zu verbessern und/oder die eigene Stellung im Wettbewerb zu verschlechtern.[946]

Wie sich dem Kontext der §§ 650c Abs. 1 und Abs. 2 BGB jedoch entnehmen lässt, steht dem Unternehmer ein Wahlrecht in Bezug auf die Berechnung der Vergütungsanpassung zu. Neben den tatsächlich erforderlichen Kosten kann er

---

940 BVerfGE 115, 205 (230); 147, 50 (75 f.); 137, 185 (255).

941 BVerfGE 137, 185, (255 f.). Mit Inkrafttreten des Geschäftsgeheimnisgesetzes zum 26.04.2019 wurde das Begriffspaar „Betriebs- und Geschäftsgeheimnis" in dem Terminus „Geschäftsgeheimnis" vereinheitlicht. Das Geschäftsgeheimnis (§ 2 Nr. 1 GeschGehG) umfasst nun sowohl kaufmännisches als auch technisches Wissen. Ob sich dieses Begriffsverständnis zukünftig auch auf verfassungsrechtlicher Ebene abbildet, bleibt abzuwarten.

942 U. a. für Gerätschaften oder die Zeitbindung der Arbeitnehmer.

943 BVerwG, Beschl. v. 19.1.2009 – 20 F 23/07; BVerwG, Urt. v. 28.5.2009 – 7 C 18/08.

944 *Cha*, Der verfassungsrechtliche Schutz des Betriebs- und Geschäftsgeheimnisses, (15).

945 *Cha*, Der verfassungsrechtliche Schutz des Betriebs- und Geschäftsgeheimnisses, (16).

946 *Cha*, Der verfassungsrechtliche Schutz des Betriebs- und Geschäftsgeheimnisses, (16).

Nachträge ebenso auf Basis der vereinbarungsgemäß hinterlegten Urkalkulation abrechnen. Der Unternehmer kann über die Offenlegung von Geschäftsgeheimnissen daher freiwillig entscheiden. Er wird diese Option nur wählen, wenn sie ihm in wirtschaftlicher Hinsicht Vorteile bringt und ein Geheimhaltungsinteresse dementsprechend nicht besteht.

Allenfalls in Fällen, in denen ein Rückgriff auf die Urkalkulation ausscheidet, wäre der Unternehmer zur Informationspreisgabe aufgrund der Kostenberechnung nach § 650c Abs. 1 S. 1 BGB gezwungen. Allerdings fehlt es ihm auch dann an einem berechtigten Interesse an der Geheimhaltung. Denn ihm allein obliegt die ordnungsgemäße Hinterlegung einer Urkalkulation. Ist diese defizitär und unvollständig – sodass eine Fortschreibung ausscheidet – hat einzig er die Konsequenzen zu tragen. Würde man nun dem Unternehmer ein Berufen auf das Geheimhaltungsinteresse gestatten, würde dies zu seinem früheren Verhalten in Widerspruch stehen (*venire contra factum proprium*[947]). Der Schutzbereich des Geschäftsgeheimnisses ist daher nicht eröffnet.[948]

2. Eingriff

Das Freiheitsrecht aus Art. 12 GG vermittelt einen umfassenden Schutz vor Eingriffen und Beschränkungen.[949] Seit dem Apothekenurteil[950] findet dabei die Drei-Stufen-Lehre Anwendung. Hiernach muss jeder Eingriff einer der drei Intensitätsstufen zugeordnet werden, um mithilfe der Eingriffsstärke den Rechtfertigungsmaßstab bestimmen zu können.[951]

Die erste Stufe betrifft die Art und Weise der Berufsausübung und damit das „Wie". Die zweite Stufe betrifft die subjektiven Voraussetzungen der Berufswahl, demnach die in der Person des Grundrechtsträgers liegende Voraussetzungen, die in aller Regel von dessen Willen abhängig und daher beeinflussbar sind. Die dritte Stufe betrifft die objektiven Voraussetzungen der Berufswahl. Hier liegen die Eingriffsgründe außerhalb der Person des Betroffenen.

---

947 Lateinisch; Deutsch: Zuwiderhandlung gegen das eigene frühere Verhalten.

948 Die Frage, ob neben der Eröffnung des Schutzbereichs des Art. 12 Abs. 1 GG auch eine Eröffnung des Schutzbereichs des Art. 14 Abs. 1 GG in Betracht zu ziehen ist, kann an dieser Stelle dahinstehen. Konsequenz dessen wäre eine klare Abgrenzung beider Schutzbereiche voneinander, denn bei Grundrechtskonkurrenzen soll regelmäßig das dominierende, „stärkere" Grundrecht dem „schwächeren" Grundrecht vorgehen. Der von Art. 14 Abs. 1 GG gewährte Schutz von Betriebs- und Geschäftsgeheimnissen ist jedenfalls nicht umfassender als derjenige des Art. 12 Abs. 1 GG. BVerfGE 115, 205 (248); vgl. BVerfG in: NVwZ 2011, 94 (104). Der Vollständigkeit halber wird Art. 14 GG aber dennoch unter *Abschnitt E. III.* aufgeführt.

949 *Scholz* in: Maunz/Dürig, GG, GG Art. 12 Rn. 300.

950 BVerfGE 7, 377 (405 ff.).

951 Dieses schematisch gestufte Wechselspiel ist auch bei der Unternehmensfreiheit zu berücksichtigen (*Scholz* in: Maunz/Dürig, GG, GG Art. 12 Rn. 46).

a) Eingriff durch § 650c Abs. 1 und Abs. 2 BGB

§ 650c Abs. 1 S. 1 BGB normiert, dass die Höhe des Vergütungsanspruchs für den infolge einer Anordnung des Bestellers nach § 650b Abs. 2 BGB vermehrten oder verminderten Aufwand nach den tatsächlich erforderlichen Kosten mit angemessenen Zuschlägen für allgemeine Geschäftskosten, Wagnis und Gewinn zu ermitteln ist. Gemäß § 650c Abs. 2 S. 1 BGB kann der Unternehmer zur Berechnung der Vergütung für den Nachtrag auf die Ansätze der vereinbarungsgemäß hinterlegten Urkalkulation zurückgreifen. Gesetzgeberische Intention war es, dem Unternehmer ein Wahlrecht zu verschaffen, Nachträge auf Basis seiner ursprünglichen Kalkulation (Abs. 2) oder den tatsächlich erforderlichen Kosten (Abs. 1 S. 1) abzurechnen.[952]

Unabhängig der Frage, ob man nun auf die tatsächlich erforderlichen Kosten oder die Urkalkulation abstellt, zwingen beide Absätze des § 650c BGB den am Bau beteiligten Personen jedenfalls eine Berechnungsmethode auf. Denn schaffen es die Parteien innerhalb von 30 Tagen nicht, Einvernehmen über die Mehr- oder Mindervergütung zu erzielen, ändert ein Besteller den Vertragsinhalt durch einseitige Anordnung. Die Nachtragsvergütung ist dann entsprechend der neuen bauvertraglichen Regelung des § 650c BGB zu ermitteln, während das privatautonome, eigenverantwortliche Aushandeln der Vergütungsanpassung nicht mehr möglich ist. Unerheblich ist dabei die Frage der Abdingbarkeit des § 650c BGB. Denn auch eine abdingbare Norm schafft – bei Fehlen einer abweichenden Vereinbarung – ein verbindliches, gesetzliches Regelungsmodell, ohne dem der mutmaßliche Willen der Parteien – ermittelt durch ergänzende Vertragsauslegung – maßgeblich wäre. Auch hier wird daher die Gestaltungsfreiheit beschränkt.[953]

Die Absätze 1 und 2 des § 650c BGB stellen demzufolge einen Eingriff in die von Art. 12 Abs. 1 GG geschützte Preisfreiheit dar. Betroffen ist die Stufe der freien Berufsausübung („Art und Weise").[954]

---

952 Vgl. BT-Drucks. 18/8486, S. 55.

953 *Battis/Deppner*, Gutachten zum Bauvertragsrecht, S. 10.

954 Demgegenüber wird die freie Berufswahl von den gesetzlichen Vorgaben zur Nachtragsvergütungsberechnung nicht tangiert. § 650c Abs. 1 und Abs. 2 BGB verhindern weder den Zugang zum Beruf des Bauunternehmers, noch schaffen sie eine Pflicht zur Aufgabe dieses Berufs. Die sinnvolle Ausübung des Bauunternehmerberufs ist weiterhin gewährleistet (so auch *Abel/Schönfeld*, BauR 2017, 1901 [1910]).

b) Eingriff durch § 650c Abs. 3 BGB

„Besteht zwischen den Parteien Streit über die nach § 650c Abs. 1 und 2 BGB geschuldete Mehrvergütung, ergibt sich für den Unternehmer das Risiko, dass er die infolge der Änderung geschuldete Mehrleistung zunächst ohne Vergütung erbringt und eine Klärung der Mehrvergütung erst im Zusammenhang mit der Schlussrechnung erfolgt. Um hier zu gewährleisten, dass jedenfalls ein Teil der geschuldeten Mehrvergütung im Rahmen von Abschlagszahlungen berücksichtigt wird, sieht § 650c Abs. 3 BGB eine vorläufige Pauschalierung vor. Danach kann der Unternehmer bei der Berechnung von vereinbarten oder gemäß § 632a BGB geschuldeten Abschlagszahlungen 80 % einer in einem Angebot nach § 650b Abs. 1 S. 2 BGB genannten Mehrvergütung ansetzen, wenn sich die Parteien nicht über die Höhe geeinigt haben oder eine anderslautende gerichtliche Entscheidung ergeht. Auf diese Weise erhält der Unternehmer während der Ausführung des Baus einen leicht zu begründenden vorläufigen Mehrvergütungsanspruch. Hält der Besteller ihn für überhöht, muss er gerichtlichen Rechtsschutz in Anspruch nehmen.“[955]

§ 650c Abs. 3 BGB schafft mit diesem leicht zu begründenden Mehrvergütungsanspruch gewissermaßen ein einseitiges, vorläufiges Preisbestimmungsrecht des Unternehmers. Dies stellt bei Bestellern einen wesentlichen Eingriff in die Preisfreiheit auf Stufe der Berufsausübung („Art und Weise“) dar,[956] denn der Unternehmer kann zunächst nach Gutdünken die Höhe der Vorleistung des Bestellers festlegen und Mehrvergütung verlangen, selbst wenn sich im Nachhinein herausstellt, dass dieses Verlangen unberechtigt war.

c) Zwischenergebnis

Es liegen mit Einführung des § 650c BGB daher zwei Eingriffe in die Preisfreiheit auf Stufe der Berufsausübung vor, die einer Rechtfertigung bedürfen.

Die vom Bundesverfassungsgericht geforderte berufsregelnde Tendenz[957] ist in subjektiver und objektiver Hinsicht bzgl. beider Eingriffe vorhanden:[958] Die

---

955 So die Gesetzesbegründung BT-Drucks. 18/8486, S. 56 f.

956 Bei Privatpersonen kommt ein Eingriff in die allgemeine Handlungsfreiheit (Art. 2 Abs. 1 GG) in Betracht. Die Prüfung auf Rechtfertigungsebene verläuft hierbei parallel, sodass von einer eigenständigen Untersuchung abgesehen wurde.

957 Vgl. BVerfGE 37, 1 (17); 47, 1 (21); 98, 83 (97), 113, 128 (145); 123, 132 (139).

958 Selbst wenn man an dieser Stelle die berufsregelnde Tendenz und damit einen Eingriff in die Berufsfreiheit ablehnen würde, wäre die Vertragsfreiheit jedenfalls von der allgemeinen Handlungsfreiheit aus Art. 2 Abs. 1 GG geschützt (andeutend *Abschnitt E. I. 1. a)).* Nachfolgende Rechtfertigungserwägungen wären daher bei einer Prüfung entlang des Art. 2 Abs. 1 GG zu übertragen.

Intention des Gesetzgebers bestand geradezu darin, den Bauvertragsparteien Regelungen zur Vergütungsanpassung vorzugeben (subjektiv berufsregelnde Tendenz).[959] Auch betrifft § 650c BGB sämtliche Parteien der Baubranche, gibt daher rechtliche Rahmenbedingungen für die Berufsausübung vor (objektiv berufsregelnde Tendenz).[960]

3. Rechtfertigung

Maßgebend für die Rechtfertigung ist der Schrankenvorbehalt aus Art. 12 Abs. 1 S. 2 GG. Dieser besagt, dass die Berufsausübung nur durch Gesetz oder aufgrund eines Gesetzes geregelt werden kann. Da jede Berufsausübung notwendigerweise auch eine Berufswahl enthält, gilt dieser Schrankenvorbehalt sowohl für Eingriffe in die Berufswahl als auch die Berufsausübung. Indes ist eine Unterscheidung notwendig, um den Rechtfertigungsmaßstab mithilfe der Drei-Stufen-Lehre zu bestimmen. Denn je intensiver die Eingriffsintensität ist, desto größer muss das Gewicht des verfolgten Zwecks sein, um eine Rechtfertigung zu begründen. Dabei ist zu berücksichtigen, dass die drei Stufen meist derart verwoben sind, dass sich ein konkretes Festmachen im Sinne einer starren Anwendung verbietet.

Beide Eingriffe in die Vertragsfreiheit durch § 650c BGB sind auf ihre Rechtfertigung hin zu überprüfen. Die Vertragsfreiheit als Ausfluss der Berufsausübungsfreiheit kann beschränkt werden, soweit vernünftige Erwägungen des Gemeinwohls dies als zweckmäßig erscheinen lassen.[961] Hierfür müssen Eingriffszweck und Eingriffsintensität in einem angemessenen Verhältnis stehen.[962]

a) § 650c Abs. 1 und Abs. 2 BGB

Auch das Bundesverfassungsgericht (BVerfG) musste sich im Laufe der vergangenen Jahre mit Eingriffen in die Vertragsfreiheit auseinandersetzen. Dabei haben sich im Kern zwei Fallgruppen herausgebildet, anhand derer die Rechtfertigung bisheriger Eingriffe in die Vertragsfreiheit bemessen wurde.[963]

---

959 Die subjektiv berufsregelnde Tendenz liegt vor, wenn sich die Regelung in erster Linie an beruflich Tätige richtet (*Schneider* in: Merten/Papier, Grundrechte Band V, § 113, Rn. 109).

960 Von der objektiv berufsregelnden Tendenz spricht man, wenn die Regelung in einem sehr engen Zusammenhang mit der Berufsausübung steht und sich unmittelbar auf die berufliche Tätigkeit auswirkt (*Schneider* in: Merten/Papier, Grundrechte Band V, § 113, Rn. 110).

961 BVerfGE 123, 186 (238 f.); 103, 1 (10); 108, 150 (160).

962 BVerfGE 123, 186 (238 f.); 103, 1 (10); 108, 150 (160).

963 BVerfGE 8, 274 (329); 21, 87 (91); 134, 204 (225); 142, 268 (285); vgl. auch *Isensee* in: Handbuch des Staatsrechts, § 150, Rn. 92 f.

aa) Durchsetzung des Sozialstaatsprinzips

Zum einen sind Eingriffe gerechtfertigt, wenn sie der Durchsetzung vom Sozialstaatsprinzip erfasster Belange dienen.[964] Nach Auffassung des BVerfGs entspricht „[e]ine gesetzliche Regelung, die es möglich macht, aus gesamtwirtschaftlichen und sozialen Gründen die zum Nutzen des allgemeinen Wohls gebotenen preisrechtlichen Maßnahmen zu treffen, [...] dem Sozialstaatsprinzip, das auch die Vertragsfreiheit inhaltlich bestimmt und begrenzt und dessen Ausgestaltung im Wesentlichen dem Gesetzgeber obliegt."[965]

Bei § 650c Abs. 1 S. 1 und Abs. 2 BGB handelt es sich jedoch nicht um eine solche, dem Sozialstaatsprinzip entsprechende, gesetzliche Regelung. Vielmehr soll dem Bauunternehmer eine Berechnungsmethode zur Ermittlung seiner Nachtragsvergütung an die Hand gegeben werden.

Eine Heranziehung für den speziellen Fall des Verbraucherbauvertrags unter dem Aspekt des Verbraucherschutzes wäre allenfalls denkbar, denn Verbraucherbauherren haben in der Regel nicht die Verhandlungsmacht, für sie günstige Vertragsbedingungen auszuhandeln.[966] Zudem wenden sie für die Errichtung oder den Umbau eines Hauses häufig einen wesentlichen Teil ihrer wirtschaftlichen Ressourcen auf, sodass unerwartete Mehrkosten, eine nicht rechtzeitige Fertigstellung des Baus oder die Insolvenz des beauftragten Bauunternehmers, gravierende Auswirkungen haben.[967] Eine rechtfertigende Betrachtung scheidet jedoch schon deshalb aus, weil sich § 650c Abs. 1 S. 1 und Abs. 2 BGB – anders als beispielsweise die gleichzeitig erlassene Norm zur Einführung einer Baubeschreibungspflicht des Unternehmers (§ 650j BGB) – nicht auf Aspekte des Verbraucherschutzes beschränken.[968]

bb) Beseitigung eines strukturellen Ungleichgewichts

Zum anderen kann die Einführung einer gesetzgeberischen Neuregelung einen Eingriff in die Vertragsfreiheit rechtfertigen, wenn dies der Beseitigung eines strukturellen Ungleichgewichts zwischen den Vertragsparteien dient.[969]

Im Vertragsrecht ergibt sich der sachgerechte Interessenausgleich aus dem übereinstimmenden Willen der Vertragspartner.[970] Beide binden sich durch Abschluss des Vertrags und nehmen damit ihre individuelle Handlungsfreiheit wahr.[971] Hat jedoch ein Vertragsteil ein so starkes Übergewicht, dass er den

---

964 BVerfGE 8, 274 (329); 21, 87 (91).
965 BVerfGE 8, 274 (329).
966 Vgl. BT-Drucks. 18/8486, S. 24.
967 Vgl. BT-Drucks. 18/8486, S. 24.
968 Vgl. auch *Abel/Schönfeld*, BauR 2017, 1901 (1912).
969 BVerfGE 134, 204 (225); 142, 268 (285).
970 BVerfGE 89, 214 (232).
971 BVerfGE 89, 214 (232).

Vertragsinhalt praktisch einseitig bestimmen kann, führt dies für den anderen Vertragsteil zu einer Art Fremdbestimmung.[972] Eine „Schieflage“ entsteht. Gleichwohl kann die Rechtsordnung nicht für sämtliche Situationen, in denen das Verhandlungsgleichgewicht mehr oder minder beeinträchtigt ist, Vorsorge treffen. Schon aus Gründen der Rechtssicherheit darf ein Vertrag nicht bei jeder Störung des Verhandlungsgleichgewichts nachträglich infrage gestellt oder korrigiert werden.[973] Nur wenn es sich um eine typisierbare Fallgestaltung handelt, die eine strukturelle Unterlegenheit eines Vertragsteils erkennen lässt und ungewöhnlich belastende Folgen für den unterlegenen Vertragsteil mit sich bringt, muss die Zivilrechtsordnung darauf reagieren und Korrekturen ermöglichen.[974] Es ist dann ein Ausgleich zu schaffen, durch den die Freiheit der einen mit der Freiheit der anderen in Einklang zu bringen ist.[975] Für die Herstellung eines solchen Ausgleichs verfügt der Gesetzgeber über einen weiten Beurteilungs- und Gestaltungsspielraum.[976] Eine Grundrechtsverletzung kann in einer solchen Lage nur festgestellt werden, wenn eine Grundrechtsposition den Interessen des anderen Vertragspartners in einer Weise untergeordnet wird, dass in Anbetracht der Bedeutung und Tragweite des betroffenen Grundrechts nicht mehr von einem angemessenen Ausgleich gesprochen werden kann.[977]

(1) Generell

Generell lässt sich bei den Vertragsparteien eines Bauvertrags jedoch weder ein strukturelles Ungleichgewicht noch eine Paritätsstörung feststellen. Schließlich steht es ihnen vollkommen frei, potenzielle Nachtragsvergütungsregelungen zu treffen. Sie können dem Bauvertrag einerseits die Vorschriften der VOB/B – konkret die § 2 Abs. 5 und Abs. 6 VOB/B – zugrunde legen, gleichermaßen aber auch andere, einzelvertragliche Nachtragsvergütungsmodelle vereinbaren.

Zwar hat der Gesetzgeber erkannt, dass die werkvertraglichen Regelungen im Bürgerlichen Gesetzbuch den Besonderheiten von Bauverträgen nicht hinreichend gerecht werden. Schließlich hat er sich deshalb überhaupt erst zur Bauvertragsrechtsreform durchgerungen. Trotzdem rechtfertigt allein dieser Befund einen gesetzgeberischen Eingriff in die Vertragsfreiheit nicht. Bauverträge sind häufig auf längere Erfüllungszeiten angelegt. Aufgrund der Komplexität des Baugeschehens treten Veränderungen, die Vergütungsanpassungen erfordern, oft erst während der Bauausführung ein.[978] Dass sich dabei die Vertragsäquivalenz verschieben kann, ist den am Bau beteiligten Parteien jedoch von vornherein

972 BVerfGE 81, 242 (255); 89, 214 (232).
973 BVerfGE 89, 214 (232).
974 BVerfGE 89, 214 (232).
975 BVerfGE 142, 268 (285).
976 BVerfGE 142, 268 (286).
977 BVerfGE 142, 268 (286); m. w. N. BVerfGE 134, 204 (223).
978 Vgl. BT-Drucks. 18/8486, S. 53.

bekannt und vertraut. Sie können sich bereits bei Abschluss des Bauvertrags auf derartige Gegebenheiten einstellen und entsprechende vertragliche Regelungen treffen. An dieser Stelle von einem generellen strukturellen Ungleichgewicht zu sprechen, ginge zu weit. Allein die potenzielle Unausgewogenheit rechtfertigt den verfassungsrechtlichen Eingriff nicht.

(2) Individuell

Indes ist zu beachten, dass die Mehr- oder Mindervergütung nicht auf der Grundlage der für die geänderte Bauleistung insgesamt „üblichen Vergütung" im Sinne des § 632 BGB berechnet werden soll.[979] Denn es gibt für viele (Spezial-)Bauleistungen keine „übliche" Vergütung.[980] Zudem würde eine Nachtragsberechnung nach üblicher Vergütung bei Änderungsnachträgen, bei denen nur die Art der Leistungsausführung, nicht jedoch der Aufwand (Material, Zahl der Arbeitsstunden etc.) geändert wird, zu unangemessenen Ergebnissen führen.[981] Für die Vergütungsanpassung bei Anordnungen nach § 650b Abs. 2 S. 1 BGB besteht daher ein praktisches Bedürfnis. Denn im Einzelnen kann – wenn auch kein generelles Ungleichgewicht besteht – ein individuelles Ungleichgewicht auftreten:

Vor allem im Stadium der Bauvertragsabwicklung sind die Vertragsparteien eng aneinander gebunden. Ein Wechsel des Unternehmers ist für den Besteller meist nur mehr schwer möglich und mit hohen Kosten verbunden.[982] Besonders problematisch ist dies, wenn sich die der Vergütungsanpassung vorgelagerte Änderung nur auf Teile des vertraglichen Leistungsinhalts bezieht. Denn dann besteht neben der Herausforderung, einen leistungsbereiten Drittunternehmer zu finden, auch noch das Problem, dass an einem einzigen Werkerfolg möglicherweise mehrere Unternehmer beteiligt sind.[983] Dies brächte nicht nur Nachteile in Hinblick auf Gewährleistungsschnittstellen mit sich. Auch dürften die Mehrkosten angesichts etwaiger Synergieverluste zunehmen.[984] Zudem würde sich häufig gar kein Unternehmer finden, der sich zu einer Leistung „kooperierend" mit einem anderen Unternehmer auch nur bereit erklären würde. In jedem Fall würde er sich ein Entgegenkommen aber teuer bezahlen lassen.[985] Für den Besteller wird ein solches Vorgehen daher regelmäßig so unwirtschaftlich sein, dass er selbst von Leistungsänderungen, die bei wirtschaftlicher Betrachtungsweise vernünftigerweise geboten erschienen, Abstand nehmen oder eben die vom Unternehmer für die Änderung verlangten Bedingungen und die von ihm

979 Vgl. BT-Drucks. 18/8486, S. 55.
980 Vgl. BT-Drucks. 18/8486, S. 55.
981 Vgl. BT-Drucks. 18/8486, S. 55.
982 *Abel/Schönfeld*, BauR 2017, 1901 (1903 ff., 1913); vgl. auch *Voit* in: FS Beuthien, S. 70.
983 *Abel/Schönfeld*, BauR 2017, 1901 (1904).
984 *Abel/Schönfeld*, BauR 2017, 1901 (1904).
985 *Abel/Schönfeld*, BauR 2017, 1901 (1904).

vorgeschlagene Vergütung akzeptieren muss.[986] Dieses im Einzelfall auftretende Ungleichgewicht kann daher einer Rechtfertigung dienen.

cc) Interessenausgleich

Der Gesetzgeber hat die miteinander konkurrierenden Grundrechtspositionen im Wege praktischer Konkordanz zutreffend gewichtet und in Ausgleich gebracht. Vernünftige Gründe des Gemeinwohls lassen die Freiheitsbeschränkung der Berufsausübung als zweckmäßig erscheinen.[987] Eingriffszweck und Eingriffsintensität stehen in einem angemessenen Verhältnis.

Die Vergütungsanpassung des § 650c BGB soll erst dann greifen, wenn es den Parteien nicht gelingt, innerhalb von 30 Tagen Einvernehmen über die Mehr- oder Mindervergütung zu erzielen und der Vertragsinhalt durch einseitige Anordnung des Bestellers geändert wird. Das freie und eigenverantwortliche Verhandeln soll es ermöglichen, Konflikte frühzeitig zu beseitigen. Es dient dem effektiven Baufortgang. Der Gesetzgeber möchte den Parteien bewusst kein sofortiges „Regelungskorsett" überstülpen. Er schafft vielmehr – aus praktischen Bedürfnissen heraus – nach vorrangiger Verhandlungsphase als milderes Mittel einen nachrangigen lobenswerten Lösungsansatz für Fälle des Dissens.

Da sich regelmäßig die Ermittlung der tatsächlich erforderlichen Kosten als weniger praktikabel erweisen wird – schließlich müssen neben den ursprünglichen auch die neu anfallenden Kosten berechnet werden – ist zu begrüßen, dass der Unternehmer zur Nachtragsvergütungsberechnung gemäß § 650c Abs. 2 S. 1 BGB auch auf die Urkalkulationsansätze zurückgreifen kann. Denn aus betriebswirtschaftlicher Sicht gestaltet sich die tatsächlich erforderliche Kostenberechnung vor allem bei dem Einsatz von Arbeitskräften und Maschinen als schwierig.[988] Durch die Normierung eines Wahlrechts bei der Vergütungsberechnung schafft es der Gesetzgeber, die je nach Bauprojektgröße auftretende Unternehmensbelastung abzumildern.

Gleichzeitig werden aber auch die Interessen des Bestellers hinreichend berücksichtigt. Er kann sich von vornherein sicher sein, aufgrund der zwei klar benannten Berechnungsmodelle keine unbilligen Vergütungsanpassungen vonseiten des Unternehmers hinnehmen zu müssen. Dies ist, angesichts der Tatsache, dass der Besteller dem Unternehmer bei Änderungswünschen gewissermaßen auf „Gedeih und Verderb" ausgeliefert zu sein scheint, sachgerecht.[989]

---

986 *Abel/Schönfeld*, BauR 2017, 1901 (1904).

987 Dabei ist der weite Entscheidungs- und Prognosespielraum – die sog. Einschätzungsprärogative – über die der Gesetzgeber bei der Entscheidung über die Existenz von Gemeinwohlgründen und über die Zweckmäßigkeit der Beschränkung zur Erreichung des Schutzziels verfügt, zu achten (dazu *Schneider* in: Merten/ Papier, Grundrechte Band V, § 113, Rn. 146).

988 *Retzlaff*, BauR 2017, 1781 (1802).

989 Siehe unter *Abschnitt E. I. 3. a) bb) (2).*

Entscheidet sich der Unternehmer für eine Nachtragsvergütungsermittlung nach § 650c Abs. 1 S. 1 BGB, kann er nur die tatsächlich erforderlichen Kosten samt angemessenen Zuschlägen verlangen. Der Gesetzgeber hat damit für die – nur durch gesetzliche Billigkeitsnormen begrenzte – Vergütungsanpassung ein Korrektiv geschaffen, indem er Begrifflichkeiten wie „tatsächlich erforderlich" und „angemessen" (§ 650c Abs. 1 S. 1 BGB) verwendete. Diese „Deckelung" sorgt für einen adäquaten Interessenausgleich. Doch auch, wenn bei der Nachtragsvergütungsberechnung auf die Urkalkulationsansätze zurückgegriffen wird, besteht eine interessengerechte Lösung. Denn zum einen weiß der Besteller prinzipiell – anhand der Angebotskalkulation – welche zusätzlichen Kosten auf ihn zukommen können. Zum anderen steht es ihm bei Skepsis frei, die Vermutungswirkung der kalkulatorisch ermittelten Unternehmerpreise zu erschüttern bzw. zu widerlegen.

Ein weiterer Aspekt spricht für den angemessenen Interessenausgleich. Der Wortlaut des § 650c Abs. 2 S. 1 BGB gibt ausdrücklich vor, dass der Unternehmer das Wahlrecht nur für jeden Nachtrag **insgesamt** ausüben kann („*Berechnung der Vergütung für **den Nachtrag***"). Je nachdem wie sich der Unternehmer entscheidet, muss er konsequent entweder die Urkalkulation fortschreiben oder die tatsächlich erforderlichen Mehr- oder Minderkosten für die nachträglich angeordnete Leistung darlegen.[990] Ein „Rosinenpicken" wird damit unterbunden.

Dem Gesetzgeber ist mit der Einführung der § 650c Abs. 1 und Abs. 2 BGB ein feingliedrig abgestimmtes Regelungssystem gelungen, das die Belange beider Parteien bei der Nachtragsvergütung angemessen in Ausgleich bringt.

Trotzdem bedürfen zwei Fallkonstellationen in verfassungsrechtlicher Hinsicht einer genaueren Begutachtung.

(1) Fehlende Gesamteinigung

Die Preisanpassungsregeln des § 650c BGB beziehen sich dem Wortlaut nach eindeutig nur auf Vergütungsansprüche des Unternehmers infolge einer Anordnung des Bestellers nach § 650b Abs. 2 BGB. Dies führt zu der misslichen Situation, dass § 650c BGB keine Anwendung findet, wenn sich die Parteien zwar über eine Leistungsänderung geeinigt haben, nicht jedoch über die dafür anfallende Vergütung. Die *essentialia negotii*[991] – also die vertraglichen Hauptleistungspflichten (Art, Umfang, Preis) – liegen trotz der fehlenden Vergütungsvereinbarung vor.[992]

Freilich wird die Regel eine Gesamteinigung sein. Dennoch können – insbesondere bei komplexeren Bauvorhaben, die angesichts der Masse der zu beachtenden Faktoren ein schrittweises Vorgehen erfordern – auch Teileinigungen

990 Vgl. BT-Drucks. 18/8486, S. 56.

991 Siehe Fn. 626.

992 Ist die Höhe der Vergütung nicht bestimmt, gilt die übliche Vergütung als vereinbart, § 632 Abs. 2 BGB.

auftreten. Zwar sollen die Parteien gemäß § 650b Abs. 1 S. 1 BGB eine Einigung über die Änderung und die infolge dieser zu leistenden Mehr- und Mindervergütung anstreben, zwingend ist dies jedoch nicht. Dies hat die seltsame Konsequenz, dass § 650c BGB bei fehlender Einigung und Anordnung seitens des Bestellers Anwendung findet, während er bei einer Einigung nur über die Änderungsleistung ohne die dafür anfallende Vergütung nicht greift.[993]

Einen sachlichen Grund für diese Differenzierung gibt es nicht. Zur Bewältigung dieses Problems kommen jedoch folgende Lösungsansätze in Betracht.

(a) Analogie

Denkbar wäre die analoge Anwendung der § 650c Abs. 1 bzw. Abs. 2 BGB. Voraussetzung einer Analogie ist das Vorliegen einer planwidrigen Regelungslücke sowie einer vergleichbaren Interessenlage.

Obwohl die § 650c Abs. 1 bzw. Abs. 2 BGB bei Teileinigungen – wie oben festgestellt – gerade nicht gelten, ist die Regelungslücke jedoch nicht planwidrig. Denn in der Gesetzesbegründung heißt es explizit, dass „[w]esentlicher Bestandteil einer einvernehmlichen Lösung ist, dass sich die Parteien auch über die Auswirkungen einigen, die die Änderung für die vom Besteller zu zahlende Vergütung hat."[994] Dem Gesetzgeber kann also nicht – entgegen der Auffassung *Leupertz* – ohne Weiteres unterstellt werden, den skizzierten Regelungswiderspruch schlicht übersehen zu haben.[995] Die Gesetzesbegründung verdeutlicht vielmehr das genaue Gegenteil. Es kam dem Gesetzgeber gerade darauf an, dass die „Einigung" auch eine Vergütungsfolgenübereinkunft beinhaltet. Dass der Gesetzeswortlaut trotz dieser Erkenntnis derart unglücklich formuliert wurde, ist misslich, ändert an der fehlenden Planwidrigkeit der Regelungslücke jedoch nichts.

(b) § 632 Abs. 2 BGB

Die Lösung des Regelungswiderspruchs liegt auch nicht in der Heranziehung des § 632 Abs. 2 BGB für die Bildung von Nachtragspreisen. Denn gegen die schlichte Heranziehung ortsüblicher Preise i. S. d. § 632 BGB spricht bereits der auch vom Gesetzgeber erkannte Umstand, dass es für zahlreiche (Spezial-)Bauleistungen keine marktüblichen Preise gibt.[996] Dort wo sie sich feststellen lassen, müssen sie in fast allen Fällen mit der Hilfe eines Sachverständigen ermittelt werden.[997]

---

993 Diese Frage aufwerfend: BeckOK BauvertrR/*Althaus/Kattenbusch*, BGB § 650c Rn. 5a; *Leupertz* in: Messerschmidt/Voit, Privates Baurecht, BGB § 650c Rn. 10 f.

994 Vgl. BT-Drucks. 18/8486, S. 53.

995 So aber *Leupertz* in: Messerschmidt/Voit, Privates Baurecht, BGB § 650c Rn. 11.

996 Vgl. BT-Drucks. 18/8486, S. 55; *Leupertz* in: Messerschmidt/Voit, Privates Baurecht, BGB § 650c Rn. 7.

997 *Leupertz* in: Messerschmidt/Voit, Privates Baurecht, BGB § 650c Rn. 7.

Zudem hätte das schlichte Heranziehen ortsüblicher Preise die missliche Folge, dass gerade in Fällen, in denen die kalkulatorischen Ansätze des Unternehmers außer Streit stehen und die Parteien ein Interesse daran haben, für die Nachtragsvergütungsbemessung rasch und unkompliziert auf eben diese Ansätze zurückgreifen zu können, eine Ableitung der Vergütung für Mehr- oder Minderleistungen aus den kalkulierten Preisen unterbunden wird.[998] Auch führt eine Berechnung der Mehr- oder Mindervergütung nach der üblichen Vergütung bei Änderungsnachträgen, bei denen nur die Art der Ausführung der Bauleistung, nicht jedoch der Aufwand (Material, Zahl der Arbeitsstunden etc.) geändert wird, zu unangemessenen Ergebnissen.[999] Außerdem würde eine Vertragspartei bei der Umstellung des neuen Preises auf die übliche Vergütung ihren bisherigen wirtschaftlichen Vorteil verlieren, wenn der für die ursprüngliche Bauleistung vereinbarte Preis nach oben oder unten von dem üblichen Preis abweicht.[1000]

Die (Teil-)Einigung nur über die Änderungsleistung ohne die hierfür anfallende Vergütung führt daher zu einem Ungleichgewicht in Hinblick auf den verfassungsrechtlich gebotenen Interessenausgleich beider Parteien.

Der Besteller erhält die begehrte Änderungsleistung, während sich der Unternehmer bzgl. seiner Vergütung allein auf die für die Bildung von Nachtragspreisen wenig geeignete Norm des § 632 Abs. 2 BGB stützen kann. Dies führt zu einer unverhältnismäßigen Risikoverteilung zulasten des Unternehmers und wird seinem Schutz aus Art. 12 Abs. 1 GG nicht gerecht. Zwar lässt sich erneut der Einwand hervorbringen, dass sich der Unternehmer durch autonome Teileinigung selbst in die missliche Lage bringt und daher weniger schützenswert ist. Übersehen wird dabei jedoch, dass der Einigungsprozess zwischen den Parteien bei Großprojekten, die gewöhnlich eine Vielzahl an Änderungsleistungen hervorrufen, angesichts der Masse regelmäßig nur schrittweise vorangetrieben werden kann und daher verfahrensimmanent Teileinigungen zuwege bringt.

(c) Lösung: (Teleologische) Auslegung

Allerdings lässt sich das durch den Regelungswiderspruch erzeugte Ungleichgewicht durch (teleologische) Auslegung des Gesetzestextes beseitigen.

Die Formulierung der „Einigung nach Absatz 1“ in § 650b Abs. 2 S. 1 BGB bezieht sich auf das „Einvernehmen über die Änderung und die infolge der Änderung zu leistende Mehr- oder Mindervergütung“ in § 650b Abs. 1 S. 1 BGB. Der Begriff „Einigung“ ist daher synonym zu dem Begriff „Einvernehmen“ zu verstehen.[1001] Mit der „Einigung“ ist daher eine umfassende Übereinkunft gemeint. Unter sie werden nur „Gesamteinigungen“ nicht „Teileinigungen“ subsumiert.

---

998 *Leupertz* in: Messerschmidt/Voit, Privates Baurecht, BGB § 650c Rn. 7.
999 Vgl. BT-Drucks. 18/8486, S. 55.
1000 *Manteufel* in: Kleine-Möller/Merl/Glöckner, § 12, Rn. 520.
1001 So auch BeckOGK/*Mundt*, BGB § 650b Rn. 37.

Bei Teileinigungen verbleibt es deshalb nach Ablauf der 30-Tagesfrist bei dem Anordnungsrecht des Bestellers mit der Konsequenz, dass § 650c BGB für die Bestimmung der Nachtragsvergütung Anwendung findet.

(2) Mengenänderungen

Dem neuen Bauvertragsrecht fehlt es zudem an einer Regelung zur Vergütungsanpassung bei reinen Mengenänderungen, die nicht auf eine Anordnung des Bestellers im Sinne des § 650b BGB zurückzuführen sind. Es stellt sich daher die Frage, ob eine solche Risikoverteilung verfassungsrechtlichen Anforderungen genügt. Konkrete prozentuale Belastungsgrenzen für Mengenabweichungen existieren nicht.

Insbesondere scheidet eine analoge Anwendung der Parallelvorschriften § 2 Abs. 3 Nr. 2 und Nr. 3 VOB/B aus.[1002] Voraussetzung einer Analogie ist das Vorhandensein einer planwidrigen Regelungslücke, an der es vorliegend fehlt. Denn im Gesetzgebungsverfahren wurde sogar noch weitergehend erwogen, auch angeordnete Mengenänderungen dem Anwendungsbereich des § 650c BGB zu entziehen.[1003] Trotz dieser Anregung sah der Gesetzgeber keine Veranlassung, besondere Regelungen für Mengenabweichungen in das Gesetz aufzunehmen. Die Gesetzeslücke ist daher nicht planwidrig.[1004]

Einzig der Rückgriff auf die allgemeine Vorschrift des § 313 BGB verbleibt. Als Ausprägung des Grundsatzes von Treu und Glauben verschafft die Norm in Fällen der Äquivalenzstörung Abhilfe. Aufgrund vertraglicher Risikoübernahme kann die Schwelle der Unzumutbarkeit eine Preisanpassung jedoch nur bei einer schwerwiegenden Abweichung wesentlicher Vorstellungen[1005] zu den Mengen rechtfertigen.[1006] Während die Rechtsprechung[1007] in diesem Zusammenhang einen vom Einzelfall unabhängigen Leitwert ablehnt, schwankt dieser in der Literatur[1008] zwischen 10 % und 30 %.

Doch auch ohne konkreten Richtwerte-Korridor bedarf es nach Ansicht des Verfassers keiner Vergütungsanpassungsregelung bei reinen Mengenänderungen. Denn der Unternehmer weiß zum Zeitpunkt des Vertragsschlusses genau, worauf er sich einlässt. Beim Einheitspreisvertrag ist die Mengenschätzung

1002 Zur Folge hätte dies, dass bei einer über 10 % hinausgehenden Unter- oder Überschreitung des Mengenansatzes eine Preisanpassung zu vollziehen wäre.

1003 Stellungnahme des BRates zum Regierungsentwurf, Drucks. 123/16, S. 15.

1004 BeckOK BauvertrR/*Althaus/Kattenbusch*, BGB § 650c Rn. 65 f. Im Übrigen dürfte eine Analogie auch dann scheitern, wenn die VOB/B einseitig gestellt wurde.

1005 Hierbei ist zu beachten, dass die Parteien in der Regel keine genaue Vorstellung zu den tatsächlichen Mengen haben und darauf vertrauen, dass die Mengenschätzungen, die Grundlage des Vordersatzes sind, einigermaßen zutreffen.

1006 *Manteufel* in: Kleine-Möller/Merl/Glöckner, § 12, Rn. 426.

1007 BGH, Urt. v. 30.06.2011 – VII ZR 13/10; BGH, Urt. v. 07.03.2013 – VII ZR 68/10.

1008 *Manteufel* in: Kleine-Möller/Merl/Glöckner, § 12, Rn. 426.

naturgemäß ungenau. Beim Pauschalpreisvertrag werden Mengenschwankungen erwartungsgemäß im Pauschalpreis berücksichtigt. Sicherlich wäre eine gesetzliche Regelung begrüßenswert. Notwendig zur Einhaltung verfassungsrechtlicher Vorgaben ist sie jedoch nicht.[1009]

b) § 650c Abs. 3 BGB

Für die Rechtfertigung sind erneut die zwei in der Rechtsprechung des BVerfG für Eingriffe in die Vertragsfreiheit entwickelten Fallgruppen heranzuziehen.[1010]

aa) Durchsetzung des Sozialstaatsprinzips

Auch bei § 650c Abs. 3 BGB handelt es sich um keine Regelung zur Durchsetzung des Sozialstaatsprinzips, da die Norm keine preisrechtliche Maßnahme ist, die aus sozialen Gründen zum Nutzen des Allgemeinwohls getroffen wurde.

bb) Beseitigung eines strukturellen Ungleichgewichts

(1) Generell

Ferner lässt sich – wie oben[1011] bereits festgestellt – bei den Vertragsparteien eines Bauvertrags auch kein generelles strukturelles Ungleichgewicht bzw. eine Paritätsstörung feststellen.

(2) Individuell

Erneut ist jedoch das Vorliegen eines individuellen Ungleichgewichts, das eines Ausgleichs bedarf, zu bejahen.

Ohne Einführung des § 650c Abs. 3 BGB würde dem Unternehmer das Risiko aufgebürdet, dass er die infolge der Änderungsanordnung geschuldete Mehrleistung zunächst ohne Vergütung erbringt und eine Klärung der Mehrvergütung erst im Zusammenhang mit der Schlussrechnung erfolgt.[1012] Im schlimmsten Fall – dem der Insolvenz des Bestellers – stünde der Unternehmer dann ohne Erhalt einer Mehrvergütung dar. Die reguläre Abschlagsregelung des § 632a BGB verschafft dem Unternehmer bei streitiger Nachtragshöhe keinen abrechenbaren

1009 Zur Vorbeugung derartiger Fragestellungen empfiehlt es sich, bereits bei Vertragsschluss individualvertragliche Regelungen zur Vergütungsanpassung bei Mengenabweichungen zu vereinbaren oder diese in den Vertrag mittels Formularklausel einzubeziehen.

1010 BVerfGE, 8, 274 (329); 21, 87 (91); 134, 204 (225); 142, 268 (285); vgl. auch *Isensee* in: Handbuch des Staatsrechts, § 150, Rn. 92 f.

1011 Siehe *Abschnitt E. I. 3. a) bb) (1).*

1012 Vgl. BT-Drucks. 18/8486, S. 56.

Abschlagszahlungsanspruch.[1013] Den Unternehmer trifft daher ein strukturelles individuelles Risiko, das eines Ausgleichs bedarf.

cc) Interessenausgleich

Dieser Interessenausgleich ist dem Gesetzgeber mit Einführung des neuen § 650c Abs. 3 BGB gelungen. Vernünftige Gründe des Gemeinwohls lassen auch hier die Freiheitsbeschränkung der Berufsausübung als zweckmäßig erscheinen. Eingriffszweck und Eingriffsintensität stehen in dem für die Rechtfertigung erforderlichen angemessenen Verhältnis.

Die bisherige Rechtslage wurde diesen Anforderungen nicht gerecht. Einigten sich die Parteien bei nachträglichen Änderungsleistungen nicht auch zugleich über die diesbezügliche Vergütung, führte dies zu einer Erhöhung des unternehmerischen Vorleistungsrisikos. Der Unternehmer war zur Vorleistung verpflichtet, konnte jedoch bei einem Streit über die Nachtragsvergütungshöhe nicht ohne Weiteres Bezahlung erwarten. Ihm verblieben in diesem Fall nur zwei Optionen: Entweder er stellte die Arbeiten mit der Konsequenz eines erheblichen Haftungsrisikos ein oder er führte die Arbeiten mit der Konsequenz des Risikos – eventuelle Mehrvergütungsansprüche nachträglich in oft jahrelangen Prozessen gerichtlich durchsetzen zu müssen – aus.[1014] Dieses erhöhte Vorleistungsrisiko wurde mit Einführung des § 650c Abs. 3 BGB kompensiert. Der Unternehmer kann nun einen Pauschalbetrag i. H. v. 80 % seines Nachtragsangebots als Abschlagsforderung geltend machen.[1015] Hierdurch wird seine vorübergehende Liquidität sichergestellt.

Dass dem Besteller damit zugleich das Risiko aufgebürdet wird, zu Unrecht geleistete Abschlagszahlungen bei zwischenzeitlicher Insolvenz des Unternehmers zurückzuerhalten, fällt bei der Interessen ausgleichenden Betrachtung nicht ins Gewicht.[1016] Denn der Besteller ist nicht schutzlos gestellt. Es handelt sich bei der 80-%-Regelung nur um eine vorläufige Berechnung. Die endgültige und genaue Berechnung der Mehrvergütung erfolgt erst in der Schlussabrechnung.[1017] Für den Fall, dass sich in dieser eine Überzahlung durch den Besteller

---

1013 Siehe dazu *Abschnitt C. I. 3. a).*

1014 *Leupertz* in: Messerschmidt/Voit, Privates Baurecht, BGB § 650c Rn. 41.

1015 Dieser pauschalierte vorläufige Mehrvergütungsanspruch tritt als Wahlrecht des Unternehmers an die Stelle des Vergütungsanspruchs aus § 650c Abs. 1 bzw. Abs. 2 BGB.

1016 Es empfiehlt sich daher aus Sicht des Bestellers zur Absicherung des Liquiditäts- und Insolvenzrisikos beim Unternehmer auf eine bauvertragliche Regelung hinzuwirken, durch die der Unternehmer verpflichtet wird, Sicherheit für den aus einem möglicherweise überhöhten Angebot resultierenden Rückzahlungsanspruch nebst Zinsen zu leisten (vgl. BeckOGK/*Mundt*, BGB § 650c Rn. 142).

1017 Vgl. BT-Drucks. 18/8486, S. 57.

ergibt, sieht § 650c Abs. 3 S. 3 BGB einen Rückgewähranspruch vor.[1018] Auch kann der Besteller gegen eine aus seiner Sicht unberechtigte Forderung mittels einer einstweiligen Verfügung vorgehen. Übersteigen die Abschlagszahlungen die geschuldete Mehrvergütung, droht eine Verzinsung gemäß § 650c Abs. 3 S. 3 und S. 4 BGB, die bei Geschäften zwischen Unternehmern einen Zinssatz von neun Prozentpunkten über dem Basiszinssatz vorschreibt. In Niedrigzinszeiten darf deshalb sehr wohl von einer spürbaren Abschreckungswirkung für wirtschaftlich gesunde und seriöse Unternehmen ausgegangen werden. Zwar kann etwas Anderes für Unternehmen in labilen Liquiditätslagen gelten. Dabei ist allerdings zu beachten, dass sich der Besteller den Unternehmer selbst aussucht. Es obliegt ihm daher, sich vorab über die finanzielle Situation seines Vertragspartners zu informieren. Das mit seiner Auswahlentscheidung einhergehende wirtschaftliche Risiko trägt der Besteller selbst.

Im Übrigen ist die Relevanz des vorläufig pauschalierten Abschlagzahlungsanspruchs auch deshalb zu relativieren, weil der Unternehmer nur dann einen Abschlag gemäß § 632a Abs. 1 S. 1 BGB verlangen kann, wenn er den betreffenden Nachtrag vollständig und mangelfrei erbracht hat. Andernfalls steht dem Besteller ein Verweigerungsrecht zu, vgl. § 632a Abs. 1 S. 2 BGB. Dies ist insofern von Belang, da Abschlagszahlungen immer auf die zu erwartende Vergütung des Unternehmers insgesamt und nicht auf die einzelnen Positionen geleistet werden. Der Besteller kann daher bei einer gestellten Abschlagsrechnung auch dann einen Einbehalt begründen, wenn Mängel oder Mindermengen in anderen Positionen – auch solchen, die keine Nachtragspositionen sind – gegeben sind.[1019] Anders als bisher kommt es bei Abweichungen vom vertragsgemäßen Zustand auch nicht mehr auf deren Wesentlichkeit an.[1020]

Auch wird die Regelung des § 650c Abs. 3 BGB dem zentralen Grundsatz des Baurechts gerecht, der besagt, dass die Vertragsdurchführung der Preisgewissheit[1021] vorgeht. Dies zeigt auch der Verweis des § 650c Abs. 3 S. 1 BGB auf § 632a BGB. Denn dieser macht deutlich, dass sich an der Vorleistungspflicht des Unternehmers trotz Abschlagszahlungen nichts ändert.

Der Gesetzgeber hat mit der Einführung des § 650c Abs. 3 BGB ein stimmiges Regelungssystem geschaffen, das die bisherige Schieflage des Unternehmers verbessert, ohne die Belange des Bestellers zu vernachlässigen. Zugleich wird der Baufortgang vor unnötigen Belastungen und Verzögerungen bewahrt. Der Eingriff in die Preisfreiheit – als Teil der freien Berufsausübung – ist daher gerechtfertigt.

1018 Hierzu wäre jedoch keine separate Regelung notwendig gewesen (vgl. *Oberhauser* in: DLOPS, § 2, Rn. 127).

1019 *Retzlaff*, BauR 2017, 1781 (1806).

1020 Vgl. BT-Drucks. 18/8486, S. 47.

1021 KG, Urt. v. 13.06.2017 – 21 U 24/15.

II. Art. 2 Abs. 1 GG i. V. m. Art. 1 Abs. 1 GG

1. Schutzbereich

a) Persönlich

Aus Art. 2 Abs. 1 und Art. 1 Abs. 1 GG wird das allgemeine Persönlichkeitsrecht als eigenständiges Grundrecht natürlicher, lebender Personen hergeleitet.[1022] Seit dem Volkszählungsurteil[1023] enthält es als Unterfall das Recht auf informationelle Selbstbestimmung. Auch inländische juristische Personen können gemäß Art. 19 Abs. 3 GG Grundrechtsträger sein.[1024] Dabei ist zu beachten, dass unternehmerische Daten in der Regel bereits als Betriebs- und Geschäftsgeheimnis durch Art. 12 Abs. 1 GG geschützt sind.[1025]

b) Sachlich

Das Recht auf informationelle Selbstbestimmung umfasst die Befugnis des Einzelnen grundsätzlich selbst zu entscheiden, wann und innerhalb welcher Grenzen persönliche Daten offenbart werden.[1026] Es ist eine besondere Ausprägung des Vertraulichkeitsschutzes im privaten Raum und des Rechts an der Darstellung der eigenen Person nach außen.[1027] Bei der Selbstverfügung personenbezogener Daten handelt es sich um eine selbstbestimmte Verhaltensentscheidung.[1028]

Der Begriff der personenbezogenen Daten deckt sich mit der Legaldefinition des BDSG.[1029] Seit dem 25.05.2018 versteht man unter personenbezogenen Daten alle Informationen, die sich auf eine identifizierte oder identifizierbare natürliche Person (betroffene Person) beziehen; als identifizierbar wird eine natürliche Person angesehen, die direkt oder indirekt, insbesondere mittels Zuordnung zu einer Kennung wie einem Namen, zu einer Kennnummer, zu Standortdaten, zu einer Online-Kennung oder zu einem oder mehreren besonderen Merkmalen – die den Ausdruck der physischen, physiologischen, genetischen, psychischen,

1022 Verstorbene genießen nicht mehr den Schutz dieses Grundrechts (*Rudolf* in: Merten/Papier, Grundrechte Band IV, § 90, Rn. 36).

1023 BVerfGE 65, 1 (1 ff.).

1024 Im Vergleich zu natürlichen Personen, die sich auch auf Art. 1 Abs. 1 GG berufen können, kann das Schutzniveau bei juristischen Personen abgesenkt sein (*Rudolf* in: Merten/Papier, Grundrechte Band IV, § 90, Rn. 37).

1025 BVerfGE 115, 205 (230).

1026 BVerfGE 65, 1 (42 f.); 113, 29 (46); 118, 168 (183 ff.); vgl. auch *Rudolf* in: Merten/Papier, Grundrechte Band IV, § 90, Rn. 24.

1027 *Rudolf* in: Merten/Papier, Grundrechte Band IV, § 90, Rn. 24; vgl. *Di Fabio* in: Maunz/Dürig, GG, GG Art. 2 Abs. 1 Rn. 166.

1028 *Rudolf* in: Merten/Papier, Grundrechte Band IV, § 90, Rn. 24.

1029 *Di Fabio* in: Maunz/Dürig, GG, GG Art. 2 Abs. 1 Rn. 175.

wirtschaftlichen, kulturellen oder sozialen Identität dieser Person darstellen – identifiziert werden kann.[1030]

Zur Ermittlung tatsächlicher Lohnkosten ist die Heranziehung persönlicher Arbeitnehmerdaten nötig. Unter die persönlichen Arbeitnehmerdaten fallen u. a. die Daten der Arbeitszeiterfassung, der Urlaubstage sowie des konkreten Gehalts.[1031] Der Schutzbereich des Rechts auf informationelle Selbstbestimmung ist eröffnet.

2. Eingriff

Übt der Unternehmer sein Wahlrecht dahin gehend aus, dass er sich für die Berechnungsmethode des § 650c Abs. 1 S. 1 BGB entscheidet, trifft ihn eine Offenbarungspflicht in Bezug auf die personenbezogenen Daten der Arbeitnehmer. Andernfalls fehlt es an einer plausiblen und schlüssigen Darlegung für eine Vergütungsanpassung. Zwar wird ein Arbeitgeber als Auftragnehmer bei der Kostenermittlung nach § 650c Abs. 1 BGB typischerweise keine Arbeitnehmernamen nennen, sondern nur einen allgemeinen Posten für die Arbeitskraft aufführen. Gleichwohl sind die Daten auf Besteller-Nachfrage zur Begründung des Nachtragsvergütungsanspruchs preiszugeben.

Dabei wäre möglich, dass eine solche Offenlegung bereits von der Einwilligung des Arbeitnehmers gedeckt sei, schließlich erkläre sich der Arbeitnehmer mit Unterzeichnung des Arbeitsvertrags – jedenfalls konkludent – dazu bereit, dass der Arbeitgeber Daten wie die Arbeitszeiten, Urlaubs- oder Krankheitstage etc. erfasse und sie im Bedarfsfall des § 650c BGB verwende. Allerdings kann von einer Einwilligung in die Weitergabe der Daten nur bei ausdrücklichem Hinweis hierauf oder einer diesbezüglichen Vereinbarung ausgegangen werden.[1032] Ein Eingriff in das Recht auf informationelle Selbstbestimmung liegt daher vor.

1030 Siehe zur Legaldefinition: Art. 4 Nr. 1 DS-GVO bzw. § 46 Nr. 1 BDSG bzw. § 1 Abs. 8 BDSG i. V. m. Art. 4 Nr. 1 DS-GVO.

1031 Zur Darlegungspflicht bei Löhnen eingängig KG, Urt. v. 08.07.2015 – 29 U 43/14, Rn. 16.

1032 Die Einwilligung bedarf zudem der Schriftform, soweit nicht wegen besonderer Umstände – etwa wegen besonderer Eilbedürftigkeit – eine andere Form angemessen ist (*Rudolf* in: Merten/Papier, Grundrechte Band IV, § 90, Rn. 66). Bei Allgemeinen Geschäftsbedingungen muss die Einwilligung vom übrigen Text deutlich abgesetzt sein; Aushänge in den Geschäftsräumen genügen nicht (*Rudolf* in: Merten/Papier, Grundrechte Band IV, § 90, Rn. 66; BGH in: NJW 1992, 2348 ff.). Der Betroffene muss wissen, in was er einwilligt. Aus Arbeitgebersicht ist es daher empfehlenswert, sich vorbeugend bei Abschluss des Arbeitsvertrags um die Einwilligung des Arbeitnehmers zur Datenweitergabe im Falle des § 650c BGB zu bemühen.

3. Rechtfertigung

Die in Art. 2 Abs. 1 GG aufgeführte Schrankentrias – „die Rechte anderer", „die verfassungsmäßige Ordnung" und das „Sittengesetz" – gilt auch für das Recht auf informationelle Selbstbestimmung, wenn auch im Vergleich zur allgemeinen Handlungsfreiheit in geringerem Maße.[1033] Unter „der verfassungsmäßigen Ordnung" wird die Summe aller Rechtsnormen, also Gesetze im förmlichen Sinne, verstanden.[1034] § 650c Abs. 1 S. 1 BGB ist ein förmliches Gesetz, das als Wahlrecht der Unternehmerfreiheit dient und eine taugliche Schranke darstellt.

Wie das BVerfG in seiner Entscheidung zum Volkszählungsurteil ausführt, hat der Einzelne allerdings kein Recht im Sinne einer absoluten, uneingeschränkten Herrschaft über „seine" Daten; er ist vielmehr eine sich innerhalb der sozialen Gemeinschaft entfaltende, auf Kommunikation angewiesene Persönlichkeit.[1035] Informationen, auch soweit sie personenbezogen sind, stellen ein Abbild sozialer Realität dar, das nicht ausschließlich dem Betroffenen allein zugeordnet werden kann.[1036] Das Grundgesetz hat, wie in der Rechtsprechung des BVerfG[1037] mehrfach hervorgehoben ist, die Spannung Individuum – Gemeinschaft i. S. d. Gemeinschaftsbezogenheit und Gemeinschaftsgebundenheit der Person entschieden.[1038] Der Einzelne muss daher grundsätzlich Einschränkungen seines Rechts auf informationelle Selbstbestimmung im überwiegenden Allgemeininteresse hinnehmen.[1039] Dabei ist der Grundsatz der mit Verfassungsrang ausgestatteten Verhältnismäßigkeit zu beachten.[1040]

Ein solch überwiegendes Allgemeininteresse ist vorliegend vorhanden. Denn die Offenbarung der Daten, die zur Ermittlung der tatsächlich erforderlichen Kosten gemäß § 650c Abs. 1 S. 1 BGB nötig ist, dient der Allgemeinheit.

Auch beim informationellen Selbstbestimmungsrecht gilt die Sphärentheorie. Je tiefer die Daten in den Persönlichkeitsbereich hineinreichen und je umfassender sie benutzt werden sollen, desto strengere Anforderungen sind an den gesetzlichen Zweck und seine Bestimmtheit zu stellen.[1041] Zu beachten ist hierbei, dass eine klare Sondierung in Sozialsphäre, Privatsphäre und Intimsphäre kaum möglich ist. Es gibt vielmehr nur graduelle Stufungen, keine getrennten Bereiche.[1042] Es verbleibt daher bei einer unterschiedlich intensiven, fallgruppenorientierten

1033 *Stern*, Staatsrecht, § 99 (263).
1034 *Stern*, Staatsrecht, § 99 (263).
1035 BVerfGE 65, 1 (43 f.).
1036 BVerfGE 65, 1 (44).
1037 BVerfGE 4, 7 (15); 8, 274 (329); 27, 344 (351 f.); 33, 303 (334); 56, 37 (49).
1038 BVerfGE 65, 1 (44).
1039 BVerfGE 65, 1 (44). So auch *Durner* in: Maunz/Dürig, GG, GG Art. 10 Rn. 76.
1040 *Rudolf* in: Merten/Papier, Grundrechte Band IV, § 90, Rn. 11.
1041 *Kloepfer*, Verfassungsrecht Band II, § 56 Rn. 92; ebenso *Murswiek/Rixen* in: Sachs, GG, GG Art. 2 Rn. 121.
1042 *Dreier* in: Dreier, GG, GG Art. 2 Abs. 1 Rn. 61.

Verhältnismäßigkeitsprüfung, für die die Sphären lediglich gewisse Groborientierungen bieten können.[1043] Dabei ist keineswegs allein auf die Art der Information abzustellen; entscheidend sind vielmehr deren Nutzbarkeit und Verwendungsmöglichkeit. Diese hängen selbst wiederum von dem Zweck, dem die Erhebung dient, und den der Informationstechnologie eigenen Verarbeitungs- und Verknüpfungsmöglichkeiten ab.[1044] Die Einstufung einer Information als sensibel lässt sich daher nicht allein mit der Frage beantworten, ob ein intimer Vorgang betroffen ist.[1045] Vielmehr bedarf es zur Feststellung der persönlichkeitsrechtlichen Bedeutung der Kenntnis des Verwendungszusammenhangs.[1046] Denn auch der Umgang mit personenbezogenen Daten, die für sich genommen nur einen geringen Informationsgehalt aufweisen, kann grundrechtserhebliche Auswirkungen auf die Privatheit und Verhaltensfreiheit des Betroffenen haben.[1047] Erst wenn Klarheit darüber besteht, zu welchem Zweck Angaben verlangt werden und welche Verknüpfungs- und Verwendungsmöglichkeiten bestehen, lässt sich daher die Frage einer zulässigen Beschränkung des Rechts auf informationelle Selbstbestimmung beantworten.[1048]

Sämtliche Daten,[1049] die für die Berechnung der tatsächlich erforderlichen Kosten nötig sind, erfasst der Arbeitgeber. Aufgrund des Wahlrechts zwischen den § 650c Abs. 1 S. 1 und Abs. 2 BGB kann der Arbeitgeber grundsätzlich frei entscheiden, ob er die erhobenen Daten zur Vergütungsberechnung offenlegt oder die Urkalkulation heranzieht. Dies wird stets die Variante sein, bei der er eine höhere Vergütung erzielt – auch wenn die Ermittlung der tatsächlich erforderlichen Kosten typischerweise einen höheren Verwaltungsaufwand mit sich bringt und damit unpraktikabel ist. Die erfassten Arbeitnehmerdaten werden jedoch nicht der Allgemeinheit durch Veröffentlichung zur Verfügung gestellt, sondern nur dem Geschäftspartner zum Kostenabgleich übermittelt. Die Weitergabe dient – im erweiterten Sinne – auch dem Arbeitnehmer. Führt die Heranziehung der Urkalkulation zu einem schlechten Preis für den Arbeitgeber, kann er nur bei Offenlegung eine sich lohnende Vergütung erzielen. Andernfalls arbeitet er unwirtschaftlich. Fehlender unternehmerischer Erfolg führt zu einer geringeren Arbeitnehmerqualifikation bei Neueinstellungen, Gehaltseinbußen und kann potenziell sogar Entlassungen nach sich ziehen. Die Datenweitergabe dient daher mittelbar dem Allgemeinwohl und dem Sozialstaat, indem sie vor negativer Konjunktur und Arbeitslosigkeit schützt.

1043 *Dreier* in: Dreier, GG, GG Art. 2 Abs. 1 Rn. 61.
1044 BVerfGE 65, 1 (45).
1045 BVerfGE 65, 1 (45).
1046 BVerfGE 65, 1 (45).
1047 BVerfGE 118, 168 (185).
1048 BVerfGE 65, 1 (45).
1049 Wie beispielsweise Gehalt, Arbeitszeiten, Urlaubs- oder Krankheitstage.

Auch die Verhältnismäßigkeit ist gewahrt. Im Rahmen dieser ist das Recht auf informationelle Selbstbestimmung mit der Berufsfreiheit aus Art. 12 Abs. 1 GG im Wege praktischer Konkordanz in Ausgleich zu bringen. Während die Berechnungsmethode des § 650c Abs. 1 BGB dem Unternehmer bei schlechter Kalkulation dient, wurden dem Arbeitnehmer mit der Datenschutz-Grundverordnung (DSGVO) und dem diese konkretisierenden Bundesdatenschutzgesetz (BDSG) Instrumente an die Hand gegeben, mit denen er zum einen stetig Kenntnis über die Verarbeitung seiner personenbezogenen Daten erlangen und zum anderen unberechtigten Eingriffen entgegenwirken kann. Mithilfe dieses Regelungssystems kann der Arbeitnehmer klar nachvollziehen, an wen seine Daten weitergegeben werden.[1050]

Hinzu kommt der Umstand, dass die Daten der Arbeitnehmer den rein beruflichen Bereich betreffen. Der absolut geschützte Kernbereich privater Lebensgestaltung, die sog. Intimsphäre, ist nicht berührt. Vielmehr ist die Offenlegung der Daten im Bereich zwischen Privat- und Sozialsphäre anzusiedeln. Dort, wo ein Mensch sich unter Menschen begibt (z. B. Beruf), kann nur ein begrenzter Schutz des Persönlichkeitsrechts erfolgen.[1051]

Ferner wird der Arbeitgeber die Arbeitnehmerdaten bei der Kostenermittlung nach § 650c Abs. 1 S. 1 BGB anonymisiert in einem allgemeinen Posten (Arbeitskraft) in Ansatz bringen. Ein genaues Zuordnen der Kosten, das die Preisgabe persönlicher Arbeitnehmerdaten nach sich zieht, wird daher nur bei Bestreiten des Bestellers in Betracht kommen.

Angesichts des Zwecks der Weitergabe, der zunächst allgemein gehaltenen Offenlegung nur gegenüber dem Geschäftspartner und der Art der Information sind die unternehmerischen Interessen höher als diejenigen der Arbeitnehmer zu gewichten. Der Eingriff in das Recht auf informationelle Selbstbestimmung ist daher gerechtfertigt.

1050 Er hat ein Auskunftsrecht gespeicherte Daten und damit auch die Personalakte jederzeit einzusehen (Art. 15 DSGVO, § 34 BDSG). Zudem steht ihm ein Recht auf Berichtigung, Löschung oder Einschränkung der Verarbeitung falscher, widerrechtlich erhobener oder veralteter Daten zu (Art. 16, 17, 18 DSGVO, § 35 BDSG). Auch sind Unternehmen gemäß § 38 BDSG dazu verpflichtet, einen Datenschutzbeauftragten zu ernennen, wenn mehr als 19 Personen dauerhaft mit der Erhebung, Verarbeitung oder Nutzung der Daten betraut sind, der als Ansprechpartner fungiert. Bußgelder, die gemäß Art. 83 Abs. 5 a) DSGVO eine Höhe von 20 Millionen oder 4 % des weltweiten Umsatzes erreichen können, sorgen zudem für einen sorgfältigeren Umgang mit den Arbeitnehmerdaten durch ihre abschreckende Wirkung.

1051 *Kloepfer*, Verfassungsrecht Band II, § 56, Rn. 54.

III. Art. 14 Abs. 1 GG

Die Eigentumsgarantie gewährleistet den Schutz des Erworbenen und erfasst damit auch das erarbeitete und erworbene Wissen über die Betriebs- und Geschäftsführung, das geheim gehalten werden soll, damit andere nicht grundlos profitieren. Während die Berufsfreiheit in Art. 12 Abs. 1 GG personenbezogen und zukunftsgerichtet ist, ist die Eigentumsfreiheit objektbezogen und als Bestandsschutz vergangenheitsgerichtet.[1052]

Wie bereits oben[1053] festgestellt, geht der Schutz von Geschäftsgeheimnissen durch Art. 14 Abs. 1 GG jedenfalls nicht weiter als der Schutz durch Art. 12 Abs. 1 GG.[1054] Der Schutzbereich ist mangels Geheimhaltungsinteresses des Unternehmers – als Auftragnehmer – nicht eröffnet.

IV. Verfassungswidrigkeit des § 650c BGB wegen Verfassungswidrigkeit des § 650b BGB?

Auch die verfassungsrechtliche Überprüfung des § 650b BGB hat nicht mittelbar zur Folge, § 650c BGB als verfassungswidrig einzustufen. Zwar handelt es sich bei § 650c BGB und § 650b BGB um Vorschriften, die jeweils unterschiedliche Eingriffe in die Vertragsfreiheit nach sich ziehen und daher in Bezug auf die Rechtfertigung getrennt zu begutachten sind. Aufgrund der engen und untrennbaren inhaltlichen Verknüpfung kann die bei Änderungsanordnungen nachgelagerte Vergütungsanpassung nach Ansicht des Verfassers jedoch nur dann verfassungsgemäß sein, wenn die einseitige Änderungsanordnung selbst den Verfassungsvorgaben entspricht. Sie steht und fällt mit der Verfassungsmäßigkeit des § 650b BGB. Denn wäre § 650b BGB mit dem Grundgesetz nicht vereinbar, wäre eine Vergütungsanpassung schon mangels Anwendungsbereichs sinnfrei. Vor allem aber würde sie – sei es aufgrund ihrer Stellung als gesetzliches Leitbild, sei es aufgrund einer Fallkonstellation, in der sie doch im Wege ergänzender Vertragsauslegung oder einer Analogie zur Anwendung gebracht wird – mittelbar die Verfassungsverletzung vertiefen.

1052 *Depenheuer/Froese* in: vMKS, GG, GG Art. 14 Rn. 101.

1053 Siehe *Abschnitt E. I. 1. b) bb).*

1054 BVerfGE 115, 205 (248), vgl. auch BVerfG in: NVwZ 2011, 94 (104). Das BVerfG prüft daher regelmäßig den Schutz von Geschäftsgeheimnissen allein am Maßstab des Art. 12 Abs. 1 GG.

1. Schutzbereich

Der Schutzbereich des Art. 12 Abs. 1 GG ist eröffnet. Wie oben[1055] bereits erörtert, unterfällt dem Schutz des Art. 12 Abs. 1 GG bzw. Art. 2 Abs. 1 GG in sachlicher Hinsicht auch die Vertragsfreiheit.[1056]

2. Eingriff

§ 650b BGB greift sowohl in die Vertrags- *(a))* als auch die Vertragsgestaltungsfreiheit *(b))* auf Stufe der Berufsausübung ein.

a) Vertragsfreiheit

§ 650b Abs. 1 BGB begründet zwar keine Kontrahierungspflicht. Die Norm regelt allerdings eine Angebots- und Verhandlungspflicht.[1057] Hierdurch wird in die negative Vertragsfreiheit eingegriffen. Denn der Unternehmer wird verpflichtet, ein verbindliches Angebot im Sinne des § 145 BGB über die Mehr- oder Mindervergütung abzugeben, das mit Annahme durch den Besteller zu einem Änderungsvertrag führt. Eine schlichte Erklärung, keine weiteren oder geänderten Leistungen erbringen zu wollen, ist gesetzlich nicht vorgesehen. Da für den Unternehmer eine Änderungsanordnung typischerweise wirtschaftlich nachteiliger als das eigene Aushandeln der Vertragsbedingungen ist, ist er gezwungen, seiner Angebots- und Verhandlungspflicht nachzukommen, um einer solchen zu entgehen.

Auch das Anordnungsrecht nach § 650b Abs. 2 S. 1 i. V. m. Abs. 1 S. 1 Nr. 1 BGB stellt einen Eingriff in die Vertragsfreiheit dar. Denn der weite Wortlaut der Vorschrift erfasst zugleich Fallgestaltungen, die bei wirtschaftlicher Betrachtung nicht anders zu bewerten sind als eine Beendigung des bisherigen Vertragsverhältnisses mit Abschluss eines neuen Werkvertrags.[1058]

b) Vertragsgestaltungsfreiheit

Gleichzeitig wird durch § 650b Abs. 1 S. 1 Nr. 2 BGB in die Vertragsgestaltungsfreiheit eingegriffen. Im Rahmen dieses Anordnungsrechts verbleibt es zwar bei dem ursprünglich vereinbarten Werkerfolg. Sind zur Herstellung des mangelfreien Werks jedoch andere als die vertraglich vereinbarten Mittel erforderlich, so ist eine Änderung des Vertragsinhalts in Form einer vertraglichen

---

1055 *Abschnitt E. I. 1 b).*

1056 In persönlicher Hinsicht umfasst der Schutzbereich private und „juristische" Personen. Wie unter *Abschnitt E. I. 1. a)* bereits erörtert, kann unter Umständen auch eine öffentliche Person dem Schutzbereich unterfallen.

1057 *Von Rintelen* in: Kniffka, Bauvertragsrecht, BGB § 650b Rn. 27.

1058 *Abel/Schönfeld*, BauR 2017, 1901 (1911).

Leistungsbeschreibung nötig.[1059] Der Unternehmer als Auftragnehmer bekommt diese Änderung des Vertragsinhalts aufgezwungen. Nur in Ausnahmefällen kann er solche Änderungen seines Leistungsumfangs ablehnen; im Grundsatz trifft ihn eine Befolgungspflicht.[1060]

3. Rechtfertigung

Erneut sind im Rahmen der Rechtfertigung die zwei in der Rechtsprechung des Bundesverfassungsgerichts für Eingriffe in die Vertragsfreiheit entwickelten Fallgruppen heranzuziehen.[1061]

a) Durchsetzung des Sozialstaatsprinzips

Bei § 650b BGB handelt es sich um keine Regelung, die der Durchsetzung der vom Sozialstaatsprinzip erfassten Belange dient, da die Norm nicht aus sozialen Gründen zum Nutzen des Allgemeinwohls getroffen wurde.

b) Beseitigung eines strukturellen Ungleichgewichts

aa) Generell

Auch lässt sich kein generelles, strukturelles Ungleichgewicht bzw. eine Paritätsstörung bei den Vertragsparteien eines Bauvertrags feststellen, das die Einführung des Anordnungsrechts aus § 650b BGB begründen könnte.

bb) Individuell

Im Einzelfall kann jedoch ein individuelles Ungleichgewicht auftreten. Befindet sich der Unternehmer mit seinen Geräten und Mitarbeitern bereits auf der Baustelle, löst eine anderweitige Auftragsvergabe schon per se erhebliche Mehrkosten aus.[1062] Sie kann zudem zu einer erheblichen Ausführungsverzögerung und je nach Leistungsänderungsgegenstand zu enormen Abgrenzungsproblemen in Hinblick auf die Verantwortungsbereiche des Alt- und des Neuunternehmers führen.[1063] In derartigen Situationen hat der Besteller keine vernünftigere Alternative, als den Unternehmer mit der gewünschten Änderungsleistung zu beauftragen,[1064] denn ihm steht kein Mittel zur Durchsetzung seiner Änderungswünsche zur Verfügung.[1065] Der Unternehmer kann für die Änderungsleistung – unter Beachtung

---

1059 *Abel/Schönfeld*, BauR 2017, 1901 (1911).
1060 *Von Rintelen* in: Kniffka, Bauvertragsrecht, BGB § 650b Rn. 55.
1061 BVerfGE, 8, 274 (329); 21, 87 (91); 134, 204 (225); 142, 268 (285); vgl. auch *Isensee* in: Handbuch des Staatsrechts, § 150, Rn. 92 f.
1062 *Voit* in: FS Beuthien, S. 70.
1063 *Voit* in: FS Beuthien, S. 70.
1064 *Voit* in: FS Beuthien, S. 70.
1065 *Abel/Schönfeld*, BauR 2017, 1901 (1913).

der Sittenwidrigkeitsgrenze – einen ihm zuträglichen Preis verlangen und deren Umsetzung bis zur Beauftragung ablehnen. Sein Interesse, Änderungswünschen des Bestellers nachzukommen, ist von vornherein überschaubar, es sei denn, das Begehren spiegelt sich deutlich wahrnehmbar in der Erhöhung des Gewinns wider. Dem Unternehmer kommt damit gewissermaßen eine monopolartige Stellung zu, die einen Wettbewerb ausschließt und deren Ausnutzung als solche nicht schutzwürdig ist.[1066] Dem Besteller verbleiben indes nur zwei Möglichkeiten: Entweder er bezahlt den geforderten (überhöhten) Preis oder aber er verzichtet auf die Änderung, selbst wenn diese bei Anwendung üblicher, wirtschaftlicher Maßstäbe vernünftigerweise geboten ist.[1067] *De facto* ist der Besteller bei Änderungswünschen daher aus rein wirtschaftlichen Gründen vom Unternehmer abhängig.[1068] Besteht ein Änderungsbedürfnis, treffen die geänderten Anforderungen mit den Folgen für die wirtschaftliche Verwertbarkeit des Objekts allein ihn. Misslich ist dies vor allem deshalb, weil Änderungen häufig – trotz der dem Bauvertrag vorgelagerten komplexen Planungsprozesse – erst während der Bauabwicklung auftreten oder festgestellt werden können.[1069] Aber auch in Fällen, in denen die Planung bei Vertragsschluss noch nicht so weit fortgeschritten ist, ist das Änderungsinteresse des Bestellers schützenswert. Denn sich im Zuge der Detailplanung ergebende Änderungen sind für den Unternehmer von vornherein angesichts der mangelnden Planungsschärfe vorhersehbar.[1070]

Die Eigenheiten des Bauwesens erfordern es daher, dass der Besteller auch die Möglichkeit haben muss, mit schwächeren Mitteln als dem Kündigungsrecht geänderte Vorstellungen durchzusetzen.[1071] Die Parität der Vertragsparteien kann daher im Einzelfall zugunsten des Unternehmers gestört sein. Die Verschiebung des Kräftegleichgewichts erfordert die Normierung eines Änderungsanordnungsrechts.

c) Interessenausgleich

Mit Einführung des § 650b BGB hat der Gesetzgeber die miteinander konkurrierenden Grundrechtspositionen im Wege praktischer Konkordanz angemessen in Ausgleich gebracht. Dabei war das unternehmerische Interesse am Fortbestand

---

1066 *Voit* in: FS Beuthien, S. 70.

1067 *Abel/Schönfeld*, BauR 2017, 1901 (1913).

1068 Gänzlich anders beurteilen dies *Battis/Deppner*, Gutachten zum Bauvertragsrecht, S. 20 f. Sie sehen in dem Anordnungsrecht des § 650b BGB – konkret der „Fremdbestimmung" des Vertragsinhalts – einen nicht rechtfertigbaren Eingriff in Art. 12 Abs. 1 GG. Dabei berufen sie sich – zudem sehr knapp – auf die vermeintlich schwache Verhandlungsposition des Bauunternehmers, während die vom Verfasser angestellten Überlegungen gänzlich verkannt werden.

1069 *Abel/Schönfeld*, BauR 2017, 1901 (1913).

1070 So auch *Abel/Schönfeld*, BauR 2017, 1901 (1913).

1071 *Enders*, BauR 1982, 535 (536).

des Vertrags dem Interesse des Bestellers an der Vertragsänderung gegenüberzustellen.

Für den Besteller war es bislang nicht möglich, Vertragsleistungen einseitig zu ändern. Änderungswünsche fanden grundsätzlich nur einvernehmlich, durch Abschluss eines Änderungsvertrags (§ 311 BGB), Berücksichtigung. Die Notwendigkeit eines Konsenses wird den Besonderheiten des Bauvertrags jedoch nicht gerecht. Denn Bauvorhaben werden in der Regel individuell geplant.[1072] Der Planungsprozess erfolgt teilweise baubegleitend und begründet häufig nachträglichen Änderungsbedarf.[1073] Auch Nutzerbedarf oder -wünsche können sich während der Projektrealisierung verändern. Gleichzeitig genießt der Unternehmer weder rechtlichen Schutz, dass das Bauvorhaben wie geplant realisiert wird, noch wird sein Ausführungsinteresse in Bezug auf eine vereinbarte Leistungsausführung geschützt.[1074]

Aufgrund des potenziellen Änderungsbedarfs enthalten alle Standard-Bauverträge seit jeher entsprechende Regelungen, in denen sich der Besteller das Recht vorbehält, die Bauleistung nachträglich einseitig zu ändern.

Fehlt es jedoch an einem solchen vertraglichen Änderungsrecht, besteht das Bedürfnis nach einem gesetzlichen Änderungsrecht. Das Bürgerliche Gesetzbuch enthält keine solche Regelung. Der Bauvertrag wurde nicht konkret, sondern nur sehr allgemein – darüber hinaus abstrakt und rudimentär – innerhalb des Werkvertrags geregelt.[1075] Dennoch ergeben sich beim BGB-Bauvertrag in tatsächlicher Hinsicht dieselben Änderungswünsche und -notwendigkeiten wie bei einem VOB-Bauvertrag. Bei einem Bauvertrag ohne zugrunde gelegter VOB/B galt es daher die Frage zu klären, ob dem Besteller nichtsdestotrotz einseitige Leistungsbestimmungsrechte zustanden oder ihm schlicht der Anspruch nach Treu und Glauben verblieb.

Während das OLG Hamburg 1911 die Auffassung vertrat,[1076] dass der Bauunternehmer bei größeren Werken mit kleineren Änderungen rechnen muss und der Vertrag daher von vornherein die Möglichkeit zulässiger nachträglicher Änderungen miteinschließt, bejahten einige Literaturstimmen eine weitgehende Verpflichtung zur Erbringung von Änderungsleistungen im Wege ergänzender Vertragsauslegung, die in ihrer Reichweite der Regelung von § 1 Abs. 3 und Abs. 4 VOB/B entsprechen sollte.[1077] Wiederum andere wollten die Verbindlichkeit der Leistungsbeschreibung eines Werkvertrags weitgehend auflösen und ihn zu

1072 *Von Rintelen* in: Kniffka, Bauvertragsrecht, BGB § 650b Rn. 2.

1073 *Von Rintelen* in: Kniffka, Bauvertragsrecht, BGB § 650b Rn. 2.

1074 *Von Rintelen* in: Kniffka, Bauvertragsrecht, BGB § 650b Rn. 2.

1075 *Von Rintelen* in: Kniffka, Bauvertragsrecht, BGB § 650b Rn. 6.

1076 OLG Hamburg in: Das Recht 1911, Nr. 1537; m. w. N. *Enders*, BauR 1982, 535 (537) und *von Rintelen* in: Kniffka, Bauvertragsrecht, BGB § 650b Rn. 6.

1077 KSM, Band 2, Rn. 1004 ff.; *Enders*, BauR 1982, 535 (538).

einem Rahmenvertrag für eine noch zu spezifizierende Leistung machen[1078] oder sogar ein Weisungsrecht wie im Dienstvertrag bemühen.[1079]

All diese Überlegungen unterstreichen das nun schon seit geraumer Zeit bestehende Bedürfnis der Praxis nach einem klar strukturierten, gesetzlichen Anordnungsrecht. Dieses Verlangen wurde nun – mit Erlass des § 650b BGB – erhört. § 650b BGB stellt einen Kompromiss zwischen Änderungsvertrag und einseitigem Anordnungsrecht dar. Die Parteien müssen sich zunächst – entsprechend des Konsensualprinzips – um einen Änderungsvertrag bemühen, bevor der Besteller – im Falle des Scheiterns – nach 30 Tagen die geänderte Leistung einseitig anordnen kann. Gesetzgeberische Zielvorstellung war es, einen Streit über die Vertragsänderung zu verhindern, um so die weitere Zusammenarbeit vor unnötigen Belastungen und Verzögerungen zu schützen.[1080]

Im Rahmen der Interessenausgleichprüfung ist zwischen den beiden Fallgruppen des § 650b Abs. 1 S. 1 Nr. 1 BGB und § 650b Abs. 1 S. 1 Nr. 2 BGB zu differenzieren. Während bei § 650b Abs. 2 i. V. m. Abs. 1 S. 1 Nr. 1 BGB der Werkerfolg selbst geändert wird, erfasst § 650b Abs. 2 i. V. m. Abs. 1 S. 1 Nr. 2 BGB Änderungen, die zur Erreichung des Werkerfolgs notwendig sind und sich damit innerhalb des Erfolgssolls des Vertrags bewegen. Dieser wesentliche Unterschied erfordert eine differenzierte Betrachtung.

aa) § 650b Abs. 2 i. V. m. Abs. 1 S. 1 Nr. 1 BGB

Gemäß § 650b Abs. 2 i. V. m. Abs. 1 S. 1 Nr. 1 BGB ist der Unternehmer nur verpflichtet, einer Anordnung des Bestellers bei der Änderung des vereinbarten Werkerfolgs nachzukommen, wenn ihm die Ausführung zumutbar ist. Der Begriff der Zumutbarkeit ist ein unbestimmter Rechtsbegriff und daher nicht unmittelbar subsumtionsfähig. Eine allgemeingültige Konkretisierung ist jedoch aufgrund der Vielgestaltigkeit an Fallkonstellationen und der Abstraktionshöhe des Bürgerlichen Gesetzbuchs weder möglich noch sinnvoll.[1081] Auch hat das weiche Kriterium der Zumutbarkeit bisher nicht zu Praxisschwierigkeiten geführt.[1082] Dies zeigt ein Vergleich mit § 315 BGB. § 315 Abs. 1 BGB regelt, dass die Leistung, wenn sie durch einen Vertragsschließenden bestimmt werden soll, im Zweifel nach billigem Ermessen zu treffen ist. Die Billigkeit gemäß § 315 BGB gilt allgemein als ungeschriebene Grenze des Leistungsänderungsrechts nach

1078 *Matz*, Die Konkretisierung des Werks durch den Besteller, (85 ff.).
1079 *Peters*, NZBau 2012, 615 ff.
1080 BT-Drucks. 18/8486, S. 53.
1081 *Von Rintelen* in: Kniffka, Bauvertragsrecht, BGB § 650b Rn. 45; so auch *Abel/Schönfeld*, BauR 2017, 1901 (1915).
1082 *Von Rintelen* in: Kniffka, Bauvertragsrecht, BGB § 650b Rn. 45.

§ 1 Abs. 3 VOB/B. Grenze der Billigkeit wiederum ist die Zumutbarkeit für den Unternehmer.[1083]

Mit dem Zumutbarkeitskriterium lässt sich auch das Problem lösen, dass ein Besteller ohne jeglichen Grund den vereinbarten Werkerfolg ändern kann. Denn ein derart weitgehendes Recht stellt eine unverhältnismäßige Beschränkung der unternehmerischen Berufsausübungsfreiheit dar. Vereinbart der Besteller zunächst vertraglich einen Inhalt und ändert diesen nachträglich grundlos, verhält er sich widersprüchlich. In diesem Fall ist das berechtigte Vertrauen des Unternehmers in die Einigung schützenswert. Aus verfassungsrechtlicher Sicht ist daher aufseiten des Bestellers ein berechtigtes Interesse an der zu treffenden Anordnung erforderlich, das im Zuge verfassungskonformer Auslegung Teil der Zumutbarkeitsprüfung sein muss, zumal der Besteller bei Fehlen eines solchen Grundes auch nicht gezwungen ist, am Vertrag festzuhalten.[1084] Ihm steht weiterhin die Möglichkeit der Kündigung nach § 648 BGB zu.

Der Gesetzgeber schafft daher mit dem Erfordernis der Zumutbarkeit ein Korrektiv, das grundsätzlich für einen angemessenen Ausgleich beider Interessenpositionen sorgt.

bb) § 650b Abs. 2 i. V. m. Abs. 1 S. 1 Nr. 2 BGB

Gemäß § 650b Abs. 2 i. V. m. Abs. 1 S. 1 Nr. 2 BGB ist der Unternehmer verpflichtet, einer Änderungsanordnung des Bestellers, die zur Erreichung des vereinbarten Werkerfolgs notwendig ist, nachzukommen. „Notwendig" ist eine Änderung, wenn die Erreichung eines mangelfreien Werks ohne sie nicht möglich ist, sie also zwingend erforderlich ist.[1085] Nicht umfasst werden Maßnahmen, die bloß sinnvoll bzw. Komfort erhöhend sind.[1086] Die Zumutbarkeit als Begrenzung des freien Änderungsrechts gilt nicht für Anordnungen, die gemäß § 650b Abs. 2 i. V. m. Abs. 1 S. 1 Nr. 2 BGB nur zur Erreichung des vereinbarten Werkerfolgs dienen.[1087] Seinen Grund hat dies darin, dass sich Änderungen innerhalb des vertraglichen Erfolgssolls bewegen.[1088] Dennoch sind auch derartige Anordnungen nicht uneingeschränkt möglich. Vielmehr gelten hier – in Hinblick auf die Unzumutbarkeit der Leistung – die bestehenden, allgemeinen Leistungsverweigerungsrechte (§ 275 Abs. 2 und Abs. 3 BGB).[1089] Prinzipiell geht der Gesetzgeber davon aus, dass sämtliche, erforderliche Maßnahmen auch zumutbar sind. Dies erscheint zunächst folgerichtig. Denn darin kommt das Bedürfnis der Praxis, den

---

1083 *Von Rintelen* in: Kniffka, Bauvertragsrecht, BGB § 650b Rn. 45; OLG Hamm, Urt. v. 15.5.2001 – 21 U 4/00.

1084 *Abel/Schönfeld*, BauR 2017, 1901 (1919).

1085 *Von Rintelen* in: Kniffka, Bauvertragsrecht, BGB § 650b Rn. 58.

1086 *Von Rintelen* in: Kniffka, Bauvertragsrecht, BGB § 650b Rn. 58.

1087 Vgl. BT-Drucks. 18/8486, S. 54.

1088 *Von Rintelen* in: Kniffka, Bauvertragsrecht, BGB § 650b Rn. 55.

1089 Vgl. BT-Drucks. 18/8486, S. 54.

Bau zügig voranzutreiben, zum Ausdruck. Indem der Gesetzgeber Anordnungen des Bestellers auf notwendige, nicht Komfort erhöhende Änderungen beschränkt, berücksichtigt er die Bedürfnisse beider Parteien und sorgt im Grundsatz für einen angemessenen Interessenausgleich.

Verfassungsrechtlich problematisch sind jedoch Fälle, in denen nachträglich erkannte, erforderliche Leistungen nicht in das Leistungsangebot des Unternehmers fallen. Zur Veranschaulichung der Problematik ist daher folgendes Beispiel heranzuziehen:

Ein Schreiner wird mit der Errichtung einer Treppe über zwei Stockwerke beauftragt. Für ihn unvorhersehbar ordnet das Bauamt an, dass ein Teilstück der Treppe sowie die Wandbefestigung in feuerfester Ausführung (Stein und Stahl) realisiert werden muss. Der Schreiner verfügt weder über die dafür erforderlichen Geräte noch über hierfür ausreichend geschultes Personal. Er müsste zur Erbringung der Leistung einen Nachunternehmer beauftragen.

Eine derartige Ausführung ist zwar notwendig, dem Schreiner aber unzumutbar. Nach Auffassung des Gesetzgebers ist als Korrektiv auf die Leistungsverweigerungsrechte nach § 275 Abs. 2 und Abs. 3 BGB zurückzugreifen, deren Schwellen jedoch sehr hoch sind, da es um die Befreiung von einer eingegangenen Verbindlichkeit geht.[1090] § 275 Abs. 3 BGB mag in Sonderfällen einer persönlichen Leistungsverpflichtung als Lösung noch dienlich sein. Die beim Bauvertrag weitaus eher praktischen Fälle nach § 275 Abs. 2 BGB lassen sich so jedoch nicht lösen.[1091]

§ 275 Abs. 2 BGB erfordert ein grobes Missverhältnis, bei dessen Verhältnismäßigkeitsprüfung der Bezugspunkt die Befriedigung des Leistungsinteresses des Gläubigers ist.[1092] Wie bereits die Formulierung „Leistung" verdeutlicht, geht es um den Anspruch auf Erfüllung in Natur und nicht um das Gesamtinteresse, welches der Gläubiger an der Einhaltung der schuldnerischen Pflicht hat. Ein grobes Missverhältnis liegt vor, wenn der Aufwand des Schuldners zu dem vertraglich gedeckten Interesse des Gläubigers – gerade von ihm Erfüllung in Natur zu erhalten – völlig außer Verhältnis steht.[1093]

Dabei wird das Leistungsinteresse in erster Linie wirtschaftlicher Natur sein.[1094] Nach Treu und Glauben muss allerdings auch berücksichtigt werden, ob

1090 *Von Rintelen* in: Kniffka, Bauvertragsrecht, BGB § 650b Rn. 60.

1091 *Abel/Schönfeld*, BauR 2017, 2047 (2053).

1092 *Grüneberg* in: Palandt, BGB § 275 Rn. 28.

1093 *Kramme* in: Prütting/Wegen/Weinreich, BGB-Kommentar, BGB § 275 Rn. 21.

1094 Beispielshalber, weil der Gläubiger aus der geplanten Weiterveräußerung der gekauften oder für ihn hergestellten Sache einen Gewinn erwartet (*Caspers* in: Staudinger, BGB § 275 Rn. 93).

und welche Möglichkeiten der Gläubiger hat, die Auswirkungen des Ausbleibens der Erfüllung auf sein Leistungsinteresse zu minimieren.[1095] Kann der Gläubiger nämlich das für ihn herzustellende Werk ohne Weiteres zu vergleichbaren Konditionen beschaffen, ist sein Leistungsinteresse geringer, als wenn er dafür allein auf den Schuldner angewiesen ist.[1096] In dem oben beschriebenen Schreinerfall ist das Leistungsinteresse des Gläubigers daher als gering einzustufen, da problemlos ein Metallbauer beauftragt werden kann. Ist das Bauvorhaben hingegen größer und damit komplexer, kann sich aufgrund der erforderlichen Abstimmungen bei den zu beauftragenden Nachunternehmern und dem damit einhergehenden Bürokratieaufwand das genaue Gegenteil ergeben.

Mit Aufwand meint das Gesetz den für die Beschaffung und Herstellung des geschuldeten Gegenstands erforderlichen Aufwand. In erster Linie versteht man hierunter den wirtschaftlichen Aufwand, jedoch können auch Zeitaufwand und notwendig in Kauf zu nehmende Gefahren darunterfallen.[1097]

Für den eben beschriebenen Schreinerfall bedeutet dies Folgendes: Der Schuldner hat, mangels eigener Möglichkeit, den Treppenbau zu realisieren, einen Nachunternehmer zu beauftragen. Hierbei sind zunächst Angebote einzuholen und abzugleichen, um sich im Nachgang nicht mit Vorwürfen zu hoch angesetzter Preise konfrontiert zu sehen. Neben dem Zeitaufwand trifft ihn auch ein wirtschaftlicher Aufwand. Denn der Schuldner selbst bzw. die mit der Organisation des Nachunternehmers betrauten Angestellten sind für die Dauer dieser Arbeiten gebunden und können nicht anderweitig eingesetzt werden. Allerdings wird der wirtschaftliche Aufwand durch den im Gesetz vorgesehenen Mehrvergütungsanspruch kompensiert. Ein grobes Missverhältnis liegt daher nicht vor.

Etwas anderes gilt für die in Kauf zu nehmenden Gefahren. Denn der Schreiner trägt im oben genannten Beispielsfall die Gefahr von Gewährleistungsrisiken. Arbeitet der Nachunternehmer schlecht und es treten Mängel auf, obliegt dem Schuldner als Mittler die Gewährleistungsabwicklung. Im schlimmsten Fall, nämlich der Insolvenz des Nachunternehmers, hat er für diesen gegenüber dem Gläubiger einzustehen, ohne Regress beim Nachunternehmer nehmen zu können. Setzt man nun das Leistungsinteresse mit dem Schuldneraufwand in Bezug, wäre es vertretbar ein grobes Missverhältnis in Konstellationen, in denen ein Betrieb weder das Know-how noch die betrieblichen Mittel und das geschulte Personal für eine Auftragsrealisierung hat, anzunehmen.[1098]

1095 *Caspers* in: Staudinger, BGB § 275 Rn. 96.

1096 *Caspers* in: Staudinger, BGB § 275 Rn. 96.

1097 *Caspers* in: Staudinger, BGB § 275 Rn. 98.

1098 Fälle, in denen der Schuldner das Leistungshindernis zu vertreten hat, könnten entsprechend § 275 Abs. 2 S. 2 BGB berücksichtigt werden. Dies wäre im oben genannten Beispiel des Schreiners dann der Fall, wenn dieser dem Besteller zusichert, sich vor Baubeginn beim Bauamt über die Zulässigkeit des Baus einer Holztreppe zu informieren, und dies dann schuldhaft unterlässt.

Abel/Schönfeld vertreten in derartigen Fallkonstellationen die Ansicht, dass dem erhöhten Risiko im Fall des bauvertraglichen Anordnungsrechts ggf. durch eine entsprechend höhere Vergütung bei den „angemessenen" Zuschlägen für Wagnis Rechnung zu tragen wäre.[1099] Auf den ersten Blick erscheint dies nur bedingt praktikabel. Denn es fehlt an Kriterien, in welcher Höhe derartige Zuschläge angesetzt werden, sodass angesichts möglicher Haftungsszenarien bereits vor Risikoverwirklichung Rechtsstreitigkeiten drohen. Zudem könnte eine pauschale Abgeltung der Risiken, wie es bei der Erhöhung des angemessenen Zuschlags für Wagnis der Fall wäre, oftmals keine zufriedenstellende Lösung bieten. Die Parteien wissen, dass der pauschalen Abgeltung für ein Risiko selbst ein Risiko innewohnt, nämlich das der unzutreffenden Einschätzung der Situation. Es muss nämlich zum einen ein bisher unbekanntes Risiko bedacht werden. Zum anderen muss dieses unbekannte Risiko im Rahmen der Zuschlagserhöhung bewertet werden. Dass hierbei unbefriedigende Ergebnisse entstehen können, liegt auf der Hand, denn eine Partei verspekuliert sich meist. In der Regel – jedenfalls bei größeren Bauvorhaben – wird dies der Unternehmer sein. Denn der Besteller wird sich für gewöhnlich nicht auf besonders hohe Pauschalsätze einlassen, mit der Folge, dass diese bei tatsächlicher Risikoverwirklichung die anfallenden Kosten des Unternehmers nicht decken. Andererseits gilt es, zu beachten, dass der Gesetzgeber nicht die Verantwortung für die Risikoübernahme einzelner Parteien trägt. Ein auf falscher Einschätzung beruhender, schlecht ausgehandelter Vertrag bleibt ein schlecht ausgehandelter Vertrag. Es gilt der aus dem römischen Recht stammende Grundsatz: Pacta sunt servanda.[1100] Die Parteien wissen zum Zeitpunkt des Aushandelns, dass sie Gefahren bzw. Risiken erwarten. Erklären sie sich durch Vertragsschluss bereit, diese in Kauf zu nehmen, haben sie deren Konsequenzen auch zu tragen. Erhöhte Risiken lassen sich daher mit erhöhten Vergütungszuschlägen für Wagnis kompensieren. Dies hat zur Folge, dass § 275 Abs. 2 BGB in derartigen Fällen zumeist leer läuft.

Weiterhin offen bleibt dann jedoch die Frage, wann der Unternehmer eine notwendige, aber unzumutbare Anordnung des Bestellers ablehnen kann.

Von vornherein abzulehnen ist eine verfassungskonforme Auslegung, denn diese findet ihre Grenzen dort, wo sie zum Wortlaut und dem klar erkennbaren gesetzgeberischen Willen in Widerspruch tritt.[1101] Vorliegend wollte der Gesetzgeber jedoch kein neues Zumutbarkeitskriterium einführen.[1102] Ferner ist der Wortlaut der § 650b Abs. 2 S. 2 Halbs. 1 i. V. m. Abs. 1 Nr. 2 BGB eindeutig.[1103]

1099 *Abel/Schönfeld,* BauR 2017, 2047 (2054). Dies macht insbesondere bei größeren Bauvorhaben aufgrund deren Komplexität Sinn, da die in diesen Fällen zu beachtenden Masse an Faktoren oftmals einer gewissen Bündelung, der automatisch eine gewisse Unschärfe innewohnt, bedarf. Andererseits steigt mit der Größe des Vorhabens auch das Risiko, sich bei den Kosten zu verspekulieren.

1100 Lateinisch; Deutsch: Verträge sind einzuhalten.

1101 *Rieger,* NVwZ 2003, 17 (21); BVerfGE 90, 263 (275); 54, 277 (299 f.); 71, 81 (105).

1102 Vgl. BT-Drucks. 18/8486, S. 54.

1103 „Der Unternehmer ist verpflichtet der Anordnung nachzukommen [...]".

Abel/Schönfeld lösen die Problematik dogmatisch überzeugend, indem sie bereits eine Stufe früher bei der Bestimmung des Umfangs der unternehmerischen Erfolgsverpflichtung ansetzen. In einem dem oben gleich gelagerten Fall[1104] sind sie folglich der Ansicht, dass die Änderungsanordnung nicht auf § 650b Abs. 2 i. V. m. § 650b Abs. 1 Nr. 2 BGB gestützt werden kann, weil mit der Anordnung einer geänderten Ausführung zugleich der vereinbarte Werkerfolg geändert wird. Die Frage, ob eine Anordnungsbefugnis besteht, richtet sich nach deren Auffassung dann nach § 650b Abs. 2 i. V. m. Abs. 1 Nr. 1 BGB samt der dort erforderlichen Zumutbarkeitsprüfung.[1105]

Dies überzeugt. Der Unternehmer verpflichtet sich zur Erbringung eines mangelfreien Werkerfolgs, § 631 Abs. 1 BGB. Er kann die Mittel zur Werkherstellung grundsätzlich eigenverantwortlich wählen, es sei denn, der Besteller macht hierzu konkrete Vorgaben, die sich dem Verantwortungskreis des Unternehmers entziehen. Die Besonderheit liegt in vorliegendem Fall jedoch darin, dass es sich bei den unzumutbaren, aber notwendigen Änderungen bzgl. der Art und Weise der Ausführung um solche handelt, die den Parteien zum Zeitpunkt des Vertragsschlusses noch unbekannt waren. Es stellt sich daher die Frage, ob der Unternehmer für derartige Änderungen auch eine Erfolgsverpflichtung übernehmen wollte. Hierfür maßgeblich ist die Reichweite des Werkerfolgs, die mittels Vertragsauslegung bestimmt wird, §§ 133, 157 BGB. Von einer Übernahme kann dann ausgegangen werden, wenn es sich um Änderungen handelt, auf

---

1104 *Abel/Schönfeld*, BauR 2017, 1901 (1917): *„Der Unternehmer ist mit der Errichtung eines Tunnelbauwerks beauftragt, das nach der vertragsgegenständlichen Planung des Bestellers flach gegründet und in offener Bauweise errichtet werden sollte, also in drei Schritten, nämlich […] Aushub einer geböschten Baugrube, […] Betonage der flach gegründeten Fundamenten, der Sohle, der Wände und der Decke des Tunnels und sodann […] Überschüttung des Tunnels mit Teilen des Aushubs. Im Nachhinein stellt sich heraus, dass in der Baugrube sog. drückendes Grundwasser ansteht und der Baugrund zudem nicht so tragfähig ist wie angenommen, was bei der im Auftrag des Bestellers vor Vertragsschluss durchgeführten Baugrunderkundung übersehen worden ist. Aus diesem Grund muss das Bauwerk nunmehr aus technischen Gründen […] im Hinblick auf die Grundwasserproblematik in sog, Deckelbauweise unter Druckluft und […] im Hinblick auf die verschlechterte Tragfähigkeit im Wege einer Tiefgründung mit Bohrpfählen ausgeführt werden. Während für die ursprüngliche Ausführung nur übliches Gerät für Aushub und Betonbauweise erforderlich war, wird es nun erforderlich, spezielles Gerät für die Bohrpfahl- und Druckluftarbeiten einzusetzen, ebenso spezielle geschultes Personal. Der Unternehmer verfügt weder über das erforderliche Gerät noch über ausreichend geschultes Personal. Er könnte die Leistung daher nur komplett an einen Nachunternehmer vergeben, ohne jedoch über eigenes fachlich geschulten Aufsichtspersonal zu verfügen.“*

1105 *Abel/Schönfeld*, BauR 2017, 2047 (2055). A. A. ist der Gesetzgeber. Er führt in BT-Drucks. 18/8486, S. 53 an, dass Anordnungen aufgrund behördlicher Vorgaben unter § 650b Abs. 1 S. 1 Nr. 2 BGB fallen. Dabei darf jedoch das Überblicken der Tragweite bezweifelt werden.

deren Erbringung der Betrieb des Unternehmers eingerichtet ist oder die nach dem maßgeblichen objektiven Empfängerhorizont üblicherweise ohnehin nicht mit eigenen Mittel erbracht werden.[1106] Etwas anderes muss jedoch gelten, wenn der unternehmerische Betrieb auf Leistungen dieser Art generell nicht eingerichtet ist und der Unternehmer diese auch zum Zeitpunkt des Vertragsschlusses nicht erkennen konnte, selbst wenn er für die entstehenden Mehrkosten schadlos gehalten wird.[1107] Denn der Besteller wird – selbst bei Ausgleich der entstehenden Mehrkosten – nicht erwarten können, dass der Unternehmer Leistungen erbringt, für die er mit eigenen Betriebsmitteln oder eigenem Personal verantwortlich nicht einstehen kann.[1108]

Die verfassungsrechtlichen Bedenken, die bei einer notwendigen, aber dem Unternehmer unzumutbaren Änderungsanordnung auftreten, können daher mittels Vertragsauslegung beseitigt werden. Die Erfolgsverpflichtung umfasst nur Leistungen des Unternehmers, von denen dieser zu Recht davon ausgeht oder ausgehen durfte, dass sie für den vereinbarten Werkerfolg zu erbringen wären. Der Besteller ist in diesen Fällen auch nicht schutzlos, denn es verbleibt ihm das Recht zu kündigen (§ 648 BGB) und den Leistungsauftrag an einen leistungsfähigen Dritten zu vergeben.

§ 650b BGB ist verfassungsgemäß.

V. Fazit

Im Ergebnis ist daher festzuhalten, dass § 650c BGB mit der Verfassung in Einklang steht.

Die Eingriffe in die Preisfreiheit als Unterfall der Vertragsfreiheit im Rahmen des Art. 12 GG sind gerechtfertigt. Das in Sonderfällen durchaus auftretende, strukturelle Ungleichgewicht zwischen Besteller und Unternehmer wird durch die Vergütungsanpassungsregelungen des § 650c BGB ausgeglichen. § 650c Abs. 1 und Abs. 2 BGB schaffen – nach vorrangiger Verhandlungsphase als milderes Mittel – einen verhältnismäßigen Ausgleich der widerstreitenden Interessen. Während die klaren Berechnungsmodelle eine „Deckelung" zugunsten des Bestellers bewirken, wird der Unternehmer in Gestalt eines praktikablen Wahlrechts begünstigt. Dem Regelungswiderspruch, der bei (Teil-)Einigungen – nur über die Leistungsänderung, nicht jedoch die hierfür anfallende Vergütung – auftritt, kann nach Auffassung des Verfassers mittels teleologischer Auslegung § 650c Abs. 1 S. 1 BGB i. V. m. § 650b Abs. 2 S. 1 BGB einer „Einigung" nur als „Gesamteinigung" begegnet werden. Dem Besteller verbleibt bei der „Teileinigung" demnach ein Anordnungsrecht. Auch der Eingriff durch § 650c Abs. 3 BGB ist gerechtfertigt. Während dem Unternehmer die Möglichkeit eines

1106 *Abel/Schönfeld*, BauR 2017, 2047 (2054).
1107 *Abel/Schönfeld*, BauR 2017, 2047 (2054).
1108 *Abel/Schönfeld*, BauR 2017, 2047 (2054).

Mehrvergütungsanspruchs zusteht, kann der Besteller gegen eine aus seiner Sicht ungerechtfertigte Forderung mittels einstweiliger Anordnung vorgehen. Zudem droht dem Unternehmer bei überhöhter Abschlagsforderung eine Verzinsung. Unter Berücksichtigung der baurechtlichen Prämisse der „Vertragsdurchführung vor Preisgewissheit" schafft der Gesetzgeber daher einen verhältnismäßigen Ausgleich zwischen den Vertragsparteien.

Der Eingriff in das Recht auf informationelle Selbstbestimmung (Art. 2 Abs. 1 i. V. m. Art. 1 Abs. 1 GG) ist aus Gründen des überwiegenden Allgemeininteresses gerechtfertigt. Die Weitergabe von Arbeitnehmerdaten betrifft keinen sensiblen Lebensbereich, wird in der Regel zunächst nur pauschal hervorgebracht und allein dem Geschäftspartner zum Kostenabgleich übermittelt. Im weitesten Sinne dient sie der Erhaltung des Arbeitsplatzes und damit dem Schutz vor drohender Belastung der Allgemeinheit durch Arbeitslosigkeit.

Auch § 650b BGB ist verfassungsgemäß und wirkt sich daher auf die Vereinbarkeit des § 650c BGB mit dem Grundgesetz nicht aus. Sowohl die Eingriffe in die Vertragsfreiheit als auch die Vertragsgestaltungsfreiheit im Rahmen des Art. 12 GG sind gerechtfertigt. Das im Einzelnen durchaus auftretende, strukturelle Ungleichgewicht bei Begehren einer Vertragsänderung zwischen dem Besteller und dem Unternehmer wird durch Einführung des klar strukturierten gesetzlichen Anordnungsrechts des § 650b BGB ausgeglichen. Der Gesetzgeber schafft bei § 650b Abs. 2 i. V. m. Abs. 1 S. 1 Nr. 1 BGB durch das Zumutbarkeitserfordernis ein Korrektiv für den Ausgleich der Interessen. Allerdings benötigt der Besteller ein berechtigtes Interesse, das im Rahmen der Zumutbarkeit zu berücksichtigen ist, andernfalls ist das Anordnungsrecht zu weitgehend. Bei § 650b Abs. 2 i. V. m. Abs. 1 S. 1 Nr. 2 BGB fehlt zwar das Zumutbarkeitskriterium. Die Interessenpositionen beider Parteien haben in der Formulierung der Norm jedoch einen gebotenen Ausgleich gefunden, denn der Wortlaut ist nur auf notwendige Änderungsanordnungen beschränkt. Problematisch sind Sachverhalte unzumutbarer, aber notwendiger Änderungen, die die Art und Weise der Ausführung betreffen und den Parteien zum Zeitpunkt des Vertragsschlusses noch unbekannt sind. Denn in diesen Fällen stellen die Leistungsverweigerungsrechte nach § 275 BGB kein taugliches Korrektiv dar. Es bedarf vielmehr einer Vertragsauslegung, ob mit der Anordnung der geänderten Ausführung auch zugleich der vereinbarte Werkerfolg geändert wird. Denn die Erfolgsverpflichtung umfasst nur Leistungen des Bestellers, von denen dieser zu Recht davon ausgeht oder ausgehen durfte, dass sie für den vereinbarten Werkerfolg zu erbringen wären.

F. Schluss

Im Folgenden sollen die Ergebnisse dieser Arbeit zusammengefasst werden:

Es bleibt festzuhalten, dass der Wortlaut des § 650c BGB aufgrund seiner unglücklichen Formulierung zahlreiche Unklarheiten birgt. Aus diesem Grund wurde die Bedeutung der Satzteile – nach Normabsätzen strukturiert – herausgearbeitet. Mithilfe der dabei gewonnenen Erkenntnisse konnten die praxisrelevantesten, sich stellenden Einzelprobleme beantwortet werden.

Die neue Berechnungsmethodik zur Nachtragsvergütungsermittlung nach § 650c Abs. 1 S. 1 BGB wurde eingehend anhand von Mehr- und Minderkostenbeispielen erläutert: Besteht die angeordnete Leistungsänderung in einer Zusatzleistung ohne Auswirkung auf die Vertragsleistung, ist nur die Mehrleistung zu berücksichtigen. Wird durch die angeordnete Leistungsänderung auch eine Leistung des bisherigen Vertrags abgeändert, ist die neue Gesamtvergütung dreistufig zu berechnen: In einem ersten Schritt ist das Kostendelta zwischen Vertrags- und Änderungsleistung zu ermitteln. Als Zweites ist der sich dabei ergebende Differenzbetrag zu bezuschlagen. Drittens ist die Ursprungsvergütung mit dem bezuschlagten Kostendelta zu addieren, um schließlich die endgültig geschuldete Gesamtvergütung zu erhalten.

Zur Berechnung angemessener Zuschläge wurde – von baupraktischen Erwägungen getragen – ein eigener sog. rahmenbezogenen Ansatz entwickelt. In dessen Fokus steht die interessensgerechte, zügige und einfach zu berechnende Zuschlagsermittlung. Dafür ist in einem ersten Schritt die Zuschlagsspanne zu ermitteln, bevor in einem zweiten Schritt der maßgebliche Mittelwert gebildet werden kann. Der Mindestprozentsatz dieser Zuschlagsspanne liegt richtigerweise nach *Retzlaffs* gesetzesbezogenem Ansatz bei 5,26 %. Demgegenüber ist der Maximalprozentsatz angemessener Zuschläge beim Vertragspreisniveau – für das Bezugspunktkriterien aufgestellt wurden – anzusiedeln. Schließlich ergibt der Mittelwert dieser Zuschlagsspanne den angemessenen prozentualen Zuschlag für allgemeine Geschäftskosten, Wagnis und Gewinn.

Mit § 650c Abs. 1 und Abs. 3 BGB existieren neue gesetzliche Leitbilder. Aus diesem Grund wurden die praxisrelevantesten AGB-Abweichungen auf ihre Wirksamkeit – erneut nach Normabsätzen strukturiert – hin überprüft. Auch das Spannungsverhältnis zu den Preisanpassungsregelungen der VOB/B wurde erörtert. Das Ergebnis war, dass § 2 Abs. 5 und Abs. 6 VOB/B einer Inhaltskontrolle nach §§ 307 ff. BGB nicht standhalten: § 2 Abs. 5 und Abs. 6 VOB/B sind aufgrund ihrer Berechnungsmethode nach § 307 Abs. 1 S. 1 und Abs. 2 Nr. 1 BGB unwirksam. Das in § 2 Abs. 6 Nr. 1 S. 2 VOB/B vorgesehene Ankündigungserfordernis ist mit § 307 Abs. 1 S. 1 BGB nicht zu vereinbaren. Die Unwirksamkeit wird zudem durch die Wechselwirkung der ebenfalls AGB-widrigen VOB/B-Anordnungsrechte indiziert. Auch die Gesamtüberprüfung der VOB/B führt zur AGB-Widrigkeit (Unvereinbarkeit mit § 307 Abs. 1 BGB). Angesichts der aufgezeigten

Schwächen bei Verbraucherbauverträgen sowie der ungleichen Risikoverteilung fehlt es an einem ausgewogenen Regelwerk.

Die daraus resultierenden Folgen sind jedoch weniger gravierend als befürchtet. Die §§ 307 ff. BGB dienen dem Schutz des Vertragspartners. Nur er soll vor benachteiligenden Klauseln des Verwenders geschützt werden. Dagegen soll der Verwender selbst an die unwirksamen Klauseln – soweit sie für den Vertragspartner günstiger als das dispositive Gesetzesrecht sind – gebunden bleiben. Er darf aus der Unwirksamkeit keine Vorteile ziehen. Daher kann sich der Verwender nach der ständigen und gefestigten Rechtsprechung des BGH weder auf eine fehlende Einbeziehung noch auf die Unwirksamkeit der von ihm selbst gestellten Bestimmungen berufen. Für die Nachtragspreisbildung bedeutet das, dass dem Unternehmer – typischerweise Vertragspartner des Verwenders – hinsichtlich der unwirksamen Nachtragsvergütungsbestimmungen zwei Optionen zustehen: Entweder er ermittelt die Nachtragsvergütung nach § 650c Abs. 1 S. 1 BGB ohne Bindung an die Urkalkulation oder er zieht zur Berechnung der Mehrvergütung § 2 Abs. 5, Abs. 6 VOB/B heran. Bei nachträglichen Änderungsanordnungen kann der Unternehmer somit die für ihn auskömmlichste Mehrvergütungsermittlung wählen. Wird ertragreich kalkuliert, wird er die Preisansätze nach VOB/B-Grundsätzen vorkalkulatorisch fortschreiben. Betreffen die Nachtragsleistungen verluststarke Kalkulationsansätze, wird er § 650c Abs. 1 S. 1 BGB heranziehen.

Damit die VOB/B-Vorschriften zukünftig einer isolierten Inhaltskontrolle standhalten, sind – basierend auf den erarbeiteten Befunden – drei Anpassungen vorzunehmen: Erstens ist die Berechnungsmethode der § 2 Abs. 5 und Abs. 6 VOB/B an die Ermittlungsart des § 650c Abs. 1 S. 1 BGB anzupassen. Die vorkalkulatorische Preisfortschreibung sollte dabei in Anlehnung an § 650c Abs. 2 BGB mit Vermutungswiderlegung als weitere Ermittlungsart – zumindest für eine Übergangszeit – fortbestehen. Zweitens muss das Ankündigungserfordernis aus § 2 Abs. 6 Nr. 1 S. 2 VOB/B in eine Soll-Vorschrift aufgeweicht werden. Drittens sind § 1 Abs. 3 und Abs. 4 VOB/B dem gesetzlichen Leitbild des § 650b BGB – vor allem in Hinblick auf das Zumutbarkeitskriterium und der möglichen vorgelagerten Einigungsphase – anzugleichen. Für den Fall, dass das gesamte Regelwerk der VOB/B – wegen der Gesamtprivilegierung aus § 310 Abs. 1 S. 3 BGB – einer AGB-Kontrolle unterliegt, müssen zum einen die Verbraucherinteressen stärker berücksichtigt werden. Zum anderen müsste eine Vorschrift aufgenommen werden, die das unternehmerische Vorleistungsrisiko – ähnlich dem § 650c Abs. 3 BGB – kompensiert.

In dem prozessualen Abschnitt wurden die derzeit bestehenden Defizite im bauvertraglichen einstweiligen Rechtsschutz aufgezeigt. Die dabei gewonnenen Erkenntnisse erklären die gegenwärtige, kaum vorhandene Praxisrelevanz. Möglichkeiten zur Abhilfe – so etwa die Bauverfügung oder das Adjudikationsverfahren – wurden vorgestellt. Auch hat der Verfasser Änderungsvorschläge zur derzeitigen Gesetzeslage, wie etwa eine Ausweitung des § 650d BGB auf Architekten- und Ingenieurverträge sowie VOB/B-Bauverträge unterbreitet.

Im verfassungsrechtlichen Teil hat der Verfasser den Einklang der neuen bauvertraglichen Vorschrift mit dem Grundgesetz untersucht. § 650c BGB ist verfassungsgemäß. Eingriffe in das Grundrecht der Berufsfreiheit gemäß Art. 12 Abs. 1 GG, das Recht auf informationelle Selbstbestimmung gemäß Art. 1 Abs. 1 i. V. m. Art. 2 Abs. 1 GG und das Eigentumsrecht gemäß Art. 14 GG sind gerechtfertigt. Auch die enge und untrennbare inhaltliche Verknüpfung mit § 650b BGB zieht nicht die mittelbare Folge, § 650c BGB als verfassungswidrig einzustufen, nach sich, da § 650b BGB selbst bereits verfassungsgemäß ist.

Literaturverzeichnis

Abel, Wolfgang/Schönfeld, Thomas: Das Anordnungsrecht des Bestellers nach § 650b BGB – Teil 1, BauR 2017, S. 1901–1919

Abel, Wolfgang/Schönfeld, Thomas: Das Anordnungsrecht des Bestellers nach § 650b BGB – Teil 2, BauR 2017, S. 2047–2070

Abel, Wolfgang/Schönfeld, Thomas: Das Anordnungsrecht des Bestellers nach § 650b BGB – Teil 3, BauR 2018, S. 1–15

Althaus, Stefan: Analyse der Preisfortschreibung in Theorie und Praxis, BauR 2012, S. 359–379

Althaus, Stefan: Gesetzgebungsverfahren zum neuen gesetzlichen Bauvertragsrecht, Anordnungsrechte und Preisanpassung, BauR 2017, S. 412–421

Althaus, Stefan: § 642 BGB: Angemessene Entschädigung für nutzloses Bereithalten von Produktionsmitteln, NZBau 2018, S. 643–647

Althaus, Stefan: Angemessene Zuschläge für Allgemeine Geschäftskosten, Wagnis und Gewinn nach § 650c Abs. 1 S. 1 BGB, NZBau 2019, S. 15–20

Althaus, Stefan/Heindl, Christian: Der öffentliche Bauauftrag. Handbuch für den VOB-Vertrag, IBR Print & Online, Letzte Aktualisierung 18.09.2013 (zitiert: *Bearbeiter* in: Althaus/Heindl, Der öffentliche Bauauftrag)

Bader, Johann (Hrsg.)/Ronellenfitsch, Michael (Hrsg.): Beck'scher Onlinekommentar VwVfG mit VwVG und VwZG, 52. Edition, (zitiert: BeckOK VwVfG/*Bearbeiter*)

Bardarsky, Alexander: Die Feststellungsverfügung in Baustreitigkeiten – Ankunft bei Gericht!, BauR 2020, S. 1054–1068

Battis, Ulrich/Deppner, Thorsten: Gutachten zur Vereinbarkeit des Gesetzesentwurfs der Bundesregierung zur Reform des Bauvertragsrechts mit dem Grundgesetz, Stand 18.11.2020, abrufbar unter: [https://bahnindustrie.info/fileadmin/Informationsmaterial/Gutachten_Bauvertragsrecht_fin.pdf] (zitiert: *Battis/Deppner*, Gutachten zum Bauvertragsrecht)

Bolz, Stephan: Funktionale Leistungsbeschreibung: Anerkannte Regeln der Technik zum Abnahmezeitpunkt maßgeblich!, IBR 2011, S. 13

Bolz, Stephan: Änderung der anerkannten Regeln der Technik: Mehrvergütungsanspruch des Auftragnehmers?, IBR 2012, S. 185

Bötzkes, Frank A.: Was sind tatsächlich erforderliche Kosten gemäß § 650c BGB?, IBR 2017, S. 1039 (nur online)

Brandenburg, Hans-Friedrich: Die teleologische Reduktion, Grundlagen und Erscheinungsformen der auslegungsunterschreitenden Gesetzeseinschränkung im Privatrecht, 1. Auflage, Göttingen 1983 (zitiert: *Brandenburg*, Die teleologische Reduktion)

Cha, Wonil: Der verfassungsrechtliche Schutz der Betriebs- und Geschäftsgeheimnisse, 1. Auflage, Frankfurt am Main 2016 (zitiert: *Cha*, Der verfassungsrechtliche Schutz der Betriebs- und Geschäftsgeheimnisse)

Cramer, Stephan/Kandel, Roland/Preussner, Mathias: Beck'scher Onlinekommentar VOB/B, 44. Edition, München (zitiert: BeckOK VOB/B/*Bearbeiter*)

Creifelds, Rechtswörterbuch: Weber, Klaus (Hrsg.), 24. Edition, München 2020 (zitiert: *Bearbeiter* in: Creifelds, Rechtswörterbuch)

Dammert, Bernd/Lenkeit, Olaf/Oberhauser, Iris/Pause, Hans-Egon/Stretz, Anna: Das neue Bauvertragsrecht, 1. Auflage, München 2017 (zitiert: *Bearbeiter* in: DLOPS)

Detterbeck, Steffen: Allgemeines Verwaltungsrecht mit Verwaltungsprozessrecht, 17. Auflage, München 2019 (zitiert: *Detterbeck*, Verwaltungsrecht)

Digel, Andreas/Jacobsen, Henrik, Änderungsanordnung und Vergütung im Architekten- und Ingenieurvertrag nach dem neuen Bauvertragsrecht, BauR 2017, S. 1587–1592

Dreier, Horst (Hrsg.): Grundgesetz Kommentar Band I (Präambel, Art. 1–19 GG), 3. Auflage, Tübingen 2013 (zitiert: *Bearbeiter* in: Dreier, GG)

Drittler, Matthias: Allgemeine Geschäftskosten im gestörten Bauablauf, BauR 2008, S. 1217–1226

Duve, Helmuth/Richter, Ralf: Vergütung für die Bearbeitung von Nachträgen – Eine Erwiderung auf Krebs/Schuller in BauR 2007, 636, BauR 2007, S. 1490–1494

Engelhardt, Hanns (Begr.)/Schlatmann, Arne (Hrsg.): Verwaltungs- Vollstreckungsgesetz, Verwaltungszustellungsgesetz – Kommentar, 11. Auflage, München 2017 (zitiert: *Bearbeiter* in: Engelhardt/Schlatmann, VwVG/VwZG)

Enders, Christian: Existenz und Umfang eines Abänderungsrechtes des Bestellers beim BGB-Bauvertrag, BauR 1982, S. 535–538

Epping, Volker (Hrsg.)/Hillgruber, Christian (Hrsg.): Beck'scher Onlinekommentar Grundgesetz, 48. Edition, München (zitiert: BeckOK GG/*Bearbeiter*)

Erman Bürgerliches Gesetzbuch, Handkommentar: Hrsg. von Westermann, Harm Peter/Grunewald, Barbara/Maier-Reimer, Georg, 16. Auflage, Köln 2020 (zitiert: *Bearbeiter* in: Erman BGB)

Franz, Birgit/Althaus, Stefan/Oberhauser, Iris/Berner, Fritz: Zuschläge für allgemeine Geschäftskosten bei der Berechnung der Vergütung für geänderte und zusätzliche Leistungen auf der Basis von tatsächlich erforderlichen Kosten, BauR 2015, 1221–1230

Franz, Birgit: Nachtragskalkulation in Zukunft – Das Ende der Preisfortschreibung!?, BauR 2012, S. 380–395

Franz, Birgit: Gemeinkostendeckung als Rechtsproblem – die juristische Sichtweise, BauR 2017, S. 380–405

Franz, Birgit/Göpner, Pascal: Die einstweilige Verfügung im Bauvertragsrecht – ein Mittel mit Risiken aber durchaus positiven (Neben-)Wirkungen!, BauR 2018, S. 557–580

Franz, Birgit/Kues, Jarl-Hendrik: Änderungen des Leistungs-Solls und deren Auswirkungen auf die kalkulierten Gemeinkosten beim VOB/B-Vertrag, BauR 2006, S. 1376–1388

Franz, Birgit/Kues, Jarl-Hendrik: Guter Preis bleibt guter Preis – Rechtfertigt die Faustformel Korbions ein Vertragspreisniveau?, BauR 2010, S. 678–687

Führich, Ernst/Staudinger, Ansgar: Reiserecht, Handbuch des Pauschalreise-, Reisevermittlungs-, Reiseversicherungs- und Individualreiserechts, 8. Auflage, München 2019 (zitiert: Führich/Staudinger, Reiserecht)

Gabler Wirtschaftslexikon I – K, Roberts, Laura (Hrsg.)/Mosena Riccardo(Hrsg.)/ Winter Eggert (Hrsg.), 17. Auflage, Wiesbaden 2010 (zitiert: *Gabler*, Wirtschaftslexikon I – K)

Ganten, Hans/Jansen, Günther/Voit, Wolfgang: Beck'scher VOB/B Kommentar, Vergabe- und Vertragsordnung für Bauleistungen Teil B – Allgemeine Vertragsbedingungen für die Ausführung von Bauleistungen, 3. Auflage, München 2013 (zitiert: *Bearbeiter* in: Ganten/Jansen/Voit, VOB/B, VOB/B)

Ganten, Hans (Hrsg. Vom Netzwerk Bauanwälte; www.nwba.de): AGB-Kontrolle der VOB/B nach neuem Bauvertragsrecht, BauR Aktuell Sonderausgabe 2018, S. 12–14

Gartz, Benjamin: Das Nachtragsangebot des Unternehmers nach § 650b Abs. 1 S. 2 BGB, BauR 2019, S. 1021–1027

Glöckner, Jochen: BGB-Novelle zur Reform des Bauvertragsrechts als Grundlage effektiven Verbraucherschutzes – Teil 1, VuR 2016, S. 123–132

Gsell, Beate (GesamtHrsg.)/Krüger, Wolfgang (GesamtHrsg.)/Lorenz, Stephan (GesamtHrsg.)/Reymann, Christoph (GesamtHrsg.): beck-online.Grosskommentar BGB, Stand: 01.10.2021 (zitiert: BeckOGK/*Bearbeiter*)

Hau, Wolfgang/Poseck, Roman: Beck'scher Onlinekommentar BGB, 59. Edition, München (zitiert: BeckOK BGB/*Bearbeiter*)

Von Heintschel-Heinegg, Bernd (Hrsg.): Beck'scher Onlinekommentar StGB, 50. Edition, (zitiert: BeckOK StGB/*Bearbeiter*)

Hödl, Marcus: Das neue Bauvertragsrecht – Einführung in das neue Recht, 1. Auflage, München 2018 (zitiert: *Hödl*, Bauvertragsrecht)

Jansen, Günther: Zwei Jahre einstweilige Verfügung in Bausachen – eine vertane Chance!, NZBau 2019, S. 753–754

Jarass, Hans D./Pieroth, Bodo: Grundgesetz für die Bundesrepublik Deutschland Kommentar, 15. Auflage, München 2018 (zitiert: *Bearbeiter* in: Jarass/Pieroth)

Joussen, Edgar: Bauzeitliche Anordnungen nach dem neuen Bauvertragsrecht, BauR 2018, S. 151–161

Jürgens, Andreas (Hrsg.): Betreuungsrecht Kommentar, 6. Auflage, München 2019 (zitiert: *Bearbeiter* in: BtR)

Kapellmann, Klaus: Die Geltung von Nachlässen auf die Vertragssumme für die Vergütung von Nachträgen – Unwirksamkeit von Nr. 23 EVM (B) ZVB E (Vertragsbedingungen des Bundes), NZBau 2000, S. 57–60

Kapellmann, Klaus: Die AGB-Festigkeit von § 1 Abs. 3, Abs. 4 und § 2 Abs. 5, Abs. 6 VOB/B angesichts des neuen BGB-Bauvertragsrechts, NZBau 2017, S. 635–639

Kapellmann, Klaus (Hrsg.)/Jansen, Günther (Hrsg.)/Merkens, Dieter (Hrsg.)/Thierau Thomas (Hrsg.) in: Festschrift für Burkhard Messerschmidt zum 65. Geburtstag, 1. Auflage, München 2018 (*Sacher, Dagmar/Jansen, Günther*: Die einstweilige Verfügung in Bausachen gemäß § 650d BGB – Möglichkeiten und Grenzen, S. 293–306 [zitiert: *Sacher/Jansen* in: FS Messerschmidt])

Kapellmann, Klaus/Messerschmidt, Burkhard: VOB Teile A und B, Vergabe- und Vertragsordnung für Bauleistungen mit Vergabeordnung (VgV), 7. Auflage, München 2020 (zitiert: *Bearbeiter* in: Kapellmann/Messerschmidt, VOB A/B)

Kapellmann, Klaus/Schiffers, Karl-Heinz/Markus, Jochen, Vergütung: Nachträge und Behinderungsfolgen beim Bauvertrag – Band 1: Einheitspreisvertrag, 7. Auflage, Köln 2017 (zitiert: KSM, Band 1)

Kapellmann, Klaus/Schiffers, Karl-Heinz/Markus, Jochen: Vergütung, Nachträge und Behinderungsfolgen beim Bauvertrag – Band 2: Pauschalvertrag, 5. Auflage Köln 2011 (zitiert: KSM Band 2)

Kimpel, Ralph: Der Entwurf des gesetzlichen Bauvertragsrechts aus Sicht des gewerblichen Unternehmers, NZBau 2016, S. 734–737

Kimmich, Bernd: Leistungsverweigerungsrecht des Auftragnehmers bei streitigen Nachträgen, BauR 2009, S. 1494–1506

Kirberger, Petra: Teilkündigung, BauR 2011, S. 343–352

Kloepfer, Michael: Verfassungsrecht Band I Grundlagen – Staatsorganisationsrecht – Bezüge zum Völker- und Europarecht, 1. Auflage, München 2011 (zitiert: *Kloepfer*, Verfassungsrecht Band I)

Kloepfer, Michael: Verfassungsrecht Band II Grundrechte, 1. Auflage, München 2010 (zitiert: *Kloepfer*, Verfassungsrecht Band II)

Kniffka, Rolf: Ist die VOB/B eine sicherere Grundlage für Nachträge?, BauR 2012, S. 411–420

Kniffka, Rolf: VI. Untertitel 2 Architekten- und Ingenieurvertrag – Das neue Recht nach dem Gesetz zur Reform des Bauvertragsrechts, zur Änderung der kaufrechtlichen Mängelhaftung und zur Stärkung des zivilprozessualen Rechtsschutzes (BauVG), BauR 2017, S. 1846–1881

Kniffka, Rolf (Begr., Hrsg.): Bauvertragsrecht IBR Print & Online, Letzte Aktualisierung 07.06.2021, München (zitiert: *Bearbeiter* in: Kniffka, Bauvertragsrecht)

Kniffka, Rolf/Koeble, Wolfgang/Jurgeleit, Andreas/Sacher, Dagmar: Kompendium des Baurechts – Privates Baurecht und Bauprozess, 5. Auflage, München 2020 (zitiert: *Bearbeiter* in: Kompendium des Baurechts)

Koenen, Andreas: Das neue Bauvertragsrecht: Anfang vom Ende der VOB/B?, BauR 2018, S. 1033–1038

Kornet, Michael: Die Behandlung von AGK in gestörten Bauabläufen, BauR 2016, S. 1386–1406

Krebs, Thomas/Schuller, Elvine-Isabella: Die „Kosten der Nachtragsbearbeitung" bei bauzeitbezogenen Ansprüchen, BauR 2007, S. 636–640

Lang, Arno: „Die Teilkündigung", BauR 2006, S. 1956–1961

Langen, Werner/Berger, Andreas/Dauner-Lieb, Barbara: Kommentar zum neuen Bauvertragsrecht, 1. Auflage, Köln 2018 (zitiert: *Bearbeiter* in: LBD)

Langen, Werner: „Guter Preis bleibt gut, schlechter Preis wird gut": Folgen der AGB-Unwirksamkeit der VOB/B nach neuem Recht, NZBau 2019, S. 10–15

Leinemann, Ralf/Kues, Jarl-Hendrik: BGB Bauvertragsrecht – Kommentar, 1. Auflage, München 2018 (zitiert: *Bearbeiter* in: LK, Bauvertragsrecht)

Leinemann, Ralf: Das neue Bauvertragsrecht und seine praktischen Folgen, NJW 2017, S. 3113–3119

Leinemann, Ralf (Hrsg.): VOB/B Kommentar mit FIDIC conditions of contract, 7. Auflage, Köln 2019 (zitiert: *Leinemann*, VOB/B)

Leinemann, Ralf: VOB-Bauvertrag: Leistungsverweigerungsrecht des Bauunternehmers wegen fehlender Nachtragsbeauftragung?, NJW 1998, S. 3672–3677

Leupertz, Stefan/Preussner, Mathias/Sienz, Christian, Beck'scher Onlinekommentar Bauvertragsrecht mit Kommentierungen zum COVID-19-AbmilderungsG, BGB, EGBGB und GVG, 14. Edition, München (zitiert: BeckOK BauvertrR/*Bearbeiter*)

Lindner, Markus: Ist § 650c BGB eine sichere Grundlage für Nachträge?, BauR 2018, S. 1038–1049

Looschelders, Dirk/Roth, Wolfgang: Juristische Methodik im Prozess der Rechtsanwendung, Zugleich ein Beitrag zu den verfassungsrechtlichen Grundlagen von Gesetzesauslegung und Rechtsfortbildung, 1. Auflage, Berlin 1996 (zitiert: *Looschelders/Roth*, Juristische Methodik)

Von Mangolt, Hermann/Klein, Friedrich/Starck, Christian, Grundgesetz Kommentar, 7. Auflage, München 2018 (zitiert: *Bearbeiter* in: vMKS, GG)

Manteufel, Thomas: Einstweilige Verfügungen nach § 650d BGB und Nachträge im Verfügungsverfahren – Einschätzungen aus der Gerichtspraxis, BauR 2019, S. 334–346

Marbach, Michael: Der Anspruch des Auftragnehmers auf Vergütung der Kosten der Bearbeitung von Nachtragsforderungen im VOB-Bauvertrag, BauR 2003, S. 1794–1804

Matz, Christoph: Die Konkretisierung des Werks durch den Besteller, 1. Auflage, Tübingen 2012 (zitiert: *Matz*, Die Konkretisierung des Werks durch den Besteller)

Maunz, Theodor (Begr.)/Dürig, Günter (Begr.)/Herzog, Roman (Hrsg.)/Scholz, Rupert (Hrsg.)/Herdegen, Matthias (Hrsg.)/Klein Hans H. (Hrsg.): Grundgesetz Kommentar, Loseblatt, 90. EL Februar, München 2020 (zitiert: *Bearbeiter* in: Maunz/Dürig, GG)

May, Timo/Rosendahl, Danilo: Gleichlauf oder Wettlauf: Der Streit um die Verjährung von Rückzahlungsansprüchen des Bestellers, NZBau 2019, S. 687–690

Männel, Wolfgang: Handbuch Kostenrechnung, 1. Auflage, Wiesbaden 1992 (zitiert: *Männel*, Kostenrechnung)

Kau, Wolfgang: Die Rechtswirkungen „unwirksamer" AGB, BauR 2019, S. 420–426

Kleine-Möller, Nils (Begr.)/Merl, Heinrich (Hrsg. und Begr.)/Glöckner, Jochen (Hrsg.)/Oelmaier, Winfried (Begr.), Handbuch des privaten Baurechts, 6. Auflage, München 2019 (zitiert: *Bearbeiter* in: Kleine-Möller/Merl/Glöckner)

Koenen, Andreas: Das neue Bauvertragsrecht: Anfang vom Ende der VOB/B?, BauR 1033–1038

Merten, Detlef/Papier, Hans-Jürgen: Handbuch der Grundrechte in Deutschland und Europa, Band IV Grundrechte in Deutschland, Einzelgrundrechte I, 1. Auflage, Heidelberg 2011 (zitiert: *Bearbeiter* in: Merten/Papier, Grundrechte Band IV)

Merten, Detlef/Papier, Hans-Jürgen: Handbuch der Grundrechte in Deutschland und Europa, Band V Grundrechte in Deutschland, Einzelgrundrechte II, 1. Auflage, Heidelberg 2013 (zitiert: *Bearbeiter* in: Merten/Papier, Grundrechte Band V)

Messerschmidt, Burkhard/Voit, Wolfgang: Privates Baurecht, Kommentar zu §§ 631 ff. BGB samt systematischen Darstellungen sowie Kurzkommentierungen zu VOB/B, HOAI, und BauFordSiG, 3. Auflage, München 2018 (zitiert: *Bearbeiter* in: Messerschmidt/Voit, Privates Baurecht)

Meyer, Dieter: Juristische Fremdwörter, Fachausdrücke und Abkürzungen: sowie die gängigsten Registerzeichen der ordentlichen Gerichtsbarkeit, der Staatsanwaltschaft, der Arbeitsgerichtsbarkeit sowie der wichtigsten Registerzeichen der Verwaltungs-, Sozial- und Finanzgerichtsbarkeit in der Bundesrepublik Deutschland und des Bundesverfassungsgerichts, 13. Auflage, München 2012

Miernik, Helmut: Wirkt sich eine Änderung der anerkannten Regeln der Technik auf die Vergütung des Werkunternehmers aus?, BauR 2012, S. 151–157

Musielak, Hans-Joachim/Voit, Wolfgang: Zivilprozessordnung mit Gerichtsverfassungsgesetz – Kommentar, 18. Auflage, München 2021 (zitiert: *Bearbeiter* in: Musielak/Voit, ZPO)

Neumann, Jana: „Bis dat, qui cito dat – Zwei mal gibt, wer schneller gibt" – Bauverfügungen auch für Architekten, BauR 2019, S. 1047–1050

Nicklisch, Fritz/Weick, Günter/Jansen, Günther Arnold (Hrsg.)/Seibel, Mark (Hrsg.), VOB/B – Vergabe- und Vertragsordnung für Bauleistungen, Teil B – Kommentar, 5. Auflage, München 2019 (zitiert: *Bearbeiter* in: Nicklisch/Weick/Jansen/Seibel, VOB/B)

Oberhauser, Iris: § 650b Abs. 1 BGB – Änderungen des Vertrags durch Einvernehmen der Parteien, NZBau 2019, S. 3–10

Oppler, Peter: Die einstweilige Verfügung im neuen Bauvertragsrecht, NZBau 2018, S. 67–72

Orlowski, Matthias: Das neue Anordnungsrecht des Bestellers, BauR 2017, S. 1427–1586

Orlowski, Matthias: Das gesetzliche Bauvertragsrecht – Übersicht und Stellungnahme zum Gesetzesentwurf der Bundesregierung, ZfBR 2016, S. 419–439

Palandt, Otto (Begr.), Bürgerliches Gesetzbuch mit Nebengesetzen insbesondere mit Einführungsgesetz (Auszug) einschließlich Rom I-, Rom II- und Rom III-Verordnungen sowie EU-Güterrechtsverordnungen, Haager Unterhaltsprotokoll und EU-Erbrechtsverordnung, Allgemeines Gleichbehandlungsgesetz (Auszug), Wohn- und Betreuungsvertragsgesetz, Unterlassungsklagengesetz (PalHome), Produkthaftungsgesetz, Erbbaurechtsgesetz, Wohneigentumsgesetz, Versorgungsausgleichsgesetz, Lebenspartnerschaftsgesetz (PalHome), Gewaltschutzgesetz, 80. Auflage München 2021 (zitiert: *Bearbeiter* in: Palandt)

Papier, Hans Jürgen: Rechtsgutachten zur verfassungsrechtlichen Zulässigkeit der Adjudikation in Bausachen, Stand 19.11.2020, abrufbar unter: [https://www.google.de/url?sa=t&rct=j&q=&esrc=s&source=web&cd=&ved=2ahUKEwjeotigsI7tAhWUsnEKHWyhDAMQFjAAegQIBhAC&url=https%3A%2F%2Fwww.dsb-iqbau.de%2Fapp%2Fdownload%2F5800287139%2FGutachten_Adjudikation_Prof.Papier.pdf&usg=AOvVaw3fEib_L27QIe7o3lk82YZI]

Pastor, Walter (Hrsg.): Festschrift für Hermann Korbion zum 60. Geburtstag am 18. Juni 1986, 1. Auflage, Düsseldorf 1986 (*Jagenburg Walter*: Stand der Technik gestern, heute, morgen? Der für die anerkannten Regeln der Technik maßgebliche Zeitpunkt, S. 179–188 [zitiert: *Jagenburg* in: FS Korbion])

Pause, Felix: Strittige Nachträge und das Leistungsverweigerungsrecht bei BGB-Bauverträgen nach der Reform des Bauvertragsrechts, BauR 2018, S. 882–891

Pause, Felix: Der Wegfall von vereinbarten Teilleistungen nach dem neuen Bauvertragsrecht: Teilkündigung oder Änderungsanordnung?, ZfBR 2018, S. 731–735

Pause, Felix: Die Anwendbarkeit von § 650c Abs. 3 BGB bei Architekten- und Ingenieurverträgen, NZBau 2018, S. 510–515

Pause, Felix: Offene Fragen zu § 650d BGB in Zusammenhang mit Nachtragsstreitigkeiten, NZBau 2019, S. 755–757

Peters, Frank: Weisungen des Bestellers nach VOB/B und BGB, NZBau 2012, S. 615–619

Petersen, Thomas: Die gewohnheitsrechtliche Fortgeltung der Grundgedanken der aufgehobenen Baupreisverordnung 1/72 im Rahmen der Pflicht zur wirtschaftlichen und sparsamen Haushaltsführung, NZBau 2000, S. 549–550

Popescu, Paul: Die VOB/B und das neue gesetzliche Leitbild zur Anordnung und Preisanpassung, BauR 2019, S. 317–333

Prütting, Hanns/Wegen, Gerhard/Weinreich, Gerd, Bürgerliches Gesetzbuch – Kommentar, 16. Auflage 2021 (zitiert: *Bearbeiter* in: Prütting/Wegen/Weinreich, BGB-Kommentar)

Putzier, Eckhart: Sofortige Änderungsanordnung unter dem Bauvertragsrecht 2018, NZBau 2018, S. 131–134

Rauscher, Thomas/Krüger, Wolfgang: Münchener Kommentar zur Zivilprozessordnung mit Gerichtsverfassungsgesetz und Nebengesetzen, Band 2 §§ 355–945b ZPO, 6. Auflage, München 2020 (zitiert: MüKo ZPO/*Bearbeiter*)

Reimer, Franz: Juristische Methodenlehre, 1. Auflage, Baden-Baden 2016 (zitiert: *Reimer*, Juristische Methodenlehre)

Retzlaff, Björn: III. Kapitel 2 Bauvertrag – Das neue Recht nach dem Gesetz zur Reform des Bauvertragsrechts, zur Änderung der kaufrechtlichen Mängelhaftung und zur Stärkung des zivilprozessualen Rechtsschutzes (BauVG), BauR 2017, S. 1781–1829

Rieger, Reinhard: Grenzen verfassungskonformer Auslegung, NVwZ 2003, S. 17–22

Rodemann, Tobias: Leistungsverfügung statt Bauverfügung – ein Irrweg?, NZBau 2018, S. 257–258

Rohrmüller, Johann: Zur Korbion'schen Faustformel vom „guten Preis der gut bleibt" – Gilt diese auch bei der Preisfortschreibung spekulativ überhöhter Einzelpreise?, IBR 2009, S. 1430

Rüthers, Bernd/Fischer, Christian/Birk, Axel: Rechtstheorie mit Juristischer Methodenlehre, 10. Auflage, München 2018 (zitiert: *Rüthers/Fischer/Birk*, Methodenlehre)

Ryll, Thomas: Renaissance der AGB-rechtlichen Privilegierung der VOB/B?, NZBau 2018, S. 187–192

Sacher, Dagmar/Jansen, Günther: Die einstweilige Verfügung in Bausachen gem. § 650d BGB, NZBau 2019, S. 20–24

Sachs, Michael (Hrsg.): Grundgesetz Kommentar, 8. Auflage, München 2018 (zitiert: Bearbeiter in: Sachs, GG)

Säcker, Franz Jürgen/Rixecker, Roland/Oetker, Hartmut/Limperg, Bettina: Münchener Kommentar zum Bürgerlichen Gesetzbuch, Band 1 Allgemeiner Teil, §§ 1–240 – AllgPersönlR – ProstG – AGG, 8. Auflage, München 2018 (zitiert: MüKo BGB/*Bearbeiter*)

Säcker, Franz Jürgen/Rixecker, Roland/Oetker, Hartmut/Limperg, Bettina: Münchener Kommentar zum Bürgerlichen Gesetzbuch, Band 2 Schuldrecht – Allgemeiner Teil 1, §§ 241–310, 8. Auflage, München 2018 (zitiert: MüKo BGB/*Bearbeiter*)

Saenger, Ingo: Zivilprozessordnung – Familienverfahren, Gerichtsverfassung, Europäisches Verfahrensrecht – Handkommentar, 8. Auflage, Baden-Baden 2019 (zitiert: *Bearbeiter* in: Saenger, ZPO)

Schellhammer, Kurt: Schuldrecht nach Anspruchsgrundlage samt BGB Allgemeiner Teil, 10. Auflage, Heidelberg 2018 (zitiert: *Schellhammer*, Schuldrecht)

Schilder, Hendrik: Die Liquidation von „Behinderungsschäden" über § 642 BGB, BauR 2007, S. 450–457

Schmidt, Thorsten Ingo: Grundlagen rechtswissenschaftlichen Arbeitens, JuS 2003, S. 649–654

Schmidt-Bleibtreu, Bruno (Begr.)/Hofmann, Hans (Hrsg.)/Henneke, Hans-Günter (Hrsg.), GG – Kommentar zum Grundgesetz, 14. Auflage Köln 2018 (zitiert: *Bearbeiter* in: Schmidt-Bleibtreu/Hofmann/Henneke, GG)

Schöpflin, Martin/Meik, Frank/Weber, Heinz-Otto/Bandte, Jürgen: Von der Sache zum Recht, Festschrift für Volker Beuthien zum 75. Geburtstag, 1. Auflage, München 2010 (*Voit, Wolfgang*: Empfiehlt sich bei einer gesetzlichen Neuregelung des Bauvertragsrechts die Aufnahme eines Leistungsänderungsrechts für den Auftraggeber? S. 65–74 [zitiert: *Voit* in: FS Beuthien])

Schramke, H.-Jürgen/Keilmann, Annette: Das Anordnungsrecht des Bestellers und der Streit um die Vergütung – Eine kritische Auseinandersetzung mit §§ 650b, 650c BGB-E, NZBau 2016, S. 333–340

Schulze-Hagen, Alfons: Zur Regelverjährung baurechtlicher Ansprüche, BauR 2016, S. 384–403

Sindermann, Thomas: Die Urkalkulation in Zeiten tatsächlich erforderlicher Kosten, NZBau 2019, S. 284–289

Staudinger, von Julius (Begr.): Kommentar zum Bürgerlichen Gesetzbuch mit Einführungsgesetz und Nebengesetzen – Buch 1 – Übersicht Einl zum BGB; §§ 1–14, VerschG (Natürliche Personen, Verbraucher, Unternehmer), Neubearbeitung 2018, Berlin (zitiert: *Bearbeiter* in: Staudinger)

Staudinger, von Julius (Begr.): Kommentar zum Bürgerlichen Gesetzbuch mit Einführungsgesetz und Nebengesetzen – Buch 2 – Recht der Schuldverhältnisse §§ 255–304 (Leistungsstörungsrecht 1), Neubearbeitung 2019, Berlin (zitiert: *Bearbeiter* in: Staudinger)

Stern, Klaus: Das Staatsrecht der Bundesrepublik Deutschland, Band IV/1, Die einzelnen Grundrechte, Der Schutz und die freiheitliche Entfaltung des Individuums, 1. Auflage, München 2006 (zitiert: *Stern*, Staatsrecht)

Stubbe, Christian/Schramke, Hein-Jürgen: Adjudikation – Wesen und Reichweite der vorläufigen Bindungswirkung, BauR 2011, S. 1715–1725

Virneburg, Herwart: Wann kann der Auftragnehmer die Arbeit wegen verweigerter Nachträge einstellen? – Risiken einer Verweigerungsstrategie, ZfBR 2004, S. 419–423

Voit, Wolfgang: Honoraranpassung bei Änderungsanordnungen, BauR 2018, 366–375

Von Rintelen, Claus: Die Preisfortschreibung nach § 2 Abs. 5 und Abs. 6 VOB/B im Lichte des neuen Bauvertragsrechts, NZBau 2017, S. 315–325

Vorwerk, Volkert/Wolf, Christian: Beck'scher Onlinekommentar ZPO, 42. Edition, München (zitiert: *Bearbeiter* in: BeckOK ZPO)

Vygen, Klaus: Leistungsverweigerungsrecht des Auftragnehmers bei Änderungen des Bauentwurfs gemäß § 1 Nr. 3 VOB/B oder Anordnung von zusätzlichen Leistungen gemäß § 1 Nr. 4 VOB/B?, BauR 2005, S. 431–433

Wandt, Manfred: Gesetzliche Schuldverhältnisse – Deliktsrecht – Schadensrecht – Bereicherungsrecht – GoA, 9. Auflage, München 2019 (zitiert: *Wandt*, Gesetzliche Schuldverhältnisse)

Westphalen, Graf von, Friedrich (Hrsg.)/Thüsing, Gregor (Hrsg.): Vertragsrecht und AGB-Klauselwerke, 45. Auflage, München 2020 (zitiert: *Bearbeiter* in: Westphalen/Thüsing, Vertragsrecht)

Weyer, Friedhelm: Bauzeitverlängerungen aufgrund von Änderungen des Bauentwurfs durch den Auftraggeber, BauR 1990, S. 138–151

Wörlen, Rainer/Leinhas, Sabrina: Rechtsfolgen- und Rechtsgrundverweisungen im BGB, JA 22–27

Zahrte, Kai: Neuerungen im Zahlungsdiensterecht, NJW 2018, S. 337–341

Zimmermann, Josef: Auswirkungen auf die Vergütung von Allgemeinen Geschäftskosten (AGK) bei Verlängerung der Bauzeit, NZBau 2012, S. 1–7

www.ingramcontent.com/pod-product-compliance
Ingram Content Group UK Ltd.
Pitfield, Milton Keynes, MK11 3LW, UK
UKHW021837290926
8980IPUK00004B/501

9 783631 870938